PARADISE LOST

실낙원

● **독자 여러분들께 알립니다!**

'**CH북스**'는 기존 '**크리스천다이제스트**'의 영문명 앞 2글자와
도서를 의미하는 '**북스**'를 결합한 출판사의 새로운 이름입니다.

세계기독교고전 32

실낙원

1판 1쇄 발행 2019년 4월 19일
1판 7쇄 발행 2025년 2월 27일

지은이 존 밀턴
옮긴이 박문재
발행인 박명곤   **CEO** 박지성   **CFO** 김영은
기획편집1팀 채대광, 이정미, 백환희, 이상지
기획편집2팀 박일귀, 이은빈, 강민형, 박고은
기획편집3팀 이승미, 김윤아, 이지은
디자인팀 구경표, 유채민, 윤신혜, 임지선
마케팅팀 임우열, 김은지, 전상미, 이호, 최고은

펴낸곳 CH북스
출판등록 제406-1999-000038호
전화 070-4917-2074   **팩스** 0303-3444-2136
주소 서울시 강서구 마곡중앙6로 40, 장흥빌딩 10층
홈페이지 www.hdjisung.com   **이메일** support@hdjisung.com
제작처 영신사

© CH북스 2019

세계
기독교
고전

◀ 32 ▶

PARADISE LOST

실낙원

존 밀턴 ｜ 박문재 옮김

CH북스
크리스천
다이제스트

세계 기독교 고전을 발행하면서

한국에 기독교가 전해진 지 벌써 100년이 넘었습니다. 그동안 수많은 기독교 서적들이 간행되어 한국의 교회와 성도들에게 많은 공헌을 해 왔습니다. 그러나 기독교 역사 100년을 넘어선 우리의 교회와 성도들에게 더 큰 영적 성숙과 진정한 신앙을 심어 주기 위해서는 가치 있는 기독교 서적들이 많이 나와야 한다고 생각합니다. 그리하여 영혼의 양식이 될 수 있는 훌륭한 기독교 서적들이 모든 성도들의 가정뿐만 아니라 믿지 아니하는 가정에도 흘러넘쳐야만 합니다.

믿는 성도들은 신앙의 성장과 영적 유익을 위해서 끊임없이 좋은 신앙 서적들을 읽고 명상해야 하며, 친구와 이웃 사람들의 구원을 위하여 신앙 서적 선물하기를 즐기고 읽도록 권해야 합니다. 이것은 하나님의 백성으로서 살기 원하는 사람의 의무입니다.

존 웨슬리는 "성도들이 책을 읽지 않는다면 은총의 사업은 한 세대도 못 가서 사라져 버릴 것이다. 책을 읽는 그리스도인만이 진리를 아는 그리스도인이다."라고 말했습니다. 우리는 이제 한국에서 최초로 세계의 기독교 고전들을 총망라하여 한국의 교회와 성도들에게 소개하고자 합니다. 전세계의 기독교 고전은 모든 기독교인들에게 영원한 보물이며, 신앙의 성숙과 영혼의 구원을 위하여 이보다 더 귀한 것은 없을 것입니다.

이러한 취지로 어언 2천여 년의 세월이 지나는 동안 세계 각국에서 저술된 가장 뛰어난 신앙의 글과 영속적 가치가 있는 위대한 신앙의 글만을 모아서 세계 기독교 고전 전집으로 편찬하고자 합니다.

우리는 이 세계 기독교 고전 전집을 알차고, 품위 있게 제작하여 오늘날 한국의 교회와 성도들에게 제공하고 후손들에게도 물려줄 기획을 하고 있습니다. 우리는 다시 한번 다니엘 웹스터가 한 말을 깊이 생각해 보아야 할 것입니다.

"만약 신앙 서적들이 우리 나라 대중들에게 광범위하게 유포되지 않고, 사람들이 신앙적으로 되지 않는다면, 우리 나라가 어떤 나라가 될지 걱정스럽다 … 만약 진리가 확산되지 않는다면, 오류가 지배할 것이요, 하나님과 그의 말씀이 전파되고 인정받지 못한다면, 마귀와 그의 궤계가 우세할 것이요, 복음의 서적들이 모든 집에 들어가지 못한다면, 타락하고 음란한 서적들이 거기에 있을 것이요, 우리나라에서 복음의 능력이 나타나지 못한다면, 혼란과 무질서와 부패와 어둠이 끝없이 지배할 것이다."

독자들의 성원과 지도 편달을 바라마지 않습니다.

CH북스
발행인 박명곤

7

귀스타브 도레   윌리엄 블레이크

귀스타브 도레 Gustave Dore, 1832~1883

프랑스의 삽화가, 판화가. 스트라스부르에서 태어나 1847년 파리로 가서 매주 주간지에 삽화를 선보였다. 정확한 소묘와 독특한 상상력으로 세계 명작 속에 삽화를 그려 넣었다. 1854년, 라블레의 『가르강튀아와 팡타그뤼엘』에 삽화를 그리기 시작한 후로 많은 고전들의 삽화를 그렸다. 반 고흐는 도레를 '최고의 민중 화가'로 칭송하였다. 200권 이상의 책에 삽화를 그렸으며, 10,000점의 이상의 판화를 제작하였다. 주요 작품으로, 『성경』 밀턴의 『실낙원』 단테의 『신곡』 세르반테스의 『돈키호테』 『라블레 전집』 발자크의 『기이한 이야기들』 『라퐁텐 우화집』 등이 있다.

윌리엄 블레이크 William Blake, 1757~1827

영국의 시인이며 화가. 일찍이 그림에 뛰어난 재능을 보였다. 런던에서 자랐으며, 10세 때 헨리 파스의 미술학교에 다녔다. 독서를 많이 하고, 르네상스 시대 대가들의 그림을 판화에 새기면서 독학했다. 1772년 판화가 제임스 배사이어 밑에서 판화의 기교를 철저히 배웠다. 1779년 판화부 학생으로 왕립 아카데미에 들어갔다. 다니는 동안 책에 판화로 삽화를 그렸다. 그는 시인으로서 『순수의 노래』 『셀의 서』 『순수와 경험의 노래』 등의 작품이 있다. 그의 그림은 18세기 후반 영국의 조형회화에 속한다. 그는 상상하여 창조한 미술작품이 자연을 관찰하여 얻은 것보다 더 뛰어나다고 강조했다. 그가 환상적인 광경을 말할 때 그것은 너무나 생생해서 마치 실제로 그가 본 것 같았다. 블레이크가 즐겨 쓴 주제는 밀턴의 『실낙원』이나 단테의 『신곡』 그리고 『성서』였다. 특히 『욥기』가 백미로 꼽힌다.

일러두기

• 이 책에는 귀스타브 도레의 작품 50점과 윌리엄 블레이크의 판화 8점이 삽입되어 있으며, 윌리엄 블레이크라고 기재되어 있는 것을 제외하고는 모두 귀스타브 도레의 작품이다.

• 이 역서는 이해하기 쉽도록 서사시를 산문의 형태로 번역한 것이다.

차례

제 1 권

줄거리

제1권은 먼저 전체의 주제, 즉 인간의 불순종과 그 불순종으로 말미암아 인간이 살았던 낙원을 잃게 된 것을 간략하게 제시하고, 다음으로 인간의 타락의 가장 중요한 원인이었던 뱀, 아니 뱀의 모습으로 위장한 사탄을 다룬다. 사탄은 하나님에게 반역을 일으켜서 천사들의 큰 무리를 자기편으로 끌어들이지만, 하나님의 명령으로 자신의 모든 반역의 무리들과 함께 천국으로부터 쫓겨나서 대심연인 지옥으로 떨어진다.

이 사건이 있은 후에, 중간 과정이 생략되고 사건의 핵심으로 나아가서, 이제 지옥에 떨어져 있는 사탄과 그의 졸개들인 반역 천사들을 묘사한다. (하늘과 땅은 아직 창조되지 않았고, 분명히 저주받지도 않았기 때문에) 여기에서 지옥은 땅의 중심에 있지 않고, "혼돈"이라는 이름이 어울리는 "완벽한 어둠의 장소"에 있다.[1]

거기에서 사탄은 자신의 천사들과 함께 벼락을 맞고 기절해서 얼이 빠

---

1 실낙원이 그리는 세계들은 첫 번째는 천국이 있고, 두 번째는 지옥이 있으며, 세 번째는 천국과 지옥 사이에 거대한 혼돈계가 있고, 네 번째는 하늘과 땅(지구)으로 이루어진 우주라고 불리는 신세계가 있다. 여기에서 "땅"(earth)으로 표현된 것은 지구를 가리키고, 그 밖의 물이나 육지 같은 것들은 ground로 표현된다. 심연(the deep)은 깊은 물을 가리키는데, 이것은 성경이 천지창조를 설명할 때 만물이 창조되기 이전의 최초의 상태를 "깊음"(창세기 1장 2절), 즉 심연으로 표현한 것을 염두에 둔 것으로 보이고, 성경에서는 깊은 물을 혼돈의 상징으로 사용한다. 밀턴이 지옥이 땅(지구)의 중심에 있지 않다고 말한 것은 당시에 어떤 이들은 지옥이 땅 속 깊은 곳에 있다고 생각했기 때문이었다.

진 채로 불의 못 위에 누워 있다가, 한참 후에야 몽롱한 상태에서 깨어나 정신을 차리고서, 서열과 존엄에 있어서 자기 다음인 자를 불러다가, 자신들이 비참하게 몰락한 지금 앞으로 어떻게 해야 할지를 놓고 상의한다. 사탄은 그 때까지도 여전히 얼이 빠진 상태로 누워 있던 자신의 졸개들인 반역 천사들의 무리를 모두 깨운다. 각각의 진과 각 진에 속한 인원수, 그리고 나중에 가나안과 그 이웃 나라들에 알려지게 될 우상들의 이름을 지닌 각 진의 지휘관들이 호명된다.

사탄은 그들을 향해 연설을 하면서, 아직은 천국을 회복할 소망이 있다는 말로 그들을 위로하지만, 마지막으로는 장차 새로운 세계와 새로운 종류의 피조물이 창조될 것이라는 오래 된 예언과 소문이 천국에서 회자되어 왔다는 것을 그들에게 말해 준다. 옛 교부들의 견해에 의하면, 천사들은 이 가시적인 피조세계가 창조되기 오래전에 이미 존재하였다.

사탄은 이 예언이 사실인지를 확인해서 자신들이 어떻게 대처할 것인지 그 대책을 마련하기 위해서 자신의 동맹들이 참석하는 총회를 소집한다. 사탄의 궁전인 만신전²이 대심연으로부터 홀연히 솟아오르고, 지옥의 영주들이 거기에 모여서 회의를 갖는다.

---

2 "판테온"(Pantheon)이라 불리는 만신전은 모든 신들을 모신 신전이라는 의미로서 120년경에 로마 황제 하드리아누스에 의해 세워졌다. 여기에서는 천사들은 모두 신으로 여겨졌기 때문에, 사탄을 왕으로 해서 신들이 모이는 궁전이라는 의미로 이런 이름이 붙여진 것으로 보인다.

인간이 저 금지된 나무의 열매를 먹음으로써 이 세상에 죽음이 들어왔고, 한 분 더 위대한 인간이 우리를 회복시켜 저 지극히 복된 자리를 되찾아 주실 때까지, 우리는 에덴을 잃고 온갖 재앙 속에서 살아가야 했으니, 하늘의 뮤즈여, 인간의 저 최초의 불순종에 대해 노래하라.[3]

그대는 호렙 산 또는 시나이 산이라고 하는 저 산의 은밀한 꼭대기에서 저 목자에게 영감을 주어, 태초에 혼돈으로부터 어떻게 하늘과 땅이 생겨났는지를 선민에게 처음으로 가르치게 하지 않았던가.[4] 시온 산이, 그리고 하나님의 신탁 곁을 빠르게 흘렀던 실로아 시내가 그대가 더욱 기뻐하는 곳이라면, 나는 거기에서 나의 이 야심 찬 노래를 위해 그대에게 도움을 청하리라.[5] 내 노래는 땅 위의 대기를 맴돌지 않고 아

---

3 실낙원의 주제가 제시된다. 이것은 아담이 하나님의 명령을 어기고 금지된 나무의 열매였던 선악을 알게 하는 나무의 열매를 먹음으로써 인류 전체가 죽음 아래 놓이게 되었다가, 나중에 "한 분 더 위대한 인간"으로 표현된 둘째 아담 예수 그리스도가 이 땅에 와서 인류를 다시 회복시키게 되는데, 인간의 이 최초의 불순종으로 인해 낙원인 에덴을 잃게 된 과정을 읊는 것이 이 서사시의 주제임을 보여준다. "뮤즈"는 원래 그리스 신화에 나오는 예술과 학문, 시와 노래를 관장하는 여신으로서 시인과 예술가들에게 영감을 불어넣어주고 재능을 준다고 한다. 그리스어로는 '무사'라고 하지만, 어감을 고려해서 영어식 이름인 "뮤즈"를 사용하기로 한다. 여기에서 "하늘의 뮤즈"는 또 다른 의미에서 그런 역할을 하는 "성령"을 가리킨다.

4 이것은 하나님이 이 산에서 모세에게 가르침을 주어서 하나님의 선민인 이스라엘에게 창세기를 가르치고 쓰게 한 것을 가리키는데, 밀턴은 이것이 성령의 영감으로 이루어진 것으로 표현한다. "호렙 산"과 "시나이 산"은 동일한 산에 속한 봉우리들로서, 모세는 호렙 산에서 양들을 치며 불타는 숲에서 하나님의 말씀을 들었고, 나중에 가장 높은 봉우리인 시나이 산에서 십계명을 받았다.

5 "시온 산"은 예루살렘 성전이 있는 곳이다. "하나님의 신탁"은 사람들이 받는 하나님의 예언과 가르침을 가리키는 이교적인 표현인데, 여기에서는 그런 신탁이 이루어졌던 예루살렘 성전을 가리킨다. "실로아 시내"는 시온 산과 예루살렘 성전 옆에 있던 못으로서, 거기에서 예수는 맹인을 고쳤다(요한복음 9장). 여기에서 "실로아 시내"는 그리스의 헬리콘 산에 있는 뮤즈의 샘인 아가니페(Aganippe)에 대응되는데, 그 샘물을 마신 사람은 신적인 영감을

오니아 산보다 더 높이 날아올라[6] 아직까지 산문에서나 운문에서나 시도되지 않은 것들을 추구하는 것이기 때문이다.

오, 다른 무엇보다도 순전하고 정직한 마음을 성전들보다도 더 소중히 여기는 성령이여, 그대는 이 모든 것을 알고 있으니 나를 가르쳐 달라. 그대는 처음부터 계셔서, 권능의 날개들을 펴서 비둘기처럼 그 거대한 심연을 품고 앉아, 심연으로 하여금 만물을 잉태하게 하였으니,[7] 내 속에 있는 어두운 것에 빛을 비추고, 내 안에 있는 비천한 것을 들어 올려 떠받쳐 주어서, 나로 하여금 이 위대한 주제를 제대로 다루어 영원한 섭리를 분명하게 드러내고 하나님의 길들이 옳음을 인간들에게 드러내게 하라.

먼저 말해 달라. 천국이나 저 깊은 지옥에서 일어나는 그 어떤 일도 그대의 눈길에서 숨겨질 수 없으니, 먼저 말해 달라. 도대체 무엇이 천국의 은총을 한 몸에 받으며 저 복된 상태에서 살아가던 우리의 시조들을 움직여서 그들을 지으신 창조주로부터 떨어져 나가게 하고, 한 가지 금령 때문에 하나님의 뜻을 어기고서 세계의 주들이 되지 못하게 한 것인가. 처음에 그들을 유혹해서 저 추악한 반역을 행하게 만든 자는 누구였던가.[8]

얻을 수 있었다고 한다.

6 "아오니아 산"은 뮤즈 여신이 활동했던 그리스의 헬리콘 산을 가리킨다. 여기에서 밀턴은 자기는 뮤즈 여신의 영감을 받아 이 땅의 일에 대해 노래한 이전의 서사시인들과 달리, 역사상 서사시인들이 지금까지 단 한 번도 읊지 않았던 하늘의 일을 노래하겠다고 밝힌다.

7 태초에 하나님이 천지를 창조할 때, 마치 새들이 알을 품어 부화시키듯이 성령이 심연을 품고 있었던 것을 가리킨다. "땅이 혼돈하고 공허하며 흑암이 깊음 위에 있고 하나님의 영은 수면 위에 운행하시니라"(창세기 1장 2절). 여기에서 "수면"은 "심연"을 의미하고, "운행했다"는 것은 히브리어 원어에서 "품었다"는 뜻이다.

8 "우리의 시조"는 아담과 하와를 가리킨다. 하나님은 그들에게 세계, 즉 하늘과 땅으로 이루

저 지옥의 뱀, 바로 그 자였다.[9] 그가 질투와 복수심에 불타서 교활한 술수로 인류의 어머니를 속였다. 그 때에 그는 자신의 교만 때문에 자신의 군대인 반역 천사들과 함께 천국으로부터 쫓겨나 있었다. 반역을 일으키기만 한다면, 그들의 도움으로 자신의 동료들보다 더 큰 영광을 얻어서 지존자와 대등해질 것이라고 믿고서, 야망을 품고 하나님의 보좌와 왕권에 대항하여 천국에서 불경스러운 전쟁이자 오만방자한 싸움을 일으켰지만, 그것은 헛된 시도였다. 전능자에게 도전하여 반기를 든 그는 전능하신 분에 의해 불길에 휩싸여서 타들어가는 가운데 영기천으로부터 거꾸로 내던져져서 무저갱으로 끔찍하게 추락하여, 거기에서 금강 사슬에 묶인 채로 형벌의 불 속에서 살게 되었다.[10]

패배당한 그는 인간의 기준으로 낮과 밤이 아홉 번 지나가는 동안에[11] 자신의 흉악한 일당과 함께 불 못 속에서 허우적거리며, 불사의 존재임에도 망연자실하여 누워 있었다. 하지만 하나님의 더 큰 진노를 받아야 할 운명이었기에, 이제 잃어버린 행복과 끝없이 이어질 고통을 생각하고 괴로워한다. 주위를 둘러보는 그의 악의에 찬 눈에는 거대한

어진 우주의 주들이 되어 다스리는 권세를 수여하였다.

9   "지옥의 뱀"은 사탄을 가리킨다. 그는 천국에서 반역을 일으켰다가 지옥으로 떨어져 지옥의 왕이 되었고, 거기로부터 몰래 빠져나와 땅(지구)으로 와서 뱀 속으로 들어가 "인류의 어머니"인 하와를 속여 범죄하게 하였다. 성경에서는 이 사탄을 "큰 용이 내쫓기니 옛 뱀 곧 마귀라고도 하고 사탄이라고도 하며 온 천하를 꾀는 자라"(요한계시록 12장 9절)고 말한다.

10 "영기천"은 '에테르'라 불리는 영롱한 생명의 기운으로 충만한 천국의 하늘을 가리키고, "무저갱"은 밑바닥이 없는 구덩이라는 뜻으로서 끝없이 깊은 지옥의 심연을 가리킨다. "금강 사슬"은 대단히 단단한 신비의 물질로 만들어진 사슬이고, 지옥은 사방이 늘 큰 불길과 화염으로 충천한 곳이다.

11 "낮과 밤이 아홉 번 지나가는 동안에"는 그리스 신화에서 거인족인 티탄 신족이 올림포스의 신들에게 패하여 아홉 낮과 밤 동안 하늘에서 땅으로 떨어졌고, 또다시 아홉 낮과 밤 동안 지옥으로 떨어진 것을 염두에 둔 표현이다.

전능자에게 도전하여 반기를 든 사탄은 영기천으로부터 거꾸로 내던져져서
무저갱으로 끔찍하게 추락한다.

괴로움과 낙담이 완고한 교만과 확고한 적의 사이로 엿보인다.

천사의 시력으로 아무리 멀리 바라보아도 황량하고 거칠고 음산한 광경뿐, 소름끼치는 지하 감옥, 온 사방으로 하나의 거대한 용광로처럼 불길이 솟아오르지만, 그 불길로부터 나오는 빛은 없고, 오직 눈에 보이는 어둠만이 처절한 광경들을 드러내줄 뿐이다. 비탄의 지대, 암울한 음부, 거기에는 평안과 안식은 결코 거할 수 없고, 누구에게나 오는 소망도 결코 오지 않으며, 오직 영원히 타오르는 유황 불 못 속에서 타지도 않고 끝없이 이어지는 고통만 있을 뿐이다.

영원한 정의이신 하나님이 저 반역의 일당들을 위해 그런 곳을 마련하셨으니, 완전한 흑암 속에 그들의 감옥을 정하시고, 하나님과 천국의 빛으로부터 아주 멀리 떨어진 곳, 곧 우주의 중심으로부터 극점에 이르기까지의 거리보다 세 배나 먼 이곳을 그들의 거처로 정하셨다.[12]

오, 이곳은 그들이 떨어지기 전에 살던 곳과는 너무나 다르다! 저기에는 그와 함께 떨어진 자들이 세찬 불의 홍수들과 회오리바람들에 휩싸여 있고, 그의 옆에는 능력으로나 범죄로나 그에 버금가는 자, 오랜 후에 팔레스타인에서 바알세불[13]이라는 이름으로 알려지게 될 자가 불 못의 수면 위에서 둥둥 떠다니는 것이 보인다. 큰 원수, 그 때문에 천국에서 사탄이라 불렸던 자가 그에게 버릇없는 말투로 진저리나는 침묵을 깨고 이렇게 말하기 시작하였다.

---

12 밀턴은 천국에서 지옥까지의 거리는 우주의 중심인 지구로부터 우주의 가장 끝부분, 즉 경계부분까지의 거리보다 세 배나 더 멀다고 설명한다.

13 "바알세불"은 페니키아의 태양신 "바알"을 가리키는데, 히브리어로는 "파리들의 주"라는 뜻이다. 성경에서는 그를 "귀신들의 왕"이라고 부른다. "사탄"은 히브리어로 "고발하는 자, 대적"이라는 뜻이다.

"그대가 그라면, 오, 너무나 몰락했고, 너무나 변했구려. 그대가 저 복된 빛의 나라에서 천상의 빛을 입고서 그 광채로 말미암아 무수한 이들보다 더 빛이 났던 바로 그란 말인가. 한때 서로 동맹을 맺어 같은 소망과 위험 속에서 생각과 뜻을 모아 나와 함께 영광스러운 대업을 도모했던 그대가 지금은 같은 파멸 속에서 불행을 함께 하게 되었구려. 우리가 얼마나 높은 곳에서 얼마나 깊은 구렁텅이로 떨어졌는지, 그리고 그가 벼락으로 우리보다 더 강한 자임을 증명했다는 것을 그대도 알고 있지 않은가. 그때까지만 해도 누가 저 가공할 만한 무기의 위력을 알았겠는가.

하지만 그 무기 때문에, 또는 저 능력 있는 승리자가 진노하여 다른 벌을 가할 것이 두려워서, 회개하거나 마음을 바꿀 내가 아니오. 비록 겉으로 드러나는 광채는 변하였지만, 상처 받은 자존감으로부터 생겨난 저 결연한 마음과 지독한 모멸감이 나를 일으켜 세워 전능자와 다투게 하였고, 무수한 영들의 군대를 무장시켜 치열한 싸움으로 내몰게 만들었소. 그들은 그의 통치를 싫어하고 나를 좋아해서, 거스르는 힘으로 그의 최고의 힘에 대항하여 하늘의 벌판에서 승패를 예상할 수 없는 싸움으로 그의 보좌를 흔들어 놓았으니, 싸움에서 진 것이 무슨 대수로운 일이겠는가.

모든 것에서 지지는 않았소. 불굴의 의지, 불타는 복수심, 불멸의 증오심, 절대로 굴복하지 않는 용기, 이런 것들에서 지지 않았는데, 어떻게 졌다고 할 수 있겠소. 이 영광은 그의 진노나 힘이 내게서 결코 앗아가지 못할 것이오. 조금 전까지만 해도 이 팔의 두려움으로 그의 제국을 두려움으로 떨게 만들었던 내가 이제 그의 힘을 인정하여, 허리 숙여 자비를 구하고, 무릎 꿇고 애원하는 것은 참으로 비굴한 짓이고, 이렇게 몰락한 것보다 더한 모욕이고 치욕이 아니겠소.

우리 신들의 힘과 이 영체는 운명적으로 쇠할 수 없고, 이 큰 사건을 겪으면서 무력이 약화되지 않았고, 선견지명은 더 나아졌으니, 지금 승리의 기쁨에 도취되어서 홀로 하늘을 다스리며 폭정을 행하고 있는 우리의 큰 대적을 상대로 우리가 이제는 더 큰 승리의 소망을 가지고서 무력으로든 술수로든 타협 없는 영원한 전쟁을 벌일 만하지 않겠소?"

이 배교 천사는 고통 중에서도 이렇게 큰 소리로 호언장담했지만, 깊은 절망감으로 몹시 괴로워한다. 그러자 그의 대담한 동료(바알세불)는 즉시 이렇게 대답하였다.

"오, 대왕이시여, 오, 수많은 고위 천사들의 수령이시여, 당신은 전투에 참가한 스랍 천사들[14]을 이끌고서, 당신의 영도 하에 전쟁을 벌여, 두려워할 줄 모르는 용맹스러운 활약으로 하늘의 영원한 왕을 위태롭게 하였고, 그가 지닌 최고의 권세를 떠받치고 있는 것이 힘인지 우연인지 아니면 운명인지를 시험하셨소.

지금 나는 그 몸서리치는 결과를 이 두 눈으로 똑똑히 보고 비통해하고 있소. 처절한 몰락과 끔찍한 패배로 우리는 천국을 잃었고, 이 모든 막강한 군대가 무시무시하게 궤멸되어 우리 신들과 하늘의 영체들이 망할 수 있는 한도까지 이렇게 비천하게 되어 버렸소.

우리의 모든 영광은 사라져 버리고, 우리가 전에 누리던 복된 삶은 여기에서 이렇게 끝없는 불행 속으로 삼켜져 버렸지만, 우리의 정신과 영은 여전히 천하무적이고, 기력도 곧 회복될 것이오. 나는 이제 그가 전능자라는 것을 믿지 않을 수 없소. 전능자가 아니고서는 우리 같은

---

14 전승에 의하면, 천사들의 위계는 아홉 단계로 되어 있다. 스랍 천사, 그룹 천사, 보좌 천사, 통치 천사, 능력 천사, 권세 천사, 정사 천사, 천사장, 천사. 따라서 "스랍 천사"는 최고위 천사들이다.

세력을 압도할 수 없었을 것이기 때문이오.

하지만 우리의 정복자인 그가 이 고통을 견뎌낼 수 있을 만한 영과 힘을 우리에게 남겨 놓았다고 할지라도, 우리가 그저 그의 보복하는 진노를 만족시키거나, 승전의 권리를 따라 그의 노예들이 되어 이전보다 더 가혹하게 그를 섬겨 여기 지옥의 한복판에서 불 속에서 그가 시키는 온갖 일들을 하거나, 저 음침한 심연에서 그의 심부름들을 하게 된다면, 우리의 힘이 줄어들지 않았다거나 우리가 영원한 존재로 느껴진다고 해도, 그것은 영원한 형벌을 받기 위한 것일 뿐, 다른 무슨 소용이 있을 수 있겠소이까?"

그러자 큰 원수(사탄)는 신속하게 대답하였다.

"하늘로부터 떨어진 그룹 천사들이여, 무엇을 하든지 겪든지 약하다는 것은 비참한 것이지만, 이것만은 확실하니, 선을 행하는 것은 절대로 우리의 일이 되어서는 안 되고, 악을 행하는 것이 언제나 우리의 유일한 즐거움이 되어야만, 우리가 대항하는 그의 높은 뜻을 거스를 수 있다는 것이오. 우리의 악으로부터 선을 이끌어 내는 것이 그의 섭리이기 때문에, 우리는 선으로부터 악을 이끌어 낼 수단을 찾아내려고 애써야만, 그 목적을 망쳐놓을 수 있소. 실패하지 않는다면, 그 일에 자주 성공해서 아마도 그를 근심하게 만들 수 있고, 그의 아주 은밀한 계획들을 훼방하여 그가 이루려고 정한 목적을 이룰 수 없게 만들 수 있소.

그러나 보시오, 저 진노한 승리자는 복수와 추격을 위한 자신의 사자들을 이미 천국의 문들로 다시 불러들였소. 우리의 뒤를 쫓아 폭풍우처럼 퍼붓던 유황 우박도, 하늘의 절벽에서 떨어진 우리를 받았던 저 화염 물결도 이제 멎었고, 붉은 번갯불과 맹렬한 분노의 날개를 단 벼락도 아마 포탄을 다 썼는지, 광대무변한 심연을 뒤흔들던 포효를 이제 멈추었소.

우리를 우습게 보아서 그랬든, 우리 적의 분노가 풀려서 그랬든 이 기회를 놓쳐서는 안 되오. 그대의 눈에 저기 적막하고 황량하며 음산한 벌판, 푸르스름한 화염들이 타오르면서 새어나오는 창백하고 스산한 미광 외에는 빛이라고는 전혀 없는 폐허의 땅이 보이시오? 거기로 갑시다. 거기에서 안식을 취할 수 있다면, 이 넘실대는 화염 물결에서 벗어나서 거기로 가서 안식을 취합시다. 고통당하고 있는 우리의 세력을 다시 모아서, 이후에 어떻게 해야 우리의 원수에게 심대한 타격을 입힐 수 있고, 어떻게 해야 우리의 손실을 회복할 수 있으며, 어떻게 해야 이 끔찍한 재앙을 극복할 수 있는지를, 그리고 우리에게 소망이 있다면, 그 소망으로부터 어떤 힘을 얻을 수 있고, 소망이 없다면, 절망으로부터 어떤 각오를 다져야 하는지를 논의해 봅시다."

사탄은 머리를 화염 물결 위로 내밀고, 그 눈은 이글이글 타오르는 가운데, 자신의 가장 가까운 동료에게 이렇게 말하였다. 그의 몸체의 다른 부분들은 불 못 위에 아주 길고 넓게 둥둥 떠 있었는데, 그 거대한 몸집은 전설들에 등장하는 괴물들, 곧 제우스와 싸운 "거인족" 또는 "땅에서 난 자들"이나, 고대 "다소" 근방의 동굴에 살았다고 하는 "브리아레오스"[15]나 "티폰"[16]이나, 하나님이 자신의 모든 피조물들 중에서 가장 거대하게 창조하셨다고 하는, 대양을 헤엄치는 바다짐승인 "리워야

---

15 "땅에서 난 자들"로 불린 "거인족"은 올림포스 신들 이전에 세상을 다스리던 신의 종족으로서, 이 종족을 이끌던 인물이 바로 '브리아레오스'였다. 그는 지금의 시리아의 "다소" 지방에서 살았고, 백 개의 손을 가지고 있었다고 한다. 이 거인족은 올림포스의 주신 제우스와 싸워서 패하여 지옥으로 떨어졌다.

16 "티폰"은 그리스 신화에서 가장 강하고 무서운 힘을 지닌 엄청나게 거대한 괴물이었다. 위로는 인간이었고, 아래로는 뱀이었던 반인반수의 괴물이었는데, 어깨와 팔에는 눈에서 불을 뿜는 백 마리의 뱀의 머리가 솟아나 있었고, 아래는 똬리를 튼 거대한 뱀의 모습이었다. 제우스조차도 티폰을 겨우 이겼다고 한다.

단"만큼이나 어마어마한 크기였다. 어쩌다 이 리워야단이 노르웨이의 거품 이는 바다 위에 잠들어 있을 때면, 항해하다 밤을 맞은 소형 범선의 선장은 종종 뱃사람들이 말하듯이, 무슨 섬인 줄 알고서 비늘로 뒤덮인 그의 표피에 닻을 내리고 바람을 피해서 정박한 채로, 밤이 바다를 뒤덮고 있는 동안 새벽이 오기만을 기다렸다고 한다.

큰 원수는 이렇게 사슬에 묶인 채로 불타는 못 위에 그 길고 거대한 몸을 뻗고 누워 있었기 때문에, 거기로부터 일어나거나 머리를 들지도 못하였을 것이다. 하지만 만유를 다스리는 하늘의 뜻과 숭고한 허락으로 인해, 장차 그는 대체로 자신의 흉계들을 실행에 옮길 수 있을 것이었고, 반복적으로 범죄하여 자기 자신 위에 저주를 쌓게 될 것이었다. 그는 남들에게 해를 끼치려고 한 것이었지만, 결국에는 자신의 모든 악의가 자기가 유혹한 인간에게는 무한한 선함과 은혜와 자비를 가져다주는 데 기여한 반면에, 자기 자신에게는 세 배의 낭패와 진노와 복수가 퍼부어지게 된 것을 보고 분노에 휩싸이게 될 것이었다.

마침내 그가 불의 못으로부터 자신의 거대한 몸체를 똑바로 일으키자, 화염들은 좌우 양쪽으로 갈라져 그 몸체의 경사면을 타고 밑으로 떨어져서 큰 파도들을 일으키고, 그 한복판에는 무시무시한 골짜기를 남긴다. 그러더니 날개를 활짝 펴고 드높이 날아올라서, 어두운 대기를 묵직하게 누르며 날아가서 마른 땅에 내린다.

불 못이 화염 물결이 넘실대는 곳이었다면, 이 땅은 불이 활활 타오르고 있는 단단한 곳이었다. 그 땅은 땅 밑에서 부는 억센 바람이 펠로루스[17]의 한 산을 옮겨 버리거나, 에트나 산의 한 쪽 면이 우렛소리를 내며 떨

---

17 "펠로루스"는 시칠리아 동쪽에 있는 파로(Paro) 곶을 가리키는데, 그 옆에는 에트나 화산이

마침내 사탄이 불의 못으로부터 자신의 거대한 몸체를 똑바로 일으키다.

어져 나가 버린 모습과도 같았다. 그런 곳들의 땅 속에는 불에 타기 쉬운 연료들이 가득하여, 거기에 불이 붙으면 광물의 거센 열기로 인해 기화 작용이 일어나고, 거기에 바람의 기세가 더해져서, 결국에는 온통 악취와 연기에 휩싸인 불타버린 밑바닥만이 남게 된다. 사탄의 저주 받은 발바닥이 내려선 것은 바로 그런 곳이었고, 그의 다음가는 동료가 그의 뒤를 따랐다. 이 둘은 지존자의 관용에 의해서가 아니라, 신들인 그들이 자신들의 힘을 회복해서 지옥의 불 못을 빠져나왔다고 자랑한다.

그 때에 타락한 천사장이 말하였다.

"우리가 천국과 맞바꾸어야 하는 곳이 바로 이 곳, 이 지역, 이 땅인가. 우리가 저 천상의 빛과 맞바꾸어야 하는 것이 바로 이 음산함과 암울함인가. 어쩔 수 없는 일이다. 지금 무엇이 옳은지를 결정하고 명령할 수 있는 자는 지존자인 그이니, 그에게서 멀수록 좋다. 그는 자신의 동료들과 이성은 동등해도 힘은 우월하니, 잘 있으라, 기쁨이 영원히 거하는 복된 곳이여. 반갑다, 공포들이여. 반갑다, 지옥세계여. 너 깊고 깊은 지옥이여, 너의 새 주인을 영접하라.

그는 때나 장소에 따라 바뀌지 않는 마음을 지닌 자니라. 마음은 독립적인 곳이어서, 마음 자체 속에서는 지옥을 천국으로, 천국을 지옥으로 만들 수 있다. 내가 여전히 이전과 다름없고, 내 본연의 모습 그대로이며, 벼락을 부리는 것 외에는 그보다 못한 것이 없는데, 어디에 있느냐 하는 것이 무엇이 중요하겠는가. 적어도 여기에서는 우리가 자유로울 것이다. 전능자가 여기에 살고 싶어서 이곳을 지은 것이 아니라면, 여기에서 우리를 내쫓지는 않을 것이다. 여기에서는 우리가 안심하고

있다. 로마 시인 베르길리우스의 글에는 에트나 산이 그 연기로 펠로루스를 검게 뒤덮는 장면에 대한 묘사가 나온다.

다스릴 수 있으니, 내 처지에서는 지옥이라도 다스리는 것이 바람직한 일이다. 천국에서 섬기며 살아가느니 지옥에서 다스리며 살아가는 것이 더 낫다.

그러므로 우리의 충성스러운 벗들, 우리와 패배를 함께한 동료들이 이렇게 망각의 못 위에서 얼이 빠진 채로 누워 있게 내버려 둘 수는 없다. 그들을 불러 우리와 함께 이 비참한 처소에서 각기 자기 일을 하게 하거나, 다시 한 번 세력을 규합해서 천국을 되찾을 수 있을지, 또는 지옥에서 우리가 무엇을 더 잃을 것이 있는지를 시험해 보아야 하지 않겠는가.”

사탄이 말을 끝내자, 바알세불이 이렇게 대답하였다.

“전능자 외에는 그 누구도 이길 수 없었던 저 눈부신 군대의 영도자시여, 우리가 조금 전까지 그랬던 것처럼, 그들도 저 까마득하게 높고 위험천만한 곳에서 떨어졌으니, 너무나 놀라 얼이 빠져서 지금 불못 위에 엎드러져 있는 것이 전혀 이상한 일이 아니지만, 이 군대가 최악의 위기 속에서 궁지에 몰려 두렵고 위험할 때마다 그들에게 소망을 보여 준 가장 생생한 보증이 되어 주었고, 전투에서 진격할 때에는 가장 확실한 신호가 되어 주었던 그대의 목소리를 듣는다면, 그들은 이내 새로운 용기를 다시 얻어 되살아나게 될 것이오.”

바알세불이 말을 마치기도 전에, 큰 원수는 하늘에서 벼려서 만든 크고 무거운 둥근 방패를 걸머지고서 해안을 향해 걸어가기 시작했는데, 그의 어깨에 걸쳐진 그 거대한 원반은 마치 달 같아서, 토스카나의 장인인 갈릴레오가 저녁에 페솔레 산의 꼭대기나 아르노 골짜기로 가서 반점들이 있는 구체 안에서 새로운 땅이나 강이나 산을 찾아내려고 망원경으로 바라보던 그 달처럼 보였다.[18] 또한 사방에서 화염이 타

---

18 “토스카나”는 이탈리아 중부에 있는 주로서, 주도는 피렌체다. 갈릴레오는 자신이 직접 만

올라서 뿜어내는 열기로 숨 막힐 듯한 대기에 짓눌린 채로 불타는 진흙 위를 걷는 그의 발걸음은 푸른 하늘 위를 걷던 발걸음과는 달리 위태로웠기 때문에, 그는 자신이 들고 있던 창에 몸을 의지하여 걸어가고 있었는데, 제독의 기함을 위한 돛대로 사용하기 위해 노르웨이의 산에서 베어낸 가장 큰 소나무도 그의 창에 비하면 지팡이에 불과했다.[19]

그런데도 그는 그것을 견뎌내고서, 이윽고 불타는 바다의 가장자리에 서서, 자신의 군대를 불렀는데, 기절해서 수면 위에 촘촘히 널브러져 있는 타락 천사들의 모습은 에트루리아의 숲의 그늘이 높다랗게 드리워진 발롬브로사의 시냇물 위에 흩뿌려져 있는 가을 낙엽들과도 같았고,[20] 저 옛적에 부시리스와 그가 이끌던 멤피스의 기병대가 배신의 증오심으로 고센의 거류민들을 뒤쫓다가 그 거센 파도에 삼켜져서,[21] 그 수면 위에 시체들과 부서진 전차 바퀴들이 둥둥 떠다니고, 그 거류민들은 홍해를 안전하게 건너 건너편 언덕에서 그 모습을 구경하였던 바로 그 홍해 연안을 단단히 무장한 오리온[22]이 사나운 바람으로 휘몰아칠 때 그 수면 위에 흩어져 떠도는 해초들과도 같았다. 이렇게 타락

든 강력한 망원경으로 달을 관찰하였기 때문에, 밀턴은 그를 "장인"이라고 부른다. 그는 피렌체 외곽의 페솔레 산과 아르노 강 골짜기에서 달을 관찰했다. 밀턴은 1638–1639년에 천문학자 갈릴레오를 직접 방문했다고 한다.

19 당시에 배들의 돛대는 통상적으로 노르웨이 산에 나는 나무로 만들어졌다.

20 "발롬브로사"는 피렌체에서 32km 가량 떨어져 있는 숲이 울창한 고산지대로서 아펜니노 산맥의 일부였는데, 고대에 이 지역은 "에트루리아"로 불렸다.

21 "부시리스"는 이집트를 나와 홍해로 가고 있던 이스라엘 백성을 추격했던 이집트의 파라오로 추정되는 인물의 이름이다. "멤피스"는 그리스 신화에 나오는 나일 강의 신 네일로스의 딸로서, 고대 이집트의 큰 도시였던 멤피스는 이 여신의 이름을 따서 명명되었다. 따라서 "멤피스의 기병"은 이집트의 기병을 의미한다. 이스라엘 민족은 이집트의 고센 지역에서 노예들로서 강제노역을 했기 때문에 "고센의 거류민들"로 표현되었다.

22 "오리온"은 그리스 신화에 나오는 거인 사냥꾼의 이름인데, 아르테미스 여신의 화살에 맞아 죽은 뒤에는 하늘에 올라 별자리가 되었다고 한다. 고대인들은 오리온 성좌가 폭풍을 몰고 온다고 생각했다.

천사들은 자신들에게 닥쳐 온 이 소름끼치는 변화 앞에서 얼이 빠져서 정신을 잃고 몽롱한 상태로 수면을 뒤덮은 채 비참한 모습으로 널브러져 있었다.

사탄은 쩌렁쩌렁한 큰 목소리로 외쳤고, 그 소리는 지옥의 심연 전체로 퍼져나갔다.

"한때 우리의 것이었지만 지금은 잃어버린 천국, 바로 그 천국의 꽃이었던 영주들과 군왕들과 전사들이여, 영원한 영들인 그대들이 이런 일로 이렇게 혼절해 있는 것이 말이 되겠는가. 아니면, 그대들은 힘든 싸움을 끝낸 후에 녹초가 되어 버린 그대들의 심신을 쉬기 위한 곳으로 이곳을 선택해서, 마치 천국의 골짜기에서 잠들어 있는 것처럼 편안하게 이곳에서 잠들어 있는 것인가. 그것도 아니라면, 그대들을 이긴 정복자에게 경의를 표하기 위해 이렇게 비참한 모습으로 널브러져 있겠다고 맹세라도 한 것인가.

지금 그 정복자는 수면 위에 흩어져서 이리저리 둥둥 떠다니는 무기들과 군기들에 뒤섞여 널브러져 있는 그룹 천사들과 스랍 천사들을 주시하며, 이 기회를 이용해 천국의 성문들을 통해 자신의 기민한 추격대를 내려 보내서, 이렇게 축 처져서 널브러져 있는 우리를 짓밟아 버리거나, 벼락들로 이어진 사슬로 우리를 이 심연의 밑바닥에 아예 영원히 고정해서 묶어 놓으려고 하고 있는데도, 이렇게 있을 셈이냐. 깨어서 일어나라. 그렇지 않으면, 우리는 영원히 일어나지 못하게 될 것이다."

타락 천사들은 이 말을 듣고 얼굴을 붉히며 날갯짓을 해서 벌떡 일어났는데, 마치 보초를 서며 졸다가 무서운 상관에게 들켜서 잠이 덜 깬 채로 비몽사몽간에 몸을 움직여서 자세를 똑바로 하는 모습 같았다. 그들은 지금 자신들이 얼마나 끔찍한 곤경에 처해 있는지를 모르는 것

타락 천사들은 이 말을 듣고 얼굴을 붉히며 날갯짓을 해서 벌떡 일어났다.

도 아니었고, 극심한 고통을 느끼지 못하는 것도 아니었지만, 자신들의 사령관의 명령에 복종해서 몸을 추슬러 일어났다. 헤아릴 수 없이 많은 무리가 한꺼번에 떼지어 일어나는 광경은, 이집트의 재앙의 날에 아므람의 아들 모세가 자신의 능력의 지팡이를 흔들어서, 메뚜기 떼가 동풍을 타고 먹장구름처럼 시커멓게 몰려와 불경스러운 이집트 왕 파라오의 영토를 밤처럼 뒤덮어 나일의 온 땅을 어둡게 했던 때의 광경과 같았다.

지옥의 천정 위와 아래 사이의 사방이 화염으로 둘러싸여 있는 곳에서 날갯짓을 하며 일어선 저 악한 천사들의 수는 이렇게 그 수를 헤아릴 수 없을 정도로 많았다.

그때에 그들의 위대한 술탄[23]이 창을 높이 들어 흔들며 가야 할 방향을 알리는 신호를 보내자, 그들은 질서정연하게 대오를 갖추어서 굳은 유황 위에 정렬하여 벌판 전체를 뒤덮었는데, 인구가 밀집된 북방의 땅들이 자신의 얼어붙은 허리에서 큰 무리를 쏟아내어, 그 야만적인 자손들이 라인 강이나 다뉴브 강을 건너 홍수처럼 남방으로 밀려와서, 지브롤터를 지나 리비아 사막을 덮쳤을 때도 이 정도로 큰 무리는 아니었다.[24] 곧이어 모든 대대의 지휘관들과 각 부대의 부대장들이 달려와서 그들의 총사령관 앞에 섰다.

지금은 반란으로 인해서 그들의 이름이 천국의 기록들에서 더 이상 기억되지 않고 생명책[25]에서도 지워지긴 했지만, 전에 그들은 인간보

---

23 "술탄"은 이슬람교의 종교적인 최고지도자인 칼리프가 정치적인 최고 지배자에게 수여한 칭호로서 아랍어로 "통치자, 권위"를 의미하는데, 여기에서는 사탄을 가리킨다.

24 야만족의 로마 침공은 북방 민족들이 라인 강과 다뉴브 강을 건너는 것으로 시작되었다. 그들은 스페인을 지나 지브롤터 해협을 거쳐 "리비아 사막"이 있는 북아프리카까지 퍼져나갔다.

25 "생명책"은 천국의 주민들의 이름을 기록해 놓은 책이다. 사람들의 경우에도 생명책에 기록

저 악한 천사들의 수는 이렇게 그 수를 헤아릴 수 없을 정도로 많았다

다 우월한 신 같은 모습과 형상, 군왕의 위엄을 지니고서 보좌에 앉아 다스렸던 권력자들이었다. 또한 아직 하와의 자손들 가운데서도 새로운 이름들을 얻지 못했는데, 나중에 하나님의 허락 아래 땅을 두루 다니며 그릇된 지식과 거짓말로 사람들을 시험해서 인류의 거의 대부분을 타락시켜서, 그들의 창조주이신 하나님을 버리고, 그들을 지으신 분의 보이지 않는 영광을 짐승의 우상으로 바꾸어서, 화려한 제의와 황금으로 가득한 그럴 듯한 종교들로 치장하여, 귀신들을 신들로 숭배하도록 만들었을 때에야, 그들은 이교 세계 전체에 다양한 이름들과 우상들로 알려지게 될 것이었다.[26]

뮤즈여, 그때에 알려지게 될 자들의 이름들, 즉 그들의 위대한 황제가 부르는 소리를 듣고서, 불의 침상에서 자다가 벌떡 일어나서, 무수히 많은 나머지 졸개들은 아직 저 멀리 서 있는 동안에, 자신들의 서열에 따라 누구는 처음에, 누구는 마지막에 그 황제가 서 있는 해안으로 나아온 우두머리들의 이름들을 말하라. 그들은 먼 훗날 지옥의 구덩이에서 나와서 먹잇감을 찾아 땅 위를 두루 다니다가, 결국에는 감히 하나님의 자리 바로 옆에 자신들의 자리를, 그리고 하나님의 제단 바로 옆에 자신들의 제단을 정하고서, 주변 나라들 가운데서 신들로 숭배를 받고, 시온에서 그룹 천사들 사이에 좌정하시고서 우렛소리를 발하셨던 여호와를 대적했던 자들이다.[27] 그렇다, 그자들은 자주 하나님의 성

되어 있을 때에만 나중에 천국의 주민이 될 수 있다(요한계시록 3장 5절).

26 기독교의 교부들 중에서 테르툴리아누스, 오리게네스, 아우구스티누스 등은 이교의 신들은 원래 타락한 천사들이었다고 생각했고, 그러한 생각은 밀턴 시대에도 지속되었다.

27 "시온"에는 예루살렘 성전이 있었고, 성전에서 이스라엘의 하나님 "여호와"는 지성소라 불리는 가장 안쪽에 있는 성소에 있는 법궤의 황금 덮개 양쪽 끝에 장식된 금으로 만들어진

소 안에 자신들의 신당과 가증스러운 것들을 두고서, 저주받은 것들로 하나님의 거룩한 제사와 엄숙한 절기들을 더럽혔고, 자신들의 어둠으로써 하나님의 빛에 대적하였다.

첫 번째로 나아온 자는 몰록이었다.[28] 이자는 그 몸이 인신제사의 피와 부모의 눈물로 범벅이 되어 있는 무시무시한 소름끼치는 왕이다. 자신들의 자녀가 불을 통과해서 저 끔찍한 몰록의 신상 앞에 바쳐지면서 내질렀던 처절한 울음소리는 북과 탬버린의 요란한 소리에 묻혀 부모에게는 들리지 않았다. 암몬 족속이 랍바와 그 물의 들판에서, 아르곱과 바산에서, 그리고 저 먼 아르논 강에 이르기까지 섬겼던 것이 바로 이 몰록이었다.[29] 하지만 몰록은 이렇게 자기에게 헌신적이었던 족속으로도 성이 차지 않아서, 세상에서 가장 지혜롭다고 하는 솔로몬의 마음까지 미혹시켜, 하나님의 성전을 마주 보고 있는 저 치욕의 산 위에 자신의 신당을 짓게 하고, 저 아름다운 힌놈의 골짜기를 자신의 숲으로 만들어 버렸으니, 그 후로 그 골짜기는 도벳 또는 검은 게헨나로 불리며 지옥의 모형이 되었다.[30]

"그룹 천사들" 사이의 보좌에 앉아 있었다.

28 "몰록"은 암몬족의 태양신으로서 히브리어로는 "왕"이라는 뜻이다. 머리가 송아지 형상으로 된 금속으로 만든 거대한 신상을 불에 달구어서 그 팔에 아이를 올려놓고 번제를 지냈고, 이때 아이의 울음소리가 들리지 않게 하기 위해 타악기가 연주되었다.

29 "물들의 도시"라는 뜻을 지닌 "랍바"는 오늘날 요르단의 암만이다. "아르곱"과 "바산"이라는 성읍들과 "아르논 강"은 사해 동쪽에 있었다.

30 "치욕의 산"은 감람산을 가리킨다. 그 산에 있는 "힌놈의 골짜기"는 왕궁 정원의 일부로서 아름다운 숲이었는데, 거기에 솔로몬이 "도벳" 산당을 세우고 인신제사를 드리게 되었고, 나중에는 유다 왕 요시야가 종교개혁을 행하면서 이교 신상들을 그곳에 버린 후로 쓰레기 소각장이 되면서, 쓰레기 소각과 인신제사로 인해 늘 불길이 솟아오르는 곳이 됨으로써, "힌놈의 골짜기"를 뜻하는 히브리어 "게헨나"는 지옥을 뜻하는 단어가 되었다. "도벳"은 "태우는 곳, 용광로, 제단"이라는 뜻으로서 몰록 신당의 이름이었다.

다음으로 나아온 자는 그모스였다.[31] 이자는 모압 자손들이 아로아에서부터 느보 산까지, 남방 끝자락의 아바림 광야, 포도나무로 뒤덮인 십마의 비옥한 골짜기 너머 시혼의 영토에 있는 헤스본과 호로나임, 엘르알레에서부터 역청의 호수에 이르기까지 숭배했던 음란한 자였는데,[32] 이스라엘 백성이 나일에서 출발해서 싯딤에 이르렀을 때, 그들을 유혹해서 음란한 제의로 자기를 섬기게 해서 재앙을 입게 만들었을 때는 브올이라는 이름으로 불리기도 하였다.[33] 하지만 그는 자신의 음란한 제의를 몰록의 인신제사의 골짜기 옆에 있는 저 치욕의 산까지 확장해서, 선한 요시야 왕이 이 둘을 거기에서 몰아내어 지옥으로 내쫓을 때까지는, 거기에서 증오와 음욕이 손을 맞잡고 있었다.

　　이 둘과 함께 온 자들은 유프라테스 강에서부터 이집트와 시리아의 경계를 이루는 강에 이르기까지의 땅들에서 일반적으로 이런저런 바알과 아스다롯으로 알려져 있던 자들이었는데, 바알은 남성이었고 아스다롯은 여성이었다.[34]

31　"그모스"는 모압족의 다산의 신이었다. 암몬족의 몰록처럼 아이를 불 가운데로 지나가게 하는 인신제사의 형태로 숭배되었다.

32　"아로아"는 아르논 강가의 성읍이었고, "느보 산"은 아바림 산맥에 속한 산으로서 하나님의 명령으로 요단 강을 건널 수 없었던 모세가 하나님이 약속한 가나안 땅을 보기 위해 올라간 산으로 유명하다. "아바림 광야"는 모압의 변경으로 "모압 앞쪽 해 돋는 쪽 광야"로 불리기도 했다. "십마"는 요단 동편에 있는 모압 족속의 성읍으로서 포도나무로 유명했다. "시혼"은 아모리족의 왕으로서, 이스라엘 백성이 가나안으로 들어가기 위해 통과시켜 줄 것을 요청했지만 이를 거절하고 공격하다가 죽임을 당하였다. "헤스본"은 아모리족의 수도였고, "호로나임"과 "엘르알레"는 모압족의 성읍들이었다. "역청의 호수"는 사해를 가리킨다.

33　"브올"은 모압의 산지인데, 거기에서 숭배된 바알은 "바알브올"로 불렸다. 바알은 가나안의 주신으로서 다산의 신이고, 그 제의에는 여사제들과의 음행 의식이 포함되어 있었다. 이스라엘 백성은 광야를 지나 가나안 땅으로 가는 길에 모압족의 성읍인 "싯딤"에서 모압 여자들과 음행하며 바알브올로 불린 그모스 신을 숭배했다가 25,000명이 죽는 화를 당하였다.

34　"바알"은 "주인"이라는 뜻을 지닌 가나안 족속과 페니키아 인들이 숭배했던 태양신으로서,

영들은 자신이 원하는 대로 남성이나 여성, 또는 양성이 될 수 있고, 영들의 순수한 실체는 지극히 부드럽고, 섞여 있는 것이 전혀 없으며, 관절이나 사지에 묶여 있지 않고, 둔중한 살과는 달리 부서지기 쉬운 힘없는 뼈에 의존되어 있지도 않으며, 자신이 원하는 모양으로 늘어나기도 하고 줄어들기도 하며, 빛을 발하기도 하고 어두워지기도 하며, 사랑 또는 적대의 일들을 수행하여 공중에서 자신의 목적들을 이룰 수 있다.

바알과 아스다롯으로 인해 이스라엘 족속은 자주 살아계신 하나님의 힘을 버리고 하나님의 의로운 제단을 떠나서, 짐승 모양의 신들에게 머리를 숙이는 참담한 짓을 행하였고, 그들의 그런 행태로 인해 전쟁터에서도 그들의 머리는 숙여져서 하찮은 적의 창 앞에서 땅으로 떨어지는 일이 벌어졌다.

그들과 함께 무리지어 온 자들 중에는 페니키아 인들이 아스타르테라고 불렀던 하늘의 여왕 아스도렛도 있었는데,[35] 이 여신에게는 초승달 모양의 뿔이 있었다. 시돈의 처녀들은 밤에 달빛을 받아 밝게 빛났던 이 우상에게 서원과 찬양을 바쳤고, 그 찬양은 시온에서도 울려 퍼졌으며, 저 치욕의 산 위에는 이 여신의 신당이 있었는데, 그 신당을 세운 이는, 지혜로운 마음을 지녔으면서도 자신의 수많은 아내들을 극

성경에서 여호와 하나님을 제외하면 가장 많이 언급되는 신이고, 여호와 하나님의 가장 강력한 경쟁자였다. 그는 다산의 신으로서, 신당에 남창과 여창을 두고서 음행을 하는 것이 제의에 포함되어 있었는데, 이는 그런 식으로 해야 다산을 이룰 수 있다고 믿어졌기 때문인 것으로 보인다. "아스다롯"은 바알의 배우자인 여신이었다.

35 "아스타르테" 또는 "아스도렛"은 원래 페니키아를 비롯한 서아시아와 소아시아 지역의 주신이었던 "엘"의 아내였다. "엘"이 나중에 주신으로서의 자리를 아들인 "바알"에게 빼앗긴 후에는, 이 여신은 바알의 여동생이자 아내가 되었던 것으로 보인다. 아랍인과 아람족은 이 여신을 "천계의 지배자," "만신의 어머니"로 부르고 숭배하였다. 그녀의 황소 머리로부터는 "초승달 모양의 뿔들"이 나 있다.

진히 사랑해서 결국에는, 우상 숭배자들이었던 자신의 아름다운 아내들에게 미혹되어 더러운 우상들에게 넘어갔던 저 왕(솔로몬)이었다.

그 뒤를 따라 나아온 자는 **탐무즈**였다. 잔잔한 아도니스 강이 자신의 발원지인 저 바위 산에서 바다에 이르기까지 붉은 빛이 되어 흘러가는 동안에, 사람들은 그 붉은 물을 해마다 죽는 그의 피라고 생각해서, 시리아의 처녀들은 애달픈 마음에 여름의 한 날을 온종일 사랑 노래로 그의 기구한 운명을 애도하였고,[36] 이 사랑 이야기는 시온의 딸들에게도 똑같은 정념을 불러일으켜서, 에스겔[37]은 묵시 가운데서 하나님을 떠나 사악한 우상 숭배를 하는 유다 백성의 모습을 보았을 때, 이 딸들이 성전의 거룩한 문간에서 이 신과 음란한 짓을 하는 것도 함께 목도하였다.

그 다음으로 나아온 자는 필리스틴 인들이 이스라엘 사람들에게서 빼앗아 온 법궤에 의해 자신의 신당에서 머리와 두 손을 잘림으로써 짐승 형상의 그 신상이 불구가 된 채로 문지방에 그대로 엎드려져서 자신을 숭배하던 자들을 부끄럽게 하고서는 깊은 한숨을 쉬며 자신의

---

36 "탐무즈"는 시리아의 신으로서, 아스도렛 여신과의 사랑 이야기가 전해지는데, 그리스 신화에서 아프로디테의 사랑을 받은 미소년 "아도니스"에 해당하는 신이다. 사람들은 이 신이 7월에 죽어서 지하세계로 내려갔다가 다음 해 봄에 다시 부활하여 만물을 소생하게 한다고 믿었고, 이 신이 죽는 7월에는 그를 애곡하는 의식이 행해졌는데, 이스라엘의 포로기에는 예루살렘 성전에서 이 신에 대한 우상 숭배가 행해지기도 했다. 탐무즈 제의에는 아주 음란한 의식이 행해졌다. 여기에서 "아도니스 강"은 레바논의 한 강의 이름으로서 레바논의 한 산에서 발원하여 지중해로 흘러들어가는데, 해마다 7월이면 철분의 함량이 많은 진흙으로 인해 그 강물이 붉은 핏빛으로 변한다고 해서 그런 이름이 붙여졌다.
37 "에스겔"은 이스라엘이 바빌론으로 포로로 잡혀가 살았던 포로기의 선지자로서, 바빌론의 그발 강가에서 묵시 또는 환상을 통해 예루살렘으로 가서 성전에서 벌어지고 있던 우상 숭배의 현장을 목격하였다.

신세를 한탄했던 바로 그자였다. 그의 이름은 윗부분은 사람 형상, 아랫부분은 물고기 형상으로 이루어진 바다 괴물인 다곤이었다. 그런 일이 있었음에도, 그의 신당은 아스돗에 높이 세워져서, 팔레스타인의 해안 지대에서, 곧 가드와 아스글론과 에그론과 가자의 접경지들에서 사람들은 그를 숭배하였다.[38]

다곤의 뒤를 따라 나아온 자는 림몬[39]이었다. 그의 본거지는 아름다운 다메섹에 있는 맑은 물이 흐르는 아바나 강과 바르발 강의 비옥한 강 기슭이었는데, 그도 하나님의 집에 대적하는 담대함을 보여서, 한때 자신을 섬겼던 나병환자를 잃자, 그 대신에 왕을 자기편으로 끌어들여서, 저 얼빠진 정복자 아하스 왕을 미혹하여, 그로 하여금 하나님의 제단을 업신여겨 시리아 식의 제단으로 대체한 후에 그 제단 위에서 가증스러운 제물을 번제로 드려서 자신이 정복했던 신들을 섬기게 만든 자였다.

그 다음으로는 옛적에 이름을 날렸던 오시리스, 이시스, 오루스와 그들의 패거리로 이루어진 한 무리의 도당이 등장했는데,[40] 그들은 괴기

---

38 "다곤"은 필리스틴 인(성경에서는 "블레셋 인")들이 숭배하던 "곡물, 큰 물고기"란 뜻의 곡물과 물고기의 신으로서, 위로는 사람, 아래로는 물고기의 모습을 하고 있었다. "아스돗," "가드," "아스글론," "에그론," "가자"는 필리스틴 인의 다섯 곳의 주요 성읍으로서 다곤 숭배가 행해지던 곳이었다.

39 "림몬"은 우레와 폭풍을 주관하는 아시리아의 신으로서 메소포타미아와 시리아와 팔레스타인에서 널리 숭배되었는데, 시리아에서는 다산의 신으로 숭배되었다. 그의 신상은 소 뿔 모양의 투구를 썼고, 손에는 번개 모양의 창이 들려 있다. 시리아의 나아만 장군이 나병에 걸렸다가, 이스라엘의 선지자 엘리사의 지시를 따라 요단 강에서 몸을 씻고서 나은 후에 이스라엘의 여호와를 섬기게 되었지만, 유다 왕 아하스는 시리아를 정복한 후에 도리어 림몬 신의 숭배자가 되어 버렸다.

40 여기에 등장하는 신들은 원래 거인족의 반란으로 올림포스에서 쫓겨나서 "짐승"의 모습을 하고서 유랑할 수밖에 없었던 자들인데, 이집트 인들은 나중에 그런 짐승의 머리를 한 신들

스러운 형상들과 주술로써 열광하는 이집트와 그 사제들을 미혹해서, 사람의 형상이 아니라 짐승의 형상을 한 그들의 유랑하는 신들을 추종하게 하였다. 이스라엘도 거기에 물드는 것을 피하지 못하고서, 이집트인들에게서 가져온 황금으로 호렙 산에서 송아지 우상을 만들어 그 신상을 여호와라 불렀고, 반역의 왕[41]도 벧엘과 단에서 그 죄를 두 번이나 연거퍼 지어서, 풀을 뜯어먹는 황소의 신상을 만들어놓고 그 신상을 자신의 창조주라고 불렀다. 하지만 여호와는 이스라엘이 이집트에서 나올 때, 이집트의 모든 장자들과, 우는 소리를 하며 푸념하던 이집트의 신들을 단 일격으로 초토화시켜 버렸던 바로 그분이 아니시던가.

마지막으로 나아온 것은 **벨리알**이었는데,[42] 하늘에서 떨어진 신들 중에서 음란한 것과 악을 그 자체로 사랑하는 사악함에서 이 신보다 더한 신은 없었다. 사람들은 그를 위해서 그 어떤 신당도 세우지 않았고, 제단 위에서 그를 위해 향을 피운 적도 없었지만, 엘리의 아들들처럼 무신론자들이 제사장이 되어서 하나님의 전을 음욕과 폭력으로 가득 채웠을 때, 성전과 제단에서 이 신만큼 자주 나타난 신은 없었다. 또

을 숭배했다. "오시리스"는 황소 머리를 한 신으로서 죽은 자들의 수호신이었고, "이시스"는 오시리스의 아내이자 누이인 땅의 신으로서 암소 머리를 하고 있었으며, "오루스"는 오시리스와 이시스 사이에서 태어난 태양신으로서 매의 머리를 지니고 있었다.

41 "반역의 왕"은 이스라엘 왕 여로보암을 가리킨다. 그는 솔로몬의 뒤를 이어 왕이 된 르호보암에게 반기를 들어 북왕국 이스라엘을 세우고서, 사람들이 여호와를 섬기기 위해 남왕국의 예루살렘 성전으로 가지 못하게 하기 위해 북쪽의 성읍들인 "벧엘"과 "단"에 송아지 우상을 섬기는 성소를 세웠다. "벧엘"은 야곱이 꿈에서 천사들이 하늘까지 닿는 사다리를 오르내리는 것을 본 후에 제단을 쌓은 곳이었다.

42 히브리어로 "무가치함"을 뜻하는 "벨리알"은 성경에서는 특정한 신의 이름으로 나오지 않고 일반적인 "사악함"을 의인화한 명칭으로서, 사악한 불한당들을 "벨리알의 아들들"이라고 표현한 것이 그 예다. 대제사장 엘리의 두 아들들은 제사장의 신분이었으면서도, 사람들이 하나님께 드린 제물들을 가로채고 창기들과 음행한 "벨리알의 아들들"이었다.

한 궁정들과 왕궁들과 사치스러운 도시들에서 방탕과 술수와 폭력의 소란이 아주 높은 담들 위로 울려 퍼질 때, 거기에서도 이 신은 지배한다. 밤이 거리들을 어둠으로 뒤덮으면, 벨리알의 아들들은 술에 취해 오만방자하게 거리를 활보한다. 이것은 문을 열어 손님을 환대했던 집 주인들이 손님에게 가해질 더 심한 능욕을 피하기 위해 자신들의 여자를 그 거리의 불한당들에게 내어 놓아야 했던 그 날 그 밤에 소돔의 거리들과 기브아가 목격했던 장면이었다.[43]

우리가 지금까지 살펴본 자들은 서열이나 권력에서 최고인 자들이었다. 그들 외에도 인간 세상에서 널리 숭배되었던 다른 신들을 열거하자면 끝이 없을 것이다.

이오니아의 신들은 야완의 자손들에 의해 신들로 인정되었지만, 나중에 하늘의 신과 땅의 신이 자신들의 자랑스러운 부모라고 고백했고, 티탄은 하늘의 신의 수많은 자녀들 중에서 장자였으면서도 자신의 아우인 사투르누스에게 장자권을 빼앗겼지만, 사투르누스도 아내인 레아에게서 낳은 아들인 힘센 제우스에 의해 똑같은 일을 당하였고, 이렇게 해서 제우스는 최고신의 자리를 찬탈하여 모든 신을 다스리게 되었다.[44] 이 신들은 처음에는 크레타와 이다에서 알려졌지만, 그 후에는

---

43 "소돔"은 사해 근방에 있던 시리아의 성읍으로서 특히 동성애가 성행한 것을 비롯해서 당시 가장 타락했던 곳이었는데, 여기에 언급된 것은 하나님이 소돔을 심판하기 위해 보낸 천사들을 소돔의 주민들이 욕보이려 하자, 거기에 살던 의인 롯이 자신의 손님들을 보호하기 위해 자신의 딸들을 내어준 사건이다. "기브아"에서도 동일한 사건이 일어나서, 한 노인이 자신의 손님인 레위인을 보호하기 위해 몇몇 벨리알의 아들들에게 자신의 첩을 내어주었는데, 그녀는 밤새도록 능욕을 당하고 이튿날 아침 죽은 채로 발견되었다.

44 "이오니아"는 에게 해와 접한 아나톨리아의 서남부를 지칭하는 고대의 지명인데, "이오니아의 신들"은 여기에서 "야완의 자손들"로 표현된 그리스인들이 섬겼던 신들을 가리킨다. "야완"은 노아의 손자이자 야벳의 아들이다. 그들은 티탄 신족 또는 거인족을 "우라노스"(하늘)와 "가이아"(땅)의 자손들로 여겨서 신들로 숭배했다.

추운 올림포스의 눈 덮인 정상에서 그들이 알고 있던 가장 높은 하늘이었던 중천을 다스렸고, 델포이의 절벽에서, 또는 도도나에서, 그리고 도리스 땅의 모든 지역에서도 다스렸다. 또한 늙은 사투르누스와 함께 도망친 신들은 아드리아를 넘어 헤스피리아의 평지로 나아가서 켈트 족의 땅을 지나 땅 끝의 섬들을 돌아다녔다.[45]

이 모든 자들 외에도 다른 자들도 떼지어 나아왔다. 그들은 대체로 낙담하고 의기소침해서 기운이 없어 보였지만, 자신들의 두령이 절망에 빠져 있지 않은 것과 그들이 모든 것을 다 잃은 것이 아니라는 것을 확인하고서는 안도하며 약간의 기쁜 모습을 보이는 자들도 있었다. 두령의 표정에도 회의적인 기미가 드리워져 있긴 했지만, 그는 이내 그 자신에게 익숙한 오만함을 다시 회복해서는, 실제로는 아무것도 없으면서 마치 정말 대단한 것이 있기라도 한 듯한 인상을 주는 그런 당당한 목소리로, 그들의 꺼져가는 용기를 북돋우고 그들에게서 두려움을 내쫓아 주었고, 그런 후에 즉시 전쟁을 알리는 큰 나팔 소리와 작은 나팔 소리가 울려 퍼지는 가운데 자신의 위엄이 서려 있는 군기를 높이 들어올리라고 명령한다. 이 일을 하는 영예는 키가 큰 그룹 천사인 아자젤[46]의 몫이었다.

---

45 "크레타"는 지중해의 섬이고, "이다"는 크레타 섬의 높은 산인데, 제우스는 이 산의 동굴에서 몰래 양육되었다. "올림포스"는 그리스에서 가장 높은 2,917미터의 산으로서 연중 눈이 덮여 있는데, 고대 그리스인들은 "올림포스"를 신들이 사는 곳이라고 생각했다. 사람들은 하늘을 상천과 중천과 하천으로 나누었는데, 상천은 우주의 하늘을 가리키고, "중천"은 대기권의 상층부, 하천은 대기권의 하층부를 가리킨다. "델포이"는 아폴론의 신전이 있던 곳이었고, "도도나"는 제우스의 신전이 있던 곳이며, "도리스 땅"은 그리스를 가리킨다. "아드리아"는 크레타 섬과 시칠리아 섬 사이의 바다이고, "서쪽"을 의미하는 "헤스피리아"는 그리스의 서쪽에 있는 지금의 이탈리아를, "켈트족의 땅"은 지금의 프랑스를, "땅 끝의 섬들"은 지금의 영국을 가리킨다.

46 "아자젤"은 천국에서 내려와 아담에게 복종하라는 하나님의 명령을 어기고서 인간인 여자와 관계를 맺어서 지옥에 떨어진 타락 천사로서 지옥의 여러 수령들 중 하나다. 염소의 뿔

그가 즉시 빛나는 깃대로부터 황제의 대장기를 펼쳐서 드높이 들어 올리자, 스랍 천사의 휘장과 문장이 황금실로 수놓아지고 온통 보석들로 뒤덮인 채 펄럭이는 그 대장기는 바람을 따라 물결처럼 흐르는 유성 같은 빛을 발하였다. 전쟁을 알리는 나팔 소리가 계속해서 울려 퍼지는 가운데 휘날리는 대장기를 보고서, 군대 전체가 일제히 함성 소리를 질러대자, 지옥의 천정이 찢어져서, 그 너머에 있는 혼돈이 지배하는 저 오랜 밤의 나라도 화들짝 놀랐다. 그 순간 일만의 군기가 한꺼번에 어둠을 뚫고 높이 들어올려져서, 오색찬란한 군기들의 물결이 공중에 넘실댄다. 군기들과 함께 창들로 이루어진 거대한 숲이 높이 솟아올랐고, 도대체 몇 겹인지 가늠조차 되지 않을 정도로 무수히 많은 대오로 촘촘히 정렬된 투구들과 방패들이 보였다.

이윽고 그들은 도리스 풍의 피리 소리와 부드러운 음색의 퉁소 소리를 따라 완벽한 밀집대형을 이루고서 움직인다. 그것은 출전을 위해 무장을 끝낸 옛 영웅들의 고귀한 기상을 최고조로 끌어올려 주고, 분노가 아니라 신중하면서도 견고하여 요동함이 없는 용기를 그들에게 불어넣어 주어서, 죽음이 두려워서 도망치거나 비겁하게 후퇴하는 일이 없게 해 준 바로 그 군악軍樂이었다.[47] 또한 그 군악의 장엄한 곡조 속에는, 죽을 수밖에 없는 존재인 인간이나 영원히 죽지 않는 존재인 천사들의 마음에서 근심과 걱정을 덜어주고 완화시켜 주며, 고뇌와 의심과

을 지니고 수염을 기른 남자의 형상으로 묘사되는데, 구약성경의 외경인 에녹서에는 검과 방패를 만드는 방법을 인간에게 가르쳐준 것으로 나온다. 그는 사탄의 군대의 네 명의 기수 중 한 명이었다.

47 플라톤은 자신의 『국가』에서 "도리스 풍"은 장엄한 군대 음악을 만드는 데 사용되던 그리스의 음악 형식으로서 차분하면서도 단호한 분위기가 그 특징이라고 말한다. "옛 영웅"으로 표현된 스파르타 군대는 도리아 풍의 피리 소리에 맞춰 행군하였다. "밀집대형"은 창을 든 보병들이 통상적으로 여덟 겹의 정사각형의 진을 형성하는 전투대형을 가리킨다.

두려움과 비탄과 고통을 쫓아주는 힘이 있었다. 이렇게 그들은 확고한 목표의식으로 무장해서 힘을 한데 모아 결연한 각오로 부드러운 피리 소리에 맞춰 말 없이 앞으로 전진해 나아갔는데, 그 부드러운 피리 소리는 불에 그을린 땅을 밟고 나아갈 때에 그들의 발에 전해지는 고통을 달래주었다.

이렇게 앞으로 전진해 나아갔던 그들은 이제 그 끝이 보이지 않을 정도로 헤아릴 수 없이 많은 어마어마한 수의 인원으로 눈부시게 번뜩이는 무수히 많은 무기들을 들고 대오를 갖춘 채로, 창과 방패를 들고 질서정연하게 정렬해 있던 옛 전사들과 같은 모습으로 그들의 위대한 두령에게서 내려오게 될 명령을 기다리고 서 있다. 두령은 자기 앞에 집결해 있는 무장한 대오를 노련한 눈으로 한 번 훑어보고 나서, 곧 신들의 얼굴과 용모를 지닌 자들이 각자의 소속 부대에 따라 도열해 있는 전군을 찬찬히 살펴본 후에, 마지막으로 그들의 수를 세어 본다. 이제 그의 마음은 교만으로 부풀어 오르고, 자신의 힘에 대한 자랑으로 완고해진다.

인간은 창조된 이래로 이 만한 군대를 단 한 번도 본 적이 없었다. 이 군대에 비하면, 그동안 인간이 동원해 왔던 그 어떤 군대도, 두루미 떼의 공격을 받고 여지없이 패했다고 하는 저 난쟁이족의 보병대[48]보다 더 나았다고 말할 수 없었다. 플레그라의 거인족의 모든 자손이 테베와 일리움에서 싸웠던 저 영웅들의 족속과 힘을 합치고,[49] 거기에 원

---

48 이것은 호메로스의 『일리아스』에 나오는 인도와 에티오피아에 살았다고 하는 피그미족이라는 난쟁이족에 관한 이야기다.
48 이것은 호메로스의 『일리아스』에 나오는 인도와 에티오피아에 살았다고 하는 피그미족이라는 난쟁이족에 관한 이야기다.
49 마케도니아에 있는 "플레그라"는 거인족인 티탄 신족들과 올림포스 신들 간의 싸움이 벌어졌던 곳이고, 아테네 북쪽의 "테베"와 트로이를 가리키는 "일리움"은 『일리아스』에 등장하는 영웅들이 싸움을 벌인 곳이다.

42

군으로 와서 이 두 진영을 도왔던 신들의 힘을 합친다고 해도 마찬가지일 것이었고, 거기에 우제르의 아들 아서 왕에 관한 전설에서 브리튼과 아르모리카의 기사들에게 포위당했다고 하는 아서 왕의 기사들을 더하고,[50] 세례를 받아 기독교도가 된 자들이든 아니면 기독교 신앙을 지니지 않은 자들이든 아스프라몬트, 몬탈반, 다마스코, 마로코, 트레비존드에서 창시합을 벌였던 모든 자들을 더하고,[51] 샤를마뉴 대제가 폰타라비아에서 자신의 모든 용사들과 함께 쓰러졌을 때 비세르타가 아프리카 해안에서 보낸 자들을 더한다고 해도,[52] 마찬가지일 것이었다. 이렇게 이 군대는 인간과는 비교가 되지 않을 정도의 용맹함을 갖추고 있었지만, 자신들의 두려운 대장의 명령에는 절대적으로 복종하였다.

이 대장은 장대한 신장과 기품 있는 풍채에서 자신의 졸개인 그 어떤 천사보다도 월등해서 높이 솟은 탑처럼 그들 가운데 우뚝 서 있었다. 패망하기는 했지만, 그의 형체는 그가 처음에 하나님에게서 받았던 광채와 천사장의 면모를 아직은 잃지 않았고, 단지 전에는 지극히 찬란하게 빛났던 영광이 조금 어두워진 것뿐이어서, 그것은 태양이 다시 떠오를 때 안개가 자욱한 지평선의 희뿌연 대기에 그 햇살이 가려졌을

---

50 "브리튼과 아르모리카의 기사들"은 "영국"과 영국의 식민지였던 프랑스 서북부의 "아르모리카"에서 온 기사들로서 아서 왕 진영과 싸운 자들이다.

51 여기에 열거된 곳들은 기독교인들과 이슬람교도들의 전쟁에 관한 많은 이야기들 속에서 두 진영의 기사들 간에 마상창시합이 벌어졌던 곳들이다. 검은 산을 뜻하는 "아스프라몬트"는 네덜란드의 도시였고, 흰 산을 뜻하는 "몬탈반"은 십자군의 영웅 리날도의 고향인 프랑스의 도시였으며, "다마스코"는 지금의 다마스쿠스이고, "마로코"는 술탄이 통치했던 아프리카 지역으로서 오늘날의 모로코이며, "트레비존드"는 사해 근방에 있던 비잔틴 도시였다.

52 이슬람교도들은 스페인을 공격하기 위해 튀니지의 "비세르타"에 집결했고, "폰타라비아"에서 샤를마뉴 대제의 최고의 기사가 이끄는 후방부대를 궤멸시켰다. 하지만 이 전투에서 샤를마뉴 대제가 죽었다고 말하는 이야기는 전해지지 않는다.

때와 같거나, 일식 때에 태양이 달 뒤에서 재앙의 붉은 빛을 희미하게 이 땅의 나라들의 절반에 비추어, 군왕들로 하여금 변고에 대한 두려움으로 떨며 당혹스럽게 만들 때와 같았다. 하지만 그런 식으로 어두워졌어도, 이 천사장은 다른 모든 천사보다 더 밝게 빛을 발하였다. 그의 얼굴에는 하나님이 보낸 우레에 맞아 생긴 상처의 골들이 깊이 패여 있었고, 그의 빛 잃은 뺨에는 수심이 앉아 있었지만, 그것은 결코 굴하지 않는 용기와 복수를 다짐하는, 오만함이 배어 있는 눈썹 아래 가려져 있었다.

그의 눈빛은 잔인했지만, 한때는 아주 행복해 보였다가 지금은 단죄되어 영원토록 고통 받게 될 운명에 처해진 자신의 범죄의 공범들, 아니 자신의 추종자들을 바라보는 그의 눈에는 회한과 분노의 기미도 보였다. 이 수백만의 영들은 그의 잘못으로 인해 천국에서 추방되었고, 그의 반역으로 인해 영원한 영광들에서 내쳐졌다. 하지만 그들의 영광은 시들었어도, 그들은 아주 충성스럽게 그의 앞에 서 있었는데, 그것은 하늘에서 내린 불이 참나무 숲이나 소나무 산을 태웠을 때, 비록 윗부분이 다 타버려서 푸른빛은 전혀 없어도 여전히 황량한 땅 위에 꿋꿋이 서 있는 모습과도 같았다.

이제 그가 말하려고 하자, 그의 군대는 좌우 양쪽의 날개 부분을 구부려서 반원 모양으로 포진해서, 그와 그를 옹위하고 있던 각 부대의 지휘관들을 에워싼 후에, 조용히 그를 주시하며 그의 말을 기다렸다. 그는 눈물을 보이는 것은 바보 같은 짓이라고 여겨서 꾹 참고 있다가, 막상 말을 꺼내려다가 울컥해서 천사들의 방식으로 눈물을 흘리고 말았고, 이것은 세 번이나 반복되었다. 그렇게 하고나서야 마침내 푸념과 탄식이 섞인 말을 겨우 꺼낼 수 있었다.

"오, 무수히 많은 불멸의 영들이여, 전능자 외에는 상대할 자가 없는 권능들이여, 우리가 벌인 전투는, 지금 우리가 서 있는 이 장소와, 입에 올리기조차 싫은 우리의 이 변화된 비참한 처지가 증언해 주듯이, 그 결과가 참담하긴 했어도 결코 수치스러운 것이 아니었지만, 당시에는 과거나 현재의 심오한 지식에 의거해서 미래를 내다보거나 예언하는 능력을 지닌 그 어떤 존재도 지금 내 앞에 서 있는 그대들 같은 신들의 연합군이 패배하리라고는 꿈에도 생각할 수 없었을 것이고, 이렇게 패배한 지금에 있어서조차도, 우리가 추방당함으로써 하늘이 텅 비게 될 정도로 그토록 막강한 힘을 보유한 우리 군대가 우리 자신의 힘으로 다시 일어서서 하늘로 올라가 원래 우리의 자리를 되찾는 일이 불가능할 것이라고 믿을 자가 누가 있겠는가.

내가 나의 군대를 엉뚱한 길로 이끌었거나 위험을 무릅쓰지 않고 안일하게 대처하다가 이렇게 패배하여 우리의 소망을 잃게 만든 것이 아니었다는 것은 하늘의 모든 군대가 얼마든지 증언할 수 있는 일이다. 우리의 패인은 하늘에서 왕으로 다스리고 있는 이가 당시까지는 자신의 과거의 명성과 천국의 신민들의 동의와 관례를 따라 자신의 보좌 위에 앉아서 아무런 문제 없이 왕으로서의 권세를 온전히 발휘할 수 있었기 때문에, 그의 힘이 어느 정도인지가 제대로 드러나지도 않았고 알려져 있지도 않았다는 데 있었다. 그리고 그런 사정으로 인해 우리는 오판해서 반역을 시도했고 우리 자신의 몰락을 자초했다. 이로 인해 우리는 그의 힘이 어느 정도인지를 알게 되었고, 우리 자신의 힘이 어느 정도인지도 알게 되었기 때문에, 우리 쪽에서 도발하지도 않겠지만, 그 쪽에서 도발하는 경우에는 또다시 싸우는 것에 대한 두려움도 없게 되었다.

이제 우리에게 남아 있는 더 나은 방책은 온갖 기만술을 동원해서 은밀하게 행하여 힘으로는 해낼 수 없는 일을 이루어내는 것이다. 그러면 결국에 그는, 힘으로 승리한 자는 자신의 적을 단지 절반만 이긴 것일 뿐이라는 사실을 알게 될 것이다. 그가 오래 전부터 장차 어느 곳에 새로운 세계들을 창조하고서 어떤 세대를 선택해서 그들에게 천국의 아들들과 동등한 은총을 주어 거기에서 살게 하고자 하는 계획을 이미 세워두었다는 소문이 이미 하늘에 파다하다. 정탐하는 수준에서 그친다고 할지라도, 우리가 가장 먼저 진군해 나아가야 할 곳은 바로 그곳이다. 그리고 그곳이 아니더라도, 우리는 여기를 떠나 다른 곳으로 가야 한다. 이 지옥의 구덩이는 하늘의 영들을 결코 언제까지나 가두어둘 수 없고, 저 심연도 언제까지나 어둠에 덮여 있지는 않을 것이기 때문이다. 하지만 이러한 생각들은 실행에 옮기기 전에 충분한 논의를 통해 숙성이 되어야 한다. 평화는 있을 수 없다. 우리 중에서 항복을 선택할 자는 아무도 없을 것이기 때문이다. 그러므로 전쟁이다. 다만 우리는 전쟁을 은밀하게 진행할 것인지 공개적으로 진행할 것인지를 정해야 한다."

그가 이렇게 말하자, 권능의 그룹 천사들이 그 말에 호응하기 위해서 자신들의 넓적다리에서 뽑은 무수히 많은 화염검들이 허공을 가르며 이리저리 날아다녔다. 이렇게 갑작스럽게 등장한 화염이 지옥을 두루 비치는 가운데, 그들은 지존자에 대한 분노로 타올라서, 자신들의 손에 움켜쥔 무기들로 또다른 손에 쥔 방패를 두들기면서, 전쟁을 북돋는 함성소리를 지르며, 하늘을 향하여 한 번 해보자고 고함을 질러댔다.

거기에서 멀지 않은 곳에 있는 무시무시한 산 정상에서는 불길이 솟구치며 연기가 물결처럼 피어올랐고, 그 산의 나머지 부분은 온통 비늘이 덮여 있는 것처럼 번뜩거렸다. 그것은 산의 자궁 안에 유황의 작용으로 인한 금광석이 매장되어 있음을 보여주는 틀림없는 증표였다. 한 무리의 군대가 그 산을 향해 날개를 치며 신속하게 이동해갔는데, 그 모습은 삽과 곡괭이로 무장한 공병대가 들에 참호를 파거나 보루를 쌓기 위해서 왕의 본진보다 앞서 달려가는 것 같았다.

그 무리를 지휘하는 자는 맘몬이었다.[53] 하늘로부터 떨어진 모든 영들 중에서 가장 비속卑俗한 영이었던 그는 하늘에 있을 때도, 그의 시선과 생각은 언제나 아래로 향해 있어서, 저 지복의 직관[54] 가운데서 신성하거나 거룩한 것들을 보는 것보다는 천국의 화려한 황금길을 보며 감탄하기를 더 좋아했던 자였다. 최초로 땅의 중심을 샅샅이 뒤져서 약탈한 자가 바로 이자였고, 그의 그런 행태를 보고서 그의 무리도 어머니 대지의 내장을 저 불경스러운 손으로 마구 헤집어서 땅 속에 그대로 묻혀 있는 것이 더 좋았을 보화들을 찾아내고자 했다. 이렇게 해서 이내 그의 무리는 산에 상처를 크게 내고서 금맥을 캐내었다. 독을 품은 보물이 있을 곳으로 지옥만한 곳이 없으니, 지옥에 이런 부가 자라고 있다는 것을 아무도 의아해해서는 안 된다.

썩어 없어질 것들을 자랑하고, 바벨탑과 멤피스의 왕들이 만든 것들[55]에 경탄의 목소리를 발하는 자들아, 저주받은 영들은 너희가 그토록 경탄해 마지않는 명성과 힘과 예술의 가장 위대한 기념비들을 한참 능가하는 것들을 너무나 쉽게 만들어내고, 너희가 끊임없는 수고와 무수히 많은 손으로도 한 세대 내에 해내기 어려운 일을 한 시간 안에 이루어낸다는 것을 너희는 알아야 한다.

두 번째 무리는 가까운 평지의 지하에 많은 구멍을 뚫어서, 그 지하의 구멍들을 통해 끌어온 불 못에 있던 액체로 된 불줄기를 사용해서 놀라운 기술로 금광석 덩어리를 녹인 후에 여러 성분으로 분리해내어

---

53 "맘몬"은 "부"를 뜻하는 아람어로서 부를 의인화한 것이다.
54 "지복의 직관"은 천국의 가장 큰 기쁨인 하나님을 뵈옵는 것을 가리키는 스콜라주의적인 용어다.
55 "멤피스의 왕들이 만든 것들"은 이집트의 파라오들이 건설한 피라미드들을 가리킨다.

황금만 남기고 찌꺼기들은 걷어내고 있었다.

그러자 세 번째 무리도 신속하게 땅에 여러 가지 모양의 거푸집을 팠고, 그런 후에는 구멍들에서 부글부글 끓어오르고 있는 쇳물을 기이한 방법으로 끌어와서 각각의 거푸집들을 채웠는데, 그것은 오르간으로 들어간 한 줄기 바람이 일렬로 서 있는 많은 파이프들로 동시에 보내져서 음반이 숨을 쉬는 것과 같았다. 얼마 되지 않아서 마치 땅이 감미로운 교향곡과 달콤한 목소리에 맞추어 숨을 내쉬듯이, 땅속으로부터 신전 같이 지어진 거대한 건물이 올라왔다. 사방으로 열주들로 이루어진 담이 둘러쳐져 있었고, 늘어선 도리스 풍의 기둥들[56] 위로는 황금으로 된 처마가 놓여 있었다. 또한 그 건물에는 부조가 되어 있는 돌림띠가 있었고, 지붕은 황금이 입혀져 있었다. 바빌론이나 카이로도 이런 웅장함을 보여주지는 못했다. 이집트와 아시리아가 부와 사치를 경쟁하던 바로 그 시절에, 그들이 자신들의 신이었던 벨루스와 세라피스[57]의 신전들과 자신들의 왕들의 왕궁을 가장 화려하고 웅장하게 지었어도, 그 모든 것들의 영광도 이 건물에는 미칠 수 없었다.

땅에서 올라오고 있던 이 거대한 건물은 그 웅장함을 가장 잘 나타내주는 높이에서 멈춰 섰고, 그 즉시 청동으로 된 모든 문들이 활짝 열렸는데, 그 안쪽에는 평평하고 드넓게 펼쳐져서 윤기가 흐르는 탁 트인 큰 공간이 있었고, 활처럼 굽어 있는 지붕에는 별처럼 빛나는 수많은

---

56 "도리스 풍의 기둥들"은 단순함과 장중함을 특징으로 하는 건축 양식을 따라 만들어진 기둥들을 의미한다.

57 "벨루스"는 주인과 제왕을 뜻하는 "벨"의 라틴어식 표기로서 "바알"과 같은 의미다. "벨"이라는 명칭은 특히 바빌로니아의 신 마르둑에게 사용되었다. 거기에 있는 이 신의 신전은 아주 유명하다. "세라피스"는 이집트인들이 숭배했던 죽음의 신 또는 의술의 신으로서 오시리스와 아피스를 합성한 신이다. 멤피스에 신전이 있었는데, 프톨레마이오스 1세는 수도 알렉산드리아에 세라피스 신전을 세웠다.

등불과 활활 타오르는 횃불이 마술처럼 매달려서 휘발유와 역청유를 먹고 마치 하늘에서 내려붓듯이 빛을 쏟아내었다.

무리가 감탄하며 급히 쇄도하여 들어와서는, 어떤 자들은 그 건축물을, 어떤 자들은 건축자를 칭송한다. 그는 하늘에서 높이 솟은 수많은 건축물들을 지은 덕분에, 그의 솜씨는 잘 알려져 있었는데, 그 건축물은 최고의 왕으로부터 서열과 등급에 따라 권세와 광명과 통치권을 수여받은 천사들이 그 손에 홀을 지니고서 군주들이 앉는 거처들로 사용되고 있었다.

또한 그 건축자는 고대 그리스에서도 알려져서 칭송을 받았고, 아우소네스 땅에 살던 사람들은 그를 물키베르라 불렀다.[58] 그들 가운데는 그가 하늘에서 어떻게 떨어졌는지에 대한 이야기가 전해내려 오는데, 그 이야기에 따르면, 그는 진노한 제우스 신에 의해 수정으로 된 성벽 바로 너머로 내던져져, 아침부터 정오까지, 그리고 다시 정오부터 서늘한 저녁까지 여름의 한 날 동안 내내 떨어져서, 하늘 꼭대기로부터 마치 유성처럼 저무는 해와 함께 에게 해의 렘노스 섬에 떨어졌다고 한다.

사람들은 그렇게 말하지만, 잘못 안 것이다. 사실 그는 이 반역의 무리와 함께 이미 오래 전에 하늘에서 떨어졌다. 하늘에서 수많은 높은 건물들을 지은 것도 그에게 아무런 도움이 되지 못했고, 이런저런 온갖 궁리를 다해 모면해 보려고 했어도 소용없었다. 그는 하늘에서 내던져져 지옥으로 곤두박질친 후에, 이제는 이 지옥에 자신의 근면한 패거리

---

58 "그 건축자"는 고전적인 신전들을 건축한 신으로서 그리스에서는 헤파이스토스, 이탈리아에서는 불카누스 또는 물키베르라 불렀다. 그가 제우스에 의해 하늘에서 쫓겨나서 에게 해의 렘노스 섬에 떨어진 이야기는 『일리아스』에 나온다. "아우소네스 땅"은 이탈리아를 가리킨다. "아우소네스"는 원래 이탈리아 남부 지방에 살던 부족의 이름이다. 이 부족의 시조인 "아우손"은 오디세우스와 아름다운 여자 마법사 키르케 사이에서 태어난 아들이라고 한다.

들과 함께 이렇게 건축물을 번듯하게 지어놓았다.

이때에 날개 달린 전령들이 최고권력자의 명령을 받들어서, 장엄한 의식과 함께 나팔들을 크게 불어서, 사탄과 그의 주요 지휘관들의 본영인 만신전에서 곧 공식적인 회의가 개최될 것임을 전군에 선포한다. 그 나팔소리는 각급 부대들로부터 원래 계급이 높거나 군사들에 의해 선출되어서 높은 지위에 오르게 된 지휘관들을 호출하는 신호였다. 이내 그들은 수백 또는 수천의 군사들의 호위를 받으며 만신전으로 모여들었다. 모든 입구와 문들과 넓은 현관들, 특히 술탄 앞에서 무장한 용사들이 말을 타고 이교의 최고 기사들과 죽을 때까지 싸우거나 마상 창시합을 하곤 했던 저 들판에 지붕을 만들어 씌운 것 같은 거대한 중앙 로비는 온통 수많은 군사들로 가득 들어차서 지상에서나 공중에서나 날갯짓을 하는 소리들로 소란하다.

그것은 마치 태양이 황소자리에서 수레를 타고 달리는 봄날에,[59] 벌들이 무수히 많은 어린 벌들을 벌집 주변으로 한꺼번에 내보냈을 때, 그 어린 벌들이 쏟아져나가서 신선한 이슬과 꽃들 사이를 어지럽게 날아다니는 모습 같기도 했고, 짚으로 지어진 성채의 바깥 부분에 있는, 새롭게 기름칠이 되어 매끈매끈한 널빤지 위에 벌들이 무수히 들러붙어 이리저리 분주히 거닐며 마치 자신들의 국사를 논의하는 모습 같기도 했다. 이렇게 만신전은 자신들의 둥지로 몰려든 무리들로 빽빽이 들어찼다.

마침내 신호가 떨어지자, 믿기 힘든 기이한 일이 눈앞에서 벌어졌다. 방금 전까지만 해도 지상의 거인족의 자손들을 능가할 정도로 거

---

59 황소자리는 황도대의 12성좌 중에서 두 번째 자리로서 천정점 부근의 하늘에 나타나는 별자리다. 태양이 황도대에서 "황소자리"에 있는 때는 4월 19일부터 5월 20일까지의 봄날이다.

그 나팔소리는 각급 부대들로부터 원래 계급이 높거나 군사들에 의해 선출되어서
높은 지위에 오르게 된 지휘관들을 호출하는 신호였다.

대했던 그들이 지금은 가장 작은 난쟁이족보다 더 왜소해져서 좁은 방으로 떼지어 몰려드는데, 그 모습이 인도의 산 너머에 사는 난쟁이족,[60] 또는 밤중에 숲가나 샘에서 함께 모여 즐겁게 떠들며 논다고 하는 저 꼬마 요정들 같았다. 어쩌다 늦게 귀가하던 농부는, 저 꼬마 요정들의 머리 위에서 달이 땅에 좀 더 가까이 다가와서 그들을 지켜보면서 창백한 빛을 내며 서서히 자신의 궤도를 돌 때, 요정들이 즐거움에 취해 춤추는 것을 보고서, 그들이 부르는 감미로운 노랫소리에 홀려, 그 즉시 그의 심장이 환희와 두려움으로 쿵쾅거렸다고 하는데, 정말 본 것일까, 아니면 보았다고 생각한 것일까. 이렇게 이 영들은 몸이 없는 존재여서 자신들의 거대한 형상을 아주 작은 형태로 줄였기 때문에, 그 수가 무수히 많았음에도 불구하고, 저 지옥 궁정의 중앙 로비를 자유롭게 다닐 수 있었다.

하지만 만신전 내부의 깊숙한 곳에서는 원래의 크기를 그대로 지닌 스랍 천사들과 그룹 천사들로 이루어진 군주들이 밀실에 모여 비밀회의를 진행하고 있었는데, 수많은 반신半神들[61]이 황금보좌들에 앉아 그 밀실을 가득 채우고 있었다. 짧은 침묵 후에 소집명령서가 낭독되고, 회의는 시작되었다.

---

60 "인도의 산"은 히말라야 산맥을 가리키는데, 사람들은 거기에 피그미족이 살고 있다고 생각했다.
61 "반신들"은 천사들을 가리킨다. 천사는 영적인 존재여서 많은 점에서 신과 아주 유사하지만, 피조물이기 때문에 하나님 같은 신일 수는 없기 때문에, 절반의 신이라고 한 것이다.

제 2 권

줄거리

회의가 시작되고, 사탄은 천국을 되찾기 위해서 다시 한 번 전쟁을 감행해 볼 것인지의 여부를 묻는 안건을 상정해서 토론에 부친다. 그렇게 할 것을 권고하는 자들도 있고, 또 한 번의 전쟁은 안 된다고 설득하는 자들도 있다. 결국 앞에서 사탄이 말했던 제3의 제안, 즉 하나님이 머지않아 또다른 세계를 창조하고, 그들과 대등하거나 그들보다 열등하지 않은 또다른 피조물을 창조할 것이라는 천국에 퍼져 있는 예언 또는 소문이 과연 사실인지를 정탐해서 먼저 그 진위를 확인해 보자는 제안이 채택된다. 이 어려운 정탐 임무를 누구에게 맡길 것인지를 놓고, 아무도 선뜻 나서는 자가 없자, 그들의 우두머리인 사탄이 자기가 혼자 그 일을 해내겠다고 말하고, 그들 모두는 그에게 경의의 박수갈채를 보낸다.

　이렇게 회의가 끝나자, 사탄은 나가고, 거기에 있던 나머지 천사들은 각자가 하고 싶은 이런저런 일들을 하면서 시간을 보내며 사탄이 돌아오기를 기다린다. 사탄은 자기에게 맡겨진 소임을 수행하기 위해 지옥의 문들로 가지만, 그 문들은 닫혀 있다. 그는 그 문들을 지키는 자들이 문 옆에 앉아 있는 것을 발견한다. 마침내 지옥의 문들이 열리고, 지옥과 천국 사이에 있는 대심연이 그의 눈 앞에 드러난다. 사탄은 그 대심연을 다스리는 "혼돈"의 안내를 받아 어렵사리 그곳을 통과해서 자기가 찾던 새로운 세계가 보이는 곳에 다다른다.

오르무스와 인도의 부, 곧 야만족의 왕들에게 진주와 황금을 아낌 없이 뿌려주는 저 찬란한 동방의 부를 훨씬 능가하는 저 드높은 제왕 의 보좌 위에 사탄은 앉아 있다.[1] 자신의 악명 높은 행적들로 오른 자리 다. 절망에 빠져 있다가 자기가 원했던 것보다 훨씬 더 높은 이런 자리 에 올랐건만, 거기에 만족하지 못하고서 더 높은 자리에 오르고자 하는 열망에 붙들려서, 천국과의 헛된 전쟁을 포기하고자 하지 않는다. 그의 입에서 흘러나오는 오만한 생각들은 그가 경험을 통해서 배우지 못했 음을 여실히 보여준다.

"권세 천사들과 통치 천사들이여, 하늘의 신들이여,[2] 비록 우리가 져서 하늘에서 떨어지긴 했지만, 아무리 깊은 심연도 우리가 지닌 불사 不死의 힘을 가두어둘 수 없기 때문에, 나는 천국을 완전히 잃어버렸다 고 생각하지 않는다. 우리는 이렇게 하늘에서 떨어지는 경험을 함으로 써 우리 안에 있는 하늘의 힘은 더욱 강해져서, 떨어지기 이전보다 더 큰 광채를 발하고 더 큰 위엄을 얻게 되었으니, 우리는 우리 자신을 믿 고, 우리에게 똑같은 일이 또다시 반복될 것이라고 염려하거나 두려워 해서는 안 된다.

---

1 "오르무스"는 페르시아만 입구에 있는 섬으로 된 항구로서 오늘날의 호르무즈다. 진주 무역 으로 유명한 곳이었다. 밀턴 시대에 "오르무스"와 인도는 동방에서 난 진주와 황금을 중심 으로 한 세계 무역의 중심지들이었고, 영국의 식민지 획득을 위한 최초의 전쟁들이 일어났 던 곳들이다. 여기에서 동방의 왕들은 "야만족의 왕들"로 지칭된다. 이것은 실낙원에서 사 탄의 행로가 자신의 이권과 부를 획득하기 위한 모험적인 여정임을 암시한다.

2 "권세 천사들"과 "통치 천사들"은 천사들의 지위와 위계를 가리킨다. 밀턴은 천사들의 이러 한 위계질서를 가리키는 명칭들을 사용하기는 하지만, 그들 간의 서열을 엄격하게 지켜서 표현하지는 않는다. 이 타락 천사들은 지금 지옥에 있기는 하지만 원래 천국의 주민들이었 기 때문에, 사탄은 그들을 "하늘의 신들"이라고 부른다.

저 찬란한 동방의 부를 훨씬 능가하는 저 드높은 제왕의 보좌 위에 사탄은 앉아 있다.

나는 먼저는 정당한 권리와 하늘이 정한 법을 따라 너희의 지도자가 되었고, 또한 너희는 내가 전략과 실제의 전투에서 세운 공로를 인정하여 너희의 자유로운 의사로 나를 지도자로 인정하였지만, 우리는 그동안 상당한 어려움을 겪어 왔다. 그러나 이제 우리의 손실은 상당 부분 회복되었고, 너희가 만장일치로 아주 기꺼이 나를 너희의 왕으로 다시 세운 후로 나의 보좌는 훨씬 더 안정되고 공고해졌다.

　　천국에서 높은 지위에 있으면 더 행복한 상태에서 살게 되기 때문에 낮은 지위에 있는 자들의 시기를 살 수 있지만, 여기에서는 가장 높은 지위에 있는 자는 가장 앞장서서 너희를 지키는 보루로서 누구보다도 먼저 우레의 신[3]의 표적이 될 수밖에 없고, 나중에는 가장 큰 형벌을 선고받아 끝없는 고통을 맛보아야 할 처지인데, 누가 그런 그를 시기하겠는가. 그러므로 서로 다투어서 얻고자 할 만한 좋은 것이 없는 이곳에서 파당을 지어 분쟁하는 일은 일어날 수 없고, 이 지옥에서 자기가 더 높은 자리에 있다고 주장할 자가 있을 리 만무하며, 자신이 현재 겪는 고통의 분량이 너무 적어서 더 많은 고통을 겪겠다고 나서는 자가 있을 리도 없다.

　　이것은 우리가 천국에 있을 때보다 더 확고한 신념으로 대동단결하여 하나로 똘똘 뭉칠 수 있는 아주 좋은 기회가 우리에게 주어진 것이니, 이전에 우리가 얻었다가 지금은 잃어버린 우리의 저 정당한 유산을 이제 다시 쟁취해서, 이전에 번영했던 것보다 더 큰 번영을 누리자. 그러므로 지금부터 우리는 그렇게 하기 위한 최선의 길이 무엇인지, 다시 말해서 공개적으로 전쟁을 벌이는 것과 은밀하게 기만전술을 펴는 것

3　"우레의 신"은 원래 그리스 신화에 나오는 제우스의 별칭이지만, 여기에서는 하나님을 가리킨다.

중에서 어느 쪽이 최선인지를 토론해보자. 좋은 생각이 있는 자는 누구든지 자신의 의견을 개진하라."

그가 말을 마치자, 다음으로 홀을 손에 쥔 왕인 몰록이 일어섰다. 그는 전에 하늘에서 싸웠던 영들 중에서 가장 강하고 난폭한 영이었는데, 지금은 절망으로 인해 이루 말할 수 없이 더 난폭해졌다. 아직도 그는 자신의 힘이 영존자와 대등하다고 굳게 믿고 있었고, 만일 그렇지 못하다면 차라리 죽는 것이 낫다고 생각했다. 그런 생각이 들자, 그에게서는 모든 두려움이 사라졌고, 하나님이든 지옥이든, 아니 지옥보다 더한 곳도 그에게는 이제 아무런 문제가 되지 않았다. 그래서 그는 이렇게 말했다.

"공개적인 전쟁 쪽이 바람직하다는 것이 내 판단이오. 은밀하게 계략을 꾸미는 것은 나의 체질에 맞지 않으니 지지하지 않겠소. 기만전술을 펴는 것은 그것을 필요로 하는 자가 필요할 때 생각해내서 펼치면 될 것이고, 지금으로서는 그렇게 해서는 안 된다고 보오. 소수가 탁자에 앉아 기만전술을 생각해내서 펼치는 동안에, 나머지 무수히 많은 군사들은 무장을 한 채로 진격하라는 신호만을 고대하면서, 우리의 머뭇거림으로 인해서 자신의 통치권을 마음껏 휘두르고 있는 저 폭군이 정해준 감옥인 이 어둡고 모욕적인 치욕의 소굴을 우리의 거처로 받아들이고서, 하늘의 도망자들로서 이곳에서 서성거리고 있어야 한다는 것이 말이 된다고 생각하시오? 그럴 수는 없소. 지금 우리가 해야 할 것은 지옥의 활활 타오르는 화염과 분노로 무장하고서, 우리가 겪는 고통들을 우리에게 고통을 주는 자를 공격하는 무시무시한 무기로 전환시켜, 지금 즉시 천국의 저 높은 성벽들을 넘어 파죽지세로 진군해나가는 일이오. 그럴 때에 그 폭군은 지금까지 자기가 써먹어 왔던 저 막강한 무기인 우렛소리와 맞먹는 지옥의 우렛소리를 듣게 될 것이고, 자기가 사용해 왔던 벼락에 맞먹는 검은 화염과 공포가 자신의 천사들에게 동일한 맹렬함으로 떨어지고, 자신의 보좌가 자기가 만들어낸 고문기구들인 타르타로스의 기이한 유황불에 휩싸이는 것을 보게 될 것이다.

물론 수직으로 가파르게 날아올라서 저 높은 곳에 있는 적을 공격하는 일은 쉬운 일이 아닐 것이오. 하지만 여러분이 망각의 강물을 마시고서 지난날을 다 잊어버린 것이 아니라면, 우리가 원래 있던 곳으로 올라가는 것이 우리에게는 자연스러운 일이고, 내려가고 떨어지는 것은 우리에게 맞지 않는다는 것을 잘 알 것이오. 얼마 전에 우리의 저 흉포한 적이, 대오에서 이탈하여 뿔뿔이 흩어져서 도망치는 우리 군을 후방에서 추격하여 마치 사냥감을 몰듯이 심연 속으로 모는 바람에, 우리가 어쩔 수 없이 힘겹게 날아서 이렇게 낮은 곳으로 내려앉는 수치스러운 꼴을 당한 일을 우리 중에서 기억하지 못할 자가 누가 있겠소. 그러므로 당연히 날아오르는 것이 더 쉬운 일이오. 다만 두려운 것은 우리가 그렇게 했을 때의 결과요. 왜냐하면 우리가 우리보다 더 강한 그를 다시 한 번 자극하는 경우에는, 그는 격분해서, 지옥에서 더 극심하게 멸망당하는 길이 존재한다면, 이전보다 더 악랄한 방법으로 우리를 멸망시키려고 할 것이기 때문이오.

하지만 하늘에서 단죄되어 지극히 복된 땅에서 쫓겨나 이 끔찍한 심연으로 내던져져서 온통 재앙과 화뿐인 이곳에서 살아가는 것보다 어떻게 더 나빠질 수 있겠소. 지금 그는 우리를 이곳에서 자신의 진노의 노예들로 묶어두고서, 결코 꺼지지 않는 불로 인한 고통을 끝날 기약도 없이 겪게 하고, 인정사정 없는 매질과 고문들을 통해 우리에게 회개하기를 요구하고 있지 않는가? 이런 상황에서 만약 그가 우리에게 더 큰 멸망을 선사하고자 한다면, 우리는 더 이상 생존하지 못하고 흔적도 없이 소멸되어 끝장이 나고 말 것이니, 그는 절대로 그렇게 할 수는 없을 것이오. 그러니 우리가 두려워할 것이 무엇이며, 우리의 행동이 그의 극도의 분노를 불러일으키게 될 것을 걱정할 이유가 어디 있겠소. 그의 분노가 극에 달하면, 우리를 완전히 불살라버려서 영체인 우리를 무無로 돌아가게 할 것이지만, 이런 비참한 상태로 영원히 살아가는 것보다는 그 편이 훨씬 더 행복할 것이 아니겠소. 하지만 우리의 영체가 진정으로 신적인 것이어서 존재하기를 그칠 수 없고 영원히 존재할 수밖에 없다면, 우리는 최악의 경우에 무의 직전 상태에 처해지게 될 것이오.

우리는 운명으로 정해진 그의 보좌를 차지할 수는 없겠지만, 끊임없는 공격과 침투를 통해서 천국을 교란시키고 위협을 가할 정도의 힘은 충분히 지니고 있다는 것을 이미 경험으로 알고 있고, 이것은 우리에게 승리를 안겨주지는 못할지라도 어느 정도의 복수는 될 수 있을 것이오."

그는 얼굴을 찌푸리며 말을 끝냈고, 그의 표정에는 반드시 복수를 하고야 말겠다는 굳센 결의와 신들보다 못한 존재들에게는 위험하기 짝이 없는 불타는 전의가 뚜렷하게 서려 있었다.

이때 맞은편에서 좀 더 우아하고 인자해 보이는 자태를 지닌 벨리알이 일어섰다. 하늘에서 떨어진 자들 중에서 가장 아름다운 자였던 그는 높은 직위에 올라 대단한 업적을 이루기 위해 태어난 자처럼 보였다. 하지만 그의 그러한 외관은 알맹이가 전혀 없는 절대적으로 공허한 거짓일 뿐이었다. 그의 혀에서는 만나⁴가 나오는 것 같았고, 아무리 악한 말도 지극히 선한 말로 들리게 만들어서 그 어떤 최고의 조언도 다

---

4 "만나"는 하나님이 광야에서 이스라엘 백성의 음식으로 하늘에서 내려준 것인데, 성경에서 "이스라엘 족속이 그 이름을 만나라 하였으며 깟씨 같이 희고 맛은 꿀 섞은 과자 같았더라"(출애굽기 16장 31절)고 말한 것에서 알 수 있듯이 꿀맛을 지녔다. 따라서 "그의 혀에서 만나가 나오는 것 같았다"는 것은 벨리알의 언변이 아주 뛰어나고 달콤했다는 것을 의미한다.

망쳐놓을 수 있었지만, 그의 생각은 저속했고, 악을 행하는 데는 근면 성실했지만, 좀 더 선하고 고귀한 일은 하기 싫어했기 때문이다. 이제 그는 귀를 즐겁게 해주는 설득력 있는 어조로 이렇게 말하기 시작했다.

"동지들이여, 내 경우에도 저 폭군을 증오하는 마음에서는 결코 뒤지지 않으니, 즉각적인 전쟁을 주장하는 주된 이유가 설득력이 있고, 그 전쟁의 결과에 대해 불길한 생각이 들지만 않는다면, 당연히 나도 공개적인 전쟁을 적극 지지할 것이오. 그런데 문제는 용맹함에 있어서 타의 추종을 불허하는 이가 자신의 그런 탁월한 이점과 전술전략을 믿지 못하고, 결국 철저하게 패배를 당하여 최악의 상황으로 몰리는 것을 기정사실로 간주하고서, 그럴지라도 현재보다는 덜 비참할 것이라는 비장한 마음으로 복수를 감행하고자 함으로써, 절망을 자신의 용기의 근거로 삼고서 전쟁을 벌이고자 하는 것처럼 보인다는 것이오.

먼저 도대체 복수라는 것이 어떻게 가능하다는 것인지 모르겠소. 천국의 망루 초소들은 무장한 경비병들로 가득 차 있어서 접근하는 것 자체가 불가능하오. 게다가 그들은 심연의 접경지대들[5]에 군단들을 주둔시키거나, 날개들을 어둡게 한 채로 밤의 나라를 광범위하게 두루 정찰하고 있으니, 기습작전 같은 것은 엄두도 낼 수 없소.

설령 우리가 전면적으로 대규모의 봉기를 일으켜 지옥의 모든 군대를 이끌고 쳐들어가서 어떻게 겨우 천국의 성벽을 돌파해서 천국의 지극히 순결한 빛을 흐려놓으려고 해도, 결코 더럽혀질 수 없는 우리의 숙적은 조금도 더럽혀지지 않은 채로 자신의 보좌 위에 앉아 있을 것이고, 흠이나 점이 있을 수 없는 그의 영체는 이내 우리가 퍼뜨린 더

---

5 "심연의 접경지대들"은 혼돈계와 맞닿아 있는 변경들을 가리키고, "밤의 나라"는 혼돈계를 가리킨다. 천국에서 지옥으로 가기 위해서는 거대한 혼돈계를 통과해야 했다.

러운 것들을 다 몰아내고 우리의 저속한 불을 일소하여 승리를 거두게 될 것이오.

이런 식으로 패퇴당하게 된다면, 우리의 마지막 희망은 완전한 절망으로 바뀌어버릴 것이오. 전능한 정복자를 자극해서 극도로 분노하게 만드는 것은 우리의 종말을 자초하는 것일 뿐이오. 무로 돌아가서 더 이상 존재하지 않게 되는 것이 우리의 고민에 대한 최종적인 해법이라고 하지만, 그것은 서글픈 해법이 아니겠소. 살아간다는 것이 아무리 고통으로 가득하다고 해도, 지성이 있는 존재인 우리가 영원을 거닐던 자신의 생각들을 상실하고서, 지각도 없고 움직임도 없는 창조 이전의 밤의 저 광활한 자궁 속으로 삼켜져서 사라져 버리는 것을 바랄 리가 없잖소. 설령 우리가 그렇게 되는 것을 좋게 생각한다고 할지라도, 우리의 진노한 적이 과연 우리에게 그렇게 해줄 수 있을지, 또는 해주려고 할지는 아무도 모르는 일이오. 우리에게 그렇게 해줄 능력이 그에게 있는지도 의심스럽지만, 그런 능력이 있다고 해도 그는 절대로 그렇게 해주지 않을 것이오. 그의 진노는 자신의 원수들이 영원토록 끝없이 형벌을 받게 하는 것인데, 지극히 지혜로운 그가 스스로를 절제하지 못해서, 또는 부지불식간에 자신의 진노를 한꺼번에 폭발시켜서, 과연 자신의 원수들이 바라는 대로 그들을 끝장내주겠는가.

그렇다면 우리가 이 전쟁을 그만두어야 할 이유는 무엇인가. 공개적인 전쟁을 주장하는 이들은 우리가 영원한 재앙과 화를 당하도록 정해졌고 운명지어졌다고 말하면서, 우리가 무엇을 하든 지금보다 더 심한 고통을 당하지는 않을 것이라고 말하지만, 그렇다면 지금 여기에서 이렇게 무장을 하고 앉아서 전쟁을 논의하고 있는 우리의 모습이 최악의 상황이라는 것이오? 우리가 하늘에서 떨어지는 벼락에 혼비백산하여 온 힘을 다해 도망쳐서 이 심연으로 찾아들어 피신하던 때는 어떠하였소. 그때에는 이 지옥이 할퀴고 찢긴 우리의 심신을 숨겨줄 안락한 피신처로 보여서 안도의 한숨을 쉬지 않았던가요. 또 우리가 사슬에 묶인 채로 불 못 위에 누워 있던 때는 어떠하였소. 그때에 우리의 사정이 지금보다 더 나빴다는 것은 분명하지 않소?

만일 저 무시무시한 불을 만들어 냈던 저 호흡이 다시 활동을 개시해서 그때보다 일곱 배나 더 센 불을 만들어 내어 우리를 다시 그 불 속으로 던져 버린다면, 또 위에 있는 우리의 적이 다시 무장하고서 그동안 잠시 멈추었던 우리에 대한 응징을 재개해서 그의 붉은 오른손으로 우리를 괴롭힌다면, 어떻게 되겠는가. 또는 언젠가는 우리에게 일어나게 될지도 모른다고 우리가 늘 공포스러워 하며 불길하게 느껴왔던 것이 현실이 되어서, 지옥의 모든 무기고들이 열리며, 지옥의 천정에서 불의 폭포가 우리의 머리 위로 쏟아진다면, 어떻게 되겠는가. 우리가 명예로운 전쟁을 계획하거나 부추긴다면, 우리 각자는 불 폭풍 속으로 휘말려 들어가서 불 회오리바람의 노리개와 희생양이 되어 높이 치솟아 올랐다가 바위 위에 내리꽂히거나, 사슬에 감긴 채로 저 용솟음치는 불 못 아래로 영원히 가라앉아, 거기에서 유예나 동정이나 용서함도 없이 영원한 신음 속에서, 끝날 기약조차 없는 무궁한 세월을 보내게 될 것이 뻔하지 않겠는가. 그리고 바로 그것이 우리에게는 지금보다 더 나쁜 상황이 아니겠는가.

그러므로 나는 공개적인 전쟁이든 은밀하게 진행하는 전쟁이든 전쟁 자체를 지지하지 않소. 무력이나 속임수가 그에게 통할 것 같소? 마음의 눈으로 모든 것을 한 번에 다 보는 그를 누가 속일 수 있겠소. 그는 저 높은 하늘에서 우리의 이 모든 허황된 움직임들을 훤히 다 들여다보고 가소로워하고 있을 것이오. 그에게는 우리의 힘을 막아낼 수 있는 전능함이 있고, 우리의 온갖 계략과 속임수를 좌절시킬 수 있는 지혜가 있기 때문이오.

그렇다면 하늘의 족속인 우리가 이렇게 철저하게 짓밟히고 쫓겨나서 여기에서 사슬에 묶인 채로 이런 고통을 당하며 비참하고 초라한 삶을 계속해서 살아가야 하는가? 우리의 형편이 더 나빠지는 것보다는 지금처럼 살아가는 것이 그래도 더 낫다는 것이 내 생각이오. 어쩔 수 없는 운명과 전능자의 결정과 승자의 의지로 우리의 처지가 이렇게 된 것이고, 어쨌든 우리에게는 이러한 고난의 삶을 살아낼 수 있는 충분한 힘이 있으며, 우리가 이렇게 살도록 정한 법도 부당하다고 할 수 없기 때문이오. 우리는 그토록 막강한 적과 맞서 싸우고자 했고, 따라서 패배할 가능성이 농후하다는 것을 충분히 예상할 수 있었기 때문에, 우리가 지혜로웠다면, 지금과 같은 우리의 처지는 처음부터 각오했어야 했소. 창을 들었을 때는 용맹스럽고 대담하게 싸우던 이들이, 막상 패하고 나서는, 자신들이 이미 각오하고 있던 일들, 곧 그들의 정복자의 선고에 따라 그들에게 내려진 추방이나 굴욕이나 사슬이나 고통을 두려워하고 겁을 내는 모습을 보면, 나는 실소를 금하지 않을 수 없소.

지금 우리의 처지는 우리가 받아들이지 않으면 안 되는 운명이오. 우리가 이 운명을 순순히 받아들여서 감내하고 살아간다면, 어느 정도 시간이 흐른 후에는 우리의 숙적도 우리가 충분히 벌을 받았다고 생각하고 만족하여 그 분노가 많이 사그라들어서, 그에게서 이렇게 아주 멀리 떨어져서 더 이상 그를 자극하지 않고 살아가는 우리에게 신경을 쓰지 않게 될 것이고, 그래서 그가 이 지옥의 불길에 입김을 불어넣는 일을 멈춘다면, 이 맹렬한 화염도 수그러들게 될 것이오. 그렇게 된다면, 우리의 순수한 영체는 그 독기를 이겨내거나, 익숙해져서 느끼지 못하게 되거나, 결국에는 우리의 체질과 본성이 이 장소에 맞게 변화되어 이 거센 열기를 친숙하게 받아들여서 고통을 느끼지 않게 될 것이오. 이 공포도 줄어들 것이고, 이 어둠도 점점 밝게 변할 것이오. 게다가 끝없이 이어질 미래의 날들이 우리에게 어떤 희망과 어떤 기회와 어떤 변화를 가져다줄지 모르는 일이니, 기다려볼 만한 가치가 있는 것이 아니겠소. 우리가 더 큰 화를 자초하지만 않는다면, 우리의 현재의 운명은 행복이 아니라 불행이라고 해야 하지만, 최악의 불행이 아님은 분명하기 때문이오."

이렇게 벨리알은 그럴 듯한 근거들로 덧씌워진 말을 통해, 그저 귀찮고 어려운 일을 피해서 아무 일 없이 편안하게 살아가고자 하는 자신의 염원을 마치 평화인 것처럼 위장해서 제시하였다.

그의 뒤를 이어 발언에 나선 맘몬은 이렇게 말했다.

"하늘의 왕을 끌어내리거나 우리 자신의 잃어버린 권리를 되찾는 데 전쟁이 최선이라면, 우리는 전쟁을 해야 할 것이오. 하지만 오직 영원한 운명이 변덕스러운 우연에 굴복하고, 혼돈이 전쟁의 승패를 결정하는 일이 벌어져야만, 우리에게는 그를 끌어낼 희망이 생기게 될 것인데, 전자를 바라는 것이 부질없는 짓인 것처럼 후자를 바라는 것도 아무 소용 없는 짓일 뿐이오. 우리가 천국의 지존자를 무너뜨리지 못한다면, 천국의 영토 안에 우리의 자리가 어떻게 있을 수 있겠소.

설사 그의 마음이 너그러워져서, 우리가 다시 그 앞에서 무릎을 꿇고 복종한다고 약속하는 것을 조건으로 해서, 우리 모두에게 은혜를 베푼다고 할지라도, 그가 우리가 부러워하는 주군의 자격으로 위풍당당하게 보좌에 앉아 있고, 그의 제단 위에서는 우리의 비굴한 제물들인 향기로운 향품과 꽃들이 숨 쉬고 있는 모습을 우리의 두 눈을 이렇게 시퍼렇게 뜨고 바라보면서, 어떻게 우리가 그의 면전에서 몸을 낮추고 서서, 우리에게 부과된 엄격한 법을 감내하며, 마음에도 없는 찬송을 억지로 쉴 새 없이 드려 그의 보좌를 송축하고 할렐루야 찬양으로 그의 위엄을 노래할 수 있겠는가. 이것이 우리가 천국에서 즐겁게 해야 할 일임이 분명한데, 우리가 증오하는 자를 섬기고 예배하며 보내게 될 영원이 얼마나 지겹고 힘겹겠는가.

그러므로 무력으로 천국을 차지하는 것은 불가능하고, 설령 그의 허락을 얻어서 천국에서 자리를 잡는다고 해도 겉만 번지르르한 노예로 살아가는 것은 도저히 참을 수 없는 일이라는 것을 알았다면, 그런 것들은 아예 시도하려고 하지 말고, 우리에게 진정으로 좋은 삶을 찾아서 우리 자신의 힘으로 우리를 위해 살아가는 것이 마땅하오. 지금 우주에서 가장 후미진 곳에 내던져져 있는 것이 우리의 현실이지만, 이곳은 그 누구의 속박도 받지 않는 자유로운 곳이니, 얼마든지 우리는 쉬운 멍에를 메고서 노예로서 화려하지만 비굴한 삶을 사는 것을 포기하고, 힘들지만 아무런 속박도 없이 자유롭게 사는 삶을 택할 수 있소. 여기에서 보잘것없고 미미한 것들 속에서 위대한 일들을 이루어 내고, 모든 것이 불리하고 열악한 상황 속에서 유익한 것들을 만들어 내며, 역경 속에서 성공을 일구어 내고, 그곳이 어떤 곳이든 장소를 불문하고 악조건 아래에서 번영을 구가하며, 피땀과 인내로 고통스러움을 즐거움으로 바꾸어 놓는다면, 바로 그때 우리의 위대함이 가장 뚜렷하게 드러나게 될 것이오.

설마 이 깊은 어둠의 세계가 두려운 것은 아닐 것이라고 믿소. 만유를 다스리는 하늘의 통치자가 자신의 영광을 조금도 훼손시키지 않는 가운데 아주 자주 빽빽한 먹장구름 안에 머물렀고, 자신의 보좌를 흑암의 장엄함으로 둘렀으며, 거기로부터 우렛소리를 발하여 자신의 분노를 드러낸 것을 보면, 천국도 지옥과 흡사한 것 같지 않소? 그가 우리의 어둠을 흉내 내고 있는데, 우리라고 필요할 때 그의 빛을 흉내 내서는 안 된다는 법이 어디 있겠소. 이 땅이 황량하고 척박해 보여도, 그 속에는 보석과 황금 같은 찬란한 광채를 숨기고 있고, 우리에게는 이 황량하고 척박한 땅으로부터 웅장하고 화려한 것을 일으킬 수 있는 솜씨나 기술이 있으니, 천국이 이곳보다 더 나은 것이 무엇이 있겠소.

　얼마간의 시간이 지나면 우리의 고통도 우리의 체질을 구성하는 원소들이 되고, 뼛속까지 파고드는 이 불기운도 지금은 너무나 혹독하지만, 결국에는 불에 적합한 체질로 변한 우리의 영체에 온화한 것으로 느껴지게 되어서, 우리가 지금 느끼는 고통들은 분명히 다 사라지게 될 것이오. 이 모든 것들은 우리가 지금 처해 있는 모든 것을 그대로 다 받아들여서 이 질서를 안정시키고 평화롭게 사는 길이 상책임을 보여주고 있소. 이제부터 우리가 할 일은 전쟁을 벌이겠다는 생각 같은 것은 아예 우리의 머릿속에서 지워 버리고서, 우리가 어떤 존재이고 어디에 있는지를 그대로 받아들이고, 우리의 현재의 열악한 형편에 적응해서 안전을 도모하는 것이 최선이라는 것이지요. 이것이 내 생각이오."

　그가 말을 채 마치기도 전에, 좌중은 웅성거리는 소리로 가득찼는데, 그것은 밤새도록 바다에 거센 풍랑을 쉴 새 없이 불러일으켰던 폭풍을 뚫고서 우연히 암벽으로 둘러싸인 만을 발견하여 거기에 자신들의 작은 배의 닻을 내리고 지친 몸을 쉬고 있는 선원들 위로 폭풍 끝에 바위들 사이에서 휑하니 불어오는 목쉰 소리로 부르는 자장가 같았다. 맘몬이 말을 끝내자, 웅성거리던 좌중에서 박수갈채가 터져 나왔다. 평화를 권고한 그의 일장연설에 그들은 흡족해했다. 그들은 자신들이 겪었던 그 끔찍한 전쟁을 다시 한 번 해야 한다고 생각하는 것을 지옥보다 더 두려워했고, 미카엘[6]의 벼락과 칼에 대한 공포도 아직 그들의 뇌

6　"미카엘"은 전승에 의하면 천군천사의 총사령관으로서 전쟁을 관장하는 천사장이라고 하는

리에 뚜렷이 각인되어 있었기 때문이었다. 또한 그들 가운데서는 오랜 시간 공을 들여서 국가적으로 잘만 추진해 나간다면 천국에 충분히 대적할 수 있는 지하제국을 여기 이 지옥에 세울 수도 있겠다는 생각이 생겨나서 이미 열망으로 자리 잡고 있었기 때문이기도 했다.

그때 좌중에서 사탄 다음으로 지위가 높은 바알세불이 그런 분위기를 감지하고서, 위엄 있는 거동으로 일어섰는데, 일어서 있는 그의 모습은 국가의 기둥처럼 보였다. 그의 이마에는 사려 깊음과 나라를 생각하는 우국충정이 깊이 새겨져 있었고, 비록 몰락하긴 했지만 그의 위엄 있는 얼굴에서는 왕의 지혜가 아직도 빛나고 있었다. 그는 가장 강대한 왕국들의 무게를 떠받치기에 전혀 손색이 없는 아틀라스[7] 같은 두 어깨를 하고서 현자처럼 서 있었다. 그의 풍채에 이목이 집중되면서, 좌중에는 한밤중이나 여름 날 정오의 공기 같은 정적이 흘렀고, 그는 말하기 시작했다.

"제국의 보좌들과 권능들이여,[8] 하늘의 자손들이여, 천상의 용사들이여. 아니, 여기에 계속해서 머물면서 하나의 제국을 건설해서 세력을 키워나가자는 쪽으로 대세가 기울고 있으니, 우리가 이제는 그러한 칭호들을 버리고, 우리를 지옥의 군주들이라고 불러야 하는 것은 아닌지 모르겠소.

어쨌든 우리가 꿈을 꾸는 것은 좋은 일이기는 하지만, 우리가 분명

데, 성경에도 여러 번 등장한다.

7 "아틀라스"는 제1세대 신들인 티탄 신족 또는 거인족의 후손으로서 인간에게 불을 가져다 준 프로메테우스의 형제다. 그는 티탄 신족에 가담하여 올림포스 신들과 싸운 죄로, 제우스에 의해 일생 동안 지구의 서쪽 끝에서 손과 머리로 하늘을 떠받치는 형벌을 받았다. 그래서 어떤 무거운 공적인 책무를 지게 된 사람들을 종종 아틀라스에 비유하게 되었다.

8 "보좌들"과 "권능들"은 고위 천사들의 직함들로서, 이 천사들은 다른 하위 천사들을 거느리고 다스리는 영주들과 군주들이다.

히 알아야 할 것은 하늘의 왕이 이곳을 우리의 감옥으로 정해 놓았다는 것이오. 그가 우리를 이곳에 둔 것은 우리가 그의 권능의 팔이 미치지 못하는 곳으로 안전하게 후퇴해서 천국의 고압적인 지배를 벗어나 살아가면서 새로운 동맹을 구성하여 다시 전열을 정비해서 그의 보좌에 대항할 수 있게 하기 위한 것이 아니라, 비록 이렇게 아주 멀리 떨어져 있어도 우리 무리를 자신의 포로로 억류해놓고서 아주 철저하게 속박하고 통제하여 언제까지나 옴짝달싹하지 못하게 하기 위한 것이오. 그는 저 높은 천국에 있든 이 낮은 지옥에 있든 처음부터 마지막까지 언제나 변함없이 유일한 왕으로 군림할 것이기 때문에, 우리의 반란으로 인해 자신의 나라를 조금이라도 잃기는커녕, 도리어 자신의 제국을 이 지옥까지 확장해서, 천국에 있는 자들을 황금홀笏로 다스리듯이 여기 있는 우리를 철장鐵杖으로 다스릴 것이란 말이오.[9]

그러니 우리가 지금 여기에 앉아서 평화냐 전쟁이냐를 놓고 논쟁을 벌이는 것이 무슨 소용이겠소. 이미 우리는 전쟁을 일으켰다가 결국 끝장이 났고, 회복할 수 없는 손실을 입고 패퇴하였소. 평화라는 것은 주어질 수도 없었고 요구할 수도 없었소. 이미 노예가 되어 버린 우리에게 평화라는 것이 어떻게 주어질 수 있겠소. 지금 우리가 겪고 있는 것은 엄중한 구금과 채찍질과 시도 때도 없이 가해지는 처벌뿐인데, 그에게 무슨 화해의 손짓을 할 수 있단 말이오. 이제 우리가 할 수 있는 일은 적개심과 증오심을 품고서 결코 굴함이 없는 저항을 이어가서, 비록 느리더라도 꾸준히 계략을 써서, 정복자가 자신의 정복으로 인해 거두는 수확을 최소화하고, 우리에게 가장 고통스러워하는 일들을 시킴으로써 그가 누리는 기쁨을 최소화하는 방식으로 그에게 복수하는 것

---

9 황금으로 된 홀은 자비를 상징하고, 쇠로 된 막대를 가리키는 "철장"은 정의를 상징한다.

이오. 우리에게 반드시 기회가 주어질 것인데, 이 심연에서의 공격이나 포위나 기습을 허용하지 않는 난공불락의 높은 성벽을 기어올라서 천국을 침공하고자 하는 위험천만한 시도를 굳이 할 필요가 있겠는가. 그러므로 좀 더 쉬운 방책을 찾아보는 것이 어떻겠소.

(천국에서 아주 오래 전부터 입소문으로 전해지던 예언이 틀리지 않는다면) 지금쯤이면 우리보다 힘과 탁월함에서는 못하지만 천국을 다스리는 이의 은총은 우리보다 더 많이 받아서 우리와 비슷한 존재로 창조된 인간이라 불리는 새로운 종족의 행복한 보금자리인 또다른 세계가 펼쳐져 있는 곳이 어딘가에 있을 것이오. 이 계획은 천사들 사이에서 이미 선포되었고, 천국의 전역을 뒤흔든 맹세로써 확증되었소.

따라서 우리는 모든 생각을 거기로 집중해서, 거기에서 어떤 피조물이 살고 있고, 무엇으로 어떻게 만들어졌으며, 어떤 재능을 수여받고 어떤 힘을 지니고 있으며, 그들의 약점은 무엇이고, 그들을 어떤 식으로 공략하는 것이 최선이며, 무력이나 계책 중 어느 쪽을 사용해야 하는지를 알아내야 하오. 천국은 우리에게 닫혀 있고, 하늘의 최고 재판관은 자신의 힘으로 스스로를 안전하게 보호하고 있지만, 인간이라는 피조물이 사는 그곳은 천국에서 아주 멀리 떨어진 최변방에 자리하고 있어서, 그곳의 방어는 그 거주자들에게 맡겨진 것으로 보이오. 그렇기 때문에 그곳을 기습한다면 꽤 쏠쏠한 수확을 거둘 수 있을 것이오. 그가 창조해 놓은 그 피조세계 전체를 지옥의 불로 쓸어버리는 방법도 있고, 우리가 이렇게 쫓겨난 것처럼 거기에 있는 힘없고 보잘 것없는 거민들을 쫓아낸 후에 그곳 전체를 우리가 차지하는 방법도 있으며, 그들을 쫓아내지 않더라도 잘 꾀어서 우리 편으로 끌어들여 그들을 창조한 하나님을 대적하게 해서 하나님이 자신의 손으로 그들을 창조한 것을 후회하며 다시 자신의 손으로 그들을 쓸어버리게 하는 방법도 있소.

그렇게 한다면, 우리가 낭패를 당하여 곤혹스러워하는 모습을 보고 계속해서 그가 기뻐하는 것을 막는 동시에, 그가 심난해하는 모습을 보며 우리는 기쁨을 만끽하게 될 것이니, 그렇게 하는 편이 단도직입적으로 천국을 공격하여 보복하고자 하는 진부한 방법보다 훨씬 더 낫지 않겠소? 그가 애지중지하던 아들들이 한 걸음에 달려와서 우리 편이 되어 버리는 것을 볼 때, 그는 자기가 처음으로 만든 저 형편없는 존재를 저주할 것이고, 그곳에 창설된 지극히 복된 낙원은 아주 신속하게 흔적도 없이 사라져 버리고 말 것이오. 이것이 시도해볼 만한 가치가 있는 일인지, 아니면 이대로 여기 어둠 속에서 헛된 제국을 꿈꾸며 앉아 있을 것인지를 한 번 생각해 보시오."

이렇게 바알세불은 사탄이 앞서 처음으로 생각해 냈고 부분적으로는 제안으로 내놓기도 했던 사악하기 짝이 없는 계책을 제시하였다. 인류를 근원적으로 멸망시키고 땅과 지옥을 뒤죽박죽 뒤섞어버림으로써 자신들의 위대한 창조주에게 앙갚음을 하겠다고 하는 그토록 깊은 앙심이 일만 악의 근원에게서가 아니면 어디에서 나올 수 있겠는가. 그러나 그들의 앙갚음은 그의 영광을 더하는 데 기여할 뿐이다. 이 대담한 계획에 저 지옥의 영주들은 아주 흡족해했고, 그들 모두의 눈은 기쁨으로 반짝였다. 만장일치로 의견이 모아지자, 바알세불은 다음과 같이 자신의 발언을 재개했다.

"여러분은 잘 판단했고, 긴 시간 동안의 논의도 잘 마무리되었소. 신들이 모인 이 자리에서 큰 일들을 여러분의 지위와 신분에 걸맞게 결정했으니, 이제 우리는 우리에게 짊어지워진 운명을 박차고서 이 낮고 낮은 지옥의 깊은 심연에서 다시 한 번 우리 자신을 들어올려서, 우리가 전에 있던 자리에 더 가까이 나아갈 수 있는 발판을 마련하게 되었소. 하늘의 저 빛나는 영지를 훨씬 더 가까이에서 볼 수 있는 그곳에서 때를 기다린다면 우리의 동맹군과 힘을 합쳐서 진군하여 천국에 재입성할 수 있는 기회가 생길지도 모르는 일이고, 그렇게 되지 않는다고 해도 천국의 맑고 밝은 빛으로부터 완전히 차단되지는 않은 저 따뜻한 지역에서 안전하게 살아가면서 동방에서 떠오르는 밝은 빛으로 우리의 이 암울한 운명을 떨쳐내 버릴지도 모르는 일이며, 그 부드럽고 감미로운 대기에서 풍겨 나오는 향기로 우리의 뼛속까지 부식시킨 이 지옥 불의 상처들이 치유될지도 모르는 일이오.

그러나 이 신세계를 정탐하기 위하여 가장 먼저 누구를 보내야 하겠소. 이 끝모를 어둡고 무한히 깊은 심연을 걸어서 칠흑 같은 어둠 속에서 미지의 길을 헤쳐 나가거나, 결코 지치지 않는 날개에 자신의 몸을 싣고서 이 광대한 심연 위로 높이 날아올라 저 복된 섬[10]에 안착하는 데 적임자가 누구일 것 같소. 수많은 천사들이 도처에 주둔해서 초소들을 촘촘히 설치해 놓고 삼엄하게 감시하고 있는데, 어떤 힘과 어떤 기술이 있는 자가 가야 그 감시망을 피해 무사히 임무를 완수할 수 있겠소. 이 임무를 맡을 자는 대단히 주도면밀한 자여야 하고, 우리도 그 적임자를 뽑는 데 주도면밀해야 하오. 우리가 보내는 그자에게 우리 모두의 운명과 우리의 마지막 희망이 지워져 있기 때문이오."

바알세불은 이렇게 말하고 나서 자리에 앉았다. 누가 나서서 자신의 발언을 지지하거나 반대하거나 이 위험천만한 일을 맡겠다고 나설 것인지를 기다리는 동안, 그의 표정에는 기대감과 함께 긴장감이 역력했다. 하지만 좌중에는 침묵이 흘렀고, 너나 할 것 없이 이 임무의 위험

---

10 "복된 섬"은 지구를 가리키는데, 그리스 신화에 나오는 이상향인 지복의 섬을 염두에 둔 표현이다. 지구는 하나님이 혼돈계의 일부에 신세계, 즉 하늘과 땅으로 이루어진 우주라 불리는 세계를 창조하고서 그 거대한 우주 속에 복된 섬으로 창설한 곳이라는 것이다. 또한 이 복된 섬의 중심이 바로 낙원인 에덴 동산이었다.

성을 골똘히 생각하며, 다른 사람들의 표정에서 자신의 불안감을 읽고서는 속으로 소스라치게 놀랐다. 그들은 모두 천국과 일전을 벌인 최고의 맹장들이었지만, 이 생각하기도 싫을 만큼 끔찍한 여정을 단독으로 맡겠다거나 받아들이겠다고 나설 만큼 대담한 자는 아무도 없었다. 결국 다른 그 누구도 따라올 수 없는 지극히 탁월한 영광을 소유하고서 자신이 최고라는 자부심을 지닌 사탄이 왕의 긍지를 가지고서 담담하게 이렇게 말하였다.

"오, 하늘의 자손들이여, 하늘을 다스리던 보좌들이여, 우리가 낙심한 것은 아니지만, 이 문제에 대해 선뜻 뜻을 정하지 못하고 깊은 숙고에 빠져 들어간 것은 당연한 일이오. 지옥을 빠져나가서 빛에 이르는 길은 멀고 험난하기 때문이오. 우리를 가둬놓고 있는 이 감옥은 튼튼하고, 이 거대한 불구덩이는 우리를 집어삼킬 듯이 거세고 맹렬하게 타오르며 우리를 아홉 겹으로 에워싸고 있으며, 화염으로 타오르고 있는 저 금강석 같이 단단한 문들은 우리 위로 굳게 닫혀 있어서 우리가 빠져나가는 것을 원천적으로 봉쇄하고 있소. 어떻게 해서 천신만고 끝에 이곳을 빠져나간다고 해도, 그 앞에는 존재하는 것이라곤 아무것도 없이 텅 비어 공허한 깊은 밤이 입을 크게 벌리고서, 그를 저 무와 멸절의 심연 속으로 집어삼켜서 존재 자체를 완전히 소멸시켜 버리려고 할 것이오. 거기에서 빠져나와서 어떤 세계 또는 미지의 지역 속으로 진입한다고 해도, 거기에도 여전히 미지의 위험들만이 도사리고 있어서, 또다시 거기에서 빠져나오는 일도 결코 쉽지 않은 일일 것이오.

하지만 동지들이여, 이 나라의 중대사로 여겨져서 안건으로 상정되어 토의를 거쳐 결정된 일을 난관이나 위험이 예상된다고 해서 시도도 해보지 않고 단념해 버리는 것은 이 보좌에 앉아서 영화로 장식되고 권력으로 무장된 왕권을 누리고 있는 내게 전혀 어울리지 않는 일이 될 것이오. 내가 왕의 대권을 지니고 있으면서 왕에게 주어진 큰 영광만큼이나 큰 위험을 받아들이기를 거부한다면, 왕으로서 다스리기를 거부하는 것이나 다름없는 것이 아니겠소. 한 나라를 다스리는 자는 다른 모든 이들보다 더 큰 영예를 누리며 살아가는 것이니, 다른 누구보다도 더 큰 위험을 감수하는 것이 마땅할 것이오.

그러므로 비록 하늘에서 떨어지긴 했지만 여전히 하늘의 공포의 대상들인 막강한 권세들이여, 이제 이곳이 우리의 집이 될 것이니, 그대들은 집에 가서 머물며, 이 열악한 거처로 인한 고통을 덜어주거나 잊게 해주거나 줄여줄 무슨 처방이나 주문이 있는지를 살펴서, 우리의 현재의 불행을 완화하여 이 지옥을 좀 더 살 만한 곳으로 만들 수 있는 최선의 방책을 찾아보시오. 나는 이제 밖으로 나가서 흑암의 멸망이 지배하는 모든 곳들을 두루 다니며 우리 모두가 살 길을 찾을 것이고, 이 일은 오직 나 혼자 담당하고 다른 그 누구와도 동행하지 않을 것이니, 그동안에 그대들은 감시의 눈을 부릅뜨고 지켜보고 있는 저 원수에 대한 경계심을 늦추지 마시오."

지옥의 왕은 이렇게 말하고 나서, 영악하게도 좌중의 일체의 의견 개진을 엄금하고서 즉시 자리에서 일어나 버렸는데, 이것은 자신의 단호할 결심을 듣고서 군대의 주요 지휘관들 중에서 어떤 이들이 고무되어서, 조금 전에는 두려워서 감히 나서지 못했지만 이제는 (거절당할 것을 뻔히 알면서) 자기들도 가겠다고 나섬으로써, 비록 거절당하더라도 그들도 얼마든지 그 임무를 수행할 수 있었다는 것을 보여줌으로써, 자신이 엄청난 위험을 무릅쓰고서 겨우 얻게 될 바로 그 명성을 값싸게 얻게 되는 것을 막기 위한 것이었다.

하지만 그들은 그 임무를 맡겠다고 나서는 것이 두렵기도 했지만, 거기에 못지않게 일체의 의견 개진을 엄금한 사탄의 음성에 화들짝 놀라서 겁을 집어먹고서, 그를 따라서 즉시 자리에 일어섰다. 그들이 모두 한꺼번에 일어서자, 저 멀리서 들려오는 우렛소리 같은 소리가 났다. 그들은 그에 대한 경외심으로 가득해서 그를 향해 몸을 굽혀 경배하고서, 천국의 지존자와 대등한 신으로 그를 추앙했고, 그가 모두의 안녕을 위해 자신의 안녕을 하찮게 여긴 것에 대해 칭송하는 말도 빠뜨리지 않았다. 비록 타락한 영들일지라도 자신들이 원래 지니고 있던 모든 미덕을 다 상실한 것은 아니기 때문이다. 그러므로 이 땅에서 악인들이 다른 사람들로부터 영광을 얻고 칭송을 받기 위해 자신들의 그러한 은밀한 야심을 선에 대한 열정으로 위장해서 겉보기에 선한 일들에 힘쓴다고 하여도, 그들에게는 자랑할 것이 없다는 것을 알아야 한다.

의구심으로 가득한 암울한 분위기 속에서 시작된 회의는 이렇게 그들의 수령이 보여준 비할 데 없이 훌륭한 처신에 만족하고 기뻐하는 가운데 끝이 났다. 그것은 마치 북풍이 잠들어 있는 동안에, 산 정상에서 어둡고 시커먼 구름이 일어나서 하늘의 쾌활하게 웃는 얼굴을 뒤덮어버려서, 잔뜩 인상을 찌푸린 하늘이 험상궂은 얼굴을 하고서 어둠이 내려앉은 풍경 위에 눈이나 비를 뿌릴 때, 언제 그랬냐는 듯이 다시 밝은 태양이 나타나서, 감미로운 고별인사인 양 저녁을 알리는 찬란한 햇살이 사방으로 퍼져나가면, 들판은 소생하여 활기를 되찾고, 새들이 다시 노래하는 소리와 가축 떼들이 즐거워 내는 울음소리가 언덕과 골짜기에 울려 퍼지는 모습 같았다.

오, 인간들아, 부끄러운 줄 알아라. 저주받아 지옥에 던져진 악한 영들도 이렇게 서로 일치단결하는 모습을 보이건만, 이성을 부여받은 피조물들 중에서 오직 인간들만은 얼마든지 하늘의 은총을 받을 기회가 주어져 있는데도 서로 불화하고, 하나님은 평화를 말씀하시는데도 인간들은 미움과 증오와 다툼 속에서 살아가며, 지옥의 사악한 적이 그들을 멸망시키기 위해 밤낮으로 호시탐탐 기회를 엿보고 있기 때문에 대동단결해도 부족할 판에, 마치 그런 적은 안중에도 없다는 듯이, 자기들끼리 잔혹한 전쟁들을 시도 때도 없이 일으켜서 서로를 죽이고 이 땅을 초토화시키고 있구나.

지옥의 회의가 이렇게 파하고, 지옥의 군주들이 차례로 밖으로 나왔다. 그 한가운데는 강력한 최고 통치자가 나오고 있었는데, 최고의 화려함을 갖추고서 하나님을 닮은 위풍당당한 풍채로 나오는 모습이 그 혼자만으로도 천국을 대적할 만해 보였고 지옥의 두려운 제왕으로서 손색이 없어 보였다. 그의 주변에는 불의 형상을 지닌 한 무리의 스랍 천사들이 휘황찬란한 군기들과 살기가 감도는 무시무시한 무기들을 들고서 그를 에워싸고 있다.

회의가 끝나고 거기에서 결정된 중대한 내용이 장엄하게 울려 퍼지는 나팔소리에 실려 포고되었다. 민첩한 네 명의 그룹 천사들이 네 방향을 바라보고 서서 황금나팔을 입에 대고 불면, 전령관들이 포고문을 발표하였다. 나팔소리와 함께 포고문이 광활한 심연에 멀리 퍼져나가자, 지옥의 모든 군대는 고막이 터질 정도로 큰 함성을 지르며 지옥이 떠나갈 만큼 요란한 환호로 화답했다.

이렇게 해서 그들의 마음은 한결 편안해졌고, 거짓된 희망에 우쭐해지고 기분이 고양된 채로, 자신들이 속해 있던 대오에서 벗어나, 자신들의 위대한 수령이 돌아올 때까지 불안하고 초조한 마음을 달래주거나 이 지루하고 따분한 시간들이 빨리 갈 수 있게 해줄 곳을 찾아 뿔뿔이 흩어져서, 각자의 마음에 드는 곳으로 갔거나 마땅히 갈 곳을 찾지 못해서 어떻게 할 줄을 몰라 이리저리 방황하였다.

어떤 자들은 벌판에 드러누웠고, 어떤 자들은 날갯짓을 해서 공중 높이 솟아올랐으며, 어떤 자들은 올림피아 경기나 피티아 경기[11]에 출전한 양 누가 가장 빨리 달리는지 경쟁하기도 했고, 어떤 자들은 자신의 불 말을 몰았으며, 어떤 자들은 전차를 빨리 몰다가 궤도를 이탈하기도 했다.

어떤 무리들은 아군과 적군으로 나누어 진을 치고서 전쟁 연습을 하기도 했는데, 그것은 마치 신세계의 오만한 도시들에게 경고하기 위한 것인 양, 어지러운 하늘에서 전쟁이라도 벌어진 것처럼, 군사들이 구름 속으로 돌진하여 전투를 벌이고, 각각의 선봉부대 앞으로 날렵한 기사들이 말을 달려 뛰쳐나가서 서로 몇 차례 창을 겨누고 싸우다가, 결국에는 본대에 속한 무수히 많은 군사들이 서로 맞붙어 육박전을 벌이면서, 온갖 무기들이 동원되어 펼쳐지는 묘기가 하늘의 이 쪽 끝에서 저 쪽 끝까지를 수놓아, 창공이 환히 불타오르는 것 같았다.

또 다른 쪽에서는 한 무리의 군사들이 거인 티폰[12]이 분노한 것보다 더 사나워져서 바위들과 산들을 갈기갈기 찢어놓고 회오리바람을 타고 공중을 내달리니, 지옥조차도 그들의 거친 소동을 감당하기 힘들 정

---

11 "올림피아 경기"는 고대 그리스의 도시 국가였던 엘리스에서 올림포스의 주신 제우스에게 바쳐진 제전 경기로서 4년마다 열렸다. "피티아 경기"는 고대 그리스의 4대 경기 중의 하나로서 아폴론 신을 주신으로 모시는 델포이 신전 근방에서 4년에 한 번씩 열렸다. 아폴론은 음악과 시를 주재하는 신이자 무예의 신이기도 했기 때문에, 처음에는 음악 경연 위주의 대회였지만 나중에는 전차 경기 같은 올림피아 경기의 여러 종목들이 추가되었다.

12 "거인 티폰(Typhon)"은 그리스 신화에 나오는 어마어마한 힘을 가진 엄청나게 거대한 괴물로서 위는 사람이고 아래는 뱀인 반인반수의 모습을 지녔다. 하늘에 닿을 정도로 키가 컸고 양팔을 벌리면 동쪽 끝과 서쪽 끝이 닿았다. 끊임없이 거센 폭풍을 만들어내기 때문에, "폭풍의 아버지"로 불렸다. 그래서 여기에는 "회오리바람"(typhoon)이 언급된다. 이 무시무시한 괴물이 어머니인 대지의 여신 가이아의 사주로 활활 타는 바윗돌들을 집어던지고 고함을 내지르며 입에서 맹렬한 화염을 내뿜으면서 신들의 거처인 올림포스 산을 공격하자, 신들은 현재의 이집트 땅인 아이깁토스로 도망쳤고 동물들로 변신하기도 했다.

도였는데, 그들의 그런 모습은 알케이데스라 불린 헤라클레스가 오이칼리아의 왕 에우리토스에게 승리를 거두고 그 왕의 아름다운 공주 이올레를 데리고 돌아오자, 아내 데이아네이라가 남편이 자기를 배신했다고 오해하여, 남편의 친한 동료인 리카스에게 히드라의 맹독이 묻은 옷을 주어 남편에게 전해주게 하였고, 헤라클레스가 자신의 옷에 묻은 맹독에 중독되어 그 고통을 이기지 못하여, 자신이 다스리던 테살리의 소나무들을 뿌리째 뽑고, 리카스가 자신을 배신한 것이라고 생각하여 에타 산의 정상에서 리카스를 유보아의 바다 속으로 내던지던 때의 모습과도 같았다.

어떤 좀 더 조용한 무리들은 한적한 골짜기로 물러가서, 수많은 수금으로 천사들이 사용하는 운율을 따라 자신들의 무용담이나 불운으로 인해 패전한 사연을 노래하면서, 자신들이 전에는 자유인들이었지만 운명의 장난으로 무력이나 우연 때문에 노예 신세가 되어 버린 것을 탄식했다. 그들이 부르는 노래의 가사는 뒤틀린 내용을 담고 있었지만, 그들이 낸 화음은 지옥으로 숨죽이게 만들었고, 구름처럼 모여든 청중을 매료시켜 황홀경에 빠뜨렸다(불멸의 영들이 노래하는데 어떻게 그렇지 않을 수 있겠는가).

그 중 어떤 무리는 저 멀리 물러가서 어떤 산 위에 앉아, 노래보다 더 달콤한 대화(노래는 감각을 매료시키지만, 웅변은 심령을 매료시키기 때문에)를 나누거나 좀 더 고상한 사색에 잠겨서, 섭리와 예지, 의지와 운명, 변할 수 없는 운명, 자유의지, 예지의 절대성 등에 대해 토론했지만, 미궁에 빠져서 길을 잃고 어디가 어딘지 알지 못하게 된 것처럼 아무런 결론도 얻을 수 없었고, 선과 악, 행복과 최후의 불행, 격정과 무정, 영광과 치욕에 대해서도 격론이 있었지만, 그들 사이에서 오간 모든 것은 헛된 지혜였고 거짓 철학이었다. 하지만 그러한 담론들은 즐거운 마법이 되어 고통과 고민을 잠시 덜어주고, 그릇된 희망을 불러일으키며, 세 겹으로 된 강철 갑옷처럼 그들의 완고한 심장을 강고한 인내로 무장시켜 주는 효과가 있었다.

또 한 무리는 이 절망적인 지옥 속에서 좀 더 안락한 거주지를 찾아내기 위한 목적으로 이 세계를 두루 살피는 대담한 모험을 위해 많은 수의 군사로 정찰대를 구성해서, 사악한 독을 품고 있는 물들을 불 못에 토해내는 지옥의 네 줄기 강을 따라 사방으로 날아서 그 강둑들 위를 진군해 나가기 시작했다. 치명적인 증오를 품고 도도히 흐르는 혐오의 강 스틱스, 검고 깊은 애수가 서려 있는 비탄의 강 아케론, 그 물줄기가 애처롭게 흐르며 통곡소리를 내는 데서 명명된 강 코키투스, 불의 물줄기들이 격류를 형성하여 노한 불길이 되어 흐르는 거센 불의 강 플레게톤.[13]

이 네 줄기 강들로부터 멀리 떨어져서 천천히 고요하게 흐르는 망각의 강 레테는 꾸불꾸불 물의 미로를 이루어 흐르는데, 그 물을 마시는 자마다 그 즉시 자기가 전생에 어떤 사람이었고 무엇을 했는지를 다 잊어버리고, 거기에서 겪었던 희로애락도 다 잊어버린다.

이 강 저쪽에는 얼어붙은 대륙이 어둠 속에서 황량하게 펼쳐져 있고, 거기에서는 끊임없이 폭풍이 몰아쳐서, 쉴 새 없이 회오리바람이 불어대고 무시무시한 우박이 쏟아진다. 꽁꽁 얼어붙은 땅 위에서 우박이 녹지 않고 차곡차곡 쌓인 모습은 폐허가 되어 버린 저 옛날의 거대한 건축물을 보는 듯하다. 그 밖에는 온통 눈과 얼음, 그리고 군대 전체

---

13 전승에 의하면 지옥에는 이렇게 네 개의 강이 흐른다고 한다. 밀턴은 여기에서 이 네 강의 그리스어 이름을 그대로 풀어서 설명하고 있다. 즉, "스틱스"는 증오, "아케론"은 비탄, "코키투스"는 통곡, "플레게톤"은 불을 의미한다.

가 빠져 죽었다고 하는, 다미아타와 카시우스 산 사이에 있는 세르보니스 늪지대[14] 같은 깊은 심연이 있을 뿐이다. 극한의 추위 속에서 차갑게 얼어붙은 메마른 공기는 불타고 있고, 추위는 불쏘시개 역할을 한다.

모든 저주받은 자들은 괴조의 발톱을 지닌 복수의 여신[15]에 의해 주기적으로 번갈아 그곳으로 끌려와서, 맹렬한 불과 극한의 추위라는 두 극단을 오가는 처절한 변화로 말미암아 한층 더 극심한 고통을 겪는다. 그들의 부드럽고 따뜻한 영체는 온통 얼려진 채로 한동안 빙하 속에 옴짝달싹 못하게 있다가, 기진맥진하여 다 죽게 되었을 때쯤 신속하게 다시 맹렬한 불로 돌려보내진다.

그들이 배에 태워져서 레테 강을 오가는 것은 순전히 그들의 고통을 더하기 위한 것일지라도, 그들은 이 강의 물 한 방울로 모든 고통과 시름을 아주 잠시라도 다 잊어버리기를 소원하여, 이 강을 오갈 때마다 어떻게든 그 강물에 다가가려고 기를 쓰지만, 운명은 그것을 허락하지 않는다. 무시무시한 고르곤 중의 하나인 메두사는 그것을 막기 위해 나루를 지키고,[16] 그 강물도 옛적에 탄탈로스의 입술을 허락하지 않은 것처럼 살아있는 존재가 자신을 맛보는 것을 허락하지 않는다.[17]

---

14 이집트를 침공한 페르시아 군대를 집어삼키고 패배한 괴물 티폰을 당혹스럽게 만든 곳으로 유명한 "세르보니스" 호수 근방의 늪지대는 나일 강 입구의 이집트 강안에 있는 "다미아타"라는 도시와 "카시우스 산" 사이에 있는데, "카시우스 산"은 다미아타에서 동쪽으로 110km 떨어진 곳에 있는 강안의 모래 산이다.

15 호메로스의 『오디세이아』를 보면, 여자의 얼굴과 날카로운 발톱을 지닌 괴조는 영혼들을 복수의 여신에게 데려다주는 역할을 하는 것으로 나오는데, 여기에서는 괴조와 복수의 여신을 한데 결합시켜 표현했다.

16 "고르곤"은 그리스 신화에 나오는 흉측하고 공포스러운 모습을 지닌 세 자매 괴물들, 즉 스텐노("힘"), 에우리알레("멀리 날다"), 메두사("여왕")를 가리킨다. 흉측한 얼굴에 눈이 튀어나왔고, 머리카락은 모두 뱀으로 되어 있으며, 멧돼지의 어금니 같은 날카로운 이빨을 가지고 있었다. 그 중에서 "메두사"는 아름다웠지만, 그 얼굴을 보는 자는 돌로 변해 버렸다고 한다.

17 "탄탈로스"는 제우스의 아들로서 리디아의 부유한 왕이었으나 천계에서 신들의 음식을 훔

이렇게 정찰대를 자처하여 모험을 나선 무리는 아무리 계속해서 전진해 나아가도 비참하고 황량한 곳뿐임을 보고서, 공포로 창백해져서 후들후들 떨며 어쩔 줄 몰라 하는 가운데, 비로소 처음으로 자신들이 처한 통탄할 만한 운명을 겁에 질린 눈으로 확인하였고, 자신들이 쉴 곳은 어디에도 없다는 것을 깨달았다. 그들은 수많은 어둡고 처연한 골짜기와 비탄의 지대들을 지나왔고, 수많은 동토와 불타는 높은 산을 넘었으며, 수많은 바위와 동굴과 호수와 늪과 습지와 굴과 죽음의 그늘을 통과해 왔다. 이곳은 하나님의 저주로 오직 악에게만 유익한 곳으로 창조된 온통 죽음만이 지배하는 곳이었다. 이곳에서는 모든 생명은 죽고 죽음만이 살아 있으며, 이곳의 뒤틀리고 사악해진 자연은 온갖 기괴하고 기형적이며 가증스럽고 이루 말할 수 없이 끔찍한 것들, 즉 옛 이야기에 나오는 고르곤들, 히드라, 키마이라[18]보다 더 무시무시하고 더 큰 공포를 불러일으키는 것들만을 만들어 낼 뿐이다.

한편 하나님과 인간의 원수인 사탄은 저 원대한 계획에 마음이 불타오른 채로 홀로 빠른 날갯짓으로 지옥의 문들을 향해 날아오른다. 날개를 수평으로 하고서 때로는 오른쪽 연안, 때로는 왼쪽 연안을 따라서 심연 위를 훑고 지나간 후에는, 불의 천정을 향해 또다시 높이 솟구

처 인간에게 주었기 때문에 지옥에 떨어져 영원한 형벌을 받게 되었다는데, 늪 속에 목까지 잠겨 있게 하고 머리 위에는 익은 과일이 열려 있는 나뭇가지가 늘어져 있었지만, 손을 뻗쳐 과일을 따려고 하면 나뭇가지는 위로 올라가고, 물을 마시려고 하면 물이 입 아래로 내려가, 영원한 굶주림과 갈증으로 고통을 받고 있다고 한다.

18 "히드라"는 그리스 신화에 나오는 아홉 개의 머리를 지닌 괴물 뱀이고, "키마이라"는 그리스 신화에 나오는 불을 뿜는 괴물로서, 앞쪽은 사자, 뒤쪽은 큰 뱀, 가운데는 숫염소의 모습을 하고 있으며 거세게 타오르는 화염을 입에서 계속해서 뿜어내었다. 베르길리우스에 의하면, 고르곤과 히드라와 키마이라는 지옥의 입구를 지키는 괴물들이다.

고르곤들, 히드라, 키마이라.

쳐 오른다. 그렇게 날아오르는 사탄의 모습은 상인들의 선단이 인도의 벵갈라 또는 인도네시아의 테르나테와 티도르의 섬들에서 향료를 싣고 무역풍을 따라 마치 구름 속에 걸려 있는 것처럼 아득히 먼 바다 위에서 촘촘히 항해해 오는 것처럼 보이기도 했고, 배들이 무역로를 따라 드넓은 에티오피아 해를 지나 희망봉까지 남극 쪽으로 방향을 잡고서 밤새도록 항해해 가는 것처럼 보이기도 했다.[19]

마침내 지옥의 경계에 있는 높이 솟은 무시무시한 천정에 다다르니, 아홉 겹의 관문들이 보였다. 그 중 세 겹은 청동, 또 다른 세 겹은 강철, 나머지 세 겹은 금강석으로 되어 있어서 뚫는 것은 불가능했고, 불덩이로 그 관문의 주위를 온통 둘러싸도 타지 않았다.

관문 앞 좌우에는 각각 무시무시한 형상을 한 괴물이 하나씩 지키고 앉아 있었다. 그 중 하나는 허리까지는 아름답고 우아한 여인의 모습을 하고 있었지만, 그 아래로는 많은 비늘들이 겹겹이 덮여 있는 흉측한 모습을 하고 있는, 치명적인 독으로 무장한 어마어마하게 거대한 뱀이었다. 그 뱀의 허리 주위에서는 한 떼의 지옥의 사냥개들이 맴돌며 케르베로스[20]처럼 입을 크게 벌리고 온 힘을 다해 큰 소리로 쉴 새 없이 짖어대니, 듣기만 해도 소름끼치는 굉음이 사방으로 울려 퍼졌다. 그러다가도 자신들이 짖는 소리를 방해하거나 신경 쓰이게 만드는 어떤 소음이 주변에서 조금이라도 들려오는 경우에는, 그 뱀의 자궁 속

---

19 "벵갈라"는 인도 동부의 서벵골 주와 방글라데시 일대 지역을 가리키고, "테르나테"와 "티도르"는 인도네시아 몰루카 제도의 섬들이다. 이곳들은 모두 향료 산지와 교역지들이었다. "무역풍"은 아열대지방의 바람으로 중위도 고압대에서 적도 저압대로 부는 바람이다. 향료를 실어나르는 선단들은 이 무역풍을 타고서 몰루카 제도에서 출발하여 에티오피아 해를 지나 희망봉과 남극 방향으로 항해하였다.

20 "케르베로스"는 그리스 신화에서 지옥의 문을 지키는 거대한 괴물개로서, 청동소리 같이 울리는 목소리에 머리는 3개 달렸다고 하고, 누구에게도 겁먹지 않는 막강한 힘을 지녔다고 한다.

관문 앞 좌우에는 각각 무시무시한 형상을 한 괴물이 하나씩 지키고 앉아 있었다.

으로 기어들어가, 그곳을 자신들의 보호막으로 삼아서, 그 보이지 않는 곳에서 계속해서 짖어대고 으르렁거렸다. 칼라브리아라 불리는 남부 이탈리아 반도와 거센 파도가 이는 트리나크리아라 불렸던 시칠리아 섬을 갈라놓는 바다에서 목욕하던 성난 스킬라[21]도 이 사냥개들보다는 훨씬 덜 혐오스러웠고, 밤의 마녀가 어린아이의 피 냄새를 맡고서 거기에 유혹되어 은밀하게 부름을 받고서, 주문을 걸어 달을 강제로 어둡게 만들어놓고서 라플란드의 마녀들과 춤을 추기 위해 대기를 타고 달려올 때, 이 마녀의 뒤를 쫓던 개들도 이렇게 흉측하지는 않았다.[22]

관문의 다른 쪽을 지키고 있는 또다른 형상의 괴물은 눈 코 입이나 관절이나 팔다리가 구별이 되지도 않을 뿐더러, 실체라고 부를 수도 없고 그림자라고 부를 수도 없으며, 둘 중 어느 쪽으로 부를 수도 있어서, 형태 자체가 없어 형상이라고 부를 수도 없는 그런 존재였다. 밤만큼 검고, 복수의 여신보다 열 배나 더 사나우며, 지옥만큼 무시무시한 그런 괴물이 그의 머리 부분으로 보이는 것 위에 왕관 같은 것을 쓰고서, 무시무시한 창을 휘둘렀다.

이제 사탄이 가까이 다가오자, 이 괴물은 자리에서 일어나서 무시무시한 발걸음으로 쏜살같이 달려 나오니, 그가 쿵쾅거리며 달려올 때, 지옥이 진동하였다. 겁 없는 사탄은 무슨 일인가 하고 의아해했지만,

---

21 "스킬라"는 그리스 신화에 나오는 바다 괴물이다. 상체는 처녀이지만 하체는 여섯 마리의 사나운 개가 삼중의 이빨을 드러내고 굶주림에 짖어대는 모습이다. 원래는 아름다운 미녀였는데, 해신 글라우코스를 사이에 두고 마녀 키르케와 연적이 되었고, 키르케는 스킬라가 목욕하던 바다에 독풀의 즙을 풀고 마법을 걸어서 그녀를 흉측한 바다 괴물로 만들어 버렸다.

22 스칸디나비아의 전설에서는 어린아이의 피를 빨아먹기 위해 오는 밤의 마녀는 사람들의 눈에는 보이지 않지만 개들은 이 마녀를 알아보고 짖어대며 뒤쫓아 온다고 한다. "라플란드"는 핀란드와 스칸디나비아반도 북부, 러시아의 콜라반도를 포함하는 유럽 최북단 지역을 가리키는 지명인데, 마법으로 유명한 곳이었다.

의아해한 것일 뿐 두려워한 것은 아니었다. 그에게 하나님과 그의 아들을 제외한 모든 피조된 존재들은 하찮은 것들일 뿐이어서 겁을 먹을 이유가 전혀 없었기 때문이었다. 그는 깔보는 표정으로 그 괴물을 바라보며 이렇게 말하기 시작했다.

"너는 어디에서 굴러먹다가 온 놈이냐. 차마 눈 뜨고 봐줄 수 없는 역겨운 몰골을 한 자로구나. 네 모습이 아무리 험상궂고 무시무시하게 생겨먹었다고 해도, 그 괴이하기 짝이 없는 상판대기를 내 앞에 내밀며 저 관문으로 가고자 하는 나의 발길을 감히 가로막는 것이냐. 내가 저 관문을 통과하는 데 네 놈 따위의 허락을 받을 생각은 추호도 없다는 것을 분명히 알아두거라. 그러니 어서 물러나든지, 아니면 어리석은 쪽을 택해서, 지옥의 자식들은 하늘의 영들을 대적할 수 없다는 것을 한번 뼈저리게 경험해 보든지, 둘 중의 하나를 택하거라."

화가 머리끝까지 치민 이 괴물 악귀가 사탄에게 이렇게 응수했다. "네가 저 반역천사냐. 전에는 한 번도 깨진 적이 없던 천국의 평화와 믿음을 처음으로 깨뜨리고서, 오만방자하게도 하늘의 아들들 중에서 삼분의 일이나 되는 무리를 이끌고서 반역의 전쟁을 일으켜 지존자에게 대들었다가, 그 일로 하나님에 의해 단죄되어 그 무리와 함께 천국에서 쫓겨나 이곳으로 내던져져서 비탄과 고통 속에서 영원한 날들을 보내고 있는 그자가 바로 너로구나. 그런 네가 지옥에 떨어져서도 아직도 여전히 네 자신을 하늘의 영이라고 자처하며 오만하고 깔보는 태도로 일관하는 것이냐. 이곳을 다스리는 왕은 나다. 그리고 네가 한층 더 화날 사실은 내가 너의 왕이고 주라는 것이다. 그러니 이 거짓말쟁이 도망자야, 어서 돌아가서 네게 주어진 형벌이나 받거라. 머뭇거렸다가는 전갈의 채찍 맛을 보게 되거나, 이 창으로 일격을 당하여 전에는 느껴보지 못했던 기이한 공포와 엄청난 고통을 맛보게 될 것이니, 너의 날개에 속도를 더하여 속히 가거라."

소름끼치도록 무시무시한 이 괴물은 이렇게 말했는데, 이 위협의 말을 하고 있는 동안 그의 모습은 평소보다 열 배나 더 무시무시하고 기형적으로 변했다. 그러는 동안에 사탄은 두려워하기는커녕, 마치 북극의 하늘에서 불붙은 화염이 되어서, 거대하게 늘어서 있는 땅꾼자리의 별들을 가로질러, 쭈뼛쭈뼛 일어선 저 공포스러운 머리칼들을 따라 역병과 전쟁을 흩뿌리는 혜성처럼,[23] 분노를 불태우며 서 있었다. 괴물과 사탄이 자신들의 파괴적인 손을 두 번 사용하는 일은 결코 없을 것이라는 듯이, 단 일격으로 상대방의 머리에 치명타를 가하려고, 잔뜩 찌푸린 얼굴로 서로를 노려보고 있는 모습은, 하늘의 병장기로 중무장한 두 거대한 먹구름이 콰르릉거리며 카스피 해 상부로 와서,[24] 바람이 불어와 신호가 떨어지면, 대기의 한복판에서 일대 검은 접전을 벌이기 위해, 잠시 제자리에 서서 기회를 엿보며 서로를 노려보는 형국 같았다. 두 막강한 투사가 이렇게 얼굴을 잔뜩 찌푸리고 있자, 지옥도 덩달아 어두워졌다. 둘은 이렇게 대치하며 서 있었다. 이런 엄청난 적수를 만나는 일은 오직 나중에 있을 단 한 번의 사건을 제외하고는 서로에게 전무후무할 것이었다. 이때 지옥 문 바로 옆에 앉아서 운명의 열쇠를 지니고 있던 뱀 모습을 한 마녀가 갑자기 일어나서 소름끼치는 비명소리를 내며 둘 사이로 뛰어들지 않았더라면, 지옥 전체를 뒤흔들 만한 엄청난 일이 결국 벌어지고야 말았을 것이었다.

---

23 "땅꾼자리"는 북쪽에 자리한 거대한 별자리다. 사람들은 "혜성"이 역병이나 전쟁을 일으키거나 그 조짐을 보여준다고 생각했고, 1618년에 이 별자리에서 나타난 혜성이 30년 전쟁의 불길한 징조였다고 해석하기도 했다.

24 "카스피 해"는 유럽과 아시아의 경계에 있는 염수호인데 기후 변화가 심하여 폭풍이 자주 일어나는 곳으로 유명하다.

마녀는 소리쳤다. "아버지! 도대체 무슨 심사로 당신에게 하나밖에 없는 아들을 당신 손으로 죽이려고 하는 것인가요. 그리고 외아들인 너는 얼마나 화가 난다고 저 치명적인 창으로 아버지의 머리를 겨누는 것이냐. 너의 그 창을 누구에게 겨누어야 하는지는 네 자신이 잘 알고 있지 않느냐. 하늘에 앉아서 너를 자신의 노예로 삼아서, 자신의 분노를 따라 마음 내키는 대로 정의라는 이름으로 네게 잡일을 시키고, 너의 그런 모습을 지켜보며 비웃는 바로 그자에게 겨누어야 하는 것이 아니더냐. 하지만 언젠가는 그자의 분노 때문에 너나 아버지나 둘 다 멸망하고 말 것이다."

마녀가 이렇게 말하자, 그 말을 들은 지옥의 괴물은 창을 거두어들였다. 그러자 사탄은 마녀에게 다음과 같이 말했다.

"네가 기괴한 비명소리를 지르며 달려와서 우리 둘 사이에 끼어들어 이렇게 이상한 말을 늘어놓는 바람에, 빨리 저 놈을 따끔하게 손봐 주어서 내가 누구인지를 똑똑히 보여주고 나의 의도를 행동으로 관철하려던 나의 계획이 엉망이 되어 버렸다. 그러니 일단 두 가지 형상으로 된 너희가 대체 어떤 작자들인지, 그리고 우리는 이 지옥의 골짜기에서 처음으로 만난 사이인데, 너는 왜 나를 아버지라고 부르고, 저 유령 같은 놈을 나의 아들이라고 부르는 것인지를 알아야 하겠다. 나는 너희를 알지도 못하고, 너희 같이 역겹고 토할 것 같은 상판대기를 한 자를 지금까지 본 적도 없다."

그러자 지옥 문지기인 마녀가 사탄에게 이렇게 대답했다.

"당신이 말하는 것을 들으니, 당신이 나를 잊어버리신 것이 분명하군요. 지금 당신 눈에 나의 모습은 너무나 흉하게 보이겠지만, 전에 천국에서는 나를 지극히 아름답다고 했지요. 지난날 당신이 하늘의 왕에게 반기를 드는 대담한 역모를 꾸미는 것에 동조해서 당신을 따랐던 모든 스랍 천사들과 함께 모여 회의를 하고 있는데, 갑자기 극심한 통증이 당신을 엄습해서, 당신의 눈이 희미해져서 앞이 잘 보이지 않는 캄캄한 어둠 가운데서 현기증이 일어났고, 당신의 머리로부터 굵고 빠른 화염이 터져 나오더니 결국에는 왼쪽 머리에 넓은 구멍이 생겼지요. 그리고 당신의 머리에 생겨난 구멍에서 빛나는 형상과 용모가 당신과 똑 닮은 천상의 아름다운 빛을 발하는 한 여신이 무장을 한 채 튀어 나왔죠. 하늘의 모든 천군들은 깜짝 놀라서 처음에는 그 여신을 불길한 징조로 여기고 '죄'라 부르며 두려움에 사로잡혀 슬금슬금 피해 뒤로 물러났지만, 시간이 흐르면서 점점 친해져서 좋아하게 되었고, 매력적이고 우아한 자태로 가장 싫어하고 질색을 했던 당신의 마음까지도 매료시켰는데, 내가 바로 그 여신이었죠. 당신은 당신 자신의 모습이 내 안에 완벽하게 재현되어 있는 것을 보고서는 나를 깊이 사랑하게 되어 자주 나와 은밀하게 즐거움을 나누었기 때문에, 나의 자궁이 잉태해서, 나의 배는 점점 불러갔지요.

그러는 사이에 어느덧 전쟁이 발발했고, 천국의 벌판들에서는 싸움이 벌어졌죠. 누가 보아도 명백한 승리가 우리의 적인 전능자에게 돌아갔고(사실 이것은 너무나 당연한 결과였지만), 우리 편은 여지없이 참패를 당하여 뿔뿔이 흩어져서 최고천의 모든 지경에서 쫓겨나 패주하다가, 모두 하늘 꼭대기로부터 곧장 곤두박질쳐서 이 심연에 거꾸로 떨어지고 말았는데, 나도 그때 모두와 함께 여기로 떨어졌지요. 그때 이 지옥의 관문들을 영원히 굳게 닫아둘 책무와 함께 이 권능의 열쇠가 내 손에 주어졌고, 내가 열어주지 않는 한 그 누구도 이 관문을 통과할 수 없게 되었죠.

내가 수심에 잠긴 채 이 관문 앞에 앉아 있은 지 얼마 되지 않아서, 당신으로 말미암아 잉태한 나의 태가 갑자기 엄청나게 부풀어 오르고,

아주 격렬한 태동과 극심한 진통이 찾아온 후에, 마침내 당신 눈앞에 보이는 당신의 소생인 이 흉측한 아들이 나의 내장을 난폭하게 찢으며 뚫고 나왔고, 그때에 내게 엄습한 두려움과 고통으로 인해 나의 하체 전부가 뒤틀리고 변형되어 버리고 말았죠.

게다가 나의 태 속에 품었다가 낳은 내 자식이라는 저 원수는 밖으로 나오자마자, 멸망을 위해 만들어진 저 죽음의 창을 나를 향해 휘둘렀고, 나는 '사망'이라고 소리치며 도망쳤는데, 그 흉악한 이름 앞에서 지옥 전체가 두려워 떨었고, 지옥의 모든 동굴들에서는 한숨을 내쉬며, '사망'이라는 메아리가 울려 퍼졌죠. 나는 계속해서 도망쳤지만, 저 원수는 격분했다기보다는 정욕으로 불타올라서 나보다 훨씬 더 빠른 속도로 뒤쫓아 와서는, 자포자기 상태가 되어 버린 제 어미를 따라잡아 강제로 껴안고 추잡한 짓을 벌였는데, 그 겁탈로부터 생겨난 것들이 바로 당신이 보았듯이 나를 둘러싸고서 쉴 새 없이 짖어대고 으르렁대는 저 괴물들이죠. 저 괴물들은 매 시간마다 잉태되고 매 시간마다 태어날 뿐만 아니라, 시도 때도 없이 제멋대로 그들을 길러낸 나의 자궁 속으로 다시 들어가서 짖어대며 나의 내장을 자신들의 먹이로 여겨 씹어 먹고, 그런 후에는 다시 밖으로 나와 소름끼치는 큰 소리로 나를 계속해서 괴롭혀서 단 한순간도 편안한 마음으로 쉴 시간을 주지 않으니, 내게는 슬픔과 비탄만이 끝없이 이어질 뿐이죠. 만일 내 눈 앞에 정면으로 마주하고 앉아 있는 내 자식이자 원수인 저자가 내가 죽으면 자기도 함께 죽는다는 것과 나의 고기에는 독이 들어 있어서 먹으면 죽게 되도록 운명이 정해 놓았다는 것을 알지 못했더라면, 저 괴물 사냥개들을 충동질해서, 딱히 다른 먹이가 없을 때를 골라서 자신들의 어미인 나를 순식간에 게걸스럽게 먹어치우게 했을 것이 분명하죠.

하지만 아버지, 미리 경고해 두건대, 저 작자가 쥐고 있는 죽음의 창을 조심하세요. 그 창이 하늘에서 벼린 당신의 저 빛나는 무기를 뚫을 수 없을 것이라고 생각한다면, 그건 잘못 생각하고 있는 것이니까요. 저 죽음의 창을 막아낼 수 있는 자는 오직 천국을 다스리는 자뿐이거든요."

괴물 마녀의 말이 끝나자, 그녀의 사연을 다 알게 된 교활하고 영악한 사탄은 이내 태도가 누그러져서 부드러운 말로 이렇게 대답했다.

"사랑하는 딸아, 네가 나를 아비라 부르고, 하늘에서 너와 즐겁게 보냈던 한때의 소중한 증거인 나의 사랑스런 아들까지 만나게 되다니, 비록 그때의 달콤한 기쁨이 우리가 예상하지도 못했고 생각하지도 못한 비참한 일을 겪으면서 이제는 이렇게 할 말을 잃게 만든 비탄으로 변해 버리기 했지만, 참으로 꿈만 같은 일이로구나. 하지만 나는 너희의 적으로 온 것이 아니라, 저 아이와 너, 그리고 대의명분을 내걸고 무장봉기했다가 저 하늘로부터 우리와 함께 이곳으로 떨어진 영들인 하늘의 저 모든 군대를 이 어둡고 절망적인 고통의 집에서 해방시키기 위해 왔다는 것을 너는 알아야 한다.

지금 나는 그들을 떠나서 그들 모두를 대신해서 모든 위험을 혼자 짊어진 채로 홀로 이 미지의 임무를 수행하기 위하여, 이 고독한 발걸음으로 밑도 끝도 없는 심연을 내내 밟고 와서, 무한히 펼쳐져 있는 허공을 두루 살펴서, 오래 전부터 예언되어 온 한 장소를 찾아내려고 하고 있다. 여러 징후들을 종합해서 판단해 보건대, 지금쯤 그 지극히 복된 장소는 천국의 변두리에 거대하고 광활하며 둥근 모습으로 창조되었을 것이고, 우리의 빈 자리를 메우기 위해 급히 서둘러 창조된 한 종족이 거기에 배치되어 있을 것이다. 이것은 아마도 하늘의 왕이 천국이 강력한 무리들로 넘쳐나서 또다시 폭동이 일어나는 불상사가 생기지 않도록 좀 더 멀리 떨어진 곳에 한 세계를 창설하여 그 종족을 거기에 둔 것이리라.

그래서 그것이 과연 사실인지, 그리고 새롭게 계획되고 있는 좀 더 은밀한 일은 없는지를 알아내는 일이 시급하다. 일단 그것이 사실로 확인되면, 나는 즉시 다시 돌아와 너희를 그곳으로 데려가리니, 너와 내 아들 '사망'은 향기로 가득한 대기 속을 보이지 않게 위아래로 사뿐히 오르내리면서, 거기에 있는 모든 것을 너희의 먹이로 삼아서 먹고 싶은 만큼 배불리 먹고 만족하며 편안히 살게 될 것이다."

둘 모두 대단히 기뻐하는 모습을 보이자, 사탄은 말을 중단했다. '사망'은 자신이 다시는 굶주리지 않고 배불리 먹게 될 것이라는 말을 듣고 이를 드러내고 소름이 쫙 끼치는 오싹한 미소를 지어 보이며, 그렇게 복된 시절을 곧 만나게 될 자신의 배를 축복했고, 그의 악한 어미도 자기 아들 못지않게 기뻐하며 자신의 아버지에게 이렇게 말했다.

"하늘의 전능왕은 영을 내려서 이 지옥 구덩이의 열쇠를 내게 주었고, 그래서 나는 정당한 권한으로 그 열쇠를 갖고 있지만, 그는 어떤 경우에도 이 금강관문들을 여는 것을 금지했어요. 이 관문을 열려고 하는 자가 있다면, 산 자의 힘으로는 절대로 당할 수 없는 존재인 저기 앉아 있는 '사망'이 그 즉시 일어나 그 손에 들고 있는 창을 던질 거예요. 하지만 나를 미워하여 이 깊은 타르타로스의 처참한 어둠 속으로 내던져서 여기에 꼼짝못하게 가두어두고, 이렇게 앉아서 이 싫은 일을 하도록 강요하며, 하늘에서 태어나 하늘의 거민으로 살던 나를 여기에서 내 자식들에게 둘러싸여 내장을 파 먹히고 늘 공포와 시끄러운 소리에 시달리며 끝없는 번민과 고통 속에서 살아가게 한 그의 명령을 내가 굳이 지켜야 할 의무는 없죠.

당신은 내 아버지이고 나의 창조자이며 내가 존재할 수 있게 해준 분인데, 내가 당신 외에 누구에게 복종하고 누구를 따르겠어요. 이제 곧 당신이 신들이 마음 편히 살아가는 저 빛과 지극한 축복의 신세계로 나를 데려다주면, 거기에서 난 당신의 오른편에 앉아서, 당신의 딸이자 연인답게 요염한 관능미를 뽐내며 영원히 다스리게 될 것이 아니겠어요?"

괴물 마녀는 이렇게 말하고서는, 장차 우리 인간에게 닥칠 모든 재앙을 가져다줄 서글픈 도구인 저 죽음의 열쇠를 자신의 허리춤에서 꺼내들고, 자신의 짐승의 꼬리를 끌며 관문 쪽으로 가서, 그녀 외에는 지옥의 모든 군대의 힘으로도 절대로 움직일 수 없었던 거대한 내리닫이 창살문을 즉시 높이 끌어올린 후에, 열쇠구멍 속에 열쇠를 넣어서 복잡하게 되어 있는 돌기를 돌리자, 육중한 쇠나 단단한 바위로 이루어진 모든 걸쇠와 빗장이 쉽게 해체되고, 갑자기 앞뒤로 움찔하며 덜커덕하는 큰 소리와 함께 서로 맞물린 접합부분들이 서로 부딪치며 천둥소리를 내면서 지옥의 관문들이 활짝 열리니, 에레보스[25]의 밑둥까지 뒤흔들렸다. 열기는 했지만, 다시 닫는 것은 그녀에게도 불가능한 일이어서, 지옥의 관문들은 활짝 열어젖혀진 채로 두어졌다. 그렇게 열린 관문들은 수많은 보병들이 날개를 한껏 펼치고 군기들을 펄럭이며 기마부대와 전차부대를 앞세워서 느슨한 대형을 이룬 채로 여유 있게 통과할 수 있을 정도로 넓었고, 거기에서는 마치 용광로의 입구인 양 뭉게뭉게 피어나서 물결처럼 넘실대는 연기와 붉은 빛을 띤 화염이 토해져 나왔다.

그리고 그들의 눈 앞에 태고의 심연, 곧 경계도 없고 길이와 너비와 높이 같은 것도 없으며 시간과 공간이 아무런 의미도 없는 흑암만이 무한히 펼쳐져 있는 바다의 비경이 홀연히 펼쳐졌다. 거기에서는 자

---

25 어둠을 뜻하는 "에레보스"는 그리스 신화에서 "혼돈"의 아들로서, 죽은 자들이 지옥으로 가기 위해 통과해야 하는 어둠의 지역, 즉 혼돈계를 가리킨다.

연의 조상들인 태고의 '밤'과 '혼돈'이 끝없이 이어지는 전쟁의 소란과 혼란 속에서 영원한 무법지대를 장악하고 있다.[26] 그 전쟁은 '뜨거움'과 '차가움'과 '습함'과 '건조함'이라는 네 명의 사나운 군주들이 주도권을 잡기 위해 자신에게 속한 원자들을 동원해서 벌이는 싸움이다.[27] 원자들은 종족별로 무리를 지어서 가볍게 무장한 상태거나 중무장한 상태로, 날카롭거나 부드럽게, 신속하거나 느리게 각자가 속한 군주의 군기 주위로 무수히 모여드는데, 그것은 마치 작열하는 태양의 열기에 바싹 말라버린 바르카나 키레네[28]의 흙먼지가 서로 각축을 벌이는 바람들에 의해 징집되어 공중으로 떼지어 날아올라 그 바람들의 가벼운 날개에 힘을 실어주는 모습과도 같았다. 이렇게 해서 원자들을 더 많이 끌어모은 군주에게 잠시 주도권이 돌아간다. 심판관으로 앉아 있는 '혼돈'은 자신의 지배권을 잃지 않기 위해서 자신의 판정을 통해 그들의 싸움과 분쟁을 한층 더 부추기고, 그 다음으로 높은 중재자인 '우연'이 모든 것을 다스린다.

이 황량한 심연, 그러니까 바다도 아니고 육지도 아니며, 대기도 아니고 불도 아니며, 이 모든 것들이 그들을 잉태하고 있는 인자因子들의 상태로 온통 뒤죽박죽 뒤섞여서, 전능한 조물주가 더 많은 세계들을 창

---

26 "혼돈계"는 그 어떤 질서도 없이 무한히 펼쳐져 있으면서, 창조된 구역들인 지옥과 천국과 우주를 둘러싸고 있고, 하나님이 창조에 사용하는 시원 물질을 담고 있다. 밀턴은 창조는 무가 아니라 이 시원의 물질로부터 하나님이 선한 것들을 분리해내는 방식으로 행해진 것이라고 말한다. 신화적인 존재들인 "혼돈"과 "태고의 밤"은 가장 오래된 신들이다. 여기에서 "혼돈"은 혼돈계의 통치자로, "밤"은 "혼돈"의 배우자로 나온다.

27 이 네 가지 세력은 자연 속에서는 서로 결합하여 불, 흙, 물, 공기라는 네 가지 원소를 형성하지만, 혼돈계에서는 무한히 싸우기 때문에, 원자들이 결합하지 못하여 아무것도 생겨나지 못한다. 원자주의 철학자들은 원자들이 "우연"에 의해 끝없이 충돌함으로써 만물을 형성한 것이라고 보았다.

28 바르카는 이집트와 튀니지 사이의 사막이고, 키레네는 튀니지 동쪽이다.

조하는 데 그들을 자신의 암흑 물질로 사용하지 않았다면, 영원히 계속해서 싸우고 있을 자연의 모태, 아니 자연의 무덤이라고 하는 것이 더 어울리는 이 황량한 심연 속을, 조심성 많고 신중한 사탄은 지옥의 끝자락에 서서 한동안 들여다보며 자신의 여정을 구상하고 있었다. 자신이 이제 건너가야 할 것은 동네 어귀에 있는 작은 하천이 아니었기 때문이다. 또한 그의 귀청을 때리는, 무언가를 부수는 요란한 소리는 (큰 일을 작은 일에 비유해서 말하자면) 전쟁의 여신 벨로나가 자신이 보유한 온갖 공성용 무기들을 총동원해서 어느 나라의 수도의 성벽을 무너뜨리려고 할 때 나는 소리나, 하늘을 이루고 있는 모든 원소들이 폭동을 일으켜서 하늘의 틀이 와해되어 단단한 땅이 묶여 있던 축에서 떨어져 나갈 때 나는 소리에 뒤지지 않았다.

드디어 사탄은 돛처럼 넓은 자신의 날개들을 펴서 땅을 박차고 뭉게뭉게 피어오르는 연기 속으로 날아서, 거기에서 수십 리 높은 곳까지 마치 구름 의자에 앉아 있는 것처럼 거침없이 올라가지만, 이내 광활한 허공을 만나, 그런 안전한 비행은 끝이 나고, 돌발 상황 속에서 부질없이 힘껏 날갯짓을 해서 날아오르려 해보지만, 곧장 아래로 추락해 버렸는데, 만일 우연히 불과 질산 성분이 뒤섞여 폭발하는 구름을 만나 강하게 위로 튕겨 올라서 그 힘으로 허공을 벗어나지 않았더라면, 지금 이 시간에도 계속 추락하고 있었을 것이다.

그러한 소동도 끝이 났고, 사탄은 바다도 아니고 상태가 좋은 뭍도 아닌 늪 같은 유사에 빠져서 몸 전체가 거의 잠긴 채로 발디딜 곳도 없는 지경을 반은 걷고 반은 날아서 나아갔는데, 사실 그것은 자신의 날개를 돛으로 삼고 발로 노를 저어 건너간 것이나 다름없었다. 그리핀[29]이 자기가 자지도 않고 깨어서 지키고 있던 황금을 훔친 아리마스포이 사람[30]을 추격하여 산을 넘고 골짜기의 늪지를 지나며 황무지를 통과했던 것처럼, 그렇게 열심히 사탄은 머리와 손과 날개와 발을 사용해서, 푹푹 빠지는 늪지와 깎아지른 듯한 절벽과 좁고 험한 길과 단단한 땅과 무른 땅을 헤엄쳐가기도 하고 가라앉은 채 간신히 건너가기도 하며 기어가기도 하고 날아가기도 하며, 자신의 길을 헤쳐 나갔다.

마침내 온갖 왁자지껄한 소리들과 기절초풍할 정도로 큰 소리들이 온통 뒤섞이고 텅 빈 어둠 속에서 증폭되어서 어마어마한 굉음이 사탄의 귀를 때린다. 그는 조금도 겁을 집어먹지 않은 채로 심연 중에서도 가장 낮은 이곳에 이 굉음 가운데서 자신의 거처를 정하고 살고 있을지 모르는 어떤 권세나 영을 만날 수도 있을지 모른다는 생각에 그 굉음이 들리는 곳을 향해 길을 재촉해 나간다. 그런 존재가 있다면, 광명의 세계와 가장 가까이에서 접경을 이루고 있는 흑암 지대가 어디쯤 있는지를 물어보아야겠다고 생각했기 때문이었다.

이때 돌연 '혼돈'의 보좌와 황량한 심연 위에 넓게 펼쳐져 있는 그의 거처가 보였고, 만물 중에서 가장 오래된 자이자 '혼돈'의 공동통치자인 '밤'이 흑담비 같이 짙은 어두운 옷을 입고 함께 그 보좌에 앉아 있었다.

---

29 "그리핀"은 몸은 사자이고 머리와 날개는 독수리이며 등은 쇠로 덮여 있는 괴물이다. 이 괴물은 새처럼 둥지를 틀고 사는데 알 대신에 마노라는 보석을 낳는다. 발톱은 크고 긴데, 사람들이 이 발톱으로 술잔을 만들 정도였다. 스키티아가 고향인 그들은 산에서 황금을 발견하면 그 황금으로 집을 지었고, 이 때문에 그들의 집은 사냥꾼들의 표적이 되어서, 밤에도 자지 않고 제 집을 지켜야 했다. 또한 그들은 본능적으로 보물이 매장되어 있는 곳을 알았고, 약탈자들로부터는 있는 힘을 다해 이 보물을 지키려 했다.

30 당시 이 그리핀과 함께 살던 "아리마스포이" 부족은 고대 그리스의 전승에서 스키티아에 산다고 알려진 외눈박이 거인족이다. 그들이 사는 주변에는 대량의 금이 있었으나 괴조 그리핀이 금광을 지키고 있었기 때문에 인간의 능력으로는 손에 넣을 수 없었다. 이 금이 그리스 땅까지 들어온 것은 아리마스포이 사람들이 그리핀과 싸워서 빼앗았기 때문이라고 한다.

사탄은 머리와 손과 날개와 발을 사용해서 자신의 길을 헤쳐 나갔다.

그들의 최측근에는 오르쿠스와 하데스, 그 이름도 무시무시한 데모고르곤이 시립해 있었고,[31] 그 주위에는 '소문'과 '우연'과 '소동'과 '혼란,' 그리고 천 개의 다양한 입을 지닌 '불화'가 온통 뒤섞여 늘어서 있었다.

사탄은 그들을 향해 대담하게 이렇게 말했다.

"이 최하층의 심연을 다스리는 권세자들인 너희 영들이여, 그리고 '혼돈'과 '태고의 밤'이여, 나는 너희 나라의 비밀을 캐내거나 교란시킬 임무를 띠고 이곳에 온 첩자가 아니고, 혼자서 광명의 세계로 가기 위해 너희의 광대한 제국을 통과하다가 부득이한 사정으로 이 어두운 황야로 떨어져서, 길잡이가 없어서 반쯤은 길을 잃은 상태로 헤매다가, 너희 흑암의 나라에서 하늘로 통하는 가장 빠른 길이 있거나, 또는 하늘의 왕이 최근에 너희의 영토 중에서 일부를 차출해서 어떤 세계를 조성해 놓은 곳이 있다면, 거기로 가기 위해 이 심연에 발을 디뎌놓은 것일 뿐이니 나의 길을 안내하라.

너희의 도움으로 내가 잃었던 곳을 수복하고 내게서 모든 것을 찬탈해간 자들을 다 몰아낸다면, 그곳을 원래의 흑암으로 되돌린 후에 너희로 다스리게 해서(이것이 나의 이번 여정의 목적이다) 거기에 '태고의 밤'의 깃발을 다시 한 번 세우게 될 것이니, 너희가 받게 될 보상도 결코 적지 않을 것이다. 모든 이득은 너희의 것이 될 것이고, 복수는 나의 것이 될 것이다."

사탄이 이렇게 말하자, 까마득한 태곳적부터 무정부상태로 이곳을

---

31 "오르쿠스"는 로마 신화에 나오는 지옥의 신이다. 고대 로마의 시에서 오르쿠스는 맹세를 위반한 자를 응징하는 자로 등장한다. 후대로 갈수록 지옥의 신 디스 파테르나 플루토와 동일시되었으며, 그리스 신화의 하데스와 마찬가지로 저승이나 명부 자체를 가리키는 표현으로 쓰이기도 했다. 로마의 팔란티노 언덕에는 오르쿠스의 신전이 있었다고 한다. "하데스"는 그리스 신화에 나오는 지옥의 신이다. "데모고르곤"은 "밤," "에레부스," "소동," "부활" 등의 어둠의 신들을 낳은 신이라고 한다.

다스려왔던 저 늙은 폭군 '혼돈'은 당황한 기색이 역력한 표정으로 말을 더듬으며 이렇게 대답했다.

"나는 당신을 처음 보지만, 당신이 누군지는 이미 알고 있소. 당신은 비록 뜻을 이루지는 못했지만 최근에 천사들을 규합해서 하늘의 왕에 맞서 봉기했던 저 위대한 천사장이 아니오? 그토록 많은 군대가 대패하고 패주하기를 거듭하며 요란하게 도망쳐오느라고 심연 전체를 발칵 뒤집어놓는 바람에 야단이 나고 혼란이 극심했고, 게다가 천국의 성문들이 일제히 열리고, 승리를 거둔 군대가 무수히 쏟아져 나와 당신의 군대를 뒤쫓는 추격전을 벌였으니, 내가 그 일을 보고 듣지 못했을 리가 없지 않겠소.

당신이 일으킨 그 전쟁 때문에 태고의 '밤'의 지배력도 약화되고 우리의 영토도 계속해서 잠식되고 있어서, 나는 여기 이 변경에 자리를 잡고서, 우리에게 남아 있는 이 작은 영토만이라도 온 힘을 다해 지키려 하고 있소. 먼저 우리의 영토 아래로는 당신의 지하요새인 저 지옥이 광범위하게 자리 잡고 있고, 최근에 만들어진 또 하나의 세계인 저 신천지도 당신의 군대가 떨어진 하늘 저편과 황금 사슬로 연결된 채로 나의 영토 위에 걸려 있소. 당신이 그 길을 따라 간다면, 머지않아 당신의 목적지에 다다를 수 있을 것이오. 하지만 가까울수록 위험도 더 큰 법이오. 어서 가시오. 파괴와 약탈과 대혼란은 나의 이익이 될 것이니, 성공을 비오."

그의 말이 끝나자, 사탄은 망망대해를 헤쳐 나온 자신의 여정이 드디어 뭍을 만나 그 끝이 보인다는 생각에 기뻐서, 지체할 시간이 없다는 듯이 대답도 하지 않고, 새롭게 충전된 힘으로 마치 불로 이루어진 거대한 피라미드처럼 아주 신속하게 광활한 허공 속으로 다시 뛰어올라, 사방에서 그를 에워싸고 덤벼드는 원소들의 세찬 공격을 받으며,

아르고 호[32]가 서로 밀쳐대는 두 바위 사이로 보스포로스 해협을 통과하거나, 오디세우스가 좌현 쪽으로 붙어서 카리브디스[33]를 피해 다른 쪽 소용돌이 근처로 배를 조종해 갔던 때보다도 더 큰 위험을 무릅쓰고 더 힘겹게 계속해서 치솟아 올랐다.

이렇게 그는 극심한 어려움을 겪으며 아주 힘들게 전진해 나아갔지만, 그가 이렇게 어렵고 힘겹게 통과한 후에는, 얼마 지나지 않아서 인간이 타락했고, 그 결과 기묘한 변화가 일어났다. 죄와 사망이 사탄의 뒤를 바짝 따라붙어 갔고(이것은 하늘의 뜻이었다), 사탄이 지나간 길 위에는 흑암의 심연 위로 잘 닦이고 다져진 넓고 튼튼한 길이 생겨났고, 불로 끓어오르는 심연은 지옥에서 시작되어서 저 먼 외계에 있는 부숴지기 쉬운 허약한 세계에 이르기까지 경이로울 정도로 긴 다리를 얌전히 떠받치고 있어서, 사악한 영들은 이 다리를 통해 저 신세계에 쉽게 왕래하며, 하나님과 선한 천사들이 특별한 은총으로 보호하는 자들을 제외한 모든 사람들을 유혹하거나 벌할 수 있게 될 것이었다.

마침내 빛으로 된 어떤 거룩한 것이 나타나서, 천국의 성벽들에서 저 멀리 어두침침한 밤의 품 속으로 희미한 서광을 쏘고, 아득히 먼 변방에서 처음으로 자연이 시작되니, 패배한 적이 자신의 최전방 진지

---

32 "아르고 호"는 그리스 신화에서 이올코스의 영웅 이아손과 그의 모험가들이 전설의 황금양모를 찾아 모험을 떠날 때 타고 갔던 배의 이름이다. "서로 밀쳐대는 두 바위"는 그리스어로 '심플레가데스'라 불린 바위들로서, 좁은 "보스포로스 해협"의 양쪽에서 누가 지나갈 때마다 서로를 향해 거센 물결을 일으켜서 침몰시키곤 했는데, 이아손이 비둘기를 그 바위들 사이로 띄워서 꼬리만 손상되는 것을 확인한 후에, "아르고 호"를 비둘기만큼 빠르게 노를 저어 통과함으로써 오직 선미만 조금 부서진 채로 통과할 수 있었고, 그 후로 이 두 바위는 거센 물결을 일으키는 것을 멈췄다고 한다.

33 오디세우스는 이탈리아와 시칠리아 사이에 있는 메시나 해협을 통과하면서, 소용돌이치는 "카리브디스"라는 이름의 바위 쪽의 물살에 휘말려 배가 침몰되는 것을 막기 위해, "스킬라"라는 또 다른 괴물이 있는 다른 쪽 바위 옆으로 붙어서 항해함으로써, 자신의 부하 여섯 명이 스킬라에게 잡아먹히기는 했지만, 그곳을 무사히 통과할 수 있었다.

를 비워주고 적대적인 반발이나 소란 없이 조용히 물러나듯이, 그렇게 '혼돈'은 물러났다.

이제 사탄은, 큰 바다에서 폭풍우를 뚫고 밤새 항해해 오면서 돛과 밧줄은 찢기고 끊어졌어도 이제 잔잔해진 물결 위에 두둥실 떠서 희미한 빛을 따라 별 힘들이지 않고 편안하게 한결 가뿐하게 항구로 향하는 배 같은 심정으로, 대기로 보이는 많이 비어 있는 공간에서 날개를 활짝 펴고 머문 채로, 저 멀리 아득하게 둥글고 넓게 펼쳐져 있는 최고천을 여유롭게 바라볼 수 있었다.

네모난 모습인지 둥근 모습인지는 잘 분간이 되지 않았지만, 오팔로 만들어진 망루들과 빛나는 사파이어로 장식된 흉벽들이 보이는 그곳은 한때 그가 살았던 그의 고향이었다. 그 옆에는 하늘과 황금 사슬로 연결되어서 가장 작은 별만한 크기의 이 세계가 달 가까이에 걸려 있었다. 사탄은 자신이 저주받은 것을 반드시 되갚아주겠다는 사악한 복수심을 가득 품고서 이 저주받은 시간에 그 세계를 저주하며 자신의 발걸음을 재촉하였다.

제 3 권

줄거리

하나님은 자신의 보좌 위에 앉아, 자신이 최근에 새롭게 창조한 신세계를 향해 사탄이 날아가는 것을 보고서, 자기 오른편에 앉아 있던 아들에게 그를 보여주며, 사탄이 인류를 타락시키는 일에 성공하게 될 것임을 예언하고, 자기가 인간에게 자유의지를 주었을 뿐만 아니라 원하기만 한다면 얼마든지 유혹을 물리칠 수 있는 힘도 주었기 때문에, 이 일로 인해 자신의 공의와 지혜가 훼손되는 것은 결코 아니지만, 인간은 사탄과는 달리 자신의 악의로 인해서가 아니라 사탄의 유혹으로 인해 타락할 것이라는 점을 감안해서, 인간에게 은혜를 베풀 계획임을 밝힌다.

하나님의 아들은 인간에게 은혜를 베풀 계획을 밝힌 것에 대해 아버지 하나님에게 찬송을 돌리지만, 이번에 하나님은 신적인 공의가 충족됨이 없이는 인간에게 은혜를 베푸는 것은 불가능하다는 것을 분명히 밝힌다. 인간은 하나님처럼 되고자 하는 열망으로 하나님의 위엄을 범한 것이기 때문에, 누군가가 나서서 인간의 죄를 제대로 대속하고 인간이 받아야 할 벌을 대신 받지 않는다면, 인간과 그의 자손들은 사형 선고를 받고 반드시 죽게 될 수밖에 없다는 것이었다.

하나님의 아들은 자기 자신을 인간을 위한 대속물로 드리겠다고 자원하고, 아버지 하나님은 그의 제안을 받아들여서, 그가 자신이 정한 때에 인간의 몸을 입고 성육신하게 될 것이라고 말하고, 그의 이름이 하늘과 땅의 모든 이름 위에 뛰어나게 될 것임을 선언한 후에, 모든 천사들에게 그를 경배하라고 명령한다. 그들은 하나님의 명령에 순종해서 일제히 수금에 맞추어 찬송을 불러 성부와 성자를 송축한다.

한편 사탄은 둥근 공 모양의 이 세계에서 가장 먼 가장자리의 볼록면에 안착해서 이리저리 둘러보다가, 사람들과 사물들이 어딘가로 날아 올라가는 것을 보고서는, 가장 먼저 천국과 지옥 사이에 있는 림보(변방)라 불리는 곳을 발견하고, 거기로부터 사다리를 타고 위로 올라가서 천국의 문들과 창공을 감도는 윗물에 이른 후에, 둥근 구형의 태양으로 건너가서, 거기에서 태양의 통치자 우리엘을 만나게 된다. 그는 계급이 낮은 하위 천사의 모습으로 변모하고서, 최근에 새롭게 창조된 신세계와 하나님이 거기에 둔 인간을 꼭 한 번 보고 싶다는 자신의 열렬한 갈망을 피력해서, 우리엘에게서 인간이 거처하는 곳을 알아내어, 먼저 니파테 산에 안착한다.

하늘에서 가장 먼저 태어난 거룩한 빛이신 당신에게 인사를 드립니다.[1] 아니, 하나님은 빛이시고, 영원 전부터 오직 범접할 수 없는 빛 가운데만 거하셔서, 피조되지 않은 빛의 본성을 지닌 밝은 광채인 당신 안에 거하셨으니, 당신을 영원한 분과 똑같이 영원한 빛이라고 표현해도 설마 신성모독이 되지는 않겠지요. 아니면, 당신을 아무도 그 근원을 알 수 없는 순수한 영기의 흐름이라고 부르는 것이 더 나을까요. 당신은 태양보다도 먼저, 그리고 하늘들보다도 먼저 존재했고, 하나님의 명령으로 형체도 없는 텅 빈 무한으로부터 얻어진 어둡고 깊은 물로 이루어진 막 생겨난 신세계를 마치 외투처럼 감싸 안고 뒤덮고 있었지요.

나는 오랫동안 저 어둡고 음침한 지옥의 못에 억류되어 있었지만, 결국 대담하게 날아서 그곳을 빠져나와 이제 당신을 다시 찾아온 것이오. 나의 여정은 비록 성공하기 어려운 아주 힘든 것이긴 했지만, 오르페우스의 수금[2]과 다른 곡조로 하늘의 뮤즈에게서 배워서 '혼돈'과 '영

---

1   제3권의 첫 부분에서 밀턴은 하나님이 가장 먼저 창조한 빛을 찬미하는 가운데, 자신이 지금까지 마치 지옥에 갔다 온 것 같은 수많은 고초들을 겪고 실명한 후에 세상에서 버림받아 재산도 다 잃은 상태에서 실의와 고독 가운데 이제 성령의 빛과 도움으로 실낙원을 쓰고자 하는 자신의 결의를 밝힌다. 이렇게 실명 속에서 아내와 딸들에게 받아쓰게 하여 고난 속에서 완성된 것이 바로 이 실낙원이다.
2   "오르페우스"는 그리스 신화에 나오는 음유시인으로서 수금의 명수이다. 그의 노래와 리라 연주는 초목과 짐승들까지도 감동시켰다고 한다. 사랑하는 아내 에우리디케가 뱀에 물려 죽자 저승까지 내려가 음악으로 저승의 신들을 감동시켜 다시 지상으로 데려가도 좋다는 허락을 받아냈다. 그러나 지상의 빛을 보기까지 절대로 뒤를 돌아보지 말라는 경고를 지키지 못해 결국 아내를 데려오지 못하고 슬픔에 잠겨 지내다 비참한 죽음을 맞았다. 그는 아폴론에게서 수금을 얻고 뮤즈에게서 음악을 배웠다. 하지만 밀턴은 자기는 하늘의 뮤즈, 즉 성령에게 배워 시와 노래를 읊는 것이기 때문에, 오르페우스의 노래와 그 곡조가 근본적으로 다르다고 말한다.

원한 밤'에 대해 노래하며, 목숨을 걸고 어둠 속을 하강했다가 다시 솟아올라서 완전한 흑암과 중간의 흑암³을 뚫고 이렇게 무사히 당신을 다시 찾아와, 당신이 다스리는 저 생명의 불빛을 느끼고 있소. 하지만 내 눈은 흑내장으로 시력을 잃고, 내 안구는 백내장으로 희미해져서, 당신이 나의 이 두 눈을 다시 찾아주지 않으니, 이리저리 눈을 굴려 당신의 힘 있는 빛줄기를 찾아보려 하지만 부질없고, 희미한 빛조차 볼 수가 없소.

하지만 나는 거기에 굴하지 않고, 여전히 거룩한 노래들에 취해서, 뮤즈들이 자주 출몰하는 곳들, 곧 맑은 샘이나 그늘진 숲, 햇빛이 따사로이 비치는 언덕을 쏘다니고, 특히 밤에는 그대 시온, 그리고 그 아래 녹음방초가 우거진 숲 속에서 그대의 거룩한 광채나는 발을 씻기며 노래하듯 재잘거리며 흐르는 저 시나이를 찾지요. 그리고 종종 운명도 나와 똑같았고 명성도 나와 똑같았던 저 두 사람, 맹인 다미리스와 맹인 메오니데스,⁴ 그리고 옛적의 예언자들이었던 티레시아스와 피네우스⁵를 종종 잊지 않고 기억하지요. 깊은 상념에 잠길 때면, 짙은 그늘이 진 깊은 숲의 어둠 속에 숨어서 잠도 자지 않고 야상곡을 노래하는 나이팅게일처럼, 내 입에서는 저절로 아름다운 가사가 흘러나오지요.

---

3 "완전한 흑암"은 지옥의 어둠을, "중간의 흑암"은 혼돈계의 어둠을 가리킨다.
4 "다미리스"는 호메로스의 『일리아스』에 나오는 트라키아의 시인으로서, 자기가 뮤즈보다 낫다고 자랑하다가 눈이 머는 벌을 받았다. "메오니데스"는 "메온 가의 사람"이라는 뜻이고, "메온"은 호메로스의 아버지의 이름인데, 호메로스는 종종 아버지의 이름을 따라 이렇게 불렸다.
5 "티레시아스"는 베일에 싸여 있는 테베의 역사에서 일어나 많은 사건들을 예언한 테베 출신의 맹인 예언자였고, "피네우스"는 트라키아의 왕이자 맹인 예언자로서, 신들의 기밀을 누설했다는 이유로 맹인이 되는 벌을 받았다고 한다. 이 두 인물은 맹인과 예언이라는 두 가지 점에서 밀턴과 공통점을 지닌 자들이었다.

이렇게 연년세세 계절은 다시 돌아오건만, 밝은 낮도, 포근하게 다가오는 저녁과 아침도, 흐드러지게 꽃 피는 봄도, 여름의 장미도, 양 떼나 소 떼도, 거룩한 인간의 얼굴도 내게는 다시 돌아오지 않고, 나는 오직 구름과 영원한 어둠에 에워싸여서, 희희낙락 웃고 떠드는 사람들의 삶으로부터 단절되어, 아름다운 지식의 책 대신에 자연이 만들어 낸 모든 것들이 지워지고 제거된 거대한 백지만이 내게 주어져서, 지혜를 얻을 수 있는 한 쪽 통로는 완전히 막혀 버렸지요.

내 사정이 이러하니, 천상의 빛이여, 더욱더 나의 내면에 빛을 강하게 비쳐서 모든 안개를 다 걷어내고 깨끗이 몰아내어, 내 마음의 모든 능력이 깨어나 빛을 발하여, 거기에서 생겨난 눈으로 인간의 눈이 볼 수 없는 것들을 보고 말할 수 있게 해주소서.

한편 전능한 성부 하나님은 저 위, 곧 저 순수한 최고천에서, 모든 높은 것보다 더 높이 있는 보좌 위에 앉아 눈을 아래로 향하여, 자신이 직접 지은 것들과 그것들이 만들어 낸 것들을 한 번에 굽어보았다. 그의 주위에는 하늘에 있는 모든 거룩한 자들이 별처럼 촘촘히 서서, 그의 눈길을 통해 이루 말할 수 없이 지극히 큰 복을 받고 있었고, 그의 오른편에는 그의 영광의 광채의 형상인 독생자가 앉아 있었다.

하나님이 땅에서 가장 먼저 본 것은 우리의 최초의 부모인 두 사람이었다. 당시에 인류는 그 두 사람뿐이었지만, 하나님이 그들을 두신 저 복된 동산에서, 기쁨과 사랑, 곧 비할 바 없이 크고 고귀한 사랑과 샘솟듯이 이어지는 기쁨이라는 불멸의 열매들을 맛보며 둘만의 지극히 복된 삶을 살아가고 있었다.

그런 후에 하나님은 지옥, 그리고 지옥과 천국의 중간에 자리한 혼돈세계를 살펴보았는데, 거기에서 사탄이 어두운 공중을 높이 날아 밤의 이쪽 편에 접해 있는 천국의 성벽에 다다라서, 그 성벽을 따라 다시 날아서 이 세계의 가장 바깥쪽, 아무것도 없이 텅 비어 있는 곳에 지친 날개를 접고 의욕이 넘치는 발로 내려앉는 것을 보았다. 그곳은 바다인지 대기인지 분명하지 않은 것에 둘러싸인 단단한 땅처럼 보였고, 궁창은 없었다.

하나님은 과거와 현재와 미래를 볼 수 있는 높은 망루에서 사탄을 굽어보면서, 자신의 독생자에게 이렇게 예언하였다.

"독생자야, 우리의 대적이 광분해서 미쳐 날뛰는 모습이 네 눈에 보이느냐. 그에게 정해준 경계도, 지옥의 빗장도, 거기에서 여러 겹으로 그를 묶어둔 온갖 사슬도, 그 앞에 광활하게 펼쳐 놓은 거대한 심연도 그를 막을 수 없을 정도로, 그가 그렇게 미쳐서 필사적으로 복수하려고 하는 것 같다. 결국 그로 인한 모든 결과는 반역을 꾀하는 그 자신의 머리로 돌아가게 될 것이지만, 어쨌든 그는 지금 그에게 가해진 모든 제약을 부수고서, 하늘에서 그리 멀지 않은 빛의 지경, 곧 최근에 새롭게 창조된 신세계로 곧장 날아가서, 거기에서 살아가는 인간을 무력으로 멸망시키거나, 더 나쁘게는 거짓된 속임수와 술책을 써서 유혹하여 타락시키려고 하고 있구나. 그렇게 되면, 인간은 그의 달콤한 거짓말에 솔깃해서, 자신의 순종의 유일한 표시로서 내가 준 유일한 명령을 쉽게 범하여, 결국 그도 타락할 것이고, 그의 믿음 없는 자손들도 타락할 것이다.

누구의 잘못인가. 내게서 얻어낼 수 있는 것은 모두 얻어내고서 배은망덕한 짓을 저지른 인간의 잘못이 아니라면 대체 누구의 잘못이겠는가. 나로서는 인간을 의롭고 바른 존재로 창조했고, 타락의 유혹을 충분히 이길 수 있는 힘도 주었지만, 인간에게는 자유의지가 주어졌기 때문에, 타락하려고 한다면 얼마든지 타락하는 것이 가능하긴 하다. 또한 나는 하늘의 모든 천군천사들과 영들에게도 자유의지를 주었기 때문에, 선 자들이나 넘어진 자들이나 다 자유의지를 지닌 자들이다. 그러므로 선 자들은 자신들의 자유의지로 선 것이고, 넘어진 자들도 자신들의 자유의지로 넘어진 것이다.

만일 그들에게 자유의지가 없다면, 자신들이 하고 싶은 일들은 하지 못하고 오직 해야 할 일들만을 해야 할 것이니, 진실한 충성심과 변함없는 믿음이나 사랑이 자신들에게 있다는 것을 그 어떤 참된 증거로 보여줄 수 있겠느냐. 만일 의지와 이성(이성도 선택하는 것이기 때문에)이 둘 다 자유를 빼앗겨 쓸모없고 공허한 것이 되어 버려서, 자유롭게 나를 섬기는 것이 아니라, 어쩔 수 없이 수동적으로 필연을 섬기게 되어 있다면, 그들이 무슨 칭찬을 받을 수 있겠으며, 그들의 그런 순종으로 인해 내가 무슨 기쁨을 얻을 수 있겠는가.

그들은 바르게 살도록 창조되었고, 실제로 바르게 살 수 있는 힘도 주어졌기 때문에, 마치 내가 모든 것을 미리 알고서, 그들의 의지를 완전히 지배하고 장악하여, 그들의 타락을 절대적으로 미리 예정한 것이라는 듯이, 그들을 창조한 자인 나를 비난하거나, 그들을 창조한 것 자체를 비난하거나, 그들에게 주어진 운명을 비난하는 것은 모두 옳지 않다. 그들의 반역은 그들이 스스로 작정한 것일 뿐이고 내가 정한 것이 아니다. 내가 이 모든 것을 미리 알았다고 하더라도, 나의 그러한 예지는 그들의 반역에 아무런 영향도 미치지 않았고, 내가 그것을 미리 알지 못했다고 할지라도, 그들은 반드시 반역을 저지르고야 말았을 것이기 때문이다. 이렇게 그들은 모든 일에서 자신들이 주체가 되어 스스로 판단하고 선택해서 범죄하는 것이고, 운명이나 나의 한 치도 틀림없는 정확한 예지에 의해서는 털끝만큼의 영향도 받지 않는다. 내가 그들을 창조할 때 그들에게 자유를 주었으니, 그들은 스스로 노예가 되기로 작정할 때까지는, 자유로운 존재로 살아가게 될 것이다. 내가 그들의 본성을 바꾸고, 그들에게 자유를 수여한 나의 저 불변의 영원한 작정을 폐기하지 않는 한, 그것은 변함이 없을 것이다.

그들은 스스로 타락하기로 작정한 것이었다. 천사들은 스스로 유혹되고 스스로 부패하여 자신들의 생각을 따라 타락했지만, 인간은 천사들에게 속아서 타락했다. 그러므로 천사들은 은혜를 받을 수 없었지만, 인간은 은혜를 받게 될 것이다. 나의 영광은 자비와 공의 둘 모두를 통해 하늘과 땅에서 빛나겠지만, 처음부터 끝까지 자비 속에서 가장 찬란하게 빛을 발하게 될 것이다."

하나님이 이렇게 말하는 동안에, 천상의 신묘한 향기가 천국 전체에 진동했고, 택함 받은 복된 영들 사이에서는 말로 표현할 수 없는 새로운 기쁨의 지각이 번져나갔다. 하나님의 아들은 비할 바 없이 지극히 영광스러운 모습이었고, 성부에게 속한 모든 것이 그에게서 구현되어 빛났으며, 그의 얼굴에는 하나님의 지극히 큰 자비와 무한한 사랑과 한량없는 은혜가 분명하게 드러나 있었다. 그가 성부에게 다음과 같이 말할 때, 그런 자비와 사랑과 은혜가 그 말 속에서 진하게 배어나왔다.

"오, 아버지여, 인간이 은혜를 받는 것이 마땅하다는 저 최종적인 판단으로 끝맺으신 당신의 말씀은 지극히 자비로워서, 그 말씀으로 인해 하늘과 땅이 둘 다 헤아릴 수 없이 많은 찬송과 성가로 당신을 높이 송축할 것이고, 그 찬양들은 당신의 보좌를 에워싸고 영원토록 울려 퍼지게 될 것입니다.

인간은 아주 최근까지 당신이 그토록 애지중지하던 피조물이자 당신의 가장 어린 아들이었고, 비록 그의 어리석음이 가미된 것이라고 해도, 어쨌든 속임수에 빠져서 타락한 것인데, 어떻게 아무런 기회도 주지 않고 최종적으로 영원한 멸망에 처해지게 내버려 둘 수 있겠습니까. 아버지여, 그런 일은 만물을 창조하신 분으로서 모든 것을 판단하시되 늘 정의롭게 판단하시는 재판장이신 당신에게는 있을 수 없는 일입니다.

또한 저 대적이 이렇게 자신의 목적을 달성함으로써 당신의 계획을 좌절시키고, 자신의 악의를 이룸으로써 당신의 선하심을 무위로 돌아가게 만들거나, 또는 앞으로 더 무거운 벌에 처해질 것임을 뻔히 알면서도 자신이 뜻한 대로 복수를 제대로 해냈다는 기쁨으로 지옥으로 다시 돌아갈 뿐만 아니라, 자신이 타락시킨 인류 전체를 끌고 의기양양하게 지옥으로 돌아가거나, 또는 당신의 영광을 위해 창조한 이 신세계가 저 대적으로 인해 소멸되어 버리고 끝장이 나도록 내버려 둔다면, 그것도 당신에게는 있을 수 없는 일입니다.

만일 그런 일이 실제로 벌어진다면, 당신의 선하심과 위대하심이 의심받고 모독을 받게 될 것이고, 그렇더라도 변명의 여지가 없게 될 것입니다."

위대한 창조주는 자기 아들에게 이렇게 대답했다.

"내 마음이 가장 기뻐하는 내 아들이여, 내 품 안에 있는 아들이여, 유일하게 나의 말씀이자 나의 지혜이며 나의 힘인 아들이여, 네가 방금 말한 모든 것은 내 생각과 완전히 똑같고, 나의 영원한 뜻이 작정한 것과 조금도 틀리지 않다. 인간은 모두 멸망받는 것이 아니라, 원하는 자들은 구원받게 될 것이지만, 그들의 의지 때문이 아니라 값없이 거저 주어지는 나의 은혜 때문에 구원을 받게 될 것이다.

그들이 죄의 노예가 되어서 선을 행할 수 있는 힘을 잃어버리고 더럽고 지독한 욕망들에 사로잡혀 살아간다고 해도, 나는 다시 한 번 그들이 잃었던 그 힘을 되찾아줄 것이고, 그렇게 내가 붙들어줄 때 그들은 자신들을 사망으로 몰아가는 저 적과 다시 한 번 대등한 상태에서 싸울 수 있게 될 것이다. 내가 그들을 붙들어 주고자 하는 것은 그들로 하여금 타락한 상태에서 자신들이 얼마나 허약한 것인지를 알아서, 그들의 모든 구원이 오직 내게 있고, 다른 그 어디에도 없다는 것을 깨닫게 하기 위한 것이다.

어떤 사람들에게는 내가 특별한 은혜를 주고 선택해서 다른 사람들 위에 세울 것이고, 다른 사람들은 그들에게서 내가 부르는 음성을 듣게 될 것이고, 종종 그들의 죄악된 상태에 대해 경고를 받으며, 은혜가 주어지고 있는 동안에 진노한 나 하나님과 때맞춰 화해하라는 초청을 받게 될 것이니, 이것이 나의 뜻이다.

그들의 어두워진 지각을 밝게 하여 자신들이 무엇을 해야 하는지를 알게 할 것이고, 그들의 돌 같이 딱딱해진 마음을 부드럽게 하여 기도하고 회개하며 합당한 순종을 드리게 할 것이다. 그들이 진실하게 기도하고 회개하며 순종하고자 애쓴다면, 내 귀는 듣기에 둔하지 않을 것이고, 내 눈은 감겨 있지 않을 것이다. 그들 속에 내가 직접 세운 심판인 양심을 두어 그들의 인도자가 되게 하리니, 그들이 그 음성을 듣고 그 뒤를 따라간다면, 그들이 가는 길에는 계속해서 빛이 비칠 것이고, 끝까지 그 길을 갔을 때에는 반드시 목적지에 안전하게 다다르게 될 것이다.

하지만 나의 오래 참음과 내가 마련해준 은혜의 날을 무시하고 비웃는 자들은 그것을 결코 맛보지 못하게 될 것이고, 완고한 자는 더 완고해지고 눈먼 자는 더 눈이 멀어서, 더 심하게 넘어지고 더 깊이 떨어질 것이다. 이런 자들 외에는 그 누구도 나의 자비에서 배제되지 않을 것이다.

그러나 이것이 전부가 아니다. 인간이 스스로 하나님이 되고자 하여, 불순종과 불충 속에서 자신의 충성맹세를 깨뜨리고서, 하늘의 최고주권자를 거슬러 범죄함으로써 모든 것을 잃게 됨으로써 자신의 반역을 속죄하기 위해 바칠 것이 하나도 남아 있지 않는 경우에는, 인간과 그의 자손들은 오직 영원한 멸망을 선고받아 반드시 죽게 될 수밖에 없게 될 것이다. 인간이 죽지 않는다면, 공의가 죽게 될 것이기 때문이다.

하지만 인간이 살 수 있는 한 가지 방법이 있긴 하다. 그것은 어떤 제3자가 인간 대신에 죽음으로써 대속하는 것인데, 다만 그는 그렇게 할 수 있는 능력도 있어야 하고 의지도 있어야 한다.

하늘의 권세들아, 우리가 그런 사랑을 어디에서 찾을 수 있을지를 말해 보아라. 너희 중에 누가 스스로 인간이 되어서, 인간이 지은 죽을 죄를 대속하여, 의인으로서 불의한 자들을 구원하겠느냐. 이 천국 전체에서 그런 귀한 사랑이 어디에 있을까."

하나님이 이렇게 물었지만, 하늘의 모든 성가대는 말 없이 서 있었고, 천국에는 침묵이 흘렀다. 자신의 머리를 인간을 위한 대속물[6]로 내놓아서 기꺼이 죽겠다고 나서는 것은 고사하고, 인간의 후원자나 중재자로 나서는 자조차도 아무도 없었다. 이렇게 대속의 가능성이 사라져 버린다면, 온 인류는 중형을 선고받고 영원한 사망에 처해져서 지옥에 떨어져 영원토록 형벌과 고통을 받을 수밖에 없을 것이었다. 하지만 이때 하나님의 사랑으로 충만한 성자聖子가 그 지극히 귀한 중보를 맡겠다고 나서며 이렇게 말하였다.

"아버지여, 인간이 은혜를 발견하게 될 것이라고 당신이 이미 말씀하셨으니, 당신의 날개 달린 사자使者들 중에서 가장 빠른 발을 갖고 있

---

6 노예제도가 있는 곳에서 노예는 값을 주고 사고파는 물건과 같았기 때문에, 양민 또는 자유민이 되려면 노예주인이 원하는 가격을 지불해야 했는데, 이때에 양민 또는 자유민이 되는 것을 "속량"이라고 했고, 이때 지불한 것을 "대속물" 또는 "속전"이라고 했다. 그리고 이 속전이나 대속물을 다른 사람이 대신 지불한 경우를 "대속"이라고 했다. 여기에서 성자가 하나님과 인간 사이의 "중보자"로 나선 것은 인간은 자신이 지은 죄를 그 어떤 방법으로도 스스로 속죄할 수 없어서 대속해줄 자가 필요했기 때문이었다.

성자 그리스도께서 인류의 구속을 제안하다.
(윌리엄 블레이크 作)

어서, 피조물들이 먼저 나아와서 간청하거나 구하지 않아도, 모든 피조물들을 신속하게 찾아가 주는 '은혜'가 어찌 자신의 뜻을 이룰 수단을 찾지 못하겠으며, 그런 약속을 받은 인간이 어찌 복되지 않을 수 있겠습니까.

하지만 인간은 죄를 지어서 죽고 멸망에 처해져서 은혜의 도움을 청할 수 없는 처지가 되어 버렸고, 빚을 지고서 갚지 못한 상태여서 자신의 속죄를 위해 제물로 드리고 싶어도 드릴 수 있는 것이 인간에게는 하나도 남아 있지 않습니다. 그러니 나를 보십시오. 내가 인간을 위해 내 자신을, 인간의 목숨을 위해 내 목숨을 드리겠으니, 아버지의 진노를 내게 내리십시오. 나를 인간으로 여기십시오. 아버지 다음으로 큰 나의 영광을 인간을 위해 훌훌 벗어버리고서 아버지 곁을 떠나, 끝내 인간을 위해 기쁜 마음으로 죽겠습니다.

사망으로 하여금 모든 분노를 내게 쏟아 붓게 하십시오. 그럴지라도 나는 사망이 쥐고 있는 어둠의 권세 아래 오랫동안 눌려 있지는 않을 것입니다. 아버지는 내게 생명을 주어 영원히 내 안에 갖게 하였으니, 아버지로 말미암아 나는 살게 될 것입니다. 지금은 내가 사망에 굴복하고, 내게 속한 것 중에서 죽을 수 있는 모든 것이 사망의 몫이 된다고 할지라도, 인간이 진 빚을 다 갚은 후에는, 아버지는 나를 저 역겨운 무덤 안에 내버려 두어 사망의 먹이가 되게 하지 않을 것이고, 나의 흠 없고 순전한 영혼이 거기에 영원히 거하여 썩게 내버려 두지도 않을 것입니다.

그러면 나는 죽음에서 부활함으로써 승리하여, 앞서 나를 정복하고 이긴 자를 굴복시킨 후에, 그가 자랑하던 전리품을 빼앗아 나의 전리품으로 삼게 될 것이고, 사망은 치명상을 입고서, 죽음을 초래하는 자신의 독침을 잃고 무릎을 꿇는 굴욕을 당하게 될 것입니다. 그때 나는 지옥에서 지옥의 권세들을 나의 포로로 잡아 결박하여 공중 높은 곳으로 끌고나와, 흑암의 권세들이 굴복하였음을 알리게 될 것입니다. 아버지가 이 광경을 기뻐하며 하늘에서 굽어보고 미소 지으면, 나는 아버지의 그런 모습에 더욱 힘을 얻어서, 나의 모든 적들을 멸하고 나서 마지막에는 사망도 멸하게 될 것이고, 사망이 죽음으로써 무덤은 봉쇄될 것입니다.

그런 후에는 나의 구속받은 무리와 함께 오랫동안 떠나 있던 천국으로 다시 돌아와서, 진노의 흔적조차 없고 오직 평화와 화해의 기색만이 뚜렷한 아버지의 얼굴을 뵈오리니, 아버지 앞에서 이후로는 다시 진노는 없을 것이고, 오직 완전한 기쁨만이 있게 될 것입니다."

그의 말은 여기에서 끝났지만, 그의 온유한 표정은 침묵 가운데서 계속해서 말하고 있었고, 죽을 수밖에 없는 존재인 인간에 대한 불멸의 사랑이 숨 쉬고 있었는데, 모든 것은 그 사랑 아래 있었고, 그 사랑 위에 있는 것은 오직 아들로서의 그의 순종뿐이었다. 그는 자신을 기꺼이 희생제물로 바치기로 결심한 채로 자신의 크신 아버지의 뜻은 어떠할지를 주시한다. 천국 전체가 이것이 어떻게 된 일인가 하고 놀라서, 그 귀추가 어떠할지를 지켜보는데, 전능자는 이내 이렇게 대답했다.

"오, 나의 유일한 기쁨이여, 너는 하늘과 땅에서 진노 아래 있는 인류를 위해 발견된 유일한 평화다. 내가 창조한 모든 것이 내게 얼마나 소중하고, 인간은 가장 마지막에 창조되었지만 내게 가장 소중한 존재여서, 타락하여 영원한 멸망에 처하게 된 온 인류를 구원하기 위하여, 너를 내 품과 나의 오른편에서 잠시 떠나보내고자 한다는 것을 너는 너무나 잘 알고 있구나.

그러므로 너는 오직 너만이 대속할 수 있는 인류의 본성을 너의 본성과 결합해서, 내가 정한 때가 이르면, 네 자신이 인간의 육신을 입고 사람이 되어, 기이한 출생을 통해 동정녀에게서 태어나, 저 신세계의 사람들 가운데서 살아가게 되리니, 비록 아담의 자손으로 태어났어도, 아담을 대신하여 온 인류의 머리가 되어서, 아담 안에서 모든 사람이 영원한 멸망에 처하게 된 것처럼, 마치 죽은 나무가 두 번째 뿌리를 통해 회복되듯이, 네 안에서 많은 사람이 회복되어 그 멸망에서 벗어나게 되리라. 이 일을 할 수 있는 이는 오직 너밖에 없다.

아담의 범죄가 그의 모든 자손을 죄인으로 만들었지만, 네가 이룬 공로는 그들에게 그대로 전가되어서 그들의 모든 죄가 사함을 받게 될 것이고, 이후로 그들은 자신들의 불의한 행위들만이 아니라 스스로 의롭다고 생각했던 행위들까지도 모두 아무런 가치가 없다는 것을 인정하고서, 네 안에 옮겨 심어져서, 네게서 새 생명을 받아 살게 되리라.

이렇게 인자[7]는 지극히 의로운 자로서 인간을 대신하여 대속제물이 되어 심판을 받아 죽고, 죽었다가 다시 살아날 것인데, 그가 살아나서는 자신의 귀한 생명을 속전으로 지불해서 대속한 자신의 형제들도 살아나게 하리라. 이렇게 하늘의 사랑은 자신을 사망에 내어줌으로써 지옥의 증오를 이기리니, 은혜를 받을 수 있을 때에 은혜를 받아들이지 않아서 지옥의 증오로 인해 그토록 쉽게 멸망당했고 지금도 여전히 멸망당하고 있는 자들을 대속하기 위해서는 인자의 죽음이라는 값비싼 대가를 치러야 하리라.

---

7 "인자"는 성자의 별칭으로서, 하나님과 인간을 중보하기 위해 인간의 모습으로 오게 될 성자를 가리킨다. "인자"는 "사람의 아들"이라는 뜻이고, 히브리어에서 "사람의 아들"은 "사람"을 표현하는 말이기 때문에, 사람을 의미한다고 할 수 있지만, 성경의 다니엘서에서 "인자"는 장차 인류를 구원하러 올 메시아 또는 그리스도를 묘사할 때 사용된다. 여기에서 하나님이 사람이 되는 "성육신" 사건이 일어난다. "성육신"이라는 것은 말 그대로 "육신이 되었다"는 뜻이다. 이것은 하나님이 임시로 사람의 육신을 입었다는 것이 아니라, 진정으로 사람이 되었다는 것을 의미한다.

네가 인간의 본성을 입고 내려간다고 해도, 네 자신의 신성은 약화되거나 훼손되지는 않을 것이지만, 너는 지금도 하나님과 대등하게 저 최고의 지극한 복된 보좌에 앉아, 하나님과 똑같은 복락을 누리고 있는데도, 인간 세상을 완전한 파멸로부터 구해내기 위해, 그 모든 것을 버린 것이기 때문에, 너의 태생보다도 너의 공로를 인하여 하나님의 아들로 인정받고, 하나님이라는 높고 위대한 너의 지위보다도 너의 선함으로 말미암아 더 칭송을 받게 되리니, 이는 네 안에서 영광보다 사랑이 더 차고 넘쳤기 때문이다.

　　그러므로 네가 스스로 낮아져서 비천함과 굴욕을 감당한 공로로 인해 너의 인성까지도 크게 높임을 받아 이 보좌에 오르게 되리니, 마침내 너는 육신을 입은 채로 이 보좌에 앉아, 하나님이자 사람이며 하나님의 아들이자 사람의 아들로서, 그리고 기름 부음 받은 만유의 왕으로서 다스리게 되리라. 내가 네게 상으로 모든 권세를 주리니, 영원히 다스리라. 내가 너를 보좌 천사들과 군주 천사들과 권세천사들과 통치 천사들 위에 최고의 머리로 삼으리니, 그들 모두와 하늘과 땅과 땅 밑의 지옥에 사는 모든 자들이 네게 무릎을 꿇게 되리라.

　　그런 후에 네가 천군천사를 대동하고서 영광스러운 모습으로 하늘에 나타나서, 소환을 담당한 천사장들을 보내어 나팔을 불어 너의 무시무시한 법정이 열렸음을 알리면, 그 즉시 살아 있는 자들은 물론이고, 지난 세대에 죽었던 모든 자들도 그 나팔소리에 잠에서 깨어나 황급히 최후의 심판대 앞으로 달려오겠고, 너는 모든 성도들이 운집한 가운데 악인들과 천사들을 심판하리니, 영원한 저주의 선고를 받은 자들은 즉시 밑으로 꺼져들어가서, 지옥은 차고 넘치게 될 것이고, 그런 후에는 영원히 닫히리라.

　　한편 세상은 불타버리고, 그 잿더미 속에서 새 하늘과 새 땅이 솟아나,[8] 의인들이 거기에 이르러, 오랜 세월 온갖 환난 끝에 승리하여, 기쁨과 사랑과 아름다운 진리로 이루어지는 금 같은 행위들로 차고 넘치는 황금시대를 보게 되리라. 그때가 되면, 너는 왕의 규를 내려놓게 될 것이니, 이는 왕의 규라는 것이 더 이상 필요하지 않고, 하나님이 만유 안에서 모든 것이 될 것이기 때문이다. 그러므로 너희 모든 천사들아, 이 일을 이루기 위해 죽음의 길을 가는 그를 경배하라. 내 아들에게 경배하고, 나를 공경하듯이 그를 공경하라."

전능자의 말이 끝나기도 전에, 천사들의 온 무리가 무수히 많은 수가 모인 자리답게 크고 우렁찬 목소리와, 복받은 목소리를 지닌 자들답게 감미로운 목소리로 기쁨을 발하니, 천국에는 온통 환호성이 울려퍼졌고, "호산나"[9]라고 크게 외치는 소리가 저 영원한 지경을 가득 메웠다.

천사들은 두 보좌를 향해 겸손하게 허리를 숙여 공손하고 정중하게 경배하며, 아마란트[10]와 황금으로 엮어서 짠 자신들의 면류관을 벗어 바닥에 던진다. 불멸의 아마란트는 전에 낙원에서 생명나무 바로 옆에서 피어나기 시작했지만, 이내 인간의 범죄로 인해 원래 있던 곳인 천국으로 옮겨져서, 지복의 강이 황금 물결을 이루어 천국의 정중앙, 저 엘리시온 들판[11]의 꽃들 위를 지나는 곳에서 자라면서, 높이 피어 생

---

8 성경에서는 현재의 세계, 즉 단지 지구만이 아니라 하늘과 땅으로 이루어진 우주 전체가 불에 타서 분해되어 버리고, 완전히 새로운 하늘과 땅이 천국으로부터 내려오게 될 것이라고 말한다. "하나님의 날이 임하기를 바라보고 간절히 사모하라 그 날에 하늘이 불에 타서 풀어지고 물질이 뜨거운 불에 녹아지려니와 우리는 그의 약속대로 의가 있는 곳인 새 하늘과 새 땅을 바라보도다"(베드로후서 3장 12-13절).

9 "호산나"는 히브리어로 "구원하소서"라는 뜻으로서 하나님을 소리 높여 찬양할 때 사용되었다.

10 "아마란트"는 그리스어로 "시들지 않는"이라는 뜻인데, 영원히 시들지 않고 피어 있는 전설의 꽃을 가리킨다.

11 "엘리시온 들판"은 그리스 신화에서 대지를 감싸고 흐르는 오케아노스라는 거대한 강의 서

천국에는 온통 환호성이 울려퍼졌고, "호산나"라고 크게 외치는 소리가
저 영원한 지경을 가득 메웠다.

명 샘에 그늘을 만들어주는 꽃이 아니던가. 택함 받은 영들은 빛줄기들로 땋은 광채 나는 자신들의 머리채를 바로 그 결코 시들지 않는 꽃들로 묶는다. 이제 바닥에 던져져 풀어헤쳐져서 수북이 쌓인 화관들 사이에서 벽옥의 바다처럼 빛을 발하고 있던 보도는 천상의 장미들로 붉게 물든 채 미소를 짓고 있었다.

다시 면류관을 쓴 천사들은 황금으로 된 수금을 집어들었다. 그 수금들은 늘 잘 조율이 된 채로 마치 화살통처럼 항상 그들 옆에서 빛을 내고 있다가, 그들이 성가를 부르기 전에, 매혹적인 화음의 감미로운 전주로 좌중을 황홀경으로 이끌곤 했다. 전주가 끝나고, 천사들이 일제히 노래하면, 수금이 연주하는 가락과 천사들의 목소리가 잘 어우러져서, 오직 천국에서만 들을 수 있는 완벽한 화음이 울려퍼진다.

천사들은 먼저 이렇게 노래했다.

"아버지, 전능하시고 불변하시며 영원히 사시고 무한하시며 영원하신 왕이시여, 만유의 창조주이신 아버지는 빛의 근원이셔서, 영광의 광채 가운데 보좌에 앉아 계실 때에는, 그 찬란한 광채를 친히 가리지 않는 한, 아무도 가까이 갈 수 없고 볼 수도 없어서, 구름을 끌어와서 자신을 휘감아 마치 빛나는 성소처럼 그 가운데 계시고, 아버지의 옷자락이 지극히 밝은 빛으로 인해 도리어 어둡게 보이지만, 천국은 그 광채로 눈이 부셔서, 아버지 다음으로 가장 밝은 빛을 지닌 스랍 천사들조차도 가까이 갈 수 없어, 두 날개로 자신들의 눈을 가립니다."

쪽 끝에 있는 축복받은 땅으로서, 추위도 폭풍우도 없이 봄날만 계속되는, 일 년 내내 제피로스라는 서풍만 산들산들 부는 장미꽃 만발한 낙원인데, 이곳은 신들의 총애를 받는 영웅들이 죽어서, 또는 불사의 존재가 되어 들어간다는 복락의 땅이었다. 그래서 사람들은 이 행복한 땅을 "행복의 들판" 또는 "축복 받은 사람들의 섬"이라고 불렀다. 프랑스의 유명한 거리 "샹젤리제"는 프랑스어로 "엘리시온의 들판"이라는 의미다.

그 다음으로 천사들은 이렇게 노래했다.

"당신은 모든 피조물 중에서 가장 먼저 나신 성자이십니다. 당신은 하나님과 똑같아서, 우리는 당신의 빛나는 얼굴 속에서 전능하신 아버지의 모습을 한 점 구름 없이 그대로 볼 수 있습니다. 그러니 만일 당신이 계시지 않았다면, 그 어떤 피조물도 아버지의 모습을 볼 수 없었을 것입니다. 당신에게는 아버지의 영광의 광채가 각인되어 거하고, 아버지의 충만한 영이 부어져 있습니다.

아버지께서 하늘들의 하늘과 거기에 있는 모든 천사들을 창조하신 것도 당신을 통해서였고, 야심을 품고 반란을 꾀한 천사들을 진압한 것도 당신을 통해서였습니다. 그 날에 당신은 불전차를 타고서 종횡무진 내달리며, 아버지의 저 무시무시한 천둥과 벼락을 아낌없이 쏟아부어, 하늘의 영원한 기틀을 뒤흔들었고, 다시 그 불전차를 몰아, 혼비백산해서 뿔뿔이 흩어져 도망치는 반란 천사들의 목을 눌렀습니다. 당신이 추격에서 돌아왔을 때, 당신의 천사들은 큰 소리로 환호하며, 오직 아버지의 능력의 아들이신 당신만을 칭송했는데, 이는 당신이 아버지의 대적들에게는 단호하고 혹독한 복수를 수행했으면서도, 인간에게는 그렇게 하지 않았기 때문이었습니다.

자비와 은혜의 아버지시여, 아버지는 인간이 처음에 타락했을 때 그가 자신의 악의로 타락한 것이 아님을 아셨기 때문에, 너무 엄하게 벌하지 않으셨고, 도리어 그 마음이 많은 부분 인간을 불쌍히 여기는 쪽으로 기우셨는데, 아버지의 사랑하는 독생자는 허약한 인간을 아주 엄하게 벌하고자 하는 마음이 아버지에게 없고 도리어 그를 불쌍히 여기는 쪽으로 마음이 많이 기운 것을 아시자마자, 아버지의 진노를 풀어드림과 동시에, 아버지의 표정에 역력히 드러나 있던 자비와 공의의 다툼을 끝내야겠다고 결심하고서, 아버지 다음 자리에 앉아 다스리고 있던 이 지극히 복된 삶을 내던지고서, 인간의 죄를 위한 속죄제물로 자신을 드리셨습니다.

오, 유례가 없는 사랑이여, 하나님 안에서가 아니면 그 어디에서도 찾아볼 수 없는 사랑이여. 찬송하리로다, 인간의 구주이신 하나님의 아들이여. 이후로 당신의 이름은 내 노래의 끝없는 소재가 되고, 나의 수금은 당신을 찬미하는 것을 잊지 않으며, 아버지를 찬미할 때마다 언제나 당신을 함께 찬미하리이다."

이렇게 천사들은 별이 있는 궁창 위의 하늘에서 기쁨으로 찬미하며 행복한 시간들을 보냈다.

한편 사탄은 이 둥근 우주의 단단하고 흐릿한 구체 위에 안착해서 걷고 있었는데, 이 우주를 가장 외곽에서 둘러싸고 있는 성벽이라고 할 수 있는 볼록면을 경계로 해서, 그 안쪽으로는 빛을 발하는 작은 별들이 있었고, 그 바깥쪽으로는 태고의 흑암으로 들어가는 입구와 혼돈계가 자리하고 있었다. 우주의 이곳은 멀리에서 볼 때에는 구체로 보였지만, 직접 와서 보니, 별 하나 없이 혼돈의 폭풍이 사방에서 끊임없이 불어대며 위협하고 창공은 험상궂은 모습으로 잔뜩 인상을 찌푸리고 있는 밤 아래 끝없이 펼쳐져 있는 황량하고 을씨년스러운 대륙으로 보였다. 하지만 하늘의 성벽에서 소란한 폭풍의 영향은 덜 받으면서 희미하게 빛이 반짝이는 대기로부터 어느 정도 빛이 반사되고 있는 쪽은 그렇지 않았는데, 사탄은 바로 거기 광활한 들판에서 활보하고 있었다.

그런 그의 모습은 마치 히말라야의 옛 이름인 많은 눈이라는 뜻을 지닌 이마우스 산[12]에서 태어나 자란 한 마리 독수리가 먹이가 별로 없

---

12 타타르 인들은 아시아를 거쳐 북쪽으로 오늘날의 아프가니스탄에서 북빙양까지 뻗어 있는

는 지역을 떠나서, 타타르 인들이 그 산의 눈 덮인 산등성이들을 돌아다니며 그 언덕들에서 방목해 키우는 어린 양이나 염소 새끼의 고기를 사냥하여 배불리 먹기 위해서, 인더스 강의 지류들인 갠지스 강이나 히다스페스 강[13]을 향해 날아가다가, 도중에 중국인들이 가벼운 등나무로 만든 수레에 돛을 달아 바람을 타고 움직이는 곳인 세리카나[14]의 황무지에 잠시 기착한 것 같았다.

그렇게 사탄은 광활한 대양 같이 펼쳐져서 바람만이 세차게 불고 있는 땅 위에서, 자신의 먹이를 찾아 혼자서 이리저리 걷고 있었는데, 이곳에는 아직은 생물이든 무생물이든 다른 피조물은 단 하나도 없었고, 오직 그만이 움직이고 있었다. 하지만 나중에 죄로 인해 사람들이 하는 일들이 허영으로 가득 차게 되었을 때에는, 그 세상에서 행해진 모든 덧없고 헛된 것들, 그리고 현세에서나 내세에서의 영광이나 영속적인 명성이나 행복을 얻고자 하는 어리석은 희망을 품고서 헛된 일들을 획책한 모든 자들이 가벼운 수증기처럼 거기에서 이곳으로 무수히 날아들게 될 것이었다.

오직 사람들로부터의 칭송만을 추구하여 미신을 따라 맹목적으로 온 힘과 열정을 다해 살아서 거기에 대한 보상을 땅에서 모두 받아버린 자들은 그들이 행해 온 일들만큼이나 허망하기 짝이 없는 합당한 응보를 이곳에서 받게 될 것이다. 사람들이 자연의 손길에 의지해서 조합하여 만들어낸 온갖 불완전하거나 어설프거나 기괴하거나 부자연스러운 모든 것들은 결국에는 땅에서 해체되어, 어떤 이들이 상상해 온

산맥을 "이마우스"라고 불렀다. "타타르 인들"은 우랄 산맥 서쪽, 볼가 강과 그 지류인 카마 강 유역에 사는 투르크 어계의 유목민 종족이다.

13 "갠지스 강"과 "히다스페스 강"은 히말라야에서 발원한 강들이다.

14 "세리카나"는 중국 북서부의 평원지대를 가리킨다.

것처럼 우리와 이웃해 있는 저 달이 아니라 바로 이곳으로 날아와서, 최종적으로 만물이 소멸될 때까지 이리저리 헛되이 떠돌게 된다. 저 은백색의 들판(달)에는 거기에 더 적합한 주민들인, 살아 있다가 죽지 않고 그대로 공중으로 이끌려간 성도들, 천사도 아니고 인간도 아닌 그 중간의 영들이 살아간다.

이곳으로 맨 처음 온 자들은 옛 세상에서 하나님의 아들들과 사람의 딸들의 잘못된 결합으로 태어나 많은 헛된 짓거리들을 해서 당시 사람들 사이에서 유명했던 저 거인족들이었다.[15] 다음으로는 시날 평지에 바벨탑을 건설한 자들인데,[16] 그들은 이곳에 와서도 새로운 바벨탑을 세울 헛된 궁리를 하였고, 실제로 재료만 있었다면 여러 개의 바벨탑을 세웠을 것이었다. 그 밖의 다른 자들은 혼자 온 자들이었다. 자기가 신이라는 것을 증명하기 위해 어리석게도 에트나 화산의 화염 속으로 몸을 던진 엠페도클레스가 있었고, 플라톤이 말한 이상향인 엘리시온이 바다 속에 있다고 생각해서 바다 속으로 뛰어든 클레온브로토스가 있었으며, 그 수가 너무 많아 열거할 수조차 없는 미숙아들과 백치들, 천태만상의 은둔자들과 흰색, 검은색, 회색 옷을 입은

---

15 성경의 창세기에는 다음과 같은 논란이 되는 말씀이 나온다. "사람이 땅 위에 번성하기 시작할 때에 그들에게서 딸들이 나니 하나님의 아들들이 사람의 딸들의 아름다움을 보고 자기들이 좋아하는 모든 여자를 아내로 삼는지라"(창세기 6장 1-2절). 이러한 결합에 의해 "거인족"이 태어났기 때문에, 여기에서 "하나님의 아들들"은 천사를, "사람의 딸들"은 인간을 가리킨다고 보는 것도 일리가 있지만, 밀턴은 나중에 전자는 하나님을 믿는 자들, 후자는 하나님을 믿지 않는 자들을 가리키는 것으로 이해하고 이야기를 전개해 나간다.

16 성경의 창세기 11장에 나오는 바벨탑 사건에 대한 이야기다. 그들은 그 꼭대기가 하늘까지 닿는 탑을 쌓아서, 자신들의 이름을 날림과 동시에 흩어짐을 면하고 그들끼리 똘똘 하나로 뭉치고자 하였는데, 그 지도자는 고대의 유명한 사냥꾼이었던 니므롯이었다. 이때까지 인류의 언어는 하나였지만, 이후에 하나님의 벌로 언어는 다양해졌고, 사람들은 뿔뿔이 흩어졌다.

그 수가 너무 많아 열거할 수조차 없는 미숙아들과 백치들, 은둔자들과 탁발수도사들.

탁발수도사들,[17] 하늘에 살아 계신 자를 죽은 자로 여기고서 머나먼 골고다까지 와서 찾아 헤매는 순례자들, 자신을 도미니쿠스회나 프란체스코회의 수도사로 위장해서 관문을 무사히 통과하여 낙원에서 살기 위해 임종 때에 그 수도사의 의복을 입은 채로 죽은 자들도 이곳으로 왔다.

그들이 일곱 행성이 있는 칠층천과 항성들이 있는 팔층천, 그리고 자신의 저울로 별들의 진동으로 인한 편차를 측정해서 바로잡는 곳이자 구층천인 수정천을 지나, 스스로 움직이며 모든 것을 움직이는 최고천에 도달하면, 하늘의 좁은 문에서 성 베드로가 열쇠를 든 채 그들을 기다리는 듯한 모습이 보이는데, 천국으로 올라가는 오르막길에 발을 디딜 때, 양쪽에서 세찬 바람이 교차하며 휘몰아쳐서 그들을 엄습하여 허공 속으로 삼만 마일이나 날려버린다. 고깔들과 두건들과 수도복들이 그것들을 입은 자들과 함께 넝마 조각처럼 바람에 휘날려 펄럭이고, 성물들과 묵주들과 면죄부들과 특별면죄장들과 사면장들과 교황의 대칙서들도 바람의 노리개가 되어, 이 모든 것들이 소용돌이치며 높이 날아올라 저 멀리 우주의 뒷면을 넘어서, 우매한 자들의 낙원이라 불리는 크고 넓은 림보(변방) 속으로 들어간다.[18] 이곳은 오랜 후에는 모르는 사람이 없을 정도로 널리 알려질 것이었지만, 지금은 거기에 거주하는 자도 없고 지나다니는 자도 없었다.

사탄은 우주의 이 어두운 변방을 오랜 시간 동안 이리저리 헤매고

---

17 가톨릭 신학자들은 "미숙아들과 백치들"은 도덕적으로 사악해서가 아니라 원죄 때문에 천국에 들어가지 못하고 림보에 머물게 된다고 말한다. "흰색"은 카르멜 수도회, "검은색"은 도미니쿠스 수도회, "회색"은 프란체스코 수도회의 복장이었다.

18 밀턴이 말한 "우매한 자들의 낙원"이라는 개념은 아리오스토(Ariosto)가 말한 "허영의 연옥"에서 영감을 얻은 것이지만, 아리오스토는 그런 곳이 달에 있다고 생각했던 반면에, 밀턴은 "우주의 변방"에 위치해 있는 것으로 보았다.

다니다가, 마침내 한 줄기 빛이 서서히 떠오르는 것을 보고서, 오래 걸어 피곤해진 자신의 발걸음을 서둘러 그 쪽으로 향하였다. 저 멀리에서 웅장한 계단들을 통해 천국의 성벽으로 이어져 있는 높은 구조물이 아득하게 시야에 들어왔고, 그 꼭대기에는 왕궁 문처럼 보이는 한층 더 화려해 보이는 건물이 있었는데, 그 문의 정면은 다이아몬드와 황금으로 장식되어 있고, 그 문에는 찬란한 빛을 발하는 보석들이 촘촘히 박혀 있어서, 세상에서는 모형으로 본떠 만드는 것도 불가능하고 화필로 명암을 넣어 그리는 것도 불가능한 그런 모습의 문이었다.

그 계단은 야곱이 에서에게서 도망쳐 밧단아람으로 가다가 밤이 되어 루스의 들판에서 노숙하다가 꿈에서 빛나는 수호자들의 무리인 천사들이 오르내리는 것을 보고서 잠에서 깨어 "이곳이 천국의 문이로다"라고 외쳤던 바로 그 계단과 비슷한 모양을 하고 있었는데,[19] 계단 하나하나마다 신비한 의미가 내재되어 있었다. 또한 그 계단은 늘 그 상태로 있는 것이 아니라, 종종 하늘로 끌어올려져서 보이지 않기도 했다. 그 아래에는 벽옥 또는 액체로 된 진주로 이루어진 빛나는 바다가 흐르고 있었는데, 나중에는 지구로부터 사람들이 천사들이 바람을 일으켜 몰아오는 배를 타고 이 바다를 지나거나, 불 말들이 끄는 전차를 타고 이 바다 위를 날아서, 저 계단 있는 곳에 다다를 것이었다.

때마침 그 계단은 사탄에게 올라와 볼 테면 올라와 보라는 듯이, 아니면 이렇게 올라오기 쉬운 계단인데 어쩔 수 없이 지복으로 통하는 문 밖에 있어야 하는 그의 비참함을 더하려는 듯이 내려져 있었고, 그

---

19 야곱은 가나안 땅에 살다가 자신의 형인 에서를 속여 장자권을 빼앗고서 생명의 위험을 느껴, 자신의 친척들이 있는 원래의 고향인 메소포타미아 북부 지역인 "밧단아람"에 있는 외삼촌 집을 도망쳐가다가, 옛적에 "루스"라 불린 "벧엘"에서 노숙하면서, 하늘까지 닿은 사다리 위로 천사들이 오르내리는 꿈을 꾸고 거기에 하나님을 위한 제단을 세운다.

문의 바로 맞은편에는 지극히 복된 낙원이 자리 잡고 있는 곳 바로 위로 지구로 내려가는 통로가 열려 있었는데, 나중에 시온 산 위에 열리게 될 통로도 넓긴 했지만 이것보다는 훨씬 좁았고, 하나님에게 그토록 소중했던 저 "약속의 땅"으로 건너가는 통로보다도 훨씬 넓었다. 천사들은 하나님의 하명이 있을 때마다 저 복된 족속들을 방문하기 위해 자주 이 통로를 드나들었고, 하나님도 친히 각별한 관심을 가지고서 이 통로를 통해 요단 강의 발원지인 단이라는 도시(파네아스)로부터 거룩한 땅과 이집트와 아라비아 해안이 서로 접해 있는 브엘세바에 이르는 지역을 두루 살피곤 하였다.[20] 지구로 열려 있는 그 통로는 아주 넓어서, 어둠 속에서 그 가장자리들은 마치 큰 물결 넘실대는 바다의 가장자리들 같았다.

사탄은 이제 천국 문으로 이어지는 황금 계단의 아래쪽 층계에 서서 내려다보고서는, 자신의 눈 앞에 홀연히 펼쳐진 우주 전체의 전경을 보고 순간적으로 경이로움에 사로잡힌다. 그것은 마치 정찰병이 위험을 무릅쓰고서 어둡고 황량한 길들을 밤새 걸어서, 활기찬 새벽의 동틀 무렵에 마침내 어느 높은 산의 정상에 다다랐을 때, 떠오르는 태양의 황금빛 햇살로 도금된 처음 보는 어느 이국 땅, 또는 이런저런 각양각색의 크고 작은 첨탑들이 빛을 발하며 즐비하게 늘어 서 있는 어느 유명한 대도시의 전혀 예상치 못했던 전경이 홀연히 그의 눈 앞에 펼쳐졌을 때, 그 정찰병을 엄습하는 경이로움 같은 것이었다. 이 악한 영은 비록 천국을 본 자이긴 했지만, 그가 본 우주는 경이로울 만큼 너무나 아름다운 세계였기 때문에, 그의 시기심은 한층 더 활활 불타올랐다.

---

20 여기에서 그리스어 명칭인 "파네아스"로 표현된 "단"은 가나안 땅의 북쪽에 있는 도시였고, "브엘세바"는 가나안 땅의 남쪽에 있는 도시였다.

사탄은 밤을 원 모양으로 넓게 펴서 광대한 그늘을 만들고 있는 천개天蓋보다도 훨씬 더 높이 서 있었기 때문에, 우주 전체를 둘러볼 수 있었기 때문에, 천칭궁이 자리 잡고 있는 우주의 동쪽 끝 지점에서 시작해서, 대서양의 수평선 너머로 저 멀리에서 안드로메다 성좌를 업고 있는 백양궁에 이르기까지를 둘러보고, 이내 또다시 극에서 시작해서 극에 이르기까지를 둘러보고 나서는, 별로 지체하지도 않고 우주의 첫 번째 구역 속으로 곧장 뛰어들어 쏜살같이 날아서, 투명한 대리석 같이 맑고 찬 허공을 가르며 셀 수 없이 많은 별들 사이를 이리저리 곡예하듯 수월하게 비행해 나간다.[21]

그것들은 멀리서 볼 때는 빛나는 별들일 뿐이었지만, 가까이 다가가서 보면 각기 다른 세계들, 또는 옛 사람들 사이에서 회자되었던 행복의 들판과 숲과 꽃이 만발한 골짜기가 있다고 하는 저 헤스페리아의 동산[22]보다 세 배는 더 행복한 지복의 섬들로 보였기 때문에, 그 복된 곳들에 도대체 누가 살고 있는지가 궁금할 만도 한데, 사탄은 단 한 번도 그런 것을 묻기 위해 그곳들에 눈길도 주지 않았다.

그 모든 별들 중에서 황금빛 태양은 그 광채가 천국과 비슷해서 사탄의 눈길을 끌었고, 그는 고요한 창공 속에서 그 쪽으로 방향을 틀어 날아간다. 저 거대한 발광체가 이 우주 위 또는 아래에 있는지, 중심에 있는지, 또는 중심에서 벗어나 있는지, 좌편 또는 우편에 있는지는 알기 어렵지만, 촘촘하게 자리 잡고 있는 뭇별들로부터 멀리 떨어져서

---

21 "천칭궁"은 황도의 일곱 번째 궁이고, "백양궁"은 첫 번째 궁이다. "안드로메다 성좌"는 "백양궁" 바로 위에 있어서, 밀턴은 "백양궁"이 이 성좌를 업고 있다고 표현했다. "우주의 첫 번째 구역"은 우주에서 가장 높은 하늘에 속한 구역을 말한다.

22 "헤스페리아의 동산"은 헤스페리데스라는 이름의 세 요정이 불을 뿜는 키메라와 함께 황금 사과를 지키고 있다고 하는 동산을 가리킨다.

적정한 간격을 유지한 채로 주군으로서의 그 위엄 있는 눈에서 멀리까지 빛을 나누어준다. 뭇별들은 태양이 쏘는 자기력에 의해 만물을 살아 움직이게 하는 등불을 바라보고 다양한 움직임으로 춤을 추며 빠르게 돌아가고, 이 별들이 춤추는 곡조에 맞춰 날과 달과 해가 정해진다. 또한 태양의 자기력은 눈에 보이지 않지만 우주 전체를 따스하게 감싸 안아서, 모든 것의 내부까지 부드럽게 스며들어 그 보이지 않는 활력과 생기를 저 깊은 곳까지 전달한다. 태양은 그렇게 놀랍도록 탁월한 위치에 있었다.

사탄은, 지금까지 먼 곳까지 볼 수 있는 유리관으로 태양의 저 빛나는 구체를 관찰해 왔던 그 어떤 천문학자도 결코 본 적이 없는 그런 반점처럼 거기에 기착한다. 그곳은 땅에서 나는 빛나는 금속이나 보석 같은 것들과는 비교할 수 없을 정도로 이루 말할 수 없이 밝았다. 모든 부분이 다 똑같지는 않았지만, 모든 곳이 다 강렬한 빛을 뿜어내고 있었기 때문에, 불에 달구어져서 시뻘건 빛을 발하는 쇠 같았다.

금속에 비한다면 일부는 황금, 일부는 순은 같아 보였고, 보석에 비한다면 대부분이 홍옥이나 감람석, 루비나 황옥, 또는 아론의 흉패[23]에서 빛났던 열두 보석, 또는 실제로 존재했다기보다는 가끔씩 상상해 보기만 했던 보석, 또는 여기 지상에서 연금술사들이 아주 오랫동안 찾았지만 결국 찾을 수 없었던 그런 보석 같았다. 그 연금술사들은 자신들의 대단한 솜씨로 변덕스러운 헤르메스[24]를 결박하고, 사람들에게 붙

---

23 "아론의 흉패"는 이스라엘의 대제사장의 의복에 달린 흉패였는데, 거기에는 열두 가지의 보석을 박았고, 그 위에는 이스라엘의 열두 지파의 이름이 새겨졌다.

24 "헤르메스"는 그리스 신화에서 전령의 신, 여행의 신, 도둑의 신이어서, 날개 달린 모자를 쓰고 날개 달린 신을 신고 두 마리 뱀이 감겨 있는 독수리 날개가 달린 지팡이를 들고, 신의 세계와 인간의 세계, 지하의 세계를 자유자재로 넘나들었는데, 지상에서부터 지하까지 그

잡히지 않기 위해 여러 가지 모습으로 위장하는 여우 같은 프로테우스[25]를 바다에서 불러올려서 자신들이 만든 장치로 증류해서 원래의 모습으로 돌아올 수 있게 할 수 있는 자들이었지만, 그런 보석을 찾는 데는 실패했다.

최고의 연금술사인 태양이 우리에게서 이렇게 멀리 떨어져 있는데도 한 번의 힘 있는 손길로 여기 어둠 속에 있는 땅의 습기를 만지면, 오색찬란하게 빛나며 아주 진기한 효능을 지닌 각양각색의 온갖 귀한 것들이 만들어지는데, 태양의 산야가 만병통치의 영약인 순전한 향기를 뿜어내고, 이곳에서 흐르는 강들이 마실 수 있는 황금으로 넘실댄다고 해도, 그것이 무슨 놀랄 일이겠는가.

사탄은 이곳에서 본 것들이 새로운 것들이었음에도 거기에 현혹되지 않은 채로 두루두루 멀리 내다본다. 여기에는 시야를 가리는 것이나 그림자가 전혀 없었고, 오직 온통 햇빛뿐이었는데, 흡사 태양이 정오에 바로 적도 위에서 내리쬐면, 그 아래에 불투명한 물체가 있어도 주위 그 어디에도 그림자가 생기지 않는 모습 같았다. 대기도 그 어느 곳보다도 더 맑아서, 아주 멀리 있는 물체까지도 또렷하게 볼 수 있었기 때문에, 사탄은 요한이 태양 속에서 보았던 저 영광의 천사[26]가 자신의 시

가 가지 못하는 곳은 없었다. 로마 신화에 나오는 메르쿠리우스에 해당하는 신으로서, 수은의 신이기도 하다. 여기에서는 연금술사들이 다루기 까다로운 수은을 노련하게 처리하게 된 것을 말한다.

25 "프로테우스"는 주로 포세이돈의 바다짐승들을 돌보는 일을 맡았으며 가장 큰 특징은 예언 능력과 변신 능력이다. 그는 원하는 어떤 모습으로도 변할 수 있는데, 비단 짐승뿐만 아니라 물이나 불 같은 원소로도 변할 수 있었다. 그는 예언하기를 싫어해서 누가 예언을 들으러 찾아오면 변신 능력을 사용하여 도망쳤다.

26 여기에서 요한은 성경의 요한계시록을 쓴 사람을 가리킨다. 그는 하나님이 보여준 묵시를 통해 거기에서 본 것들을 기록했는데, 요한계시록 19장 17절에서는 "내가 보니 한 천사가 태양 안에 서서"라고 말한다.

야 안에 서 있는 것을 금세 알아차렸다. 그 천사는 등을 돌리고 있었지만, 자신의 광채를 숨길 수 없었고, 태양빛으로 이루어진 황금 면류관이 그의 머리를 두르고 있었으며, 뒤로 늘어뜨려져 있는 그의 머리채도 날개 달린 두 어깨 위에서 마찬가지로 빛을 내뿜으며 찰랑거리고 있었는데, 어떤 중대한 임무를 맡아서 깊은 생각에 잠겨 있는 듯 보였다.

그러자 이 추악한 영 사탄에게는 여정의 끝이 되겠지만 우리 인간에게는 재앙의 시작이 될 저 낙원, 곧 인간의 복된 근거지로 그를 안내해 줄 자를 찾을 수 있을지도 모르겠다는 희망이 생기자, 그의 얼굴에는 화색이 돌았다. 하지만 자신의 본래의 모습을 숨기지 않으면, 위험이 닥칠 수도 있고, 일이 제대로 잘 풀리지 않을 수도 있다는 생각에, 먼저 어떻게 변장할지를 궁리한다. 가장 높은 서열에 속한 천사가 아니라 애송이 그룹 천사로 위장해서, 그 어린 얼굴에는 천상의 미소를 머금고, 손과 발에는 천사에 합당한 우아함을 갖추니, 영락없는 하급천사의 모습이었다. 머리에 쓴 작은 면류관 아래로는 곱슬곱슬한 머리카락들이 양쪽의 뺨으로 흘러내려와 있는데, 형형색색의 깃털들 위에 황금이 뿌려진 두 날개가 갖춰지고, 그 우아한 발걸음 앞에 은 지팡이도 들려지자, 금세 신속하게 날아가기에 적합한 차림새가 되었다.

그가 접근하자 소리가 났고, 그 빛의 천사는 그가 다가오기도 전에 자신의 귀의 경고를 따라 그 광채 나는 얼굴을 돌렸는데, 그 즉시 그 천사는 일곱 천사장 중 하나인 우리엘[27]이라는 것이 밝혀졌다. 이 천사장들의 소임은 하나님이 계시는 곳, 그 보좌 앞에 가장 가까이에서 하명

---

27 "우리엘"은 히브리어로 "하나님의 빛"이라는 뜻이다. 외경인 에녹1서에서는 이 천사장을 하나님의 보좌 앞에 서 있는 일곱 천사장 중 한 명으로 언급하고, 스가랴서 4장에서는 이 일곱 천사장은 "온 세상에 두루 다니는 여호와의 눈"이라고 말한다. "일곱 천사장"은 우리엘, 가브리엘, 미카엘, 라파엘, 라구엘, 사리엘, 레미엘이다.

을 기다리며 시립해 있다가, 하나님의 눈들이 되어 모든 하늘들을 누비고 다니기도 하고, 땅으로 내려와서는 젖은 땅과 마른 땅을 가리지 않고 바다와 육지를 두루 다니며, 하나님이 명령한 일들을 수행하는 것이었다.

사탄은 우리엘에게 이렇게 말을 걸었다.

"우리엘이여, 당신은 영광의 빛을 발하며 하나님의 높은 보좌 앞에 시립해 있다가, 하나님의 크고 참된 뜻이 하달되면, 저 최고천 전체에서 그 전갈을 기다리는 하나님의 모든 아들들에게 그 뜻을 알리는 일곱 영들 중 한 분이 아니십니까. 그리고 지금 여기에 계신 것도 지존자의 명령으로 특사로 보내져서 그의 눈이 되어 이 새롭게 창조된 세계를 두루 살피기 위한 것이겠지요.

하나님이 이 세계와 관련해서 행하신 모든 놀랍고 기이한 일들, 특히 하나님이 가장 기뻐하시고 사랑하시는 인간을 창조하시고, 그 인간을 위해 그 밖의 다른 모든 놀랍고 기이한 피조물들을 이 세계 속에 창조하셨다는 말을 듣고, 저는 직접 거기에 가서 이 모든 것을 보고 싶고 알고 싶은 마음이 이루 말할 수 없이 간절해서, 그룹 천사들의 성가대에서 혼자 빠져나왔다가 이렇게 길을 잃고 방황하게 되었습니다.

지극히 밝은 빛의 스랍 천사이신 우리엘이여, 인간이 이 모든 빛나는 구체들 중 어디에 자신의 근거지를 정하여 살고 있는 것인지, 아니면 정해진 근거지는 없고 이 모든 빛나는 구체들 중에서 어디라도 자신이 선택하여 가서 살고 있는 것인지를 제게 말씀해 주어서, 나로 하여금 한편으로는 위대한 창조주께서 세계들을 주시고 이 모든 은혜를 부어 주신 바로 그 인간을 찾아 숨어서 은밀하게 지켜보거나 그 앞에 나서서 공개적으로 찬미하고, 다른 한편으로는 하나님이 새롭게 창조한 인간과 그 세계의 모든 것들이 하나님의 원래의 뜻대로 잘되어 가고 있다는 것을 확인하고서, 반역의 도당들을 저 가장 깊은 지옥으로 추방하시어 정의를 세우신 후에, 그 손실을 보충하기 위해 인간이라는 이 새로운 복된 종족을 창조하셔서 하나님을 잘 섬기게 하신 만유의 조물주를 찬양하고, 그의 모든 길이 지혜롭다고 송축할 수 있게 해 주십시오."

사탄은 자신의 본심을 숨기고 이렇게 거짓말로써 위선을 행하였지만, 우리엘은 알아차리지 못했다. 위선이라는 것은 하나님의 허락 아래에서 그 누구도 볼 수 없게 하늘과 땅을 두루 다니는 유일한 악이어서, 오직 하나님만이 아실 수 있으시고, 인간은 말할 것도 없고 천사들도 알아차릴 수 없었기 때문이었다. 지혜는 늘 깨어 있긴 하지만, 의구심이 자신의 임무를 '단순함'에 맡겨버리고서는 지혜의 문 앞에서 쿨쿨 잠이 들어버리는 경우가 종종 있어서, 선은 악이라는 것이 표면적으로 드러난 것만을 악이라고 하고 그렇지 않은 것들에 대해서는 악이라고 생각하지 않는다. 그래서 하늘의 통치자이자 천국의 모든 영들 중에서 가장 날카로운 눈을 가진 우리엘도 이번에는 속아 넘어가서, 저 비열한 거짓말쟁이 사기꾼의 말을 곧이곧대로 믿고서 이렇게 대답했다.

"아름다운 천사여, 하나님이 하신 일들을 직접 확인해서 위대한 조물주에게 영광을 돌리고자 하는 너의 소원은 도가 지나쳐서 책망받아야 할 일이 아니다. 다른 천사들은 대체로 천국에서 소문을 들은 것만으로 만족하고 마는데, 네가 그 소문을 직접 확인하기 위해서 최고천의 거처에서 이렇게 단신으로 나와서 여기에 온 것은 얼핏 보면 도가 지나쳐 보일 수 있지만, 하나님이 하시는 모든 일은 진정으로 놀랍고 경이로워서 알수록 기쁘기가 한량없는 것이어서, 그 모든 일을 마음에 간직해두고 늘 기뻐하는 것이 지극히 마땅한 일인 까닭에, 사실 너의 행동은 칭찬받아 마땅한 일이기 때문이다.

하지만 피조물의 마음과 생각으로 하나님이 하신 일들이 얼마나 되는지를 어떻게 알 수 있겠으며, 하나님이 그 일들을 해 내시면서도 그 이유나 원인은 깊이 숨기셨으니, 그 일들을 하실 때 사용하신 하나님의 저 무한한 지혜도 어떻게 알 수 있겠느냐.

나는 하나님의 말씀을 따라 형체 없던 덩어리에서 우주가 만들어지는 것을 보았다. 혼돈이 그의 목소리를 청종하였고, 거센 폭풍과 소란이 다스려졌으며, 아무런 구별도 없이 끝없이 이어져 있던 광대한 공간이 경계가 지어져 구분되었다. 두 번째 명령이 하달되자, 흑암이 물러가고, 빛이 비치면서, 무질서에서 질서가 생겨났다. 그러자 흙과 물과 공기와 불 같은 무겁고 둔한 원소들은 각자가 있어야 할 구역들로 서둘러 갔고, 하늘의 다섯 번째 원소인 영기(에테르)는 회전운동을 하는 가운데 여러 가지 형태로 위로 날아올라가서, 네가 보는 바와 같이 무수히 많은 별들이 되어 자신의 궤도를 돌고 있다. 영기로 만들어진 별들에게는 각각 있을 자리와 운행할 궤도가 정해져 있지만, 나머지 영기들은 우주를 원으로 돌며 우주의 성벽 역할을 하고 있다.

한쪽 면이 태양의 빛을 받아 반사하여 빛나고 있는 저 구체를 내려다보거라. 바로 저 곳이 인간이 살고 있는 지구다. 지금 빛을 반사하고 있는 지역은 인간의 낮이고, 그 빛이 없는 반대쪽 반구는 밤이 찾아와 있지만, 인접해 있는 달(이것은 지구 맞은편에 있는 아름다운 별의 이름이다)로부터 적절한 도움을 받는다. 달은 한 달 간격으로 중천을 돌면서 점점 커졌다가 다시 작아지는 것을 반복하며 세 가지 모습으로[28] 태양에게서 빌려 온 빛을 지구에 비쳐줌으로써 자신의 창백한 통치권으로 밤을 제어한다.

---

28 보름달, 반달, 초승달의 모습.

사탄은 황도에서 아래로 지구의 지표면을 향하여 출발해서, 성공에 대한 기대감으로 마음이 부풀어서
수직으로 급강하하여 이리저리 원을 그리며 한 번도 쉬지 않고 날아간다.

내가 지금 가리키는 저 곳이 아담이 사는 낙원이고, 저 높은 나무들 밑의 그늘이 그의 거처다. 너 혼자 간다고 해서 길을 잃어버릴 염려는 전혀 없고, 내게는 내가 해야 할 일이 따로 있으니, 네 길을 가거라."

우리엘이 이렇게 말한 후에 돌아서자, 사탄은 합당한 예와 공경을 소홀히 하는 자가 없는 천국에서 자신보다 상관인 영들에게 하듯이 허리를 굽혀 절한 후에, 황도[29]에서 아래로 지구의 지표면을 향하여 출발해서, 성공에 대한 기대감으로 마음이 부풀어서 수직으로 급강하하여 이리저리 원을 그리며 한 번도 쉬지 않고 날아서, 니파테 산[30]의 정상에 내린다.

---

29 黃道. 태양의 둘레를 도는 지구의 궤도가 천구天球에 투영된 궤도.
30 "니파테 산"은 아르메니아와 아시리아 간의 접경지대에 있는 타우라스 산맥에 속한 산으로서 에덴 동산에서 멀지 않은 곳에 있었다.

제 4 권

줄거리

이제 사탄은 에덴 동산이 보이는 곳에 서 있다. 하나님과 인간을 대적하여 혼자 벌이게 될 대담한 시도를 실제로 수행해야 할 곳에 가까이 다가오게 되자, 자신에 대한 이런저런 많은 의심들이 속에서 일어나서, 두려움과 시기와 절망 같은 여러 정념들이 교차한다. 하지만 결국 자신의 악한 계획이 옳다고 확신하고서 낙원으로 향하고, 이 시점에서 밖에서 본 낙원의 모습과 그 위치가 묘사된다.

사탄은 날아올라서 낙원의 울타리를 넘어, 자신의 주변을 둘러보기 위해, 에덴 동산에서 가장 높은 곳인 생명나무 위에 가마우지의 모습으로 내려앉는다. 에덴 동산이 묘사되고, 그는 아담과 하와를 처음 보고서, 그들의 빼어나게 아름답고 탁월한 모습과 행복한 상태에 탄성을 발하지만, 그들을 타락시키고자 한 자신의 결의를 다시 한 번 다진 후에, 그들의 대화를 엿듣고서는, 그들이 선악을 알게 하는 나무의 열매를 먹는 것을 하나님이 금지했고, 그 열매를 먹었을 때는 죽음의 벌을 받게 되어 있다는 것을 알게 되고, 그것을 미끼로 삼아서 그들을 유혹하여 범죄하게 하면 되겠다고 계획을 세우고 나서, 다른 방식으로 그들의 상태를 좀 더 알아보기 위해 잠시 그들을 떠난다.

한편 우리엘은 태양의 빛줄기를 타고 내려와서, 낙원의 문을 지키는 소임을 맡고 있던 가브리엘에게, 어느 악령이 대심연을 빠져나와, 정오에 자신의 구역인 태양을 지나서, 선한 천사의 모습으로 변장하고서 낙원으로 내려갔다는 것이 나중에 니파테 산에서 그가 보인 광분한 행태에 의해 드러났다고 경고한다. 가브리엘은 날이 밝기 전에 그를 찾아내겠다고 약속한다.

밤이 되자, 아담과 하와는 쉬러 가자고 말하고, 나무 그늘 밑의 그들의 처소가 묘사되고, 거기에서 그들은 저녁 예배를 드린다. 가브리엘은 야경대를 보내 낙원을 두루 순찰하게 하고, 악령이 잠든 아담과 하와에게 해코지를 할 것에 대비해서 두 명의 힘센 천사를 그 처소에 보초로 세워서 지키게 한다. 거기에서 두 천사는 꿈속에서 하와의 귀에 뭔가를 속삭이며 유혹하는 악령을 발견하고서는, 강제로 제압해서 가브리엘 앞으로 끌고 온다. 가브리엘이 심문하자, 그는 코웃음을 치며 경멸하는 반응을 보이며 싸울 태세를 보이지만, 그때 하늘에서 나타난 징조에 의해 저지당하고서는 낙원 밖으로 도망친다.

저 묵시를 보았던 이[1]가 하늘에서 크게 울려 퍼지는 것을 들었던 저 경고의 목소리, 곧 용이 두 번째로 패주하여 인간에게 복수하기 위해 광분하여 내려오면서 "땅 위의 거민들에게 화가 있으리라"고 울부짖었던 저 목소리를 들을 수 있었더라면, 우리의 첫 부모는 아직 시간이 있는 동안에 적이 은밀하게 접근해 올 것이라는 경고를 받았을 것이고, 그 적의 치명적인 덫을 피할 수 있었을지도 모른다.

이제 사탄은 분노로 활활 타올라서, 인류를 고발하는 자가 되기 전에 먼저 유혹하는 자가 되어서, 자신이 첫 번째 싸움에서 패배하여 지옥으로 도망칠 수밖에 없었던 것에 대해, 그 일과는 아무 상관이 없는 연약한 인간에게 화풀이하고 복수하기 위해 이 땅으로 내려왔다.

하지만 정작 실행할 때가 되니, 이 일이 성공할 것이라고 자신하고 기뻐하는 기색은 보이지 않는다. 도리어 저 멀리 지옥에서 성공할 것이라는 보장도 전혀 없는 가운데서 겁도 없이 시작한 이 무시무시한 시도는 그동안 그의 내면에서 다 자라서 이제 밖으로 나오기 위해, 이리 뒹굴고 저리 뒹굴며 소동을 일으키고 끓어오르면서 그 자신을 치받는 바람에, 공포와 의심으로 그의 생각은 산만하고 괴로워졌고, 그의 내면

---

1   "저 묵시를 보았던 이"는 밧모 섬으로 유배되어 거기에서 묵시를 보았던 사도 요한을 가리킨다. 요한계시록 12장 9절에서는 "큰 용이 내쫓기니 옛 뱀 곧 마귀라고도 하고 사탄이라고도 하며 온 천하를 꾀는 자라 그가 땅으로 내쫓기니 그의 사자들도 그와 함께 내쫓기니라"고 말한다. "용"은 사탄을 가리킨다. 그는 이미 천국에서 반란을 일으켰다가 패하여 지옥으로 떨어졌는데, 이것이 첫 번째 패주였다. 이제 사탄은 다시 힘을 차려서 지구로 와서 인간을 유혹하여 자신의 노예로 삼는 데 성공하지만, 성육신하고서 이 땅에 온 성자인 예수 그리스도와 싸워 다시 한 번 패하게 되는데, 이것이 두 번째 패주다. 이때부터 우주 종말의 때까지의 일들을 요한은 묵시를 통해 미리 보게 된다.

에 있는 지옥은 밑바닥부터 뒤흔들렸다. 그는 지옥을 자신의 내면에 지니고 다니고 자기 주위에 몰고 다니기 때문에, 장소가 바뀌었다고 해도 자기 자신으로부터 벗어날 수 없는 것처럼 지옥으로부터도 단 한 발자국도 벗어날 수 없기 때문이었다.

이제 양심이 잠들어 있던 절망을 깨우니, 지난날과 현재의 자신의 모습에 대한 괴로운 기억이 되살아나고, 악행에는 그 대가로 반드시 더 고통스러운 결과가 수반되는 법이라는 점에서 앞으로 더 나빠지게 될 자신의 모습이 떠올라서, 지금 자신의 시야에 들어오는 즐겁고 평화로워 보이는 에덴 동산을 비통하고 슬픈 표정으로 응시하기도 하고, 저 높이 정오의 망루에 걸터앉아서 이글이글 타오르며 빛을 뿜어내고 있는 태양과 하늘을 응시하기도 하면서, 이런저런 많은 생각을 하다가, 마침내 한숨을 내쉬며 이렇게 말하기 시작했다.

"오, 아무도 넘볼 수 없는 지극히 큰 영광의 관을 쓰고서, 그대가 홀로 다스리는 영지로부터 마치 이 신세계의 신인 것처럼 이곳을 굽어보고 있는 그대여, 뭇별들이 그대만 보면 자신들의 빛을 잃고 자취를 감추어 버리는구나.

오, 태양이여, 내가 이렇게 그대의 이름을 부르는 것은 결코 그대에게 호감을 갖고 있어서가 아니라, 그대의 빛줄기가 나로 하여금 내가 어떤 지위에 있다가 이렇게 추락했는지, 곧 내가 하늘에서 교만해져서, 교만보다 더 악한 야심을 품고서, 감히 그 누구도 맞설 수 없는 하늘의 왕과 맞서 전쟁을 벌였다가 아래로 떨어질 때까지, 그대의 영광보다 더 큰 영광을 누렸었다는 것을 기억나게 하기 때문에, 그대가 너무나 미워서라는 것을 알아두시오.

아, 그분은 내게 그런 대접을 받을 분이 결코 아니었는데, 대체 내가 왜 그랬을까. 그분은 나를 빛나고 탁월한 존재로 창조해 주셨고, 그 선하심이 지극하셔서 꾸짖는 법이 없으셔서, 그분을 섬기는 것은 전혀 어려운 일이 아니었소. 오직 그분에게 찬미를 드리면 되었으니, 그 은혜에 보답하는 일이 얼마나 쉬웠으며, 또한 그분에게 감사드리는 것은 지극히 마땅한 일이 아니었던가.

그런데도 그분이 행하는 모든 선한 일들은 내게 나쁘게만 보였고, 내 안에서 악의만을 불러일으켰지. 나는 지극히 교만해져서 그분에게 순종하는 것을 우습게 여기게 되었고, 내가 한 발자국만 더 높아지면 하나님보다 더 높아져서, 끝없이 감사해도 도무지 갚을 수 없고 아무리 갚아도 여전히 갚을 것이 남아 있어 너무나 부담스러웠던 저 막대한 빚을 일거에 없애버리려고 했지. 그때 나는 그분으로부터 계속해서 은혜를 입고 빚을 지며 살아가야 하는 존재라는 것을 잠시 잊어버렸고, 은혜를 알고 감사할 줄 아는 자는 은혜를 입어 빚을 진다고 해도, 계속해서 빚을 갚고 있는 것이어서, 빚을 진 즉시 빚을 갚는 것이기 때문에, 실제로는 빚을 지고 있는 것이 아닌 까닭에 아무런 짐도 되지 않는다는 사실을 알지도 못했었지.

오, 그분이 자신의 강력한 작정하심에 따라 나를 하급 천사로 살도록 정해놓으셨더라면, 분수에 넘치는 야심을 품는 일 따위는 하지도 않고 계속해서 행복하게 살았을 것이다. 그렇게 살지 않을 이유가 없지 않았겠는가. 물론 어떤 다른 고위 천사가 역모를 꾸미고 하급 천사인 나를 자기편으로 끌어들였을지도 모르는 일이기는 하지만, 실제로는 나 외에는 나머지 모든 고위 천사들은 안팎의 온갖 유혹을 떨쳐내고 흔들림 없이 서서 나처럼 타락하지 않았으니 말이다.

나에게도 유혹을 물리칠 수 있는 힘과 자유의지가 있었는가. 물론 있었다. 그러니 내가 모두에게 똑같이 주어지는 저 하늘의 값없는 사랑 외에 누구를 탓하고 무엇을 원망할 수 있겠는가. 그러므로 그분의 사랑은 저주받아 마땅하다. 그분이 나를 사랑하든 미워하든, 그것은 내게는 둘 다 똑같이 영원한 화일 뿐이기 때문이다.

아니, 저주받아 마땅한 것은 내 자신이다. 내가 지금 이렇게 후회할 것이 뻔한 일을 그때 그분의 뜻을 거역하고 나의 자유의지로 밀어붙였으니, 한심하고 불쌍한 놈은 바로 나다. 내 자신이 지옥이어서, 내가 어디로 가든 거기가 바로 지옥이니, 어디로 간들 무한한 진노와 무한한 절망에서 피할 수 있겠는가. 어디로 가든, 가장 깊은 심연보다 더 깊은 심연이 늘 입을 쩍 벌리고 나를 삼키려 하니, 거기에 비하면 내가 지금 고생하고 있는 지옥은 천국이나 다름없다.

그렇다면 결국 무조건 항복밖에 없는 것인가. 회개해서 용서받을 수 있는 여지는 전혀 남아 있지 않고, 오직 굴복하는 길만이 남아 있는 것인가. 하지만 '경멸'이라는 단어, 곧 지옥에 있는 영들에게서 당할 수치를 생각하니 도저히 그렇게 할 수는 없다. 얼마 전에 그들 앞에서 항복을 권하기는커녕 도리어 얼마든지 전능자를 굴복시킬 수 있다고 큰소리치며 이런저런 장밋빛 약속들을 제시하며 그들을 미혹하지 않았던가. 그토록 허황되게 큰소리를 쳐 넣고서 내가 속으로 얼마나 전전긍긍하며 괴로워하고 신음하면서 값비싼 대가를 치르고 있는지를 그들은 아마 모를 것이다. 면류관을 쓰고 규를 손에 쥐고서 지옥의 보좌에 앉아 있는 나를 그들이 경배하며 높이 떠받들수록, 나는 계속해서 더 밑으로 추락해서, 나를 더욱더 극도로 비참하게 만들 뿐이다. 야심으로 얻는 기쁨이라는 것은 바로 그런 것이다.

반대로, 내가 회개하고 은혜를 입어 이전의 지위를 회복할 수 있다고 해도, 높은 지위에 앉으면 이내 또다시 교만한 생각이 생겨나서, 거짓으로 항복하고 맹세했던 것들을 취소해 버리고 말 것이다. 형편이 좋아지면 상황이 좋지 않았을 때 했던 맹세는 어쩔 수 없어서 마지못

"한심하고 불쌍한 놈은 바로 나다.
어디로 간들 무한한 진노와 무한한 절망에서 피할 수 있겠는가."

해 빈말로 한 것이기 때문에 무효라고 생각하게 되는 법이다. 죽을 만큼 깊은 증오로 인해 생겨난 상처들은 우리의 내면 속으로 너무나 깊이 파고들어가는 까닭에, 거기에서는 진정한 화해라는 것은 자랄 수 없고, 더욱 악화된 채로 또다시 재발하여, 더 심하게 추락하게 될 뿐이다. 따라서 갑절의 고통을 감수하며 비싼 값을 주고 평화를 산다고 해도, 그 평화는 짧을 수밖에 없다. 나를 벌하는 이는 그것을 알기 때문에, 내게 평화를 허락하지 않고, 나도 평화를 구걸하지 않는다.

이렇게 모든 희망은 사라졌다. 그분이 우리를 천국에서 추방하고 유배를 보낸 후에, 우리 대신에 인간과 이 세계를 창조해서, 자신의 새로운 기쁨으로 삼은 것을 보라. 그러므로 희망아, 잘 가라. 희망과 함께 두려움도 잘 가고, 참회도 잘 가라. 내게 좋은 모든 선한 것들은 가버렸으니, 이제 내게 남은 유일한 선은 악뿐이다. 너로 인해 나는 적어도 제국을 반분하여 하늘의 왕과 나란히 그 절반을 장악하게 될 것이고, 어쩌면 너로 인해 절반 이상도 다스리게 될지도 모른다. 인간과 이 신세계도 머지않아 그것을 알게 되리라."

이렇게 말하는 동안에 분노와 시기와 절망이라는 각각의 감정이 교차하면서, 그의 얼굴은 세 번이나 창백하게 변했고, 이로 인해 위장한 그의 용모는 심하게 일그러졌기 때문에, 누군가가 그를 지켜보고 있었다면, 그의 위장은 발각되고 말았을 것이다. 천사라면 그런 추악한 감정들로 인해 표정이 바뀌는 일은 절대로 없을 것이기 때문이다. 그는 이내 제정신이 들어서 자기가 실수한 것을 깨닫고서, 속임수의 고수답게 자신의 심난한 마음을 재빨리 감추고서 외면적으로 평안한 얼굴로 되돌아갔다.

그는 마음속의 깊은 악의와 복수심을 감추고서 성인聖人의 탈을 쓴 채 거짓을 일삼는 데 일인자였지만, 앞서 뭔가 미심쩍은 점을 발견하고서 그의 행로를 자신의 눈으로 계속해서 추적해 왔던 우리엘을 속일 수는 없었다. 결국 아시리아의 산 위에서[2] 그의 움직임으로 인해서, 행복하게 살아가는 천사에게서는 절대로 볼 수 없는 그의 일그러진 모습이 우리엘의 눈에 포착되었다. 그때 그는 혼자여서, 아무도 자기를 보지 못할 것이라고 생각했겠지만, 우리엘은 그의 사납고 흉포한 얼굴 표정과 광분해서 행한 짓거리들을 낱낱이 다 볼 수 있었다.

이렇게 해서 사탄은 에덴 동산을 향해 나아갔고, 그 경계에 이르자, 이제 한층 더 가까워진 너무나 즐겁고 아름다운 곳 낙원은 깎아지른 듯이 가파른 원시의 산 꼭대기에 시골의 작은 둔덕 같은 푸른 울타리가 둘러쳐져 있는 넓은 공간이었는데, 그 사방으로는 높게 자란 야생의 관목들이 무성하게 우거져 서로 온통 뒤엉켜 있어서 접근을 막고 있었고, 위로는 삼나무, 소나무, 전나무, 넓게 뻗어 있는 종려나무 같은 거목들이 끝없이 높게 솟아 그늘을 만들며 제대로 된 숲의 정경을 보여주고 있어서, 크고 작은 각양 나무들이 겹겹이 층위를 이루며 서 있는 그 광경은 아주 장엄하고 경이로운 모습을 한 숲의 극장 같았다.

하지만 낙원의 푸른 담벼락은 이 거목들의 꼭대기보다 더 높이 솟아올라 있었기 때문에, 우리 모두의 조상은 그 아래 있는 자신의 제국의 주변을 사방으로 넓게 조망할 수 있었다. 그리고 지극히 탐스러운 열매들이 열려 있는 아주 아름다운 나무들이 온갖 찬란한 빛깔로 치장하고서, 황금빛 꽃을 피움과 동시에 황금빛 열매를 맺은 채로, 원형으로 줄을 맞춰 이 담벼락보다 더 높이 솟아 있었다.

태양이 저녁노을 질 때 아름답게 채색된 구름이나, 하나님이 대지에 비를 내릴 때 주시는 무지개보다 더 화사한 빛줄기를 그 위에 각인

---

2   "아시리아의 산"은 사탄이 지구로 와서 기착했던 지점인 "니파테 산"을 가리킨다.

하니, 그 정경은 지극히 아름답고 사랑스러웠다.

사탄이 접근할수록, 그렇지 않아도 맑은 대기가 한층 더 맑아져서, 절망을 제외한 모든 슬픔을 몰아낼 수 있는 봄날의 환희와 기쁨이 그 마음속으로 파고들어온다. 불어오는 산들바람은 향기를 머금은 자신의 날개들을 퍼득이며 그 고유한 향기를 퍼뜨리고, 자신들이 저 향기로운 노략물들을 어디에서 훔쳐 왔는지를 속삭이니, 그 모습은 희망봉 너머로 항해하여 이제 모잠비크를 지난 선원들에게 대양 저 멀리에서 불어오는 북동풍이 저 복된 아라비아의 향기로운 해변으로부터 사바의 향기를 싣고 불어오면,[3] 목적지에 도달하는 것이 지체되는 것을 감수하고서라도 속도를 늦추어 천천히 항해하는 때와 같고, 늙은 대양이 수십 리에 걸친 감미로운 향기에 기분이 좋아져서 미소를 짓는 때와 같다. 이렇게 이 감미로운 향기는 독기를 품고 찾아온 사탄을 즐겁게 했으니, 토비트의 아들[4]이 자신의 정혼녀를 연모하여 괴롭히던 악귀인 아스모데오스에게 복수하여 메디아에서 이집트 끝까지 몰아낸 후에 거기에서 천사장에게 붙잡혀 결박당하게 만들었을 때 사용했던 저 물고기 냄새보다 훨씬 더 나은 것이었다.

---

3 "희망봉"은 아프리카 대륙 최남단에 있는 곳으로서 대륙의 맨 끝에 자리한 동양 무역의 중계지였다. 거기를 돌아가면 아프리카 대륙 동남부에 있는 비옥한 모잠비크에 이르고, 거기를 지나면 "복된 아라비아"로 불린 예멘과 거기에 속한 "사바"(성경의 "시바") 지역으로부터 향기로운 바람이 불어온다. 왜냐하면 예멘은 진한 향기를 품은 초목들이 많이 자라고 있는 곳이었기 때문이다.

4 이것은 외경인 토비트서에 나오는 이야기다. 메디아에 사는 경건한 유대인 여자 사라는 일곱 번이나 결혼했지만, 색마의 악귀 아스모데오스의 방해로 그 때마다 첫날 밤을 치르기도 전에 일곱 남편을 잃었기 때문에, 하나님에게 도와 달라고 기도했고, 하나님은 신앙이 좋은 토비트의 아들인 토비아와 유대인 여자 사라를 결혼시키기로 하고 천사장 라파엘을 보내어, 토비아로 하여금 물고기의 심장과 간을 태워서 나는 연기로 그 악귀를 물리치게 만들어서, 두 사람을 무사히 결혼시킨다. 한편 악귀는 이집트로 도망갔다가 거기에서 라파엘에게 붙잡힌다.

사탄은 이제 깊은 생각에 잠긴 채로 저 가파른 원시의 산의 오르막 길을 향해 서서히 나아갔지만, 숲은 마치 하나로 이어져 있는 듯이 온갖 나무들이 빽빽이 들어차 있고, 그 아래로는 키 작은 관목들과 수풀들이 복잡하게 뒤엉켜 있어서, 인간이든 짐승이든 이곳을 통과하지 못하게 모든 길을 막고 있었기 때문에, 더 이상 앞으로 나아갈 수 있는 길은 전혀 없었다.

거기에는 맞은편인 동쪽을 바라보고 있는 단 하나의 문이 있었다. 이 중범죄자 사탄은 그 문이 바로 에덴 동산으로 들어가는 정식 입구라는 것을 알아차리고 코웃음을 치고서는 한껏 경멸하며 한 번 가볍게 도약해서, 그 산의 모든 경계나 가장 높은 담벼락도 훌쩍 뛰어넘어 바로 동산 안에 사뿐히 착지했는데, 그 모습은 굶주려서 새로운 먹잇감을 찾아 헤매던 늑대가 저녁 나절이 되어 목자들이 들판에서 나무로 엮은 울타리를 쳐서 만든 우리 속에 양 떼를 안전하게 넣어두고 가는 것을 지켜보다가 그 울타리를 가볍게 뛰어넘어서 우리 안으로 들어가는 것과 같았고, 어느 부유한 사업가의 현금을 훔치기로 작정한 도둑이 그 집의 대문들이 빗장과 자물쇠로 단단히 잠겨 있어서 거기로는 침입할 수 없는 것을 알고서 창문이나 지붕 위로 기어올라 그 집 안으로 들어가는 것과 같았다. 이렇게 이 최초의 큰 도둑은 담을 넘어 하나님의 우리 속으로 들어갔고, 그의 뒤를 이어 돈만 밝히는 거짓 목자들도 그런 식으로 담을 넘어 교회 속으로 들어갔다.

사탄은 거기에서 날아올라서, 동산 중앙에 있는 가장 높은 나무인 생명나무 위에 가마우지처럼 내려앉았다. 그렇게 해서 그가 참된 생명을 다시 얻은 것은 아니었고, 단지 어떻게 해야 살아 있는 자들에게 사망을 안길 수 있을지를 궁리하며 앉아 있었을 뿐이었다. 생명을 주는 그 나무의 효용에 생각이 미쳐서 잘만 사용했더라면 영원히 사는 것을

사탄은 이제 깊은 생각에 잠긴 채로 저 가파른 원시의 산의 오르막길을 향해
서서히 나아갔다.

보장받을 수도 있었을 것이었지만, 그에게 그 나무는 단지 전망대에 지나지 않았다. 하나님 외에는 자기 앞에 있는 선을 제대로 알아보고서 소중히 여기고 선용할 줄 아는 자는 거의 없고, 도리어 가장 선한 것들을 가장 악한 쪽으로 악용하거나 가장 천한 용도로 사용할 뿐이다.

이제 사탄은 아래쪽으로 이 좁은 공간에 인간의 모든 감각을 차고 넘치게 만족시켜줄 자연의 온갖 풍요로움, 아니 그 이상으로 지상 천국이라고 할 수 있는 것이 펼쳐져 있는 광경을 보고서는 다시 한 번 경이감에 사로잡힌다. 이 동산은 하나님이 에덴의 동쪽에 창설한 지극히 복된 낙원이었기 때문이다.

에덴의 경계는 하우란에서 시작해서 동쪽으로 그리스의 왕들이 세운 대도시 셀레우키아의 왕의 탑들이 있는 곳, 또는 옛적에 에덴 족속이 살았던 텔라살 근방까지 뻗어 있었고,[5] 하나님은 이 살기 좋은 땅에 그 땅보다 훨씬 더 살기 좋은 에덴 동산을 창설해서, 그 비옥한 땅에 모양과 향기와 맛에서 최상인 온갖 나무들이 자라게 했다. 그 정중앙에 영생하게 해주는 신성한 향기를 풍기는 황금빛 식물성의 열매가 열린 생명나무가 당당한 자태로 높이 솟아 있었고, 생명나무 옆에는 우리 인간을 죽음으로 몰고 간 저 선악을 알게 하는 나무, 곧 먼저 악을 알게 하여 값비싼 대가를 치르게 하고나서야 선을 알게 하는 나무가 있었다.

에덴을 지나 남쪽으로 흐르는 큰 강[6]이 있고, 그 강은 에덴 동산이

---

5 "깊은 땅"이라는 뜻을 지닌 "하우란"은 이스라엘의 동쪽 경계에 있던 하란 또는 하우란 지역으로서 갈릴리 바다 동쪽과 야르묵 강 북쪽 지역이다. 오늘날의 엘하우란이다. "그리스의 왕들"은 시리아의 셀레우코스 왕조에 속한 왕들을 가리킨다. 셀레우코스 1세는 알렉산드로스 대왕의 장군으로 있다가 그가 죽자 아시아 지역에 시리아를 중심으로 "셀레우키아"를 수도로 한 셀레우코스 왕조를 세웠다. "텔라살"은 셀레우키아의 옛 이름으로, 구약성경에 두 번 언급된다(열왕기하 19장 12절과 이사야서 37장 12절).
6 "큰 강"은 티그리스 강을 가리킨다. 터키와 이라크에 걸쳐 1,850킬로미터를 흐르는 강으로

있는 숲이 무성하게 우거진 산을 만나 자신의 행로를 바꾸어 우회해서 돌아가지 않고, 곧장 그 산 밑으로 흘러들어간다. 하나님은 에덴 동산의 터로 사용될 이 산을 급류 바로 위에 높이 세워 놓았기 때문이었다. 이 급류는 산 밑에서 구멍이 숭숭 뚫린 많은 지맥들을 통해 자연스럽게 정화되고 그 수량이 조절되어 신선한 샘으로 솟아올라서, 수많은 시내를 이루어 에덴 동산을 촉촉이 적시고 나서는 다시 합류하여, 가파른 숲의 비탈을 따라 밑으로 떨어져서, 산 밑의 어두운 수로를 통과해서 이제 막 모습을 드러낸 아랫물과 만난다.

그런 후에는 네 개의 주된 물줄기로 나뉘어 여러 방향으로 흘러서, 수많은 유명한 지역들과 나라들을 누비고 다니는데, 여기에서는 굳이 그런 지역들과 나라들을 일일이 열거할 필요는 없을 것 같고, 도리어 내게 재주가 있다면, 어떻게 저 사파이어의 샘에서 솟아 나와서 잔물결을 일으키며 흐르는 수많은 시내들이 동방의 진주와 황금 모래 위를 굴러서, 사방으로 뻗어 나온 가지들이 만들어 놓은 그늘들 아래로 감로수가 되어 굽이굽이 돌아다니며 나무들을 하나도 빠짐없이 일일이 방문해서, 낙원에 꼭 맞는 꽃들을 피워내는지를 얘기하고 싶다. 그 꽃들은 솜씨 좋은 원예사가 화단이나 화분에서 피워내는 것들이 아니라, 풍요로운 자연이 산과 골짜기와 평지에서 아침 해가 가장 먼저 따사롭게 비치는 양지만이 아니라, 해가 들지 않아 정오가 되어서도 그늘이 져 어두컴컴한 음지에도 흐드러지게 피워내는 꽃들이다.

이렇게 이곳은 다채로운 면모를 지닌 복된 전원이었다. 여러 숲들에는 향기로운 수액과 기름이 나오는 나무들이 있고, 황금빛으로 빛나는 열매들이 맛있는 향기를 풍기며 탐스럽게 주렁주렁 매달려 있는 나

서 고대 메소포타미아 문명의 발상지였다. 성경에서의 명칭은 "힛데갈"이다.

무들이 있어서, 헤스페리데스의 신화[7]가 사실이라면, 그 신화에 나오는 곳이 바로 여기일 것이었다. 숲들 사이에는 초지들이나 평평한 개활지들, 연한 풀을 뜯어먹고 있는 양 떼들이 있었고, 완만한 구릉지대들에는 종려나무들이 뒤덮고 있으며, 수량이 풍부한 골짜기들에는 각양각색의 꽃들과 가시 없는 장미가 흐드러지게 피어 있다. 골짜기들의 또 다른 쪽에는 그늘진 암굴들과 깊숙이 파여 있는 서늘한 동굴들이 있고, 그 위에는 자주색 포도들이 달린 무성한 포도나무가 점잖게 자신의 덩굴들을 넓게 펼치고 있다.

한편 졸졸거리며 흐르는 시냇물들은 산비탈들을 따라 떨어져서 흩어지거나 서로 합쳐져서, 둑을 따라 빙 둘러 핀 도금양으로 만들어진 화관을 쓴 채 그 손에는 수정거울을 들고 있는 호수를 이룬다. 새들이 합창하면, 들과 숲의 향기를 머금은 바람, 곧 봄바람은 거기에 맞춰 나뭇잎들을 가볍게 진동시켜 반주하고, 만물의 판 신[8]은 우아함을 관장하는 세 요정[9] 및 시간의 여신과 손을 잡고 춤을 추며 영원한 봄[10]을 이끈다.

---

7 "헤스페리데스"는 그리스 신화에 등장하는 3명의 자매 여신들로서 "저녁의 아가씨들"이라는 뜻이다. 이 여신들은 세계의 서쪽 끝 대양 곁의 동산에서 100개의 머리를 가지고 불을 뿜는 괴물 용과 함께 거기에서 자라고 있던 황금사과 나무를 지켰다고 한다.

8 "판"은 목축과 수렵의 신으로서 또다른 목축의 신 헤르메스와 함께 물의 정령인 님프의 아들이다. 염소의 다리와 꼬리를 지녔으며 긴 수염에 이마의 가죽에 뿔이 있는 기이한 모습에 신들도 모두 실소하였기 때문에 "모두"를 뜻하는 "판"이라는 이름을 얻었다. 또한 이 신을 본 사람들은 원인 모를 공포심이 일어났기 때문에, 영어에서 공포를 가리키는 단어인 panic의 유래가 되기도 했다. 여기에서 밀턴은 "판" 신의 이름을 "만물"과 연결시켜서 단순한 목양신이 아니라 만물을 기르는 신으로 설명하고 있다.

9 이탈리아 르네상스 시대의 대표적인 화가였던 보티첼리가 그린 "봄"이라는 뜻의 『프리마베라』를 보면, 세 명의 우아함의 요정들인 유프로시네와 아글라이아와 탈리아가 비너스를 수행하는 것으로 묘사되고 있다

10 밀턴은 인간의 타락 이전에 우주는 언제나 봄 같은 생기가 넘치는 곳이었다가, 타락 이후에 천체의 움직임에 문제가 생겨나서 사계절의 변화가 생겨났다고 보았기 때문에, 여기에서 "영원한 봄"이라는 표현을 사용한다.

이곳은 다채로운 면모를 지닌 복된 전원이었다.

꽃보다 더 예뻤던 프로세르피나가 꽃을 따다가 지옥의 왕 디스에게 납치되어서 그의 어머니 케레스로 하여금 그녀를 찾기 위해 온 세계를 헤매며 온갖 고생을 하게 만드는 원인을 제공했던 저 아름다운 엔나의 들판이나,[11] 오론테스 강 옆에 있는 다프네의 저 아름다운 숲과 카스탈리아의 저 영감을 주는 샘도 에덴의 이 낙원과는 상대가 되지 않았다.[12] 또한 이교도들이 암몬이라고도 부르고 리비아의 제우스라고 부른 늙은 함이 자신이 사랑했던 요정인 아말테아와의 사이에서 낳은 홍조를 띤 어린 아들 바쿠스를 계모 레아의 눈을 피해 숨겨 두었던, 트리톤 강으로 둘러싸인 저 니사 섬이나,[13] 아비시니아 왕들이 자신들의 자손들을 보존하기 위해 택하였던 아마라 산,[14] 곧 정상까지 오르는 데 족히 하루 온종일이 걸리는 곳이자 빛나는 바위로 둘러싸인 에티오피아의 적도선 아래 나일 강의 발원지로서 사람들이 진짜 낙원이라고 여겼던

---

11 "엔나의 들판"은 시칠리아에 있는 아름다운 초지로서, 유피테르와 케레스의 딸 "프로세르피나"는 거기에서 "지하세계의 왕 디스," 즉 플루토에게 납치되어 그의 아내가 된다. 그의 어머니 곡물의 여신 "케레스"는 자신의 딸을 찾아 온 세계를 두루 헤매다가 지하세계에서 플루토와 만나 담판을 짓고 딸을 데려오려 하지만, 플루토가 준 석류를 먹은 프로세르피나는 지하세계를 완전히 떠날 수는 없게 되어, 결국 일 년의 삼분의 이 동안만 땅에 머물게 된다.

12 "오론테스 강"은 주로 시리아 서부를 흐르는 강으로서 레바논 산맥에서 발원하여 서쪽 지중해로 들어가는데, 길이는 568킬로미터다. "다프네"는 시리아의 "오론테스" 강변에 있던 아름다운 숲의 이름이다. "카스탈리아의 샘"은 그리스의 파르나소스 산에 있던 델포이 신전 옆의 샘으로서, 사람들은 신전에서 신탁을 얻으려면 이 샘물로 목욕재계를 해야 했다고 한다.

13 그리스 신화에 의하면, 술의 신 바쿠스는 제우스의 아들이다. 사람들은 이집트의 신 "암몬"을 "리비아의 제우스"라 불렀는데, 그는 자신이 사랑했던 요정 "아말테아"에게서 바쿠스를 낳아서 니사 섬에 감추어두고 키웠다. 또한 밀턴은 그를 "늙은 함," 즉 아프리카와 이집트 사람들의 조상인 노아의 아들 함이라고 부른다. "홍조를 띠었다"고 한 것은 바쿠스가 술의 신이기 때문이다.

14 "아마라 산"은 적도에 위치한 나일 강의 발원지이다. "아비시니아"는 아라비아에서 에티오피아로 이주해 온 부족의 이름으로서 에티오피아의 옛 명칭이었다. 에티오피아 왕들은 이 높은 산 정상의 아름다운 숲에 32개의 화려한 궁전을 지어서 자신들의 자손들의 안전한 피신처로 삼았다. 이곳은 아주 아름다워서, 어떤 사람들은 이곳을 에덴 동산이 있던 곳으로 오해하기도 했다고 한다.

바로 그 산도 에덴의 낙원과는 견줄 수 없었다.

　그 산에서 멀리 떨어져 있는 아시리아의 이 동산에서 사탄은 처음
보는 온갖 기이한 생명체들을 보았다. 그 모든 것들은 지극히 큰 기쁨
을 안겨 주는 것들이었지만, 자기 앞에 놓여 있는 그것들을 아무런 감
흥 없이 바라보았다. 그 중에서 지극히 고귀한 모습을 하고서 큰 키로
하나님처럼 우뚝 서 있고, 벌거벗었지만 고유한 존귀함이 덧입혀져 있
어서, 만물의 주 같아 보였는데, 그들의 신성한 얼굴에는 그들을 지은
영광스러운 조물주의 형상, 곧 범접할 수 없는 순전한 진리와 지혜와
거룩함이 빛나고 있고, 아들로서의 소박하면서도 참된 자유를 지니고
있어서, 거기로부터 그들의 참된 권위가 흘러나와, 실제로도 만물의 주
라는 지위에 합당해 보이는 두 생명체가 있었다.
　이 두 사람은 성별만이 아니라 품성도 달라서, 남자는 사려깊음과
용맹스러움을 위해, 그리고 여자는 부드러움과 달콤하고 매혹적인 우
아함을 위해 지음받았고, 남자는 오직 하나님만을 섬기도록, 그리고 여
자는 남자 안에서 하나님을 섬기도록 지음받았다.
　남자의 크고 아름다운 이마와 고귀한 눈매는 그에게 절대적인 통치
권이 있다는 것을 분명하게 선포하고 있었고, 숱이 많은 히아신스 같은
그의 머리채[15]는 앞이마에서 양쪽으로 갈라져서 내려뜨려져 있었지만,
넓은 어깨 아래까지 내려오지는 않았다. 여자의 금빛 머리채는 아무런
장식도 되어 있지 않은 채로 풀어헤쳐져서, 포도덩굴들처럼 이리저리 뒤
엉켜서 마치 면사포 같이 구불구불 파도치듯 호리호리한 허리까지 내려
와 있었다. 그것은 여자가 남자 아래 있다는 순종의 표시이긴 했지만, 남

15　"히아신스 같은 머리채"는 곱슬곱슬한 머리채를 뜻한다.

자는 여자에게 온유함으로 감싸 안 듯 청하고 나서, 여자가 수줍은 듯 겸손하면서도 당당하게, 그리고 못 이기는 척하며 온화함과 사랑으로 그 청을 수락하여 따르면, 여자를 극진히 맞아주는 그런 순종이었다.

그때에 그들은 자신들의 은밀하고 신비스러운 부분을 가리지 않았지만, 죄와 죄책에 의해 생겨난 수치심, 곧 자연스러운 것들을 정직하지 못하게 감추려하고 부끄러워하는 것이 없었다. 명예를 가장한 불명예인 수치심이여, 너는 겉으로만 순전해 보이는 모양을 하여, 인간의 삶으로부터 지극히 행복하고 단순하며 흠 없이 천진난만하게 살아가는 삶을 추방하여 온 인류를 얼마나 큰 괴로움과 고통 속으로 몰아넣었던가.

이 두 사람은 그 어떤 악도 생각하지 않았기 때문에, 하나님이나 천사가 보는 것을 아랑곳하지 않고, 벌거벗은 모습으로 나다녔다. 인류 역사상 서로 만나 사랑으로 서로를 포옹한 한 쌍의 남녀들 중에서 가장 아름다운 한 쌍, 곧 이후에 태어날 자신의 그 어느 아들들보다도 더 준수하게 생긴 아담과 이후에 태어날 자신의 그 어느 딸들보다도 더 아름다운 하와가 손에 손을 잡고 지나가더니, 맑은 샘물 가 푸른 초지에 부드럽게 속삭이며 서 있는 한 다발의 나무들이 만들어놓은 그늘 아래 앉았다. 산들바람이 시원하게 느껴지고, 쉼이 주는 달콤함을 알게 하며, 건강한 목마름과 배고픔으로 인해 한 끼의 식사에 대해 더욱 감사하게 만드는 정도로만 즐거운 마음으로 동산을 돌보는 일을 마치고서, 동산에서 난 과일들로 저녁을 먹을 참이었다. 그들은 각양각색의 꽃들이 만발하여 어우러져 있는 부드러운 양털 같은 둑을 기대고 비스듬히 앉아서, 말 잘 듣는 가지들이 그들에게 내어준 복숭아처럼 달콤한 과일들의 향긋한 열매살을 씹어 먹었고, 그러다가 목이 마르면 과일에서 벗겨낸 껍질로 그들 앞에서 넘실거리는 맑은 샘물을 떠서 마셨다.

달콤한 과일들의 향긋한 열매살을 씹어 먹었고,
그러다가 목이 마르면 맑은 샘물을 떠서 마셨다.

그들 사이에서는 다정한 대화와 사랑이 어린 미소가 오갔고, 거기에는 오직 두 사람뿐이었기 때문에, 복된 혼인 언약으로 맺어진 아름다운 부부에게 어울리는 청춘의 희롱도 빠지지 않았다.

그들 주위에서는 나중에 산이나 들, 숲이나 동굴에서 사냥감이 된 들짐승들, 곧 땅의 온갖 짐승들이 평화롭게 뛰놀고 있다. 사자는 뒷발로 서서는 앞발로 새끼 염소와 장난을 치고, 곰과 호랑이와 살쾡이와 표범들은 그 앞에서 뛰놀며, 몸집이 커서 행동이 둔한 코끼리는 그들을 즐겁게 해주려고 안간힘을 쓰며 자신의 길고 유연한 코를 말아 올린다. 거기에서 가까운 곳에서는 교활한 뱀이 고르디아스의 매듭[16]처럼 꼬인 꼬리를 똬리처럼 틀고서 자신의 치명적인 간계의 증거를 은연중에 드러내고 있다. 다른 것들은 풀을 잔뜩 뜯어먹고서 포만감에 젖어 풀 위에 웅크리고 앉아, 이런 광경들을 물끄러미 응시하고 있거나, 반쯤은 졸린 상태로 이미 먹은 먹이를 되새김하고 있다. 저물어 가고 있는 태양은 이제 발걸음을 재촉해서 대양의 섬들을 향해 내려가고, 하늘의 저울[17]의 올라간 쪽에서는 별들이 떠올라 저녁을 맞는다.

---

16 '고르디아스'는 그리스 신화에 나오는 프리기아의 왕이다. 손에 닿는 것은 모두 황금으로 변했다는 전설적인 왕 미다스의 아버지다. '고르디아스의 매듭'은 고르디아스가 고르디온을 건설한 뒤 그의 수레를 묶어 둔 매듭을 말한다. 프리기아의 왕이 된 고르디아스는 새 도시 고르디온을 건설하여 프리기아의 수도로 삼았다. 그리고 그를 왕으로 만들어준 소달구지를 고르디온의 신전에 바쳤는데, 이때 그는 소달구지를 아주 복잡한 매듭으로 신전 앞에 묶어 두었다. 신탁은 이 매듭을 푸는 자가 소아시아의 지배자가 될 것이라고 말했고, 그 뒤로 수많은 사람들이 나서서 매듭을 풀어보려 했지만 모두 실패하였다. '고르디아스의 매듭'이라고 불린 이 매듭을 마침내 푼 사람은 알렉산더 대왕이었다. 알렉산더 대왕은 매듭에 대한 신탁을 전해 듣자 단칼에 매듭을 잘라버렸고, 신탁의 예언대로 소아시아의 지배자가 되었다. 고르디아스의 매듭은 콜럼버스의 달걀과 함께 언뜻 복잡해 보이는 문제를 뜻밖의 방식으로 간단히 해결하는 것을 이르는 말로 사용된다.

17 하늘에는 저울이 있어서 태양이 자리한 곳이 내려간다고 생각했다. 여기에서는 태양이 서쪽으로 지고 있기 때문에, 이 저울의 서쪽은 내려가고 동쪽은 올라가게 된다. 따라서 저울이 올라간 쪽은 동쪽이다.

이때 처음에 서 있었던 바로 그 자리에서 꼼짝도 하지 않고 지금까지 말없이 바라보고만 있던 사탄이 앞서 북받쳐 오르는 슬픔 때문에 끊어졌던 말을 다시 이어가기 시작했다.

"아, 빌어먹을! 비탄에 젖어 있는 내 눈 앞에 보이는 저것들은 도대체 무엇이란 말이냐. 하나님의 손에 높이 들려서, 우리가 전에 차지하고 있던 저 지극히 복된 자리에 우리 대신에 떡 하니 보란 듯이 앉아 있는 저 새로운 자들은 우리 같은 영들이 아니라, 아마도 흙에서 만들어진 것 같은데도, 하늘의 빛나는 천사들과 견주어서 거의 손색이 없고, 그들에게서는 하나님을 닮은 형상이 너무나도 생생하게 빛나고 있어서, 그들의 경이로운 모습에 내가 넋을 빼앗겨서 사랑하지 않고서는 배길 수 없을 정도인 것을 보니, 그들을 지은 손길이 그들을 그런 우아한 모습으로 빚어낸 것이 틀림없다.

아, 다정한 한 쌍이여, 너희가 지금 누리고 있는 이 모든 기쁨을 다 앗아가 버리고서 너희를 비탄과 슬픔에 넘겨주게 될 변화가 아주 가까이 와 있다는 것을 아마도 너희는 전혀 눈치채지 못하고 있으리라. 너희가 지금 맛보고 있는 기쁨이 크기 때문에, 그 비탄과 슬픔도 크리라. 지금 행복하다고 해도, 지켜내지 못하는 행복은 오래 갈 수 없는 법인데, 너희의 근거지인 이 높은 동산이나 너희의 하늘은 이미 이곳에 침투해 들어온 적인 나를 막아낼 수 없고, 너희의 하나님도 너희를 보호해 주지 않을 것이다. 그래서 나를 불쌍히 여기는 이는 아무도 없지만, 나는 하나님에게서 버림받은 너희를 이렇게 불쌍히 여겨서, 너희와 동맹을 맺고, 이후로는 내가 여기에서 너희와 함께 살든지, 아니면 너희가 나의 거처로 와서 함께 살면서 서로 돕고 아주 친밀하고 끈끈한 우의를 나누자는 것이니, 사실 나는 너희의 적이 아니라고 말하는 것이 맞다.

사탄과 아담과 하와.
(윌리엄 블레이크 作)

나의 거처는 아마도 이 아름다운 낙원만큼 너희의 오감을 기쁘게 해주지는 못하겠지만, 그 거처도 너희를 지은 조물주가 만든 것이니, 그런 줄 알고 받아들인다면 무슨 문제가 있겠느냐. 하나님이 그 거처를 내게 주었으니, 나는 너희에게 값없이 기꺼이 개방하리라. 그러면 지옥은 모든 문들을 활짝 열어제치고, 거기에 있는 모든 왕들을 보내어, 너희 두 사람을 영접하리라. 이 동산과는 달리 그곳은 공간이 충분해서, 너희가 앞으로 낳게 될 모든 자손들도 넉넉히 받아들일 수 있다. 만일 그곳이 마음에 들지 않는다면, 나로 하여금 내게 잘못한 이에게 할 복수를 내게 잘못한 적이 없는 너희에게 어쩔 수 없이 하게 만든 바로 그 이에게 감사하라.

너희의 순진무구하고 천진난만한 모습에 내 마음이 녹아내리기는 했지만, 그렇다고 하더라도 이 신세계를 정복해서 하나님에게 복수함과 동시에, 우리의 명예를 드높이고 제국을 확장해야 한다는 공적인 대의명분으로 인해, 저주받은 자인 나라도 정말 하기 싫은 이 일을 지금으로서는 하지 않을 수 없다.”

사탄은 이렇게 말함으로써, 폭군들이 늘 그러하듯이 어쩔 수 없는 일이라는 핑계를 대며, 자신의 마귀적인 행위들을 정당화하고 변호한 후에, 자신이 지금까지 걸터앉아 있던 저 높은 나무 위에서 날아, 네 발 달린 온갖 짐승들의 떼가 뛰놀고 있는 곳에 사뿐히 내려서서, 그때그때 자신의 목적을 이루는 데 가장 적절한 이런저런 짐승의 모양으로 변신해가면서, 자신의 먹잇감을 바라보며 들키지 않게 서서히 접근해서, 두 사람이 보여주는 특징적인 말이나 행동들을 통해 그들의 상태가 어떠한지를 좀 더 구체적으로 알아내고자 하였다.

처음에는 사자로 변해서 사납게 이글거리는 눈동자를 이리저리 굴리며 주위를 활보했고, 다음으로는 호랑이로 변신해서, 숲의 가장자리에서 뛰놀고 있는 두 마리의 어린 사슴을 우연히 발견하고서, 곧장 그곳으로 가까이 가서 웅크리고 앉아 두 사람을 감시하다가, 사슴들이 자기에게서 조금 멀어지면, 일어서기만 하면 즉시 자신의 두 앞발로 새끼 사슴을 한 마리씩 붙잡을 수 있을 만한 정도의 거리로 자리를 이동해서는 또다시 거기에 웅크리고 앉아서 다시 감시를 재개했다.

사탄이 두 사람의 입에서 나오는 새로운 말을 듣기 위해서 이렇게 귀를 쫑긋 세우고 있을 때, 최초의 남자인 아담이 최초의 여자인 하와에게 이렇게 말했다.

"이 모든 기쁨을 나와 함께 나누는 유일한 반려자이고, 다른 모든 것보다 더 사랑스러운 자여, 우리를 지으시고 우리를 위해 이 풍요로운 세계를 창조하신 권능의 하나님은 무한히 선하실 수밖에 없는데, 우리를 흙으로 지으시고서, 우리가 그의 손에서 그 어떤 것도 받을 자격이 없고 그가 필요로 하는 그 어떤 것도 해 드릴 수 없는 자라는 것을 뻔히 아시면서도, 우리를 여기 이 모든 행복 가운데 두시고서는, 온갖 다양한 맛있는 열매를 맺는 낙원의 모든 나무들 중에서 오직 생명나무 옆에 심겨져 있는 선악을 알게 하는 나무의 열매만은 먹지 말라는 저 한 가지 쉬운 명령을 지키는 것 외에는 그 어떤 의무도 우리에게 부과하지 않으신 것으로 미루어 보건대, 하나님은 단지 무한히 선하실 뿐만 아니라, 무한히 너그러우시고 관대하시며 차고 넘치게 거저 베푸시는 이심에 틀림없소.

그대도 잘 알고 있듯이, 하나님이 우리에게 그 나무의 열매를 먹으면 반드시 죽게 될 것이라고 분명하게 선언하신 것을 보면, 죽음이라는 것은 생명 바로 곁에서 자라고 있긴 하지만, 그 죽음이 어떤 것이든, 뭔가 무섭고 두려운 것인 것만은 분명한 것 같소.

하나님은 우리에게 이런저런 많은 권세와 통치권을 주시고, 특히 땅과 대기와 바다에 가득한 온갖 피조물들을 다스리는 권세를 주신 후에, 우리가 하나님의 권세 아래 있고 하나님에게 순종하며 살아야 한다는 것을 보여주심과 동시에 그 순종을 증명해 주는 표시로 이 명령을 우리에게 주신 것이오. 그것은 우리로 하여금 온갖 것들과 관련해서 너무나 폭넓은 자유를 허락하시고, 수많은 기쁜 일들 중 어느 것이든 선택해서 무제한으로 누리게 하시고서는, 오직 이 하나의 쉬운 금령을 부과하신 것이니, 이 금령에 순종하는 것을 부담스럽게 생각하지 말고, 이 동산에서 자라는 나무들과 꽃들을 돌보며 가꾸는 일이 조금 힘들지도 모르겠지만, 우리 두 사람이 함께 하면 즐거운 일이 될 것이니, 하나님을 늘 찬송하고, 그의 풍성하신 은혜를 송축하며 살아갑시다."

그러자 하와는 이렇게 화답했다.

"오, 당신이여, 나는 당신의 살 중의 살로 당신을 위해 지음 받은 존재인데, 당신이 없다면 무슨 목적을 두고 이 삶을 살아갈 수 있겠어요. 나의 인도자이고 머리인 당신이여, 당신이 방금 한 말씀, 곧 우리가 하나님께 모든 찬송과 감사를 드리며 살아가야 한다는 말씀은 너무나 옳고 지당합니다. 특히 당신에게 마땅한 반려자가 없는 상황에서, 나와는 비교할 수 없을 정도로 탁월한 당신의 배필로 선택되는 행운을 누리게 된 내게는 그 말씀이 더욱더 지당하고 말고요.

내가 처음으로 잠에서 깨어나, 꽃들이 둘러싸고 있는 나무 그늘 밑에 누워 있는 내 자신을 발견하고서, 도대체 나는 어떤 존재이고, 어디에 있으며, 어디로부터 어떻게 와서 이곳에 있게 되었는지를 몰라서 의아해하던 그 날을 지금도 종종 회상한답니다. 거기에서 그리 멀지 않은 곳에는 동굴에서 졸졸거리는 소리를 내며 나온 물들이 평지로 넓게 퍼져 나와서 물의 벌판을 이룬 채 더 이상 움직이지 않고 창공처럼 맑은 모습으로 서 있어서, 나는 아무런 생각 없이 무작정 거기로 가서 푸른

둑에 앉아, 맑고 고요한 호수를 들여다보니, 내게는 또 하나의 창공처럼 보였지요. 이렇게 몸을 굽혀 호수를 들여다보고 있을 때, 호수 속에서 어떤 형체가 몸을 굽혀 나를 정면으로 바라보고 있는 모습이 잔잔한 수면에 나타나 희미하게 비치는 것을 보고서, 깜짝 놀라 뒤로 물러섰더니, 그 형체도 깜짝 놀라 뒤로 물러서기에, 그 모습에 재미가 있어서, 내가 다시 제자리로 돌아오자, 거기에 응답이라도 하듯 그도 공감과 사랑의 표정을 짓고서 다시 제자리로 돌아왔지요.

그때 내게 이런 경고의 음성이 들려왔어요. '아름다운 자여, 네가 거기에서 보고 있는 것은 너와 함께 오고 너와 함께 가는 네 자신일 뿐이다. 그러니 너는 너의 그림자에게는 신경 쓰지 말고, 나를 따라오너라. 네가 오기를, 그리고 너의 부드러운 포옹을 기다리고 있는 다른 누군가에게 너를 데려다 주리니, 너는 그의 형상으로서, 언제나 그와 함께 붙어 다니며 그를 향유하여, 네 자신을 닮은 많은 이들을 그에게 낳아 주어서, 인류의 어머니라 불리게 되리라.' 만일 거기에서 그 음성을 듣지 못했다면, 나는 지금까지도 계속해서 나의 그림자에게 나의 시선을 고정하고서 헛된 그리움으로 피폐해져 갔을 거예요.

어쨌든 그 상황에서 눈에 보이지 않는 그 음성을 즉시 따라가는 것 외에 내가 무엇을 할 수 있었겠어요. 그렇게 해서 나는 플라타너스 나무 아래에서 정말 아름답고 훤칠하게 큰 당신을 보았지요. 하지만 내 생각에는 잔잔한 수면 위에 나타났던 저 형체보다는 아름다움과 상냥함과 사랑스러움과 온유함이 덜하여 별로 매력적으로 느껴지지 않아서 돌아서자, 당신은 내 뒤에서 나를 따라오며 큰 소리로 이렇게 외쳤지요.

'아름다운 하와여, 돌아오시오. 그대는 내가 누구인 줄 알고 내게서 돌아서려고 하는 것이오. 그대는 내게서 돌아서려고 하지만, 그대는 내게서 태어났으니, 나의 살이며 나의 뼈요. 나는 그대를 하나의 생명체

로 태어나게 하고, 그 후에는 내게서 떨어지지 않고 나의 소중한 위로
자로 내 옆에 영원히 있게 하기 위해서, 나의 심장에서 가장 가까이 있
는 내 옆구리의 갈비뼈를 그대에게 빌려 주었던 것이오. 내가 내 영혼
의 절반인 그대를 찾았으니, 이제부터는 그대를 나의 또다른 반쪽이라
고 부르리라.'

당신은 그렇게 말하고서는 그 부드러운 손으로 나를 잡아 이끌었
고, 나는 거기에 순종해서 이 날까지 왔는데, 그 때 이후로 남자다운 품
격과 지혜로움만이 진정으로 아름답고 미모보다 낫다는 것을 알게 되
었지요."

우리 모두의 어머니인 하와는 이렇게 말하고 나서, 아내로서 흠
잡을 수 없는 매력과 다소곳한 순종이 묻어나는 눈빛으로 우리의 최
초의 아버지를 절반은 껴안는 듯 기대니, 완만하게 부풀어 오른 그녀
의 맨 젖가슴이, 밑으로 흘러내려 드리워진 금발 머리채에 가려진 채
로 반쯤은 그의 가슴에 닿았다. 마치 제우스가 오월의 꽃들에 비를 내
려줄 구름을 잉태시키고 나서 유노를 보고 미소 짓는 것 같이, 아담이
그녀의 아름다움과 순종의 매력에 흠뻑 빠져서 그 둘 모두를 기뻐하
여 지극한 사랑으로 미소를 지으며, 아내의 입술에 진하게 순결한 입
맞춤을 하자, 사탄은 시기심이 불타올라서 눈을 돌렸지만, 시기와 악
의로 가득한 곁눈질을 통해 그들을 흘겨보며 혼잣말로 이렇게 투덜
거렸다.

"정말 꼴사나워서 차마 눈 뜨고 봐줄 수가 없군. 이렇게 이 두 사람
은 이 복된 에덴에서 기쁨에 겨워 서로를 포옹하며 지극한 복을 한껏
누리고 있는데, 나는 기쁨도 없고 사랑도 없는 지옥에 내던져져서, 모
든 고통 중에서도 가장 심한 고통, 곧 욕망은 거세게 타오르는데 영원
히 채워지지 않는 고통을 당하여야 하는구나.

하지만 그들이 서로 주고받은 말을 통해 알아낸 사실을 잊지 말자. 그들의 대화를 근거로 추정해 보자면, 그들이 모든 것을 다 가지고 있는 것은 아닌 것 같다. 저기에 있는 선악을 알게 하는 나무라고 하는 저 치명적인 나무의 열매는 먹지 말라고 하나님이 금령을 내렸다고 하지 않았던가. 선악을 아는 것을 금지하다니, 그런 어처구니없고 말도 되지 않는 금령이 어디 있단 말인가. 그들의 주는 왜 그들이 선악을 아는 것을 시기하는 것일까. 선악을 아는 것이 어떻게 죄일 수 있으며, 그들을 죽음으로 몰아갈 수 있다는 것인가. 그렇다면, 그들은 오직 무지 가운데서 살아가야 한다는 것인데, 그것이 어떻게 그들의 행복을 보장해주고, 그들의 순종과 믿음의 증거가 될 수 있다는 말인가.

하지만 아무튼 그 금령은 그들을 파멸시킬 수 있는 계획을 세우는 데 훌륭한 토대가 될 수 있겠어. 하나님은 그들이 선악을 알아서 하나님과 대등한 상태로 올라가는 것을 막고 언제까지나 그들을 무지하고 미천한 상태로 두기 위해 그런 금령을 고안해 낸 것이 분명하기 때문에, 이것을 빌미로 삼아서 그들의 마음과 생각을 부추겨서, 이 금령에 대한 궁금증을 유발시키고, 알고자 하는 욕망을 불러일으켜, 결국에는 하나님의 시기하는 마음에서 나온 그 금령을 거부하게 만들면 되겠어. 그들에게 그런 궁금증과 알고자 하는 열망이 일어나기만 한다면, 그들은 반드시 그 나무의 열매를 따먹고 죽게 될 수밖에 없게 되겠지. 그런 것 외에 어떤 다른 결과가 나올 수 있겠어?

하지만 먼저 이 동산을 두루 다니며 샅샅이 뒤져서 한 곳도 남김없이 아주 철저하게 알 필요가 있어. 그러다보면 어떻게 해서 아주 우연히 이 동산의 샘가나 숲의 짙은 그늘 아래 후미진 곳을 거니는 하늘의 영을 만나서, 내가 좀 더 알아야 할 것들을 들을 수 있을지도 모르는 일이니까.

너희 한 쌍의 행복한 자들아, 너희에게 살아 있는 것이 허락되어 있는 동안에 열심히 살아가거라. 내가 다시 돌아올 때, 기나긴 비탄과 슬픔의 세월이 시작될 것이니, 그때까지 즐길 수 있을 때 마음껏 즐겨 두거라."

이렇게 말하고 나서 사탄은 조소하듯 자신의 교만한 발걸음을 돌려 탐색을 시작했지만, 그의 거동 속에서는 여전히 교활하고 영악한 조심성이 묻어 나왔다. 숲과 황무지를 지나고, 산을 넘고 골짜기를 넘어, 그의 탐색은 계속되었다. 한편 지는 해는 하늘과 땅과 바다가 서로 맞닿아 있는 서쪽 끝으로 서서히 내려가면서, 낙원의 동문을 정조준해서 저녁 햇살을 쏘아대고 있었다. 그 동문은 매끄럽고 흰 석고가 구름이 닿는 저 높은 곳까지 층층이 쌓아올려져서 만들어진 하나의 거대한 바위였고, 땅 위에서 그 문으로 접근할 수 있는 유일한 통로인 오르막길이 구불구불 나 있는 것이 멀리서도 뚜렷하게 보였다. 다른 나머지 모든 경사면들은 모두 위로 갈수록 더 튀어나온 깎아지른 듯한 절벽으로 되어 있어서, 오르는 것 자체가 불가능했다.

이 바위 기둥들 사이에 천사수비대의 우두머리인 천사장 가브리엘이 밤을 기다리며 앉아 있었는데, 그의 주변에는 하늘의 청년들이 무장을 해제한 채로 영웅들이 하는 시합들을 하고 있었고, 그들 가까이에는 다이아몬드와 황금으로 만들어진 방패, 투구, 창 같은 하늘의 병기들이 석양빛에 붉은 광채를 발하며 높이 걸려 있었다.

그때 우리엘이 석양의 한 줄기 햇빛을 타고 미끄러지듯 거기로 왔는데, 유성流星이 선원에게 그가 경계해야 할 거센 바람이 그의 나침반의 어느 지점으로부터 불어올지를 보여주기 위해, 대기 중의 수증기에 불을 붙여 자신의 자취를 하늘에 각인시키며, 가을밤을 아주 신속하게 가로지르는 것 같았다. 그는 오자마자 가브리엘에게 급히 이렇게 말했다.

"가브리엘이여, 제비뽑기에 의해 이곳을 지킬 당번으로 자네가 정해졌으니, 그 어떤 악한 것도 이 복된 곳에 접근하거나 침입하지 못하도록 철저하게 감시해 주시게. 오늘 정오에 내 구역에서 천사 한 명을 우연히 마주쳤는데, 그는 전능자가 한 일들, 특히 하나님이 아주 최근에 자신의 형상을 따라 지은 인간에 대해 아주 많은 관심을 보이면서 좀 더 자세하게 알고자 하는 열망이 가득해 보였소. 그래서 내가 인간이 있는 곳을 가르쳐주자마자, 그가 전속력으로 날아가는 것을 보고서, 나는 그의 행로를 유심히 다 지켜보았소. 그는 에덴의 북쪽에 있는 산에 처음으로 안착했는데, 나는 거기에서 그의 표정이 추악한 정념들로 혼탁해져서 하늘의 천사에게서는 있을 수 없는 모습으로 표변하는 것을 목격함으로써, 그가 선한 천사가 아니라는 것을 이내 알게 되었소. 내 눈은 계속해서 그를 추격했지만, 숲의 그늘 아래에서 그는 내 시야에서 사라져 버렸소. 그는 천국에서 추방되어 지옥에 떨어진 무리 중 한 명이고, 무엇인가 새로운 음모를 꾸미기 위해 심연을 탈출한 것이 아닌가 싶어서 염려가 되오. 그러니 자네가 세심하게 잘 살펴서 반드시 그자를 찾아내야 하오."

날개 달린 용사인 가브리엘이 우리엘에게 이렇게 대답했다.

"우리엘이여, 자네가 태양의 찬란한 원반에 앉아서 그 천리안으로 아주 멀리 그리고 넓게 보는 것이야 정평이 나 있으니 전혀 이상한 일이 아니네만, 이 문은 수비대가 계속해서 지키고 있었는데, 천국에서 늘 오곤 하던 자들 외에는 아무도 이 문을 지나간 자가 없었고, 게다가 정오 이후에는 천국에서 온 자도 아무도 없었소. 하지만 천국에서 온 자들이 아닌 어떤 수상쩍은 영이 흙으로 된 이 담을 의도적으로 뛰어넘고자 마음을 먹었다면, 물질로 된 이 장벽으로는 영체를 막아내기 어렵다는 것쯤이야 자네도 잘 알고 있는 사실이 아닌가. 하지만 자네가 말한 그자가 이 순찰구역 안에 어떤 모습을 하고 숨어 있다면, 내일 동틀 때까지는 내가 밝혀내리다."

가브리엘이 이렇게 다짐하자, 우리엘은 자신이 타고 온 바로 그 한 줄기 햇빛을 타고 다시 돌아갔는데, 그 사이에 밑으로 많이 내려가 있던 그 빛줄기는 이제 그를 실어서, 이미 아조레[18] 아래로 진 태양을 향해 아래쪽으로 내려 보냈다. 태양이 낮 동안에 믿을 수 없을 정도의 빠른 속도로 달려서 아조레에 도착한 것인지, 아니면 걸음이 느린 지구가 동쪽으로 좀 더 짧게 달려서 태양을 아조레에 남겨둔 채로, 지는 태양에서 비쳐 나오는 자줏빛과 황금빛으로 태양의 서쪽 보좌에서 시중드는 구름들을 치장하고 있는 것인지는 몰라도,[19] 이제 고요한 저녁이 찾아왔고, 어느새 만물은 황혼이 단정하게 차려입은 잿빛 정장으로 바뀌어 있다. 짐승들은 수풀 속에 마련된 자신들의 침상으로, 새들은 자신들의 둥지로 돌아가니, 정적도 함께 찾아왔다. 오직 나이팅게일만이 깨어 밤이 새도록 사랑의 노래를 불러서 정적을 기쁘게 해준다. 이제 창공에서는 살아 있는 푸르스름한 사파이어들(별)만이 빛을 발한다. 헤스페로스[20]가 무수한 별들 가운데서 가장 먼저 달려와서 밝

---

18 "아조레"는 에덴 동산에서 서쪽에 있는 대양인 대서양의 아홉 섬을 가리키는 명칭인데, 사람들은 태양이 이 아홉 섬의 바다 아래로 진다고 생각하였다.

19 이것은 실낙원에서는 대체로 프톨레마이오스의 천동설을 따라 묘사하면서도, 코페르니쿠스의 지동설도 함께 고려하고 있음을 보여준다. 코페르니쿠스는 1473년에서 1543년까지 살면서 당시에 발달한 인쇄술을 이용해서 요약본 형식으로 지동설을 유포하다가, 그의 천문학 체계를 집대성한 『천구의 회전에 대하여』를 죽기 직전 간행하였다. 가톨릭에서는 이로부터 440년이 지난 후에야 지동설을 공식적으로 인정했다. 실낙원은 1667년에 간행되었기 때문에, 밀턴은 지동설에 대하여 충분히 알고 있었을 것이지만, 여기에서 보여주듯이, 어느 쪽이 옳은지는 확신할 수 없었을 것이다.

20 "헤스페로스"는 그리스 신화에 등장하는 저녁별의 신이다. 로마 신화의 베스페르와 동일시

가브리엘이 이렇게 다짐하자, 우리엘은 다시 돌아갔다.

은 빛을 뿌리고 있노라면, 이윽고 달이 자신의 위엄을 구름 속에 감춘 채로 두둥실 떠올라서 밤의 여왕다운 면모를 과시하는 가운데 그 어떤 별도 따라올 수 없는 고고한 빛을 비추며, 자신의 은빛 외투를 어둠 위에 던진다.

그때 아담이 하와에게 이렇게 말했다.

"아름다운 반려여, 밤이 되어 만물이 이제 쉬려고 물러갔고, 하나님은 인간에게 하루의 낮과 밤처럼 노동과 안식도 교대로 정하셨으니, 우리도 안식을 생각해야겠소. 때맞춰 잠의 이슬이 내려 졸음의 부드러운 무게로 우리의 눈꺼풀을 살포시 누르는구려.

다른 동물들은 하루 온종일 아무 일도 하지 않고 빈둥거리며 이리저리 어슬렁거릴 뿐이어서 휴식이 덜 필요할 것이오. 하지만 인간에게는 그 몸과 마음으로 날마다 해야 할 일들이 정해져 있고, 그 일들을 행할 때 인간의 존귀함이 분명하게 드러나기 때문에, 하늘도 인간의 일들에 지대한 관심을 가지고 지켜보지만, 다른 동물들은 아무 일도 하지 않고 그저 어슬렁거릴 뿐이기 때문에, 하나님도 그런 동물들의 거동에는 특별한 관심을 보이지 않는 것이 아니겠소.

내일 새로운 아침이 밝아 그 첫 번째 빛줄기로 동녘에 줄무늬를 만들기 전에 일어나서, 이쪽에 있는 꽃나무들을 손질하는 것으로 우리의 즐거운 노동을 시작해서, 그 반대편에 있는 푸른 나무들, 곧 우리가 정

된다. 헤스페로스는 별을 관찰하러 아틀라스 산 정상에 올랐다가 갑자기 종적을 감추었는데, 사람들은 그가 신들의 사랑을 받아 저녁 하늘에서 가장 밝게 빛나는 저녁별이 되었다고 여겼다. 이 저녁별이 바로 "금성"인데, 금성은 해질 무렵 서쪽 하늘에서 가장 먼저 보이기 때문에 저녁별이라고 불리지만, 새벽에 해가 뜨기 전까지 동쪽 하늘에 가장 오래 남아 있기 때문에 새벽별이라고도 불린다. 그래서 고대에는 저녁별과 새벽별이 서로 다른 별이라고 여겨서 저녁별 금성에는 "헤스페로스"라는 이름이 붙었고 새벽별 금성에는 포스포로스("빛의 전령"), 또는 에오스포로스("새벽의 전령")라는 이름을 붙였다.

오의 햇볕을 피해 거닐곤 하는 저 그늘진 오솔길에 자리를 잡고서 우리의 손놀림이 아무리 부지런해도 소용없다는 듯이 비웃으며 한껏 무성한 가지들로 우거져 있는 저 나무들을 손보아서 그 가지들을 쳐줘야 하오. 그렇게 제멋대로 거침없이 자라나는 가지들을 알맞게 잘라주고 쳐주는 데는 사실 우리의 손길만으로는 역부족이기 때문이오. 또한 그 오솔길을 편히 거닐고자 한다면, 그 길에 흉한 모습으로 어지러이 떨어져서 널려 있는 저 꽃들, 그리고 나무들에서 떨어진 수액들도 치워야 하오. 하지만 지금은 우선 밤이 우리에게 안식을 명하니, 자연의 뜻을 따르도록 합시다."

그러자 완벽한 아름다움으로 치장된 하와가 아담에게 이렇게 화답했다.

"나를 있게 한 이요 나를 이끌고 다스리시는 이여, 당신이 무엇을 명령하시든, 나는 하나님이 정하신 대로 아무런 이의 없이 당신을 따르고 순종하지요. 하나님이 당신의 법이라면, 나의 법은 당신이니까요. 오직 그것만을 알고 그 외의 다른 것들은 알지 않는 것, 그것이 바로 여자의 가장 복된 지식이고 미덕이지요. 당신과 함께 얘기를 나누고 있노라면, 나는 시간이 흘러가는 것도 잊고, 무슨 계절인지도 잊고, 계절의 변화도 잊은 채, 온통 기쁨만이 넘칠 뿐이랍니다.

가장 일찍 일어난 새들이 지저귀는 노랫소리를 따라 깨어나는 아침의 숨결은 상쾌하고, 자신의 찬란한 빛줄기들을 이 즐거운 땅 위에 그 새 내린 이슬로 반짝이는 풀과 나무와 열매와 꽃에 가장 먼저 흩뿌리는 태양은 쾌활하며, 보슬비 내린 뒤의 비옥한 땅은 향기롭고, 다정하고 온화하게 다가오는 저녁, 그리고 그 후에 오는 고요한 밤, 그 밤과 함께하는 저 엄숙한 새[21]와 이 아름다운 달과 저 하늘에 촘촘히 박혀 있는 하늘의 보석들인 별들은 사랑스럽지요. 하지만 가장 일찍 일어난 새들이 지저귀는 노랫소리를 따라 깨어나는 아침의 상쾌한 숨결이나, 자신의 찬란한 빛줄기들을 이 즐거운 땅 위에 그새 내린 이슬로 반짝이는 풀과 나무와 열매와 꽃에 가장 먼저 흩뿌리는 쾌활한 태양이나, 보슬비 내린 뒤의 향기로운 땅이나, 다정하고 온화하게 다가오는 저녁이나, 고요한 밤이나, 그 밤과 함께하는 저 엄숙한 새나, 달과 함께 걷는 것이나, 하늘에서 반짝이는 별빛도, 당신이 없다면 어떻게 아름답고 즐거울 수 있겠어요. 그런데 왜 이것들은 만물이 눈을 감고 잠들어 있는 동안에 온밤을 지새워 빛을 발하고 있는 것이고, 이 영광스러운 광경은 누구를 위한 것인가요."

우리 모두의 조상인 아담이 하와에게 대답했다.

"하나님과 인간의 딸이여, 완벽하게 지음받은 하와여, 그들에게는 내일 저녁때까지 이 땅에서 저 땅으로 차례로 옮겨가며 아직 탄생하지 않은 각 나라에 자신이 준비한 빛을 나누어 주고서는 또다시 이동해 가는 식으로 뜨고 지는 것을 반복하며 이 지구를 한 바퀴 도는 그들만의 여정을 완주해야 할 소임이 있다오. 만일 그들이 그렇게 하지 않는다면, 완전한 흑암이 밤을 틈타 자신의 옛 영지를 수복하고서, 자연과 만물에 존재하는 생명을 말살시켜 버릴 것이오.

그들은 자신들이 지닌 부드러운 불들로 빛을 비쳐 환하게 해줄 뿐만 아니라, 땅 위에서 자라나는 온갖 것들에 별이 지닌 힘을 부어주어서, 다양한 효험을 지닌 자연의 열 기운으로 숙성시키거나 덥히거나 자

---

21 "엄숙한 새"는 나이팅게일을 가리킨다. 낮에도 잘 울지만 밤에도 잘 울어서 1000년 전부터 나이팅게일로 불렸는데, 앵글로색슨어로 나이팅게일은 nightsongstress("밤에 우는 스트레스")이다. 울음소리가 아름다워서 검은지빠귀와 유럽물새와 더불어 유럽의 삼명조로 불리며, 문학 작품이나 신화에도 자주 등장한다. 밤낮을 가리지 않고 울어대는데, 조용한 밤중에 우는 소리가 두드러져 밤꾀꼬리라고 불린다.

라나게 하거나 자양분을 공급해 줌으로써, 그런 후에 낮의 태양의 좀 더 강력한 햇살을 통해 꽃을 피우고 열매를 맺는 완성의 단계로 나아 갈 수 있게 조력하는 것이라오.

그러므로 깊은 밤 만물이 잠들어 보는 이가 아무도 없어도, 달과 별 들이 밤을 새워 빛을 발하는 것이 헛된 일이라고 생각하지도 말고, 사 람들이 모두 잠들어 있으니, 하늘을 우러러보며 하나님을 찬미하는 자 가 없을 것이라고 생각하지도 마오. 우리가 깨어 있을 때든 잠들어 있 을 때든, 무수히 많은 영적인 존재들이 보이지 않게 이 지구 위를 걸어 다니며, 그들 모두가 밤이든 낮이든 하나님이 하시는 일들을 보며, 쉬 지 않고 하나님을 찬미한다오. 우리는 메아리치는 산의 깎아지른 듯한 낭떠러지나 무성하게 우거진 숲으로부터 한밤중의 대기 속으로 울려 퍼지는 천상의 목소리, 곧 위대한 창조주를 홀로 또는 서로 화답하며 찬미하는 목소리를 얼마나 자주 들어 왔소. 그들이 밤에 보초를 서거나 순찰을 돌면서, 천상의 악기 소리에 맞춰, 모두가 한 목소리로 화음을 이루어 찬미할 때, 그 노랫소리는 밤 하늘을 갈랐고, 우리의 생각은 고 양되어 하늘로 들어올려졌지요."

두 사람은 서로 손을 잡고 이렇게 도란도란 얘기를 나누며, 자신들 의 저 복된 거처를 향해 발걸음을 옮겼다. 그 거처는 주권자인 조물주 가 인간의 복된 삶을 위해 만물을 여러 가지 다양한 용도로 지으셨을 때 이 두 사람을 위해 골라주신 곳이었다. 그 지붕에는 월계수와 도금 양의 가지들과 그것들보다 더 높게 자란 나무들의 튼튼하고 향기로운 잎들을 엮어서 만든 것들이 두껍게 덮여 있었고, 양쪽으로는 아칸서스 (나무)와 향기롭고 무성한 관목들로 이루어진 푸른 담장 울타리가 쳐져 있었다. 온갖 색깔의 붓꽃과 장미와 재스민 등 각양 아름다운 꽃들이 울타리 사이사이에서 자신들의 화사하고 고운 머리를 높이 드니, 그 모습이 마치 모자이크를 만들어 놓은 것 같았다. 발밑에서는 제비꽃, 크로커스, 히아신스가 지극히 값진 보석들로 장식된 문장들보다도 더 다채롭고 화려하게 수놓고 있었다.

짐승이나 새나 벌레나 곤충 같은 것들은 일체 이곳에 발을 디뎌놓은 적이 없으니, 이는 그들이 인간을 경외하였기 때문이었다. 동산의 아늑한 곳에 자리 잡은 이 그늘져 시원한 거처는 더할 나위 없이 신성해서, 비록 꾸며낸 이야기에 나오는 존재들이긴 하지만, 판이나 실바누스나 님프도 감히 잠을 자러 오지 않았고, 파우누스도 출몰하지 않았다.[22]

아담과 혼인한 하와는 처음에 여기 이 아늑하고 편안한 곳에 꽃과 화관과 향기로운 풀들로 신방을 차렸고, 하늘의 성가대는 축가를 불러주었었다. 그 날에 주례 천사는, 신들에게서 온갖 재능들을 수여받은 판도라[23]보다 더 아름답고 더 사랑스러웠던 벌거벗은 하와를 우리의 시조에게 데려다주었는데, 그 서글픈 결과는 판도라가 헤르메스의 손에 이끌려 야벳의 우매한 아들에게로 와서, 원래 제우스의 것이었던 불을 훔쳐간 인류에게 복수하기 위해서, 그녀의 아름답고 고운 얼굴로 인류를 유혹했던 때와 어떻게 이다지도 똑같을 수 있었단 말인가.

이윽고 두 사람은 자신들의 그늘지고 시원한 처소에 도착해서, 창

---

22 그리스 신화에서 "판"은 목축과 수렵, 숲, 목양의 신이고, "실바누스"는 들과 숲의 신이며, "님프"는 산과 숲과 시내의 여신이고, "파우누스"는 고대 로마의 삼림과 목양의 신으로서 그리스의 "판" 신과 동일시된다. 따라서 밀턴은 여기에서 고전적인 신화에 나오는 숲과 관련된 신들을 열거하고 있는 것이다.

23 그리스어로 "온갖 재능"이라는 뜻을 지닌 "판도라"는 신들이 제우스의 불을 훔쳐 인간에게 가져다준 프로메테우스에게 진노하여 복수하기 위해 진흙으로 만들어서 그에게 준 최초의 여자였다. "헤르메스" 신이 이 여자를 처음에 프로메테우스에게 데려갔지만, 아무런 반응을 보이지 않자, 그의 동생 에피메테우스에게 주었다. "판도라"는 에피메테우스에게 상자 하나를 주어 열어 보게 하였고, 거기에서 인류의 모든 재앙들이 쏟아져나왔다. 이 형제들은 티탄 신족 야페토스의 아들들이었는데, 흔히 야페토스는 노아의 셋째 아들 야벳과 동일시되었다. 그래서 밀턴은 에피메테우스를 "야벳의 우매한 아들"로 표현한다.

공 아래에 서서 하늘을 바라보며, 그들이 지금 보고 있는 창공과 대기와 하늘과 땅과 밝은 빛을 발하는 달과 총총한 별들을 지으신 하나님을 경배하며 찬양했다.

"전능하신 조물주여, 낮을 지으신 당신은 이 밤도 지으셨으니, 낮 동안에 우리로 하여금 당신이 정하신 우리의 온갖 복들 중에서 가장 큰 복인 서로 돕는 것과 서로 사랑하는 것을 통해서 우리에게 명하신 일들을 행복하게 마치게 하셨지만, 우리에게 주신 이 동산은 너무나 넓어서, 당신이 여기에서 우리에게 주신 이 차고 넘치는 풍요로운 것들은 거두는 자들이 부족하여 수확을 하지 못하고 땅에 떨어져 쓸모없게 되어 버리고 맙니다. 하지만 당신은 이 땅에 가득할 인류가 우리 두 사람에게서 태어나게 하실 것이라고 약속하셨으니, 우리가 깨어 있을 때나, 지금처럼 당신이 주신 잠의 선물을 누려 잠을 잘 때나 당신의 무한한 선하심을 찬양하듯이, 그들도 그렇게 할 것입니다."

두 사람은 한 목소리로 그렇게 하나님을 경배하며 기도하고 나서는, 하나님이 가장 기뻐하시는 순전한 경배 외에는 다른 의식을 전혀 하지 않은 채로, 자신들의 거처 중에서 가장 내밀한 곳으로 손을 맞잡고 들어가서, 우리가 우리 자신을 위장하기 위해 입는 이 거추장스러운 것들을 벗는 수고를 할 필요가 없었기 때문에, 자신들의 침실에 즉시 나란히 누웠다.

추정하건대, 아담은 자신의 아름다운 신부를 멀리하지 않았고, 하와도 부부애를 확인하는 신비로운 의식을 거부하지 않았으리라. 위선자들이 하나님이 순결하다고 선언하시며 어떤 이들에게는 직접 명령하시고 다른 모든 이들에게는 자유롭게 선택할 수 있게 하신 것을 더럽고 추한 것이라고 폄하하고서, 순결과 동정을 지키는 것이 합당하고 장소를 가려야 한다는 둥 혼인과 부부관계에 대해 준엄한 어조로 이런저런 말들을 한다고 해도, 우리의 조물주가 생육하고 번성하라고 명하신 것을, 하나님과 인간의 원수가 되어 우리 인간을 멸하고자 하는 자가 아니라면, 누가 감히 그렇게 하지 말라고 명할 수 있겠는가.

부부 간의 사랑이여, 신비로운 법이여, 인간의 생육과 번성의 참된 원천이여, 인간이 오직 낙원에서만 누릴 수 있었던 특권들 중의 하나여, 너로 말미암아 음욕은 인간에게서 추방되어 짐승의 무리들 가운데서나 활보하게 되었고, 너로 말미암아 이성을 토대로 한 아버지와 아들과 형제 간의 충성되고 올바르며 순수하고 소중한 관계와 정이 처음으로 알려지게 되었으니, 네게 경의를 표하노라. 너를 죄나 수치라고 부르거나, 네가 지극히 거룩한 장소에는 합당하지 않다고 생각하는 것은 있을 수 없는 일이다. 성도들과 족장들이 그랬던 것처럼, 예나 지금이나 부부 간의 정절을 소중히 간직한 채 더럽혀지지 않은 침상은 한 가정의 온갖 복들을 끊임없이 솟구쳐내는 마르지 않는 샘이 아니던가.

사랑의 신 큐피드가 황금 화살을 들고서 자줏빛 날개를 펴고 거기로 와서 꺼지지 않는 등불을 밝히니, 열락이 그곳을 지배한다. 사랑도 없고 기쁨도 없고 다정함도 없는 돈에 팔린 창기의 웃음이나, 남녀가 만나 즐기는 일시적인 향락이나, 궁중의 정사나, 남녀가 어울려 추는 춤이나, 외설적인 가면극이나, 한밤중의 무도회나, 욕정에 굶주린 애인이 자신의 교만한 미녀에게 들려주는 경멸받아 마땅한 세레나데 같은 것들에는 그런 사랑이 없다. 두 사람이 나이팅게일의 자장가를 들으며 서로 껴안은 채 잠들어 있는 사이에, 그들의 벌거벗은 몸 위로는 꽃으로 만들어진 지붕으로부터 장미 꽃잎들이 비처럼 내리고, 아침이 되면 거기에서 다른 꽃잎들이 나온다.

복된 한 쌍이여, 계속해서 잘 자거라. 이보다 더 큰 행복을 구하지 않고, 이 이상으로 더 알 것이 없다는 것을 알기만 한다면, 너희는 계속해서 가장 행복하고 복된 한 쌍이리라.

밤은 이제 원추형의 그림자를 이끌고서, 달 아래에서 하늘에 반원으로 나 있는 이 거대한 산길의 중간 지점까지 올라가 있었고, 상아로 된 문에서는 그룹 천사들이 정해진 시간에 나와서, 야간의 경비와 순찰을 위해 무장한 채로 진용을 갖추고 서 있었다. 가브리엘은 자신의 부대에서 두 번째로 서열이 높은 천사에게 이렇게 말했다.

"웃시엘[24]이여, 절반의 병력을 이끌고 남쪽으로 돌면서 철저하게 살펴보아라. 나머지는 나와 함께 북쪽으로 돌 것이니, 두 병력은 서쪽 합류지점에서 다시 만나게 될 것이다."

그들은 불길이 갈라지듯이 서로 갈라져서, 절반은 방패를 잡고 있는 쪽으로 돌고, 절반은 창을 잡고 있는 쪽으로 도는데, 가브리엘은 그들 중에서 뽑아서 자기 곁에 세워두었던 힘세고 눈치 빠른 천사 두 명에게 다음과 같이 말하며 특별한 소임을 맡겼다.

"이투리엘과 제폰,[25] 너희는 신속하게 날아서 이 동산 구석구석을 샅샅이 수색하고, 수색하지 않은 곳이 단 한 곳도 없게 하되, 특히 지금쯤에는 아마도 평화롭게 잠들어 있을 저 두 아름다운 인간이 거처하고 있는 곳을 집중적으로 수색해라. 오늘 해질 무렵에 태양 구역에서 온 우리엘의 말에 의하면, 악한 천사 한 명이 지옥의 빗장을 풀고 도망쳐서 이쪽으로 오는 것을 보았다고 한다. 이것은 우리가 생각지도 못한 일이다. 그자가 나쁜 짓을 하기 위해 여기로 온 것이 틀림없을 터이니,

---

24 유대 전승에 의하면, 히브리어로 "하나님의 힘"이라는 뜻을 지닌 "웃시엘"은 하나님의 보좌 앞에 시립한 일곱 천사장 중 한 명이다.

25 히브리어로 "이투리엘"은 "하나님의 발견"이라는 뜻이고, "제폰"은 "경계"라는 뜻이다. 성경에는 이런 이름을 가진 천사들이 나오지 않는 것으로 보아, 밀턴이 만들어 낸 이름들인 것으로 보인다. 다만 "제폰"은 갓 지파의 한 종족으로 나온다(민수기 26장 15절).

그자를 발견하거든 단단히 결박해서 여기로 끌고 와라."

가브리엘은 이렇게 말하고 나서, 달조차도 눈부셔하는 자신의 빛나는 군사들을 이끌고서 순찰을 시작했고, 특수 임무를 부여받은 두 천사는 가브리엘이 말한 그 수상한 자를 찾아내기 위해 곧장 아담과 하와의 처소로 향했다. 거기에서 그들은 하와의 귓전에 아주 가까이 붙어서 두꺼비처럼 웅크리고 있는 그를 발견했다. 그는 악마다운 솜씨를 발휘해서, 그녀의 상상을 주관하는 기관들에 접근하여, 자신이 원하는 대로 환각이나 환영이나 꿈들을 조작해서 만들어 내거나, 그녀에게 독을 불어넣어, 강물에서 연하게 피어오르는 안개처럼 맑은 피에서 생겨나는 생각들을 오염시켜서, 적어도 병적이고 불만 섞인 생각들, 허황된 희망들과 목적들, 말도 안 되는 자만으로 부풀려져서 교만을 낳는 절제되지 않은 욕망들을 불러일으키고자 하고 있었다.

이투리엘은 이렇게 자기 일에 몰두하고 있는 그를 자신의 창으로 슬쩍 건드려 보았다. 이것은 하늘에서 담금질하여 만든 무기와 접촉하면, 그 어떤 식으로 위장을 했어도 자신의 본래의 모습으로 돌아갈 수밖에 없게 되어 있었기 때문이었다. 그는 자신이 들킨 것을 알고서는 깜짝 놀라서 뛰어 일어났는데, 그 모습이 전쟁이 일어날 것이라는 소문이 무성한 가운데 만일에 있을지도 모를 전쟁에 대비해서 큰 통에 넣어 화약고에 비축해둔 화약더미에 불꽃이 닿으면서, 갑자기 검은 알갱이들에 불이 점화되어 터지며, 불길이 공중 높이 치솟는 것 같았다. 마귀는 그런 식으로 뛰어 일어나면서 자신의 본 모습으로 되돌아왔다. 두 아름다운 천사는 자신들의 눈 앞에서 갑자기 본 모습을 드러낸 소름끼치는 지옥의 왕을 보게 되자, 조금 놀라서 뒤로 물러났지만, 이내 두려움 없이 그에게 말을 건넨다.

"심판을 받아 지옥에 떨어진 반역 천사들 중에서 너는 누구이기에,

특수 임무를 부여받은 두 천사는 그 수상한 자를 찾아내기 위해
곧장 아담과 하와의 처소로 향했다.

네가 갇혀 있던 감옥을 탈출해서 이곳에 온 것이냐. 그리고 너는 무슨 연유로 이렇게 변장을 하고서 매복해 있는 적병처럼 여기에서 저 잠들어 있는 사람들의 머리맡에 웅크리고 앉아 지켜보고 있는 것이냐."

그러자 사탄이 비웃음이 가득 섞인 말투로 이렇게 말했다.

"너희는 나를 모르느냐. 너희가 정녕 나를 몰라본단 말인가. 그래, 내가 너희와 동급이 아니었고, 너희가 감히 넘볼 수 없는 자리에 있었으니, 어쩌면 너희가 나를 모르는 것도 당연할 수 있지. 따라서 나를 모른다면, 너희가 너희의 무리 중에서 가장 하급에 속한 자들이라는 것을 반증해 주는 것이고, 혹시라도 나를 안다면, 왜 그런 쓸데없는 질문으로 시간을 낭비하는 것이냐."

제폰은 다음과 같이 말함으로써, 그의 비웃는 말에 자신도 비웃는 말로 응수하였다.

"반역 천사여, 지금 너의 모습이 네가 전에 하늘에서 바르고 순수하게 하나님을 모시고 섰을 때와 똑같고, 그 광채가 조금도 약해지지 않았을 것이라고 착각하고 있는 것 같구나. 네가 선을 버리고 악을 행한 바로 그 순간에, 그때의 너의 영광은 이미 네게서 떠나버렸고, 지금 너의 모습은 네가 저지른 죄, 그리고 네가 지금 갇혀 있는 저 어둡고 더러운 형벌의 장소를 닮았다는 것을 똑똑히 알아두거라. 그러니 이제 너는 우리를 보낸 분, 곧 이곳이 침범당하지 않게 하고 이 두 사람이 해를 당하지 않게 지키는 임무를 맡고 있는 분에게 우리와 함께 가서, 네가 왜 여기에 온 것인지, 그 이유를 해명해야 할 것이다."

그룹 천사 제폰이 이렇게 말했고, 그의 젊고 아름다운 용모는 그의 이러한 엄중한 질책에 무적의 품격을 더해 주었다. 사탄은 잠시 얼굴을 붉히고 서 있으면서, 선이 얼마나 두렵고 무서운 힘을 지니고 있고, 덕이라는 것이 얼마나 사랑스러운 모습을 지니고 있는지를 느끼고서는,

자기가 예전에 그런 모습이었다가 지금은 타락해 버린 것, 특히 제폰의 지적에 의해서 지금의 자기가 이전의 광채를 많이 잃어버렸다는 것을 새삼스럽게 깨닫자 회한이 스쳐갔지만, 여전히 기세등등해서 이렇게 말했다.

"싸워야 한다면, 가장 지위가 높은 자, 곧 보냄을 받은 자가 아니라 보낸 자와 싸우는 것이 상책이리라. 아니면 둘 모두를 한꺼번에 상대하는 것도 나쁘지 않지. 그래야 얻게 될 영광은 더 커지고, 잃게 될 영광은 더 적어질 테니까."

그러자 제폰이 대담하게 이렇게 말했다.

"네가 이렇게 두려워하는 것은 네 자신이 악할 뿐만 아니라 대단히 허약하다는 것도 보여주는 것이니, 우리 중에서 가장 약한 자가 너와 일대일로 싸워도, 너는 그의 상대가 되지 않겠다는 것을 알겠구나."

사탄은 화가 머리끝까지 치밀어 올랐지만, 이 상황에서 싸우거나 도망치는 것이 둘 다 소용없다는 것을 깨닫고서는, 마치 강제로 재갈이 물린 사납고 고집센 말이 쇠로 된 재갈을 우둑우둑 씹으며 끌려가듯이, 아무 대답도 하지 못한 채로 거만한 거동으로 그들을 따라나섰다. 다른 그 어떤 것에도 굴하지 않던 그였지만, 천상의 것이 불러일으키는 외경심으로 인해서는 그의 마음도 위축될 수밖에 없었다.

그들이 서쪽의 합류 지점에 가까이 다가왔을 때, 거기에는 두 무리로 나뉘어 각각 북쪽과 남쪽으로 순찰을 돌았던 수비대원들이 방금 서로 만나 다시 한 부대의 진용을 갖추고 서서는 다음 명령이 하달되기를 기다리고 있었다. 그들의 대장인 가브리엘이 앞에 서서 부대 전체를 향해 이렇게 큰 소리로 말했다.

"제군들이여, 여기로 급하게 오고 있는 민첩한 발소리들이 들리는데, 저기에서 이투리엘과 제폰이 어둠 속에서 오는 것이 어렴풋이 보이고, 그들과 함께 왕의 풍모를 지녔지만 지금은 그 광채가 많이 희미해진 또다른 자도 보이는데, 거들먹거리며 걸어오는 품새와 사납고 기세등등한 거동으로 보아 지옥의 왕인 것 같다. 그의 표정에 결코 물러서지 않겠다는 기세가 뚜렷한 것으로 보아, 고분고분히 이곳을 떠날 것 같지 않고 한바탕 싸움이 벌어질 것 같으니, 만약의 사태에 대비해 만전을 기하라.”

가브리엘이 말을 채 마치기도 전에, 이투리엘과 제폰이 도착해서, 자신들이 누구를 데려왔고, 그를 어디에서 발견했으며, 그가 어떤 모습과 어떤 자세로 무슨 일에 몰두해 있었는지에 대해 간단하게 보고했다. 가브리엘은 준엄한 눈빛으로 사탄을 바라보며 이렇게 말했다.

“사탄아, 너는 왜 네가 저지른 범죄로 인해 하나님이 네게 정해준 곳의 경계를 벗어나서, 다른 자들이 책임을 맡고 있는 구역들을 침범하여 소란을 일으키고 있는 것이냐. 우리는 네가 저지른 범죄에 동조할 생각이 없고, 또한 대담하게도 이곳을 침입한 너를 취조하고 심문할 수 있는 권한과 힘도 우리에게 있다. 너는 하나님이 이곳에 거처를 마련해주어서 지극히 복된 삶을 살게 한 두 사람의 단잠을 방해하려고 했던 것이 아니냐.”

사탄은 어처구니없다는 표정을 지으며 가브리엘을 경멸하는 눈빛으로 바라보며 이렇게 대답했다.

“가브리엘아, 너는 천국에서 지혜로운 자로 명성이 자자했었고, 나도 너를 그렇게 보았다. 그런데 지금 내게 그런 질문을 던지는 것을 보니, 과연 네가 그런 자인지가 의심스럽구나. 누가 고통 받는 것을 좋아하겠으며, 비록 심판을 받아 지옥에 떨어졌다고 해도, 지옥에서 벗어날 길이 있다면, 그곳을 빠져나오려고 하지 않을 자가 어디 있겠느냐. 네가 그런 처지였다면, 지옥의 고통에서 벗어날 수 있는 곳이라면 그곳이 어디가 되었든, 처절한 고통에서 완전히 벗어나서 마음 편하고 기쁘게 살고자 하는 희망을 품고서, 두말할 필요도 없이 지옥을 빠져나오려고 했을 것이다. 그리고 나는 이곳이 바로 그런 곳이라고 판단했다. 오직 편하게만 살아와서 고통이 무엇인지를 알지 못하는 네가 이런 심정을 알 턱이 없다. 우리를 저 어두운 감옥에 가둬 놓은 분이 지옥의 강철 문들의 빗장을 더 단단히 채워놓아서, 우리가 빠져나올 수 있는 길을 완전히 차단하는 것이 얼마든지 가능했을 텐데도, 그렇게 하지 않은 것을 보면, 그분의 뜻도 내가 한 말과 다르지 않은 것 같으니, 너는 그분의 뜻을 거역하지 않는 것이 좋을 것이다. 이만하면 네가 물은 것에 대해 충분한 대답이 되었을 것이다. 나머지는 이 두 천사가 말한 대로이고, 나는 그들이 말한 바로 그곳에 있긴 했지만, 그렇다고 해서 그들에게 폭력을 가하거나 해코지를 할 의도가 있었던 것은 아니다."

사탄이 경멸 섞인 어조로 이렇게 말하자, 저 용맹무쌍한 천사장 가브리엘은 가소롭다는 듯한 분위기를 풍기는 냉소를 지으며 다음과 같이 맞받아쳤다.

"사탄아, 너는 너의 어리석음으로 인해 스스로 무너지고 나서, 지금은 너의 감옥에서 빠져나와 이렇게 다시 돌아와서는, 무슨 배짱으로 하나님이 너를 가두어두신 저 지옥을 도망쳐 나와 허락도 없이 이곳에 온 것이냐고 묻는 자들을 도리어 지혜롭지 못한 자들이라고 힐난하면서, 반면에 네게 주어진 형벌을 피하고 고통에서 벗어나기 위해 도망친 것이 지혜로운 일이라고 우기는 것을 보니, 과연 천국은 지혜로운 자들을 알아보는 자 하나를 잃어버린 것이 분명하구나. 이 주제넘고 건방진 자야, 네가 계속해서 그런 식으로 생각한다면, 결국 하나님은 지옥에서 도망친 너를 지금보다 일곱 배나 더한 진노로 응징하심으로써 너의 그 지혜를 채찍질하여 너를 다시 지옥으로 돌려보내시리니, 그제서야 너는 전능자의 무한한 진노를 자극해서 자초하게 되는 고통보다 더한 고통은 없다는 것을 비로소 깨닫게 되리라.

네 말이 맞다면, 왜 너는 혼자 온 것이냐. 너의 논리대로라면, 지옥에 있는 모든 자들이 너와 함께 감옥을 탈출해서 여기로 왔어야 하지 않겠느냐. 그들이 겪고 있는 고통이 너보다 덜했거나 도망치고자 할 정도는 아니었던 것이냐, 아니면 너의 인내심이 그들보다 못했던 것이냐. 용감한 수령이여, 고통에서 벗어나기 위해 최초로 지옥에서 도망쳐온 자여, 네가 거기에서 도망치고자 하는 이유를 너에게서 버림받은 저 무리들에게 그런 식으로 말했더라면, 과연 그들이 네가 이렇게 혼자서 빠져나오는 것을 그냥 보고만 있었겠느냐."

사탄은 표정이 험상궂게 일그러지며 가브리엘에게 대답했다.

"너 무례하기 짝이 없는 천사야, 전에 있었던 싸움에서 내가 너의 가장 강력한 적이었고, 우레가 연속적으로 터지며 경천동지할 소리를 내며 전속력으로 나를 추격해 와서 너를 돕지 않았더라면, 너의 창 따위는 나의 상대가 되지도 못했으리라는 것도 너는 잘 알고 있으리라. 그러니 나는 인내심이 적은 것도 아니고, 고통을 피하려고 하는 것도 아니다. 지금 너의 말을 들어보니, 너의 미숙하고 어리바리한 것은 예나 지금이나 달라진 것이 전혀 없구나. 무릇 믿음직한 지도자라면, 과거의 실패와 힘든 경험을 교훈 삼아서, 자기가 가보지 않은 위험한 길로 부하들을 내모는 짓은 하지 않을 터, 그래서 나는 여기에서 좀 더 나은 거처를 찾아낼 수 있다면, 지옥에서 고통 받는 내 부하들을 이곳의 대지나 공중에 정착시키고자 하여, 일단 혼자서 저 삭막한 심연을 빠져나와서, 지옥에 이미 소문이 나 있는 최근에 창조된 이 신세계를 정탐하기 위해 온 것이다. 우리의 희망대로 이곳을 점령하자면, 너와 네가 이끄는 빛의 군대와 또다시 맞붙지 않으면 안 되겠지만, 너희가 잘하는 일은 저 높은 천국에서 너희의 주를 섬기며 그의 보좌를 찬미하고, 늘 하던 대로 일정한 거리를 둔 곳에서 그에게 굽실대는 것이고, 싸우는 것이 아니지 않느냐."

용감무쌍한 천사장 가브리엘은 즉시 이렇게 반격했다.

"처음에는 고통은 피하는 것이 상책이라며 그런 목적으로 여기에 온 것이라고 둘러대더니 이제 와서는 방금 했던 말을 곧바로 취소하고서 정탐하기 위해 온 것이라고 말하는 것을 보니, 너는 당당한 지도자가 아니라, 들통 난 거짓말쟁이라는 것이 여지없이 드러났구나. 사탄아, 어떻게 네 입으로 네 자신을 '믿음직한 지도자'라고 말할 수 있겠느냐. '믿음직하다'는 신성한 말이여, 그대의 이름이 이렇게 더럽혀지고 말았구나. 도대체 네가 누구에게 '믿음직하다'는 것이냐. 네가 이끄는 반역의 무리들에게냐. 그래, 악마의 군대여, 그 몸과 머리의 궁합이 아주 척척 들어맞는구나. 자타가 공인하는 최고의 권세에 대한 충성을 배신하는 것이 너희가 지키고자 하는 규율이고 신의며 군인으로서의 너희의 복종이란 말이냐.

이 교활한 위선자야, 지금 너는 마치 네가 자유의 수호자라도 된다는 듯이 말한다마는, 전에 천국의 두려운 왕 앞에서 너보다 더 아부하고 굽실대며 노비처럼 굴었던 자가 어디 있었느냐. 그리고 네가 위선적으로 그렇게 한 것은 그분을 폐위시키고 네 자신이 천국의 왕으로 등극하여 다스리고자 하는 야심이 있어서가 아니더냐. 더 긴 말은 하고 싶지 않으니, 내가 네게 충고하는 말을 받아들여서, 당장 이곳을 떠나, 네가 도망쳐 나온 바로 그곳으로 다시 돌아가거라. 이 시간 이후로 이 신성한 구역에 네가 다시 모습을 드러낸다면, 내가 너를 사슬로 결박하여 지옥의 구덩이로 끌고 가 옴짝달싹 못하게 가두어놓아서, 아주 허술하게 빗장이 채워져서 금세 열 수 있는 지옥의 문들이라고 조소하는 말이 너의 입에서 또다시 나오는 일이 없게 하리라."

가브리엘이 이렇게 경고했지만, 사탄은 그런 경고에는 전혀 신경 쓰지 않고, 점점 더 분노로 차올라서 이렇게 대답했다.

"변방이나 지키는 이 오만한 그룹 천사야, 네가 나를 사로잡게 되면, 그때 가서나 사슬 운운 하는 말을 지껄이거라. 하지만 결국에는 내가 하늘의 왕이 되어 너의 날개를 타게 될 것이고, 너는 멍에를 메는 데 이골이 난 너희 동료들과 함께 별들로 포장된 하늘 길을 따라 나의 개선 마차를 끌게 되겠지만, 그 전에 먼저 나의 이 강력한 팔에서 나오는 무시무시한 일격을 맛보게 될 것을 기대하거라."

사탄이 이렇게 말하는 사이에, 빛의 천사 부대는 붉은 화염으로 변해서, 초승달 형태로 밀집대형을 이루고서는, 창을 들고 그를 촘촘히 에워쌌는데, 그 모습은 추수를 기다리는 다 익은 곡식 벌판이 이삭의 수염 숲을 아래로 늘어뜨리고서 부는 바람 따라 마치 물결처럼 일렁이고 있을 때, 농부가 자신의 희망인 곡식다발들이 타작마당에서 알곡은 없고 쭉정이일 뿐임이 드러날까 봐 수심이 가득한 얼굴로 서 있는 것 같았다. 그 반대편에는 사탄이 온 힘을 모아 전투태세를 갖추고서, 테네리프 산이나 아틀라스 산처럼 요지부동으로 서 있었는데,[26] 그의 신장은 창공에 닿았고, 그의 투구에는 공포가 깃털장식처럼 앉아 있었으며, 그의 손에는 창과 방패로 보이는 것이 쥐어져 있었다. 이제 무시무시하고 끔찍한 일이 벌어지려고 하고 있었는데, 이 엄청난 충돌의 여파로 낙원만이 아니라 별들로 뒤덮여 있는 창공은 물론이고, 모든 원소

---

26 "테네리프 산"은 스페인의 카나리아 제도에서 가장 큰 섬인 테네리프 섬의 중앙에 솟아 있는 화산으로서, 그 높이가 3,718미터여서, 스페인에서 가장 높은 산이자 대서양의 섬 중에서도 가장 높은 산이다. "아틀라스 산"은 아프리카 북서부에 있는 높이 4,167미터의 산이다.

들조차도 파열되어 갈기갈기 찢겨지고 산산조각이 나서 흩어져나가게 될 판이었다.

하지만 이때 영존하시는 이가 이 끔찍한 충돌을 막기 위해 하늘에 황금 저울을 내걸었는데,[27] 지금도 처녀궁과 전갈궁 사이에서 볼 수 있는 이 황금 저울은 처음에는 하나님이 공중에 매달려 있는 둥근 지구가 그것을 둘러싸고 있는 공기와 균형을 이룰 수 있는지를 알아보는 것을 비롯해서, 자신이 창조한 모든 것들을 헤아리고 달아보는 데 사용하셨고, 지금은 모든 사건들과 싸움들과 나라들을 달아보는 데 사용하신다. 하나님은 그 저울의 양쪽에 각각 추를 얹어놓으셨다. 하나는 이대로 싸움을 그만두었을 때의 결과를 나타내는 것이었고, 다른 하나는 서로 싸웠을 때의 결과를 나타내는 것이었는데, 후자가 신속하게 위로 날아올라서 저울대를 찼다.

이것을 본 가브리엘이 사탄에게 말했다.

"사탄아, 나는 너의 힘을 알고, 너도 나의 힘을 안다. 또한 그 힘들은 우리 자신의 것이 아니라 주어진 것이고, 너나 나나 오직 하늘이 허락한 힘만을 가지고 있는 것이니, 설령 나의 힘이 지금보다 갑절이 되어 너를 진흙처럼 짓밟는다고 할지라도, 우리의 힘자랑을 하는 것은 어리석기 짝이 없는 일일 뿐이다. 내 말을 못 믿겠거든, 저쪽에 나타난 하늘의 징조를 보고서 그 속에서 너의 운명을 읽어 보아라. 저 저울에 너의 힘은 이미 측정되어서 지극히 미미하고 약하다는 것이 드러났으니, 네가 아무리 저항한다고 할지라도 네게 승산은 없다."

사탄은 얼굴을 들어 창공에 높이 걸려 있는 저울을 보고서, 이 싸움

---

27 호메로스의 『일리아스』 제8권에 나오는 이야기. 제우스는 트로이군과 그리스군의 운명을 이 황금 저울로 달아보았다고 한다.

사탄은 혼잣말로 뭐라고 중얼거리며 달아났고, 밤의 그림자들도 그와 함께 달아났다.

에 승산이 없다는 것을 깨닫고서는, 혼잣말로 뭐라고 중얼거리며 달아났고, 밤의 그림자들도 그와 함께 달아났다.

제 5 권

줄거리

아침이 되자, 하와가 아담에게 지난밤에 자신이 꾼 나쁜 꿈에 대해 말한다. 아담은 그 꿈 얘기를 듣고 마음이 좋지 않았지만, 하와를 위로해 준다. 두 사람은 그 날의 일을 위해 나가면서, 자신들의 거처의 문 앞에서 아침 찬송을 드린다. 하나님은 인간이 변명할 수 없게 하기 위해, 그의 순종과 그의 자유로운 상태에 대해서, 그의 원수가 가까이 있고, 그가 누구이며, 왜 그가 원수인지를 비롯해서 아담이 알아두어야 할 여러 가지 것들에 대해서 경고해 주기 위해 라파엘을 보낸다. 라파엘이 낙원으로 내려오고, 그의 모습이 설명된다. 아담은 자신의 거처의 문 앞에 앉아 있다가 저 멀리에서 오는 라파엘을 보고서는 마중나가서 자신의 거처로 영접하여, 하와와 함께 딴 낙원의 최상품 과일들로 접대하면서, 식탁에서 대화를 나눈다. 라파엘은 하나님의 메시지를 전하면서, 아담의 상태와 그의 원수에 대해 환기시켜주고, 아담의 요청에 따라 그 원수가 누구인지, 그리고 어떻게 해서 그가 원수가 되었는지에 대해 설명해 준다. 즉, 그가 천국에서 무슨 이유로 반란을 일으켰는지에 대한 설명을 시작으로 해서, 그가 자신의 군대를 이끌고 천국의 북부 구역으로 가서, 거기에 있던 모든 천사들에게 하나님에 대해 반기를 들도록 선동하여 결국 합류시켰다는 것, 하지만 오직 한 명의 스랍 천사 아브디엘만은 그의 계획에 반대하여 만류하다가 그를 떠났다는 것에 대해 말해 준다.

196

이제 아침이 동쪽 지방에서 떠올라 자신의 장밋빛 발걸음을 옮기면서 땅에 찬란한 진주를 뿌릴 때, 아담은 언제나처럼 해로운 것이 전혀 없는 자연 식단과 청명하고 온화한 기후 덕분에 깊이 푹 자고서, 날아갈 듯이 가뿐한 몸과 마음으로 잠에서 깨어났다. 들리는 소리라고는, 나뭇잎들이 바스락거리는 소리, 시냇물이 동틀 무렵의 산들바람에 가볍게 졸졸 흐르는 소리, 새들이 모든 나뭇가지에 앉아 청아하게 지저귀는 아침 노래뿐이었다. 그래서 그는 하와가 아직까지도 깨어나지 않고 잠들어 있는 것을 의아하게 생각했다. 마치 간밤에 잠자리가 불편해서 제대로 잠을 자지 못한 것처럼, 그녀의 머리채는 흐트러져 있었고 뺨도 붉게 물들어 있었다. 그는 그녀를 향해 반쯤 몸을 일으켜서 옆으로 누운 채로, 진심 어린 사랑이 가득한 눈빛으로, 잠들어 있을 때나 깨어 있을 때나 늘 독특한 매력을 발산하는 그녀의 아름다운 모습을 응시하며 한동안 황홀경에 빠져 있다가, 이윽고 서풍의 신 제피로스가 꽃의 여신 플로라 위에 불어올 때처럼 그녀의 손을 부드럽게 잡으며 다정한 목소리로 이렇게 속삭였다.

"깨어나세요. 나의 가장 아름다운 이며, 나의 배필이고, 내가 가장 늦게 찾은 이며, 하늘이 내게 가장 마지막으로 준 최고의 선물이고, 나의 늘 새로운 기쁨이여, 깨어나세요. 아침이 밝았고, 신선한 들판이 우리를 부르고 있소. 우리가 돌보는 식물들이 어떻게 자라나는지, 레몬 숲이 어떻게 꽃을 피우는지, 어떤 나무들이 몰약을 떨어뜨리고 향기를 발산하는지, 자연이 어떻게 만물을 자신의 색깔들로 채색하는지, 벌이 어떻게 꽃 위에 앉아서 꿀을 채취하는지를 볼 수 있는 가장 좋은 시간이 지나가고 있소."

그는 그녀를 향해 반쯤 몸을 일으켜서 진심 어린 사랑이 가득한 눈빛으로
한동안 황홀경에 빠져 있었다.

아담의 속삭임에 잠을 깬 하와는 놀란 눈으로 아담을 바라보다가 와락 껴안으며 이렇게 말했다.

"오, 나로 하여금 모든 생각을 내려놓고 쉴 수 있게 해주는 유일한 이며, 나의 영광이고, 나의 완전이여, 아침이 돌아와서 당신의 얼굴을 보니 내 마음이 기쁘고 안심이 되네요. 내가 지금까지 보낸 밤들 중에서 지난밤 같은 그런 밤은 없었기 때문이죠. 꿈을 꾸었는데, 그것은 평소에 꾸던 꿈이 아니었어요. 평소에 내가 꾸어온 꿈은 당신에 대한 것이거나, 그 날 우리가 한 일들에 대한 것이거나, 내일 해야 할 일들에 대한 것이었죠. 하지만 지난밤에 꾼 꿈은 참을 수 없이 불쾌하고 괴로운 것이었어요. 내 마음이 이렇게 심란했던 밤은 지금껏 없었죠. 누군가가 내 옆에 바싹 앉아서 내 귀에 대고 내게 일어나 걸으라고 말했던 것 같아요. 부드러운 목소리여서, 난 당신이라고 생각했죠. 그 목소리가 이렇게 말했어요.

'지금은 시원하고 고요해서 아주 좋은 때인데, 왜 그대 하와는 잠을 자고 있는 것이오. 사방은 고요하여, 오직 나이팅게일만이 깨어 지극히 감미로운 사랑 노래를 부르고 있고, 만월이 온 세상을 지배하며 만물 위에 교교히 비추니, 조금은 어두운 듯한 그 은은한 빛 아래에서 만물은 그 가장 아름다운 자태를 드러내고 있소. 하지만 보아주는 이가 아무도 없다면, 무슨 소용이겠소. 하늘이 자신의 모든 눈들을 열고서 깨어 있는 것은 오로지 그대를 보기 위한 것이오. 자연이 연모하는 이는 그대니, 그대가 모습을 나타내면, 만물이 기뻐하며, 그대의 아름다움에 매료되어 넋을 잃고서 계속해서 그대를 바라보리다.'

이렇게 당신이 나를 부르는 것 같아서 일어났지만, 당신은 거기에 없었죠. 그래서 당신을 찾기 위해 걷고 또 걸었고, 그렇게 혼자 걷다 보니, 어느새 하나님이 금하신 선악을 알게 하는 나무 앞에 서 있었죠. 내 생각에, 그 나무는 낮에 보았을 때보다 훨씬 더 아름다워 보였던 것 같아요. 내가 놀라서 보고 있는데, 그 나무 곁에는 우리가 자주 보아 왔던 하늘로부터 온 천사들 같은 모양을 한 날개 있는 누군가가 서 있었죠. 그의 빛나는 머리채는 천상의 이슬이 알알이 맺혀 있는 것 같았는데, 그도 그 나무를 바라보고 있었죠. 그가 이렇게 말했어요.

'오, 아름다운 나무여, 네게는 이렇게 많은 열매들이 주렁주렁 차고 넘치게 열렸는데도, 하나님이든 인간이든, 너의 달콤한 열매를 맛보며 너의 무거운 짐을 덜어주려고 하는 이가 없구나. 하나님이 너의 열매를 맛보지 못하도록 이렇게 금령을 내린 것은 선악을 아는 지식을 경멸해서냐, 아니면 시기해서냐. 누가 그런 금령을 내렸든, 나는 네가 주고자 하는 좋은 것을 더 이상은 거절하지 않으리라. 내가 계속해서 그것을 거절한다면, 네가 여기에 존재할 이유가 없지 않겠느냐.'

그는 이렇게 말한 후에 지체 없이 팔을 뻗어서 과감하게 그 나무의 열매를 따서 먹었죠. 그가 그런 식으로 너무나 대담한 말을 했을 뿐만 아니라, 곧이어 대담한 행동으로 실천에 옮기는 것을 보고서, 난 등골이 오싹해지며 온 몸에 소름이 쫙 끼쳤죠. 하지만 그는 뛸 듯이 기뻐하며 이렇게 말했어요.

'오, 신성한 열매여, 너는 언제나 달콤하지만, 여기에서 금지되어 있는 상태에서 이렇게 따먹으니 훨씬 더 달콤하구나. 너는 오직 하나님에게만 허용되어 있을지라도, 사실은 사람들을 신들로 만들 수 있는 힘이 있지. 사람들이 신들이 된다면, 더 많은 선과 더 큰 일들을 행하게 되어, 하나님을 해롭게 하는 것이 아니라 더 큰 영광을 받으시게 할 수 있는데, 그것을 금지할 이유가 어디 있겠는가. 이곳에 있는 복된 존재인 그대, 천사 같이 아름다운 하와여, 너도 이리로 와서 이 열매를 따서 먹으라. 너는 지금도 행복하지만 더 행복해질 것인데, 네게는 그럴 만한 자격이 충분하다. 이 열매를 먹으라. 이후로는 너도 여신이 되어 신들 가운데 거하며, 더 이상 땅에 묶여 있지 않고, 네 자신의 힘으로 우리처럼 공중을 날기도 하고 하늘에 오르기도 하여, 거기에서 신들이 어떤 삶을 사는지를 보고, 네 자신도 그런 삶을 살 수 있게 되리라.'

그는 이렇게 말하고서는 내게 다가와서, 자기가 딴 그 열매의 한 조각을 내 입에 대었고, 그 달콤하고 향기로운 냄새가 나의 식욕을 자극해서, 그것을 먹지 않을 수 없었어요. 그런 후에 즉시 나는 그와 함께 구름까지 날아올랐는데, 아래로는 거대한 땅덩어리가 무한히 드넓게 펼쳐져서 다양한 광경을 연출하고 있는 것이 보였죠. 내가 날아서 이렇게 높은 곳까지 오를 수 있다는 변화된 모습에 내가 놀라서 어안이 벙벙해 있는 사이에, 나의 안내자는 홀연히 가버렸고, 나는 밑으로 떨어져서 깊은 잠에 빠져든 것 같아요. 하지만 내가 이렇게 깨어서, 그것이 단지 꿈일 뿐이었다는 것을 알게 되니 얼마나 기쁜지 모르겠어요."

하와가 이렇게 지난밤에 자신이 겪은 일에 대해 말하고 나자, 아담은 근심스러운 표정으로 이렇게 대답했다.

"내 자신의 최고의 형상이며, 나보다 더 아름답고 사랑스러운 나의 반쪽이여, 그대가 지난밤에 잠을 자는 동안에 겪은 심난한 일은 내게도 똑같이 영향을 미치고 있다오. 나는 이 수상쩍고 기분 나쁜 꿈이 악으로부터 온 것이 아닌가 염려되어서 꺼림칙하다오. 하지만 설마 이곳에 악이 있을 수 있겠소? 순전한 상태로 지음 받은 그대 속에도 악이 있을 리 만무하니 말이오.

하지만 우리의 심령 속에는 이성을 대장으로 받들고서 일하는 수많은 하급 기능들이 있다는 것을 우리는 알아야 하오. 그런 기능들 중에 이성 다음으로 강력한 것이 상상력이라오. 우리의 심령은 오감이 외부를 감시하면서 전달해 주는 온갖 외적인 것들을 사용해서, 실재는 없고 오직 표상들만으로 이루어지는 상상들을 만들어 내고, 이성은 그 상상들을 받아들이거나 거부함으로써, 우리가 긍정하거나 부정하는 모든 것들로 구성되는 하나의 체계, 즉 지식 또는 견해라고 불리는 것을 형성해 낸다오. 하지만 우리가 잠든 때에는 이성도 자신의 골방으로 물러가는데, 이렇게 이성이 물러가고 없을 때에는 종종 흉내쟁이인 상상이 깨어 있어서 이성을 흉내 내곤 하지만, 흔히 여러 심상들을 잘못 연결하거나 조합해서 엉뚱하고 황당한 결과물들을 만들어 낸다오. 그리고 오래 전에 지나갔거나 최근에 있었던 말들과 행동들이 그런 식으로 잘못 조합되는 일은 꿈에서 비일비재하게 일어난다오.

그러니 곰곰이 생각해 보면, 물론 그대의 꿈 속에서는 몇 가지 이상한 것들이 덧붙여져 있기는 하지만, 어쨌든 우리가 지난 저녁에 함께 나누었던 대화와 그대가 꿈에서 겪었던 일이 상당히 닮은 것 같지는 않소. 그리고 하나님이나 인간의 마음속으로 악이 드나들 수는 있지만, 거기에 동조하지만 않는다면, 그 어떤 흔적이나 오점도 남지 않으니, 너무 걱정하지는 마시오. 그대가 꿈에서조차 거절했던 그것을 깨어 있을 때 동의할 가능성은 전혀 없으니, 오히려 다행이오. 그러므로 낙심하지도 말고, 아름다운 아침이 세상을 보고 오늘 처음으로 미소 짓는 이때에는 즐겁고 평화로운 얼굴이 더 잘 어울리니 찌푸린 얼굴을 하지도 마세요. 자, 이제 우리는 일어나서, 꽃들이 밤새도록 그대를 위해 자신들의 품에 품어 아껴두었던 저 최상의 향기를 발산하고자 하는 저 숲과 샘으로 가서, 우리에게 주어진 새로운 일들을 해야 하지 않겠소?"

이런 식으로 아담은 자신이 사랑하고 아끼는 아름다운 배필을 웃게 해주려고 했고, 실제로 하와는 활짝 웃었다. 하지만 그녀의 두 눈에서는 소리 없이 눈물이 흘러내렸고, 그렇게 흘러내리는 눈물을 자신의 머리카락으로 훔쳤다. 또다시 수정 같은 눈망울에 두 방울의 보배로운 눈물이 맺혔고, 그것들은 간밤에 죄를 지었으면 어쩌나 하는 경건한 두려움과 감미로운 회한의 눈물이었기 때문에, 아담은 그 눈물이 떨어지기도 전에, 입맞춤으로 그 눈물들을 지워 버렸다. 이렇게 해서 모든 것이 정리되었고, 그들은 서둘러서 들로 나갔다.

울창한 나무들로 그늘진 거처를 벗어나서 낮의 밝은 빛으로 나오자마자, 가장 먼저 그들을 맞이한 것은, 태양이 대양의 저 먼 끝자락에서 마차를 타고 이제 막 올라오며, 이슬을 머금은 촉촉한 빛줄기들을 땅과 수평으로 쏨으로써 드러나게 된 낙원의 동쪽에 펼쳐진 드넓은 대지에 에덴의 복된 들판의 장관이었다. 그들은 고개를 숙이고 경배하며, 아침 기도를 올리기 시작했다. 이렇게 그들은 아침마다 거룩한 기쁨에 사로잡혀서 다양한 방식으로 자신들의 조물주를 찬미하며 합당한 경배를 드렸는데, 그들이 미리 생각해두지 않고 즉석에서 드린 기도와 찬송은 산문으로 된 것이든 운문으로 된 것이든 그들의 입술에서 자연스럽게 술술 흘러나왔고, 운율과 가락도 잘 맞았기 때문에, 감미로움을 더하기 위해 수금이나 비파 같은 악기들이 필요하지 않았다. 그들은 이렇게 시작했다.

"온갖 좋은 것들을 낳는 부모이신 전능자시여, 이것들은 당신의 영광스러운 작품들이고, 이 만유 전체가 당신의 것입니다. 이 만유가 이토록 아름답고 놀라우니, 당신은 얼마나 더 놀랍겠습니까. 이 하늘들 위에 앉아 계시는 분은 말로 다 표현할 수 없는 분으로서, 우리 눈에는 보이지도 않고, 당신이 지으신 이 지극히 미천한 것들 속에서 희미하게 보일 뿐입니다. 하지만 이것들은 상상할 수 없는 당신의 선하심과 신적인 권능을 선포합니다.

너희 빛들의 아들들인 천사들이여, 너희는 밤은 없고 낮만 있는 하늘에서 늘 하나님을 뵈옵고, 노래와 합창으로 기뻐하며 그의 보좌를 둘러싸고 있는 자들이어서, 하나님에 대해 말해 줄 수 있는 최적임자들이니, 우리에게 말하여, 땅에 있는 모든 피조물들이 너희와 더불어 처음에도 그를, 마지막에도 그를, 중간에도 그를 끊임없이 찬미하게 하라.

별들 중에서 가장 사랑스러운 별, 새벽에 속하지 않은 것이 사실이라면 밤의 여정의 끝에서 낮이 올 것을 가장 확실하게 보증해 주고, 미소 짓는 아침에 밝은 원형의 관을 씌워 주는 별이여, 날이 밝아오는 저 감미로운 첫 시간에 너의 구역에서 하나님을 찬미하라. 이 거대한 세계의 눈이자 영혼인 너 태양이여, 하나님이 너보다 더 위대하다는 것을 인정하고서, 떠오를 때나 정오에 다다랐을 때나 질 때나 너의 운행하는 지점이 어디이든지 영원토록 하나님을 찬미하라.

지금 동쪽에서 태양과 만나서는 곧바로 그 운행궤도가 고정되어 있는 행성들과 함께 날아오르는 달과, 천상의 노래를 따라 신비로운 춤을 추며 운행하는 너희 다른 다섯 행성들아,[1] 흑암에서 빛을 불러내신 이를 찬미하라.

공기야, 그리고 자연의 모태에서 가장 먼저 태어나서 여러 가지 형태로 사중으로 영원한 원을 그리고 달리며 만물에 자양분을 공급해 주는 너희 원소들아,[2] 끝없이 변화하여 늘 새롭게 우리의 크신 조물주를 찬미하라.

어스름하거나 잿빛 띤 작은 산들이나 물 흐르는 호수에서 이제 막

---

1 이미 언급된 달과 태양을 제외한 "다른 다섯 행성"은 화성, 목성, 수성, 토성, 금성이다. 이 행성들의 움직임은 천체들의 음악을 낳았고, 타락하기 이전의 아담과 하와는 이 음악을 들을 수 있었다.

2 "원소들"은 공기, 흙, 물, 불인데, 이 네 가지 원소들이 움직이며 서로 결합해서 만물을 만들어내기 때문에 여기에서는 "사중으로 달린다"고 표현되고, 원소들의 결합과 해체는 영원히 계속되기 때문에 "영원한 원을 그린다"고 표현된다.

피어오르는 너희 안개들과 수증기들이여, 태양이 너희의 양털 같이 폭신폭신한 끝자락들을 황금으로 접촉할 때까지, 위대한 창조주를 기려 피어올라서, 무채색의 창공을 구름들로 덮든, 목마른 대지를 떨어지는 비로 촉촉이 적시든, 올라갈 때나 내려올 때나 끊임없이 하나님을 찬미하라.

사방에서 불어오는 너희 바람들아, 부드러운 소리로든 큰 소리로든 하나님을 찬미하라. 너희 소나무들아, 다른 모든 나무들과 함께 너희의 꼭대기들을 물결처럼 흔들어서, 너희가 하나님을 경배함을 보이거라. 끊임없이 졸졸거리며 흘러서 화음을 넣어 노래하는 너희 샘들과 시내들아, 너희의 재잘거리는 운율로 하나님을 찬미하라.

너희 모든 살아 있는 것들아, 목소리를 합하여 찬미하고, 너희 새들아, 너희의 날개와 지저귀는 노랫소리에 찬송을 싣고 천국 문까지 날아올라 하나님을 찬미하라. 바다 속을 날렵하게 헤엄쳐 다니는 너희와, 땅 위를 당당하게 활보하거나 비천하게 기어다니는 너희야, 내가 침묵하는 경우에, 아침이나 저녁, 산들과 골짜기들, 샘들과 숲들이 내 대신 노래하며 하나님을 찬미하는 법을 배우나 안 배우나 보라.

우리에게 오직 좋은 것만을 주시고 늘 차고 넘치게 주시는 만유의 주여, 찬미를 받으십시오. 혹시라도 밤이 악한 것들을 모았거나 숨겼다면, 지금 빛이 어둠을 쫓아내고 있듯이, 그것들을 흩어버리십시오."

그들이 자신들의 순진무구함 속에서 이렇게 기도하자, 이내 그들의 마음에는 견고한 평화와 익숙한 고요함이 회복되었다. 기도를 마친 그들은 감미로운 이슬과 꽃들 사이로, 자신들이 아침에 해야 할 일들이 있는 들과 숲으로 서둘러갔다. 과실수들의 가지가 무성하게 자라서 지나치게 멀리까지 뻗어 있는 경우에는, 아무런 열매도 맺지 못하는 가운데 가지들만 자라는 것을 막기 위해 그들의 손길이 필요했고,

포도나무를 이끌어 느릅나무와 짝지어 주어서, 신부인 포도나무로 하여금 신랑인 느릅나무를 포옹하게 하여, 그녀의 풍성한 포도 다발들로 그의 열매 맺지 못하는 잎사귀들을 장식하게 해줄 필요도 있었다.

하늘의 높으신 왕은 두 사람이 일하는 것을 지켜보시다가 그들을 불쌍히 여기셔서, 토비아를 데려가서 일곱 번 결혼한 여자와 맺어 주는 일을 기꺼이 도맡아 했을 만큼 사교성이 좋은 천사인 라파엘을 불러서 이렇게 말했다.

"라파엘아, 사탄이 지옥의 어두운 심연을 빠져나와 지구로 와서 낙원에서 어떤 소동을 일으켰는지, 그리고 어떻게 그가 지난밤에 낙원의 두 사람을 뒤흔들어서 무너뜨림으로써 온 인류를 일거에 파멸시키려고 했었는지를 너도 들었을 것이다.

그러니 아담에게로 가서, 마치 친구들끼리 대화하듯이 반나절을 그와 얘기를 나누어라. 아담은 정오의 열기를 피하여 자신의 거처나 그늘로 물러나서, 음식을 먹거나 한가롭게 쉼으로써, 아침나절의 노동으로 인한 피로를 풀고 있을 것이다. 그가 지금 얼마나 행복하고 복된 삶을 살고 있는지를 깨달을 수 있도록 이런저런 얘기를 들려주어라. 그리고 그에게는 자유의지가 있고, 그의 행복은 전적으로 그 자신의 자유로운 의지에 달려 있고, 그의 의지는 자유롭기는 하지만 변할 수 있는 것이기 때문에, 지나치게 자신만만하면 그의 삶도 언제든지 바뀔 수 있는 것이니 조심해야 한다고 경고해 주어라.

아울러 그에게 위험이 닥쳐오고 있다는 것과 그 위험이 누구로부터 오는지도 말해 주어라. 최근에 하늘에서 떨어진 어떤 원수가 다른 자들을 지극히 복된 삶으로부터 떨어져서 자기와 똑같은 처지가 되게 하려고 지금 음모를 꾸미고 있다는 얘기를 해주어라. 그가 폭력으로 이 일을 이루고자 한다면 막아낼 수 있겠지만, 속임수와 거짓말로 이 일을 시도할 것이니, 이것도 아담에게 알려주어서, 자신이 의도적으로 범죄해 놓고도, 마치 미리 주의와 경고를 받지 못해서 기습적으로 당한 것인 체하지 못하게 하라."

영원하신 아버지께서는 이렇게 말함으로써 모든 의를 이루었다.

화염의 모습을 한 천상의 수천의 천사들 사이에서 화려하고 장엄한 날개로 자신의 얼굴을 가리고 선 채로 하나님의 명령을 받은 날개 달린 천사 라파엘은 조금도 지체함이 없이 즉시 가볍게 날아올라서 하늘 한복판을 가로질러 갔다. 하늘의 성가대가 좌우 양편으로 갈라서서 비켜섰고, 그는 하늘의 모든 길들을 거침없이 돌파해 신속하게 날아가서 천국 문에 도착하니, 최고의 건축가이신 하나님이 직접 설계하고 만드신 작품답게, 황금으로 된 축들이 저절로 돌아가며 활짝 열렸다.

천국 문을 나서자, 그의 시야를 가로막는 구름이나 별이 전혀 없어서, 아무리 작은 것도 모든 것이 그의 눈에 들어왔기 때문에, 다른 빛나는 구체들과 마찬가지로 지구도 보였고, 모든 산들이 삼나무로 뒤덮여 있는 하나님의 동산도 보였는데, 밤에 갈릴레오의 망원경으로 달에 있는 상상 속의 땅들과 지역들을 희미하게 보는 것 같기도 했고, 또는 배의 조타수가 키클라데스 제도[3] 한가운데서 처음으로 델로스 섬이나 사모스

---

3 "키클라데스 제도"는 에게 해 남쪽에 있는 원 모양으로 이루어진 한 무리의 섬들이다. "델로스 섬"은 에게 해의 그리스령 키클라데스 제도의 중앙에 있는 가장 작은 섬이다. 하지만 그리스 신화의 태양 신 아폴론 신앙의 중심지이자 국제 무역항으로, 그리고 페르시아에 맞선 해상동맹의 본거지로 고대 그리스에서 중요한 역할을 담당했다. 이 작은 섬이 고대 그리스에서 종교와 정치, 경제적으로 중요한 역할을 할 수 있었던 것은 그리스 신화 덕분이다. 신화에 따르면 제우스 신의 애인이었던 여신 레토가 헤라 여신의 질투로 출산할 곳을 찾아 헤매다가 이곳에서 아폴론과 아르테미스를 낳았다고 한다. 이 때문에 고대 그리스인들은 델

섬이 구름 한 점 같은 모습으로 나타나는 것을 보는 것 같기도 했다.

라파엘은 몸을 앞으로 구푸리고서 무한히 뻗어 있는 우주의 하늘 속에서 별과 별 사이를 유영하듯이 그곳을 향하여 신속하게 날다가, 이 번에는 날개를 평평히 하여 극동풍極東風에 몸을 싣고 날아간 후에, 묵 직한 공기를 빠른 날갯짓으로 키질해서, 독수리들이 날아오를 수 있 는 가장 높은 고도 내로 진입하니, 모든 새들에게 그는 세상에 하나밖 에 없는 새인 불사조⁴로 보였으리라. 불사조는 자신의 유해를 태양신 의 찬란한 신전에 두기 위해 이집트의 테베로 날아갔을 때, 모든 새들 이 눈이 휘둥그레져서 바라보았다던 바로 그 새가 아니던가.

그는 이내 낙원의 동쪽 절벽에 안착해서, 자신의 본래의 모습인 날 개 달린 스랍 천사로 되돌아갔다. 여섯 개의 날개는 그의 천상의 형체 를 가리고 있었는데, 각각의 넓은 어깨에서 돋아나서 가슴을 가리고 있 는 두 날개는 흡사 제왕의 장식물 같았고, 가운데 있는 두 날개는 마치 별들로 이루어진 띠처럼 그의 허리를 두르고 있어서, 하늘의 빛으로 물 들인 황금 깃털로 짠 치마가 허리부터 넓적다리까지를 감싸고 있는 것 같았으며, 나머지 두 날개는 발꿈치에서 시작해서 그의 두 발 전체를 하

로스 섬을 신성한 곳으로 여겼고 아폴론 숭배의 중심지로 만들었다. "사모스 섬"은 그리스 동부 에게 해에 있는 섬으로서 소아시아의 터키에 가장 가깝다. 이 섬은 "키클라데스 제도" 가 아니라 "포라데스 제도"에 속한 섬이다.

4 "불사조"는 신화에 나오는 유일무이한 새로서, 오백 년 동안 살다가 불에 타 죽고나면, 그 재에서 다시 아기 새가 생겨나서 자신의 아비 새의 유해를 이집트의 헬리오폴리스에 있는 태양신의 신전으로 가져가서 안치했는데, 이때 그 날아가는 모습이 너무나 아름다워서 모든 새들이 넋을 놓고 바라보았다고 한다. 이 새의 몸은 독수리 정도의 크기로, 머리에는 공작의 것보다 더 큰 깃털 장식이 달려 있다. 또한 양 날개는 자줏빛 내지 붉은 금빛이고 꼬리 부분 은 노란색, 녹색, 붉은색이 화려한 조화를 이루고 있다. 이 새는 태양을 등지고 있을 때 가 장 아름다운데, 빛을 받으면 진홍색 깃털들이 또 하나의 태양이 타오르는 것처럼 보이기 때 문이라고 한다. 죽은 뒤 다시 태어나는 것을 끊임없이 되풀이한다고 하여 불사조라 불렸다.

늘빛으로 물든 깃털 갑옷으로 가리고 있었다. 마이아의 아들 헤르메스[5]처럼 서서 깃털을 흔들자, 천상의 향기가 사방으로 넓게 퍼져 나갔다.

에덴 동산에서 경비를 서고 있던 모든 천사들이 즉시 그를 알아보고, 그가 하나님의 어떤 중요한 전갈을 가져왔음을 직감하고서, 일어나서 그의 신분과 그가 수행하는 소임에 경의를 표했다. 그는 그들의 빛나는 막사를 지나고, 몰약과 계피와 감송과 박하의 향기를 풍기는 숲들, 그리고 달콤한 원시림을 거쳐서, 지극히 복된 들로 나아갔다. 자연은 한창 때인 양 처녀가 할 수 있는 모든 달콤한 공상들을 마음껏 펼쳐서, 인위적인 규범이나 기교로는 상상조차 할 수 없을 정도로 방자하다 싶을 만큼 자신의 청춘을 거침없이 발산하여 쏟아낸다. 너무나 지극히 복된 광경이다.

지금은 높이 떠오른 해가 아담이 필요로 하는 것 이상으로 뜨거워져서 자신의 작열하는 빛줄기들을 아래로 곧장 쏟아 부어, 대지 속 깊숙한 곳에 자리 잡은 자궁까지도 따뜻하게 데우고 있었기 때문에, 아담은 자신의 시원한 거처 문 앞에 앉아 있었고, 그래서 향기로운 숲을 통과하여 가까이 오고 있는 라파엘을 알아볼 수 있었다. 안에서는 하와가 때맞춰 점심 식사로 맛있는 과일들을 준비하고 있었는데, 이는 한편으로는 갈증이 날 때마다 우유나 딸기나 포도로 만들어서 마시는 달콤한 음료들이 질려서 싫어지지 않게 하고, 다른 한편으로는 참된 입맛을 돋우기 위한 것이었다.

---

5 "헤르메스"는 제우스와 티탄 아틀라스의 딸 마이아 사이에서 태어난 전령의 신으로서, 날개 달린 모자를 쓰고 날개 달린 신을 신고 두 마리 뱀이 감겨 있는 독수리 날개가 달린 지팡이를 들고 있다.

아담이 하와를 부르며 이렇게 말했다.

"하와여, 빨리 나와 보시오. 동쪽 숲의 나무들 사이로 어떤 영광스러운 형체를 한 이가 이쪽으로 오고 있는데, 당신도 보아야 할 것 같소. 그 모습이 마치 대낮에 다시 한 번 찾아온 아침 같구려. 아마도 하늘로부터의 특명을 가지고 우리에게 오는 모양이오. 오늘 우리가 대접해야 할 손님일지도 모르니, 빨리 가서 그대가 저장해 놓은 것들을 다 내와서, 하늘에서 온 손님에 합당한 예우로 그를 풍성하고 융숭하게 환대합시다. 우리에게 좋은 것들을 주신 이들에게 그들 자신의 것들을 다시 돌려 드리는 것은 당연하고, 풍성하게 받았으니 풍성하게 돌려 드리는 것도 당연한 일이 아니겠소. 자연은 계속해서 생육하고 번성하여 차고 넘치게 열매를 맺고, 그 열매들을 부지런히 따주어야 더 많은 열매를 맺을 수 있으니, 이것은 우리에게 인색하지 말라고 교훈하는 것이 아니겠소."

그러자 하와는 이렇게 화답했다.

"하나님이 신성한 흙으로 모양을 만들어서 생기를 불어 넣어 지은 아담이여, 먹을 것들이 사시사철 다 익은 채로 나뭇가지들에 주렁주렁 매달려 있으니, 저장해 놓은 것들이 얼마 되지 않는 것이 무슨 상관이 있겠어요. 단지 불필요한 수분을 증발시키고 딱딱하게 건조시켜야만 자양분을 얻을 수 있는 것들만을 조금 저장해 놓는 것일 뿐이지요. 지금 서둘러 숲으로 가서 가장 맛있는 즙을 풍부히 지닌 열매를 맺는 나무들에서 최상품의 과일들을 따서 우리의 손님인 천사를 대접할게요. 그러면 그 천사는 틀림없이 하나님이 여기 이 땅에도 천국에서와 마찬가지로 차고 넘치는 은총을 베푸셨다고 고백할 거예요."

하와는 이렇게 말한 후에 빨리 서둘러야겠다는 표정으로 황급히 발길을 옮기면서, 손님을 어떻게 대접할지에 온통 몰두해서, 최고로 맛있

"빨리 나와 보시오. 동쪽 숲의 나무들 사이로 어떤 영광스러운 형체를 한 이가
이쪽으로 오고 있소."

는 식탁을 차리기 위해서는 어떤 것들을 선택해서 내어놓아야 하는지, 그리고 마구잡이로 아무렇게나 내어놓으면 서로 잘 조화가 되지 않아서 맛을 버리게 되니, 각각의 음식들이 가장 자연스럽게 어우러져서 맛이 극대화되게 하려면 어떤 순서로 변화를 주어 내어놓아야 하는지를 골똘히 생각했다.

그런 후에 만물을 낳는 어머니인 대지가 동쪽과 서쪽의 인도에서, 또는 지중해 연안에서, 또는 폰투스와 아프리카 북쪽 연안에서, 또는 알키노오스가 다스리던 곳에서 내어주는 온갖 과일들,[6] 곧 거칠거나 부드러운 껍질, 수염이 달린 껍데기, 단단한 깍지 속에 과육을 품고 있는 이런저런 과일들을 연한 나뭇가지들에서 따서, 마치 많은 공물을 바치듯이, 후한 손으로 상 위에 푸짐하게 수북이 쌓아 놓는다. 그리고 포도를 부수어서는 발효되지 않아 취할 염려가 없는 포도주를 만들고, 딸기들을 많이 모아 짓이겨서 달콤한 음료를 만들며, 맛있는 견과류들을 부수고 물과 섞어 달콤한 수프도 만들어서, 깨끗하고 아담한 그릇들에 담아 상 위에 올린 후에, 땅에는 장미와 향기로운 풀들을 뿌려, 자연스럽고 은은한 향기가 올라오게 한다.

한편 우리의 최초의 위대한 시조는 하나님 같은 손님을 마중나가는데, 시종 하나 없이 혼자 걸어가는 그 자체로 완벽한 그의 모습 속에는 그의 신분과 모든 당당함이 깃들어 있어서, 왕이 행차할 때 그를 수행하기 위해 황금빛으로 도배한 말들을 탄 시종들과 마부들이 이루는 화려하고 긴 행렬이 무리들을 눈부시게 하고 어안이 벙벙하여 입이

---

6 "폰투스"는 사해의 남쪽 연안으로 견과류와 과실들의 산지로 유명했고, 지중해의 "아프리카 북쪽 연안," 특히 카르타고는 무화과의 산지로 유명했다. "알키노오스가 다스리던 곳"은 신화에 나오는 스케리아 섬을 가리키는데, 호메로스는 『오디세이아』에서 그곳에서는 사시사철 온갖 과실들이 풍성하게 산출되었다고 말한다.

다물어지지 않게 할 때보다도 더 위엄 있고 장엄하다. 아담은 두려워하는 마음이 아니라, 윗사람을 대하듯 공경하는 마음으로 겸손하고 공손하게 라파엘에게 다가가서 허리를 굽혀 절한 후에 이렇게 말했다.

"하늘의 거민이시여, 천국 외에는 당신과 같은 그러한 영광스러운 형체를 담아낼 수 있는 다른 곳이 없으니, 당신은 하늘의 거민이 틀림없을 것인데, 저 위에 있는 복된 곳의 보좌를 잠시 떠나서 이렇게 왕림해 주신 것이 이곳을 영광스럽게 해주시기 위한 것이라면, 하나님이 주신 선물로 이 넓은 땅에서 살아가게 된 우리 두 사람과 함께 저기 있는 저 그늘진 우리의 처소로 가서, 한낮의 열기가 지나고 해가 기울어서 좀 더 시원해질 때까지, 동산에서 나는 좋은 것들을 드시며 쉬다 가십시오."

그러자 저 고결한 천사는 온화한 음성으로 이렇게 대답했다.

"아담아, 내가 온 목적도 그런 것이다. 네가 이런 모습으로 지음을 받아서, 여기 이런 곳에 살고 있으니, 하늘의 천사들을 가끔씩 초대하거나, 또는 직접 찾아온다고 해도, 교제하기에 손색이 없으리라. 그러므로 지금부터 해가 질 때까지는 나의 시간을 마음대로 쓸 수 있으니, 그늘진 곳에 있는 너의 거처로 나를 안내하라."

이렇게 해서 아담과 라파엘은 우거진 숲 속에 자리 잡은 둘만의 처소, 곧 꽃들로 뒤덮이고 달콤한 향기가 피어나는 가운데 미소 짓고 있는, 꽃과 과실의 여신 포모나의 거처 같은 곳으로 갔다. 문 앞에는 아무것도 걸치지 않고 아무런 치장도 하지 않은 나신 그대로였지만, 숲의 요정보다 더 아름답고, 이다 산에서 벌거벗은 채로 누가 더 아름다운지를 겨루었다는 세 여신들[7] 중에서 가장 아름다운 이로 뽑힌 여신보

---

7   "이다 산"은 소아시아의 프리기아에 있는 산 이름이다. 거기에 열린 트로이 전쟁의 영웅 아킬레우스의 아버지인 펠레우스와 해신 네레우스의 딸 테티스의 결혼식에 올림포스의 모든

다 더 아름다운 하와가 하늘에서 온 손님을 맞이하기 위해 서 있었다. 미덕으로 무장되었으니 자신을 가릴 것이 필요하지 않았고, 허약한 생각이 끼어들 여지가 없었으니 수치심을 느낄 이유도 없어서 뺨을 붉힐 필요도 없었다. 라파엘은 하와를 보자, 훗날에 제2의 하와인 저 복된 마리아가 받았던 바로 그 거룩한 인사말을 건넸다.

"인류의 어머니여, 복 있으라. 너의 다산의 태가 네가 하나님의 나무들에서 따서 식탁에 수북이 쌓아 놓은 이 각양 과일들보다 더 많은 자손들로 이 세상을 가득 채우게 되리라."

그들의 식탁은 풀이 가득한 뗏장을 쌓아 올려서 만들어진 것이었고, 그 둘레에는 이끼가 덮인 의자들이 놓여 있었다. 이곳은 봄과 가을이 서로 손잡고 춤을 추는 곳이긴 했지만, 가을의 온갖 소산들이 그 널다란 직사각형 식탁 위를 한 쪽 끝에서 다른 쪽 끝까지 점령하고 있었다. 음식이 식는 것을 걱정할 필요가 없었기 때문에, 셋이 함께 잠시 대화를 나누었는데, 우리의 시조가 먼저 이렇게 운을 뗐다.

"하늘에서 오신 손님이시여, 온갖 완전하고 좋은 것들을 한량없이 베풀어 주셔서 우리를 먹이시는 분이 우리의 양식과 기쁨을 위해 땅으로 하여금 내게 하신 이 은총의 선물들을 부디 한 번 맛보아 주십시오. 이것들이 천사들에게는 맛없는 음식일 수도 있겠지만, 모든 것을 주시는 분은 하늘의 한 분 아버지시라는 것만은 내가 알고 있습니다."

라파엘이 대답했다.

신들이 초대되었지만, 오직 불화의 여신 에리스만 초대 받지 못했다. 분노한 에리스는 불청객으로 결혼식에 찾아가 "가장 아름다운 여인에게 바친다"는 글귀가 새겨진 황금사과를 연회석에 던졌고, 세 여신 아테나, 헤라, 아프로디테가 "가장 아름다운 이에게"라고 씌어진 불화의 황금 사과를 얻기 위해 벌거벗은 채로 경쟁했다고 한다. 트로이 왕자 파리스는 아프로디테를 가장 아름다운 여신으로 택하였고, 그 대가로 최고의 미녀 헬레네를 얻었지만, 이것은 나중에 헬레네를 둘러싼 트로이 전쟁으로 이어졌다.

"영원히 찬송 받으실 하나님이 부분적으로는 영적인 존재인 인간에게 주시는 것들은 순수한 영들인 천사들에게도 합당한 음식이리라. 이성적인 존재인 인간에게와 마찬가지로, 순전히 지적인 존재인 천사들에게도 똑같이 음식이 필요하다. 인간이나 천사나 그 내부에는 듣고 보고 냄새 맡고 만지고 맛보는 것을 담당하는 온갖 하급의 감각 기관들이 있어서, 먹고 섞고 소화시키고 흡수해서 유형적인 것들을 무형적인 것으로 바꾸어 사용한다.

그러므로 너는 모든 피조된 것들을 먹이고 부양할 필요가 있다는 것을 알아야 한다. 원소들 중에서는 더 조악한 것들이 더 순수한 것들을 먹이고, 흙은 물을 먹이며, 흙과 물은 공기를 먹이고, 공기는 먼저 가장 낮은 곳에 있는 달에서 시작해서 저 하늘의 불들을 먹인다. 따라서 달의 둥근 얼굴에 나 있는 저 반점들은 달을 이루는 실체로 아직 변화되지 않고 남아 있는 수증기들이다. 달은 수증기를 품은 자신의 땅으로부터 더 높이 있는 천체들에게로 자양분을 보낸다. 태양은 만물에 빛을 나눠주어 자양분을 공급해 주는 대가로 만물에게서 수증기를 받고, 저녁이 되면 대양과 함께 만찬을 즐긴다.

천국에서는 생명나무에 천상의 열매가 맺히고, 포도나무에서는 천사들이 마시는 생명의 술이 나오며, 나뭇가지들에서는 아침마다 감로甘露가 떨어져서, 진주 같은 알갱이들로 땅이 뒤덮이게 되지만, 하나님은 이곳에는 천국과는 다른 새로운 좋고 기쁜 선물들을 풍성하게 주셔서 너희로 하여금 누리게 하셔서, 이곳을 천국과 견줄 만한 곳이 되게 하셨으니, 내가 이 음식을 좋아하지 않을 것이라고 생각하지 말아라."

이런 대화가 오간 후에, 그들은 앉아서 음식을 먹기 시작했다. 신학자들의 일반적인 설명과는 달리, 라파엘은 단지 실제로는 먹지 않으면서 먹는 체하거나 눈속임을 한 것이 아니라, 정말 허기져서 허겁지겁

라파엘 천사와 아담과 하와.
(윌리엄 블레이크 作)

먹고 소화시켜서 필요한 정도만큼 유형의 것들을 무형의 것으로 변화시키고, 그 나머지는 영체인 그에게서 쉽게 배출되었다. 노련한 연금술사가 거무스름한 숯들로 피운 불을 사용해서, 불순물들이 잔뜩 섞인 광석 덩어리를 마치 금광에서 방금 캔 듯한 순금으로 변화시키는 것이 가능하고 이상한 일이 아니라면, 이것도 마찬가지다.

식탁에서는 하와가 벌거벗은 채로 시중을 들며, 그들의 잔에 맛있는 음료를 흘러넘칠 정도로 가득 채웠다. 오, 낙원에 어울리는 순진무구함이여. 하나님의 아들들이 하와의 모습을 보고 반하여 연모에 빠지게 되었다면, 바로 이때였으리라. 하지만 그 자리에 있던 세 사람의 마음을 지배하고 있던 것은 음욕이라는 것을 모르는 사랑이었고, 상처 받은 연인의 지옥이라는 질투심도 알지 못했다.

이렇게 지나치지 않으면서도 적당히 충분하게 먹고 마시고나자, 이 소중한 만남이 만들어 준 기회를 놓치지 말고, 자기가 사는 세계 위에서 일어나는 일들과 하늘에서 살아가는 자들에 관해 물어보아야겠다는 생각이 돌연 아담의 뇌리를 스쳤다. 그들이 자기보다 한참이나 탁월한 존재들이라는 것, 그리고 그들의 빛나는 형상, 천상의 신성한 광채, 인간보다 훨씬 뛰어난 능력을 이미 알고 있었기 때문이었다. 그래서 아담은 이 하늘의 사자에게 조심스럽게 이렇게 말을 꺼냈다.

"하나님과 함께 살아가시는 이여, 당신이 인간이 살아가는 이 누추한 곳의 지붕 아래로 기꺼이 들어오셔서, 천사들의 음식도 아닌 이 땅의 열매들을 잡수실 뿐만 아니라, 천국의 고귀한 잔치들에서 드실 때보다도 더 맛있게 잡수심으로써 우리를 이렇게 예우해 주시는 것을 보니, 내가 이제야 당신이 우리에게 베푸신 은총을 잘 알겠습니다. 하지만 천국에서 열리는 잔치와 어떻게 감히 비교할 수 있겠습니까."

날개 달린 천사장 라파엘은 대답했다.

"아담아, 한 분 유일하신 전능자가 계셔서, 그에게서 만물이 나오고, 모든 것이 완전하게 창조되었기 때문에, 선에서 벗어나 타락하지만 않는다면 언젠가는 다시 그에게로 돌아가게 되어 있단다. 만물을 창조하는 재료가 된 최초의 물질은 하나인데, 하나님은 그 물질로 다양한 형태와 내용물을 지닌 피조물들을 창조하시고, 생물들에는 다양한 수명의 생명을 주셔서, 몸을 지닌 것으로부터 순수한 영에 이르기까지 각각의 피조물을 여러 구역들에 두셨는데, 더 고귀하고 신령하며 순수한 존재일수록 그와 더 가까운 곳에 두시거나 그를 더 가까이에서 모실 수 있게 하셨고, 몸을 지닌 것들도 각각의 종류에 따른 한계 내에서 점점 영으로 승화될 수 있게 하셨지.

그래서 뿌리로부터는 좀 더 가벼운 푸른 줄기가 나오고, 푸른 줄기로부터는 더 가벼운 잎들이 나와서, 마지막으로는 빛나는 꽃으로 완성되어 향기로운 기운을 발산한단다. 그리고 꽃들과, 인간의 자양분이 되는 그 열매들은 점진적인 단계들을 거쳐서 생명의 기운으로 승화되어서, 동물 및 지성을 지닌 존재인 인간과 천사에게 생명과 감각과 상상과 오성을 주고, 영혼은 거기로부터 이성을 받는데, 이성은 추론적인 것이든 직관적인 것이든 영혼을 영혼답게 만드는 것이지. 추론은 흔히 너희의 것이고, 직관은 대체로 우리의 것이지만, 정도에 있어서 차이가 있을 뿐, 동일한 종류의 것들이지. 그러므로 하나님이 너희에게 유익한 것으로 주신 것을 내가 거부하지 않고, 너희가 그런 것처럼 나도 그것을 내게 필요한 것으로 변화시켜 내 것으로 만드는 것은 전혀 이상한 일이 아니니 이상히 여기지 말라.

언젠가는 사람들이 천사들이 먹는 것과 똑같은 음식을 앞에 두고서도, 인간이 먹을 수 없는 것이라거나 먹는 것 같지도 않다고 여기지 않게 될 날이 올 것이다. 너희가 너희를 낳은 분에게 순종함으로써, 그가

"아담아, 한 분 유일하신 전능자가 계셔서, 그에게서 만물이 나왔다."

너희에게 베풀어 주시는 사랑을 온전히 변함없이 굳건하게 유지하기만 한다면, 이런 유형적인 자양분들을 통해 아마도 시간이 흐르면서 너희의 몸이 결국에는 모두 영체로 변화되어, 우리처럼 날개가 생겨서 하늘로 올라갈 수 있게 되어, 너희의 선택에 따라 여기에서는 물론이고 하늘의 낙원에서도 살 수 있게 되리라. 하지만 그렇게 될 때까지는 그런 것을 바랄 수 없으니, 지금 너희에게 주어진 복된 상태에서 너희가 누릴 수 있는 최대한의 행복을 누리면 될 것이다."

인류의 시조는 라파엘에게 이렇게 대답했다.

"오, 은혜롭고 자비로운 천사이자 상서로운 손님이시여, 당신은 자연의 중심부로부터 주변부에 이르기까지 어떠한 체계로 운행되고 있는지를 보여주심으로써, 우리의 지식을 바르게 인도해 주시고, 우리가 어떤 길로 나아가야 하는지를 잘 가르쳐 주셨으니, 이제 우리는 그 지식을 기반으로 해서 피조물들을 관조하여 여러 정해진 단계를 밟아 하나님께로 올라갈 수 있게 되었습니다. 하지만 '너희가 순종한다면'이라는 조건을 붙이심으로써, 우리에게 경고하고자 하시는 것이 무엇인지 말씀해 주십시오. 하나님은 흙에서 우리를 지으신 후에 이곳에 두시고서, 인간이 원하고 구하며 생각할 수 있는 온갖 지극한 복들을 최대한으로 누릴 수 있게 해주신 분인데, 어떻게 우리가 그분에게 불순종하거나, 우리에 대한 그분의 사랑을 거절하는 일이 일어날 수 있겠습니까."

천사가 아담에게 말했다.

"하늘과 땅의 아들아, 귀 기울여 들어보아라. 네가 행복하게 살아갈 수 있는 것은 전적으로 하나님의 은택으로 말미암는 것이지만, 그런 행복한 삶을 유지하는 것은 네 자신, 그러니까 너의 순종에 달려 있다. 그러니 순종에서 흔들림 없이 견고히 서 있거라. 내가 '너희가 순종한다면'이라는 말을 덧붙임으로써 경고하고자 한 것은 바로 그것이니, 너는 나의 이 말을 깊이 새기거라.

하나님은 너를 완전한 자로 지으셨지만, 언제까지나 영원히 변하지 않는 자로 지으신 것은 아니다. 또한 하나님은 너를 선한 존재로 지으시긴 했지만, 너의 의지를 도저히 빠져나올 수 없는 운명이나 반드시 이루어지는 필연에 의해 지배되지 않고, 도리어 본성적으로 자유롭게 만드심으로써, 그 선한 상태를 유지해 나가는 것은 너의 몫으로 남겨두셨다. 하나님은 우리가 어쩔 수 없어서가 아니라 자발적으로 섬기기를 원하시고, 억지로 드리는 우리의 섬김은 받지도 않으시며, 우리의 섬김이 진정으로 자발적인 것인지도 알고자 하시기 때문이다. 만일 우리의 마음이 자유롭지 않아서, 오로지 운명이 정해준 것들만을 행해야 하고, 다른 선택의 여지가 없다고 한다면, 우리가 자발적으로 섬기는 것인지 아닌지를 어떻게 알 수 있겠느냐.

하나님의 보좌 앞에 서서 섬기는 나를 비롯한 모든 천군천사들도 하나님께 순종을 드리는 동안에만 복된 상태가 유지되는 것은 너희와 마찬가지다. 우리의 복된 삶을 보증해 줄 다른 것은 아무것도 없다. 사랑하는 것이나 사랑하지 않는 것이 우리의 의지에 달려 있으니, 우리는 자유의지로 하나님을 사랑하기 때문에 누가 강요하지 않아도 자발적으로 하나님을 섬기는 것이다. 우리가 서거나 추락하는 것이 거기에 달려 있어서, 어떤 자들은 불순종에 빠져서 천국에서 저 깊은 지옥으로 떨어졌다. 오, 그들은 지극히 고귀하고 복된 상태로부터 지독한 저주와 화만이 있는 상태로 추락하고 만 것이지!"

우리의 위대한 시조가 라파엘에게 말했다.

"하늘에서 온 거룩한 스승이여, 그룹 천사들이 밤에 근방의 산에서 노래할 때 울려 퍼지는 하늘의 맑은 가락을 들을 때보다도 더 큰 기쁨으로 당신의 말씀을 귀 기울여 잘 들었습니다. 우리가 의지와 행위에 있어서 자유롭게 지음받았다는 것은 익히 잘 알고 있지만, 우리를 지으신 이를 사랑하고, 그가 우리에게 주신 지극히 의로운 저 하나의 명령에 순종해야 한다는 것을 절대로 잊지 말자고, 마음속으로 끊임없이 다짐해 왔고, 지금도 여전히 그렇게 다짐하고 있습니다.

그래서 당신이 최근에 하늘에서 일어났다고 말하신 저 불순종의 사건이 내게는 더더욱 의아한 일로 여겨져서 의심이 가시지 않으니, 반대하지 않으신다면 그 일에 대해 좀 더 자세한 얘기를 듣고 싶습니다. 그 사건은 너무나 이례적인 일이어서, 거룩한 침묵을 지키는 가운데 잠잠히 들을 만한 가치가 있어 보입니다. 태양이 자신의 여정의 절반도 끝내지 않아서, 하늘에 나 있는 자신의 저 위대한 길인 황도의 나머지 절반에 채 발을 들여놓지도 않았으니, 아직도 낮 시간은 충분히 남아 있으니까요."

아담이 이렇게 요청하자, 라파엘은 잠시 생각하는 것 같더니 이내 그의 요청을 받아들여 얘기를 시작했다.

"사람들 중에서 최초인 자여, 너는 내게 정말 무리한 요구를 하는구나. 그 일은 서글픈 이야기이기도 하고, 말로 표현하기 어려운 이야기이기도 하다. 눈에는 보이지 않는 천사들 간의 치열한 싸움을 인간이 이해할 수 있게 설명해야 하는 것인데 어찌 어렵지 않겠으며, 전에 타락하지 않았을 때에는 그토록 영광스럽고 완전했던 자들이 무수히 많이 결국 파멸로 떨어지고 말았는데 어찌 서글프고 참담하지 않겠느냐. 또한 누설해서는 안 되는 다른 세계의 비밀을 말해 주는 것이 불법이 될 수도 있지 않겠느냐. 하지만 너희의 유익을 위해 그렇게 해보겠다. 땅은 하늘의 그림자여서, 하늘에서 일어나는 일들과 땅에서 일어나는 일들은 땅에서 생각하는 것보다 더 서로 비슷하기는 하지만, 영적인 세계에서 일어나는 일들은 인간의 지각으로는 이해할 수 없기 때문에, 영적인 일들을 이 땅의 유형적인 것들에 빗대어서 최대한으로 표현해 보겠다.

이 세계가 아직 존재하지 않았고, 지금의 이 하늘들이 돌고 있는 가운데 지구가 그 중심에서 균형을 잡고 있는 곳을 황량한 혼돈이 지배하고 있던 때, 어느 날(시간은 영원하지만 운동과 결합되어서 현재와 과거와 미래가 생겨나고, 거기에 따라 모든 것의 지속기간이 측정된다는 점에서), 곧 모든 하늘들이 최초의 원래의 위치로 돌아가는 바로 그 날에,[8] 하늘의 모든 천군천사들이 왕명에 따라 각각 자신들의 지휘관의 통솔 아래 찬란한 대오를 갖추고서 하늘의 모든 곳으로부터 무수히 전능자의 보좌 앞에 소집되었지. 선두와 후미 사이에서는 수천만 개의 깃발들이 높이 들려 바람에 물결치고 있었는데, 서로 다른 각급 부대들의 소속과 서열을 나타내는 군기들도 보였고, 빛을 발하는 고운 천들에 열정과 사랑으로 이루어낸 혁혁한 공로들을 기념하는 글들이 찬란하게 아로새겨진 깃발들도 보였어.

이렇게 모든 천군천사들이 헤아릴 수 없이 많은 원들로 대형을 이루어 겹겹이 왕의 보좌를 에워싸고 있는 가운데, 무한자이신 성부는 지극한 복에 둘러싸인 성자를 자기 곁에 앉아 있게 하시고서는, 한가운데서 다음과 같이 말씀하셨는데, 불타는 산 같았고, 그 정상은 너무나 밝은 광채를 뿜어내어 볼 수 없었다.

'너희 빛의 아들들인 모든 천사들이여, 들으라. 보좌 천사, 통치 천사, 군주 천사, 능력 천사, 권능 천사들이여, 이후에 절대로 취소되지 않고 영원히 서게 될 나의 영을 받으라. 내가 오늘 나의 독자를 낳았고 이

---

8   플라톤을 비롯해서 고대인들은 이 세계, 즉 우주는 일정한 주기로 원래의 자리로 되돌아간다고 보았는데, 그 기간은 대략 36,000년이었다.

제 5 권   223

거룩한 산에서 기름을 부었으니, 그는 너희가 지금 보고 있는 대로 나의 오른편에 있는 이다. 그를 너희의 머리로 임명하고, 하늘에 있는 모든 자가 그에게 무릎을 꿇고 그를 주로 고백하게 할 것임을 내 자신을 걸고 맹세하였으니, 너희는 그의 위대한 섭정 아래에서 결코 분리될 수 없는 한 영혼처럼 하나가 되어 영원히 행복하게 살아가거라. 그에게 불순종하는 자는 내게 불순종하고 하나 됨을 깨뜨리는 것이니, 그 날로 나와 나의 안전에서 쫓겨나 완전한 어둠의 대심연 속으로 떨어져서, 거기에 그의 거처를 정하고 다시는 거기에서 나오지 못하고 영원토록 머물게 되리라.'

전능자가 이렇게 말씀하셨을 때, 거기 모인 모든 천군천사들이 다 기뻐하는 듯이 보였지만, 겉으로 그렇게 보였을 뿐이고, 모두가 기뻐한 것은 아니었지. 그날도 다른 축일들과 마찬가지로 성산 주위에서 노래하고 춤추며 보냈는데, 그 신비한 춤은 중구난방으로 흩어졌다가는 다시 서로 모여들어 얽히고설키는 것을 반복하며 기이한 광경을 연출했지만, 그 모습은 저 하늘들에서 무수히 많은 행성들과 항성들이 각자의 궤도를 따라 운행하는 것과 흡사해서, 가장 제멋대로 움직이는 것 같고 질서가 없어 보일 때가 사실은 가장 질서정연했지. 그들이 이렇게 마치 한 영혼이 된 것처럼 서로 어우러져 거룩한 춤을 추며 천상의 아름다운 노래를 부르는 것이 너무나 듣기가 좋아서, 하나님도 귀 기울여 들으시며 기뻐하셨지.

저녁이 가까워지자(사실 천사들에게는 아침과 저녁의 변화가 필요하지 않지만, 단지 즐거움을 위해 천국에도 아침과 저녁이 있다), 춤을 추느라 허기가 진 모든 천군천사들이 꿀맛 같은 저녁 식사를 기다리며 원 모양으로 서자, 식탁들이 펼쳐져서, 그 위로 천사들을 위한 음식들이 홀연히 차려졌고, 진주와 다이아몬드와 황금 덩어리로 만들어진 잔들에는 천국에서 자란 극상품 포도 열매로 빚은 홍옥 빛이 나는 신의 술이 가득 부어졌지. 그들은 꽃밭 위에서 싱싱한 꽃들로 이루어진 화관을 쓰고 비스듬히 누워서 먹고 마시면서 달콤한 교제를 나누며 영생의 기쁨을 마음껏 벌컥벌컥 들이마셨어. 모든 것을 차고 넘치게 후히 베풀어 주시며 그들이 기뻐하는 것을 보시고 자신도 기뻐하시는 천국의 왕 앞에서 그들은 마음껏 먹고 마셨지만, 과도하게 폭식하는 것은 전혀 없었지.

이제 빛과 그늘을 만들어 내는 저 높은 하나님의 산으로부터 구름들이 사방으로 퍼지면서 천상의 향기로운 밤이 시작되어, 하늘의 찬란하고 밝은 얼굴이 평화롭고 은은한 노을로 바뀌고(거기에서 밤은 어두운 면포를 쓰고 오는 것이 아니다), 장밋빛 이슬이 주무시지 않으시는 하나님의 눈을 제외한 모든 눈들을 감겨서 쉬게 만들 때, 모든 천군천사들은 자신들이 속한 중대와 분대별로 무리를 지어, 둥근 지구를 평평하게 펴서 펼쳐 놓은 것보다 훨씬 더 넓은 평지(하나님의 뜰은 이 정도로 넓다) 곳곳으로 흩어져서, 생명수 강들 옆에 있는 생명나무들 사이에 임시막사를 세웠고, 순식간에 세워진 무수히 많은 천상의 막사들에서 시원한 바람을 쐬며 잠이 들었지. 오직 정해진 순번을 따라 교대로 천국의 왕의 보좌를 에워싸고 아름다운 찬송을 밤새도록 부르는 천사들만이 깨어 있을 뿐이었어.

하지만 그 밤에 깨어 있던 자가 하나 더 있었는데, 그 이름은 사탄이었고, 그는 하나님을 찬미하기 위한 목적으로 깨어 있었던 것이 전혀 아니었지. 그의 이전의 이름은 천국에서 더 이상 불려지지 않으니, 이렇게 그를 사탄이라고 부르기로 하자. 천사장들 중에서 가장 으뜸가는 지위에 있었던 것은 아니었지만, 어쨌든 천사장으로서 권세와 은총과 신분에서 대단한 존재였던 그는, 그날 위대한 성부가 하나님의 아들을 높이고 메시아 왕으로 삼아 기름을 붓는 것을 보고서는 시기심이 가득해서, 평소의 교만한 마음으로 인해 자신의 눈 앞에서 벌어지는 광경을 받아들이지 못하고, 자기가 모욕과 무시를 당했다고 생각하며 참을 수 없어 했지.

그때부터 하나님에 대해 지독한 앙심과 경멸하는 마음을 품은 사탄은, 한밤중이 되어 어둠이 조금 더 짙어져서 만유가 잠과 정적 속으로 깊이 빠져들어가자마자, 지존자의 명령을 무시하고, 보고하거나 절하지도 않은 채로 자기 휘하의 군대 전체를 철수시키기로 작정하고서, 자기 바로 아래의 지위에 있는 부하를 깨워서는 은밀하게 다음과 같이 말했지.

'나의 친애하는 동지여, 자는가. 어제 하늘의 전능자의 입에서 나온 칙령이 지금도 귓전에 생생한데, 어떻게 눈꺼풀을 닫고 잠을 청할 수 있단 말인가. 자네는 늘 내게 자네의 생각을 솔직하게 털어놓았고, 나도 자네에게 나의 생각을 숨긴 적이 없어서, 우리 둘은 깨어 있을 때 하나였는데, 자네가 잔다고 해서, 우리의 생각이 어떻게 서로 다를 수 있겠는가. 자네도 알고 있듯이, 어제 새로운 법이 반포되었지 않은가. 다스리는 자가 새로운 법을 반포하면, 섬기는 자들에게는 이런저런 새로운 생각과 예상들이 떠올라 마음이 심란해져서, 앞으로 어떤 일들이 생길지를 놓고 논의를 하게 되는 법인데, 이곳에서 그런 얘기를 나누는 것은 안전하지 않으니, 이곳을 떠야겠네.

그러니 자네가 우리 휘하의 수많은 천사들 중 우두머리들을 소집해서, 하나님이 우리의 왕으로 세우신 저 위대한 메시아께서 천국의 모든 구역들을 의기양양하게 두루 다니시며 속히 자신의 법을 시행하려고 하시니, 우리는 하나님으로부터 하달된 명령에 따라 메시아의 새로운 명령들을 받는 데 필요한 준비를 하기 위해, 희미한 밤이 자신의 그늘진 구름을 거두어들이기 전에, 우리 휘하의 모든 군기들을 앞세워 우리

의 주둔지인 북방으로 서둘러 신속하게 철군해야 한다고 말하게.'

거짓된 이 천사장은 이렇게 말함으로써, 무방비 상태로 있던 자신의 동료의 마음속에 악한 영향력을 주입하였고, 이 동료는 자기 휘하에 있는 지휘관들을 여러 명을 한꺼번에, 또는 한 명씩 호출해서, 사탄이 지시한 대로, 지존자의 명령에 따라 희미한 밤이 하늘에서 물러가서 새 날이 밝아오기 전에, 천사장의 군기를 북방으로 옮겨야 한다고 말하고서는, 그러한 명령의 이유가 무엇인지를 애매모호한 말로 나쁘게 암시하여 의구심과 분노를 불러일으킴과 동시에 그들의 충성심을 떠보았어. 하지만 하늘에서 사탄의 이름은 위대했고, 그의 지위는 높았기 때문에, 그의 휘하에 있는 모든 지휘관들은 늘 그랬던 것처럼 자신들의 위대한 사령관의 지시를 절대적인 것으로 여겨서 군소리 없이 복종했지. 이렇게 해서 그는 자신의 빼어난 용모로 마치 뭇별들을 이끄는 새벽별처럼 수많은 천군천사들을 매료시켜서, 거짓말로 천군의 삼분의 일을 끌어 모았어.

한편 가장 은밀한 생각까지도 꿰뚫어보는 영존자의 눈은 자신의 성산으로부터, 그리고 자기 앞에서 밤마다 타오르는 황금 등불이 켜져 있는 처소 안으로부터, 그 불빛과는 상관없이 반란이 획책되고 있는 것을 보았고, 그 반란이 누구에게서 시작되어, 아침의 아들들 사이에서 어떻게 퍼져 나갔으며, 어떤 무리들이 작당하여 자신의 칙령을 반대하고 있는지를 보았지. 그래서 자신의 독자에게 미소를 지으며 이렇게 말씀하셨지.

'나의 영광을 완전한 광채로 온전히 드러내 주는 자이며 나의 모든 권능의 상속자인 내 아들아, 이제 우리가 우리의 전능함과 옛적부터 신성이나 왕권에 대해 우리가 주장해 온 것들이 사실이라는 것을 어떤 식으로 확실하게 보여줄 것인지를 생각해 볼 때가 된 것 같구나. 어떤 적이 일어나서, 광활한 북방 전체에 걸쳐서 우리의 보좌와 맞먹는 자신의 보좌를 세우려고 하고 있고, 게다가 거기에 만족하지 않고, 우리의 힘이나 권세가 어느 정도인지를 시험해 보기 위해 전쟁을 준비하고 있기 때문이다. 그러니 이 위기 상황에 제대로 대처하여, 졸지에 우리에게 속한 이 높은 곳, 우리의 성소, 우리의 성산을 빼앗기는 일이 없게하기 위해서, 어서 신속하게 남은 병력을 모아 방어에 총력을 기울여야하겠으니, 이 문제를 의논해 보자.'

침착하고 고요한 표정을 하고서 형언할 수 없을 정도로 신성하고 맑은 광채가 나는 모습으로 옆에 있던 성자는 성부에게 이렇게 대답했다.

'권능의 아버지시여, 당신이 적을 조롱하시고, 태평하게 그들의 허황된 계획과 소동을 비웃으시는 것은 당연합니다. 하지만 결국 이 일은 그들이, 아버지가 그들의 교만을 잠재우기 위해서 내게 모든 왕권을 주시고 영광을 더하신 것을 보고서 증오심이 불타올라서, 과연 내가 당신의 반역자들을 진압할 수 있는 자인지, 아니면 천국에서 가장 무력한 자인지를 확인해 보려고 꾸민 것이니 내게 맡겨 주십시오.'

성자가 이렇게 말하고 있는 동안에, 사탄은 자신의 군대를 이끌고서 전속력으로 날아서 이미 성산으로부터 멀리 떨어진 곳을 지나고 있었는데, 그의 무수히 많은 군사들은 밤하늘을 수놓은 별들 같기도 했고, 태양이 모든 잎사귀들과 꽃들에 진주처럼 떨어뜨려 놓은 이슬방울들을 닮은 새벽녘의 별들 같기도 했어. 아무튼 그들은 스랍 천사들과 능력 천사들과 보좌 천사들, 이렇게 세 등급으로 나뉜 통치자들이 다스리는 영지들인 여러 구역들을 지났지. 아담아, 너의 영지가 이 동산이라면, 그들의 영지는 하나의 완전한 구체로 되어 있는 지구에 속한 모든 땅과 바다를 일렬로 늘어놓은 것과 맞먹을 정도로 넓은 지역에 걸쳐 있지.

그들은 이렇게 넓은 지역들을 지나서 마침내 북방 지역[9]에 도착했고, 사탄은 그 밝은 광채가 아주 멀리까지 비치는 산 위 높은 곳에 있는 자신의 보좌에 앉았는데, 그곳은 다이아몬드 채석장과 황금 바위를 깎아 만든 피라미드들과 망대들이 늘어서 있는 산 위에 세운 또 하나의 산 같았어. 얼마 후에 그는 자신이 모든 면에서 하나님과 대등하다고 자처하며, 모든 천군천사들이 모인 자리에서 성자가 메시아로 선포되었던 바로 그 산을 본떠, 이 위대한 루시퍼의 궁전(인간의 언어로 표현하면 이 구조물은 이런 뜻이다)을 집회의 산이라고 명명하고서, 그곳으로 오시게 될 그들의 왕인 메시아를 영접하는 큰 문제를 논의하도록 명령을 받은 것처럼 꾸며서, 자신의 모든 군대를 거기로 소집했다. 그는 이런 식으로 자신이 왕명을 받아 이 모든 것들을 진행하는 것처럼 교활한 술수로 천군천사들의 이목을 사로잡았지.

'보좌 천사, 통치 천사, 군주 천사, 능력 천사, 권능 천사들이여, 나는 그대들의 이 당당한 칭호들이 이제 단지 칭호로 전락되지 않기만을 바랄 뿐인데, 이는 왕명에 의해 어떤 이가 이제 모든 권력을 혼자 독점하고서, 기름 부음 받은 왕이라는 이름으로 우리 위에 군림하게 됨으로써, 우리는 모두 빛을 잃어버리게 되었기 때문이오. 우리가 갑자기 야밤에 서둘러서 우리의 모든 군대를 철수하여 이곳으로 달려와 이렇게 회합을 갖게 된 것도, 오직 우리에게서 무릎을 꿇고 부복하여 충성을 맹세하는 저 치욕적인 예를 받아내기 위해 이곳으로 올 그를 어떤 다

---

9 "북방 지역"은 전승에 의하면 루시퍼의 보좌가 있는 곳이다. 성경에서는 "너 아침의 아들 계명성이여 어찌 그리 하늘에서 떨어졌으며 너 열국을 엎은 자여 어찌 그리 땅에 찍혔는고 네가 네 마음에 이르기를 내가 하늘에 올라 하나님의 뭇 별 위에 내 자리를 높이리라 내가 북극 집회의 산 위에 앉으리라 가장 높은 구름에 올라가 지극히 높은 이와 같아지리라 하는도다" (이사야서 14장 12-14절)라고 말한다. 여기서 "계명성"은 새벽별, 샛별로도 불리는 "루시퍼"이고, "루시퍼"는 사탄의 별칭이다.

른 새로운 방법으로 맞이하는 것이 가장 좋을지를 논의하기 위한 것이오. 현재의 왕을 섬기는 것만으로도 너무나 버겁고 힘든데, 이제 그 왕을 꼭 닮은 그의 형상이라고 선포된 이까지 두 명을 섬겨야 한다면, 우리가 그것을 어떻게 감당할 수 있겠소. 그러니 이 멍에를 벗어 버릴 수 있는 묘안을 생각해 내서, 우리의 마음을 짓누르는 무거운 짐에서 벗어나 당당하게 살아가는 편이 더 낫지 않겠소?

그대들은 그 기름 부음 받은 왕이 메워주는 멍에를 순순히 메고, 그 앞에 비굴하게 무릎 꿇고자 하는가. 내가 그대들을 제대로 알고 있는 것이라면, 그대들은 절대로 그렇게 하지 못할 것이오. 그대들은 전에는 그 누구의 지배도 받지 않는 천국의 원주민들이자 아들들로서, 모두가 동일한 정도는 아니었을지라도 어쨌든 모두 자유로운 자들이었고, 신분과 계급이라는 것은 자유와 충돌하지 않고 얼마든지 양립할 수 있는 것이라는 점에서, 모두가 똑같이 자유로운 자들이었다는 것을 알고 있지 않는가. 그러므로 누가 권력과 영광에 있어서는 비록 열등할지라도 자유에 있어서는 동등해서 천부적인 권리에 의해 서로 대등한 자로 살아가는 자들 위에 왕으로 군림하여 지배한다는 것이 이치상으로나 천부적인 권리라는 측면에서나 가당키나 한 일인가. 또한 법이 없어도 잘못을 저지르지 않는 우리에게 법과 칙령을 부과하여, 그것을 빌미로 해서 우리의 주가 되어 우리에게서 경배를 요구함으로써, 우리가 섬기는 자가 아니라 다스리는 자로 정해진 자들임을 분명하게 보여주는 우리의 이 군왕으로서의 칭호를 모욕하는 것이 가당키나 한 일이겠소.'

사탄의 대담한 발언이 그 어떤 반대에도 부딪치지 않는 가운데 여기까지 진행되었을 때, 스랍 천사들 중에서 가장 큰 열심으로 하나님을 경배하고 그분의 명령이라면 절대적으로 복종해 온 아브디엘이 자리에서 일어나서, 맹렬한 열심의 불길에 휩싸인 채로 사탄이 광분하여 쏟아놓은 말들을 이렇게 반박했지.

'아, 이것은 하나님을 모독하는 거짓되고 오만방자한 발언이 아닌가. 하늘에서 이런 말을 들으리라고는 전혀 예상하지 못했는데, 더구나 뭇 천사들보다 월등히 높은 자리에 앉아 있는 그대에게서 이런 말을 듣게 되다니, 정말 배은망덕한 자로다. 하나님은 자신의 독자에게 왕의 규를 하사하시고, 하늘의 모든 영들에게 그 앞에 무릎을 꿇고 그에게 합당한 예를 갖추어 그를 합법적인 왕으로 고백해야 할 것이라고 맹세로써 선포하셨는데, 그대가 하나님의 그런 부당한 칙령을 비방하고 불경한 언사로 모욕하는 것이 가당키나 한 일인가.

그대는, 자유로운 자들을 율법으로 속박하고, 서로 대등한 자들 중에서 어느 한 명을 세워 다른 모든 자들 위에 군림하여 무한한 권력으로 다스리게 하는 것은 부당하고, 일고의 가치도 없이 무조건적으로 부당하다고 말하는데, 그것은 그대가 하나님에게 법을 제시하고자 하는 것이고, 지금의 그대를 지으시고 하늘의 모든 천사들을 자신의 뜻대로 지으셔서, 그들이 어떻게 살아가고 행해야 하는지를 정하신 하나님과 더불어 자유가 무엇인지를 논하고자 하는 것이 아니면 무엇이겠소.

하지만 우리는 지금까지의 경험으로 하나님이 얼마나 선하신지, 그리고 우리의 유익과 존엄을 위해 얼마나 깊이 생각하시고 배려해 오셨는지를 잘 알고 있소. 이번 일도 하나님이 우리를 누구의 밑으로 종속시켜서 불행하고 비참하게 만들려는 것이 아니라, 우리가 한 분 머리 아래에서 하나가 되어 한층 더 복된 삶을 누릴 수 있게 하기 위한 것이오.

대등한 자들 중에서 어느 누가 다른 모든 자들 위에 군림하여 다스리는 것이 부당하다는 그대의 말은 옳지만, 그대가 천사에게 속한 모든 것들을 자신 속에 다 지녀서 위대하고 영광스러운 존재라고 할지라도, 하나님이 낳으신 독자와 어떻게 대등할 수 있겠는가. 권능의 성부께서는 자기 아들을 자신의 말씀으로 삼아서 그대를 포함한 만물을 창조하셨고, 하늘의 모든 천사들을 각자가 지닌 빛의 정도에 따라 여러 신분과 계급으로 창조하여 영광으로 관 씌우시고서 각자가 수여받은 영광에 따라 보좌 천사, 통치 천사, 군주 천사, 능력 천사, 권능 천사, 최권능 천사라고 명명하신 것이 아니오? 이 품계를 받은 천사들의 영광은 성자의 통치에 의해 줄어들지 않고 도리어 더 커지게 되는데, 이는 모든 천사들의 머리이신 성자가 자신을 낮추시고서 우리 중 하나 같이 되어 행하시는 까닭에, 그의 법이 우리의 법이 되고, 그에게 돌아가야 할 모든 영광이 우리에게도 똑같이 주어지기 때문이오.

그러므로 이 불경스러운 광분함을 멈추고, 이들을 유혹하지 마시오. 이제라도 용서를 구해서, 진노하신 성부와 진노하신 성자의 노여움을 풀어 드려야 하지 않겠소?'

아브디엘이 하나님에 대한 열심으로 이렇게 말했지만, 그의 말은 시의적절하지 않고 유별나며 성급한 것으로 여겨져서, 동조하는 자가 아무도 없었고, 이것을 본 배교자 사탄은 기뻐하며 더욱 교만해져서 이렇게 대꾸했지.

'그러니까 그대는 우리가 누군가에 의해 창조된 자들이라고 말하는 것인가. 성부가 성자에게 그 일을 맡겼고, 그래서 성자라는 하잘것없는 손길에 의해서 만들어진 작품이 바로 우리라는 것인가. 처음 들어보는 괴이한 말이로구나. 도대체 그런 것을 어디에서 배웠는지 알고 싶소. 그런 창조가 행해지는 것을 본 자가 누구이며, 그대는 조물주가 그대를 창조하였던 때를 기억하는가? 우리는 늘 지금처럼 존재했고, 우리가 존재하지 않았던 때가 있다는 것을 알지 못하며, 우리 이전에 누군가가 존재했다는 것도 금시초문이다.

우리는 운명이 정한 때가 다 찼을 때 우리 자신의 생명력에 의해서 우리의 고향인 이 하늘에서 스스로 태어나고 스스로 자라서 하늘의 아들들이 된 것이다. 우리의 힘은 우리 자신의 것이지, 누군가에게서 받은 것이 아니다. 이제 우리의 오른손이 우리가 얼마나 대단한 존재인지를 우리에게 가르쳐 주고, 우리가 누구와 대등한지를 증명해 주리라. 그때가 되면, 그대는 우리가 전능자의 보좌 앞에 나아가 무릎을 꿇고 용서해 달라고 애걸하는지, 그 보좌를 포위하는지를 보게 되리라. 가서 저 기름 부음 받은 왕에게 나의 말과 이 소식을 전해라. 화를 당하여 이곳을 빠져나가지 못하게 되기 전에 어서 떠나가라.'

사탄이 이렇게 말하자, 무수히 많은 대군 속에서 그의 말에 호응하는 환호성과 박수갈채가 터져 나와서 깊은 바닷물 소리 같은 저음의 메아리가 되어 울려 퍼졌고, 그럼에도 불구하고 화염의 모양을 한 스랍 천사인 아브디엘은 홀로 사방으로 온통 적에 에워싸인 가운데서도 전혀 두려워하지 않고 이렇게 담대하게 대답했지.

'오, 모든 선을 버리고 하나님을 떠나 저주받은 영이여, 보아하니 그대의 타락은 이미 정해져 있었고, 이 운 나쁜 무리들은 그대의 기만과 속임수에 말려들어 감염되어서, 그대의 범죄와 그로 인해 받게 될 형벌이 그들 사이에도 신속하게 퍼져 나가고 있구나. 이후로는 그대들이 하나님의 메시아라는 멍에를 어떻게 끊어버릴지를 두고서 더 이상 고민할 필요도 없겠구나. 이제 그대에게는 다른 칙령들이 선포되었고, 그것은 취소될 수 없을 것이니, 지금까지의 저 관대한 법은 그대에게 적용되지 않을 것이기 때문이다. 그대가 거부한 저 황금의 규는 이제 철장이 되어 그대의 불순종을 쳐서 부수게 되리라.

그대의 충고는 고맙지만, 내가 이 악한 장막을 떠나는 것은 그대의 충고나 위협 때문이 아니라, 하나님의 임박한 진노가 곧 들이닥쳐서 이곳이 순식간에 화염에 휩싸여서 여기에 있는 모든 자들이 몰살당하여

반역 천사의 추락.
(윌리엄 블레이크 作)

내 자신도 해를 입게 되는 일이 생기지 않게 하기 위한 것일 뿐이다. 이제 곧 하나님의 벼락이 모든 것을 집어삼키는 불이 되어 그대의 머리 위에 떨어지게 되리니, 그때에 그대는 그대를 멸망시켜 무로 돌려 버릴 수 있는 분이 누구인지를 알게 됨과 동시에, 그대를 창조하신 분이 누구인지도 알게 되리라.'

충성스러운 스랍 천사 아브디엘[10]은 이렇게 말했는데, 모두가 불충한 자들 가운데서 오직 그만이 충성스러운 자였지. 그는 자신을 에워싼 무수히 많은 거짓된 천사들의 한복판에서 전혀 유혹됨이 없이 한 치도 흔들리거나 두려워하지 않고 하나님에 대한 자신의 충성심과 사랑과 열심을 지켜내었지. 혼자였지만, 숫자나 자기 앞에 보이는 본보기가 그를 진리에서 벗어나게 하거나, 그의 한결같은 마음을 바꾸어놓을 수는 없었어. 그는 적대적인 경멸의 눈초리를 받으며 한참 동안이나 그들 사이를 지나야 했지만, 그들로부터의 폭력을 전혀 두려워하지 않고, 도리어 당당함을 견지하며, 도리어 자기 등 뒤로 신속한 멸망의 운명을 앞둔 저 교만한 망루들에 경멸을 되돌려 주며 그곳을 빠져나왔지."

---

10 "아브디엘"은 히브리어로 "하나님의 종"이라는 뜻이다.

제 6 권

줄거리

라파엘은 계속해서 하나님이 미카엘과 가브리엘을 보내어 사탄과 그의 천사들에 맞서 싸우게 하신 이야기를 아담에게 들려준다. 첫 번째 전투가 설명된다. 사탄과 그의 군대가 야밤을 틈타 후퇴한다. 사탄은 작전회의를 소집하고, 악마적인 공격무기들을 만들어 내어서, 두 번째 날의 전투에 서는 미카엘과 그의 천사들이 조금 밀리게 되지만, 마침내 산들을 뿌리째 뽑아 던져서, 사탄의 군대와 그 공격무기들을 제압한다. 하지만 그렇게 해서도 소란이 그치지 않자, 하나님은 셋째 날에는 자기 아들 메시아를 보낸다. 이 전쟁에서의 승리의 영광이 성자에게 돌아가게 하는 것이 하나님이 오래 전부터 계획하신 일이었기 때문이다. 성자는 성부의 권세로 그 곳으로 나아가서, 자기 휘하의 모든 군대를 좌우에 포진시켜 둔 채, 자신의 전차와 우레를 몰고서 적진 한복판으로 돌진해서, 도저히 저항할 수 없어서 도망치는 그들을 추격하여 천국의 성벽 쪽으로 밀어붙인다. 이때 성벽이 열리면서, 그들은 공포에 질려서 혼란에 빠져 자신들을 위해 준비된 형벌의 장소인 심연 속으로 뛰어내리고, 메시아는 개선해서 성부에게 돌아온다.

"두려움을 모르는 천사 아브디엘은 추격을 당하지 않는 상태에서 천국의 광활한 평지를 밤이 새도록 날았고, 이윽고 돌고 도는 시간의 여신들인 호라이의 순환을 따라 깨어난 새벽의 여신 아우로라는 장밋빛 손으로 빛의 문들의 빗장을 열었지.[1] 하나님의 산에는 보좌에서 아주 가까운 곳에 동굴이 하나 있는데, 빛과 어둠이 교대로 거기로 들어와서 머물렀다가 다시 나가는 것을 영속적으로 반복함으로써, 낮과 밤 같은 유쾌한 변화가 천국 전체에서 만들어지는 것이라네. 그곳에서 어둠이라는 것은 여기서의 황혼 같은 것이긴 하지만, 빛이 그 동굴에서 나오면, 어둠은 군말 없이 다른 문으로 들어가서, 또다시 하늘을 뒤덮을 시간이 올 때까지 얌전히 기다리는 것이지. 이제 아침이 최고천의 아침답게 천상의 황금으로 치장하고서 동굴에서 나오니, 찬란한 빛줄기의 무차별적인 공격을 받고서, 그 앞에서 밤은 사라지고 말았지.

진용을 갖추고서 빽빽하게 운집해 있는 빛의 군대들, 화염 모양으로 불붙은 전차들과 온갖 무기들과 불 말들이 서로 불길을 반사하면서 온 들판을 가득 메우고 있는 광경이 가장 먼저 아브디엘의 시야에 들어왔어. 그 순간 전쟁이 준비되고 있다는 것, 아니 전쟁준비가 이미 완료되어 있다는 생각이 그의 뇌리를 스쳐갔지. 자기가 보고하려고 했던 일을 이곳에서는 이미 다 알고 있었다는 것을 깨달은 거야. 그가 기쁜

---

1   "호라이"는 계절과 시간을 관장하고 천국의 문들을 지키는 여신들로서 제우스와 율법의 여신 테미스 사이에서 태어난 딸들인데, 정의의 여신 디케, 질서의 여신 에우노미아, 평화의 여신 에이레네를 가리킨다. "아우로라"는 새벽과 여명의 여신이다.

마음으로 저 친숙한 천사들 속에 섞이자, 그들은 기쁨의 큰 환호성으로 그를 맞았지. 무수히 많은 타락한 천사들 속에서 오직 홀로 타락하지 않고 돌아온 그를 향한 열렬한 박수갈채가 울려 퍼지는 가운데 성산으로 인도되어 지존자의 보좌 앞에 서니, 황금 구름 속에서 다음과 같은 온화한 목소리가 들렸어.

'하나님의 종아, 네가 선한 싸움을 잘 싸워냈으니 아주 잘했다. 혼자 반역의 무리에 맞서서, 무장한 그들의 무기들보다 더 강력한 말로써 참된 대의를 옹호하였고, 진리를 증언하기 위해 폭력보다 훨씬 더 견디기 어려운 만인으로부터의 모욕을 감내해 내었으니, 이는 모든 세계들이 너를 고집 세고 비뚤어진 자라고 판단하고 비난할지라도, 너의 모든 소원은 하나님 앞에서 옳다고 인정받는 것이었기 때문이리라. 앞으로 네 앞에는 좀 더 수월한 승리만이 기다리고 있으니, 비록 그들에게서 떠나올 때에는 멸시를 받았지만, 이제 이 우군의 도움을 받아 더 영광스러운 모습으로 너의 적들에게로 되돌아가서, 자신들의 주장을 관철하기 위해 바른 이성²을 거부하고, 공로에 비추어 볼 때 그들의 왕이 되어 다스리기에 합당한 메시아를 거부한 자들을 무력으로 제압하거라.

천군의 군주인 미카엘아, 그리고 용맹함에 있어서 그 다음 가는 너 가브리엘아, 이 무적의 내 아들들을 이끌고 전선으로 가거라. 전열을 갖춘 저 수백만의 나의 무장한 천사들, 수적으로 저 불경한 반역의 무리와 맞먹는 그들을 이끌고 가서, 불과 저 가차 없는 무기들로 반역의 무리들을 두려움 없이 공격하고 천국의 끝자락까지 몰아 부쳐, 맹렬하게 타오르는 불의 혼돈만이 입을 크게 벌리고서 그들의 추락만을 학수

---

2 "바른 이성"은 참되고 올바른 이성을 가리키는데, 스토아철학에서는 라틴어로 '렉타 라티오'(recta ratio)라 하는 이 "바른 이성"을 따라 사고할 때 진리에 도달할 수 있다고 가르쳤다.

고대하고 있는 그들의 형벌의 장소인 지옥의 심연 속으로 떨어뜨려서, 하나님과 이 지극히 복된 삶에서 그들을 추방하라.'

왕의 목소리가 울려 퍼지자, 구름이 성산을 검게 뒤덮으며, 거무스름한 연무가 꺼리는 화염을 살짝 감싼 채로 소용돌이치며 피어오르기 시작했는데, 이는 하나님의 노여움이 깨어났음을 알리는 신호였어. 아울러 천상의 나팔소리가 높은 곳에서 크게 울리기 시작하며 두려움을 불러일으켰지.

이 출전명령에 따라 천국을 대표하는 빛의 군대는 아무도 뚫을 수 없는 강력한 방진方陣으로 일체가 되어, 하나님과 그의 메시아의 대의를 위해 신 같은 지휘관들의 영도 아래 용감하게 싸우고자 하는 영웅적인 기상을 고취하는 군악대의 아름다운 곡조에 맞춰 묵묵히 진군해 나아갔지. 그들은 지상 위 높은 지점에서 행군했고, 그들의 날렵한 발걸음들은 공기에 의해 떠받쳐져 부양되었기 때문에, 그들의 대오는 철통같았고, 높은 산이나 좁은 골짜기나 숲이나 강도 그들의 완벽한 대오를 흐트러뜨리지 못했어. 또한 네가 각각의 새들의 이름을 붙여주었던 그때처럼, 모든 종류의 새들이 호출을 받아 에덴을 넘어 질서정연하게 대오를 갖춰 날아와서는, 이 지구보다 열 배나 길고 넓은 천국의 여러 구역들을 행진해 나아갔지.

마침내 저 멀리 북방의 지평선에 한 쪽 끝에서 다른 쪽 끝까지 전투대형으로 늘어서 있는 불의 지대가 나타났는데, 좀 더 가까이 다가가 보니, 날카로운 창날이 꽂혀 있는 무수히 많은 창대들은 똑바로 위를 향하여 빽빽하게 늘어서 있었고, 헤아릴 수 없이 많은 투구들, 자랑스러운 문구들이 새겨진 각양각색의 방패들도 늘어서 있었는데, 그들은 분노의 원정을 서두르고 있는 사탄 무리의 군대들이었어. 그들은 바로 그 날에 전투를 벌이거나 기습해서 하나님의 산을 점령하여, 하나님의 지위를 탐내 왔던 저 오만한 야심가를 보좌에 앉히기로 이미 결의하였기 때문이었지.

하지만 그들의 계획은 실행에 옮기는 도중에 어리석고 허황된 것임이 증명되었어. 천국에서 기쁨과 사랑의 잔치가 열릴 때마다 아주 자주 한 위대하신 시조의 아들들로서 영원한 아버지를 한 마음으로 찬송하던 천사들이 두 패로 나뉘어서 전쟁을 벌여 치열하게 싸운다는 것이 우리에게는 처음에 이상하고 어색한 일로 여겨졌지만, 막상 전투의 함성이 시작되고, 공격명령에 군사들이 쇄도하는 소리가 들리자마자, 그런 순진한 생각은 이내 없어져 버렸지. 적진 한복판에는 배교천사가 화염처럼 불타고 있는 그룹 천사들과 황금 방패들에 에워싸인 채로 태양처럼 빛나는 전차에 하나님처럼 높이 앉아 있었는데, 그 모습이 신상을 세워둔 것 같았어.

이제 대군과 대군 사이에는 팽팽한 긴장감이 감도는 좁은 간격만이 남아 있었고, 양 진영이 모두 무시무시한 대형을 갖추고 어마어마하게 길게 늘어서서 대치하고 있었지. 그때 사탄은 자신의 호화찬란한 보좌로부터 아래로 내려, 금강석과 황금으로 무장한 채, 일촉즉발의 전운이 감도는 구름 같이 운집한 선봉대 앞으로, 마치 거대한 탑처럼 오만하게 뚜벅뚜벅 걸어 나왔어.

혁혁한 전공을 세우고자 하는 최강의 용사들 사이에 서 있던 아브디엘은 이 광경을 보고 그대로 있지 못하고서, 그의 두려움 모르는 용맹한 마음이 속에서 이렇게 말했지.

'맙소사, 신의와 정직은 남아 있지 않는데, 지존자와 닮은 모습이 아직도 남아 있는 것은 어찌 된 일이며, 덕이 사라졌는데도, 힘과 권능이 약해지지 않아 보이는 것은 어찌 된 일인가. 하지만 겉보기에는 무적인 것처럼 보일지라도, 가장 오만한 자가 사실은 가장 허약한 자라는 것은 이미 증명된 사실이 아니던가. 그의 이성을 시험해 본 결과 정상이 아니고 거짓되다는 것을 이미 확인했으니, 전능자의 도우심을 의지해서 그의 능력이 어느 정도인지 시험해 보아야겠다. 누가 진리 편에 서 있는지를 다투는 논쟁에서 이긴 자가 싸움에서도 이기는 법이니, 의로운 자가 둘 모두에서 승자가 될 것은 뻔한 일이 아니겠는가. 이성이 무력과 싸우지 않을 수 없을 때, 그 싸움이 야만적이고 끔찍한 것이기는 하지만, 이성이 이기는 것은 너무나 지당한 이치이기 때문이지.'

아브디엘이 이런 생각을 하면서, 무장하고 있는 자신의 동료들 속에서 나와서 맞은편 적진을 향하여 걸어 나갔을 때, 적진에서도 만만치 않은 적인 사탄이 나왔고, 사탄의 오만방자함에 더욱 분노한 그는 아주 호기롭게 이렇게 도전했지.

'오만한 자야, 결국 이렇게 또다시 만나게 되었구나. 너의 희망사항은 우리가 너의 힘이나 말발에 겁을 집어먹고 도망쳐 버려서, 네가 그토록 점령하고자 열망하는 저 높은 곳인 하나님의 보좌를 지키는 이가 아무도 없어서 아무런 저항도 받지 않고 파죽지세로 나아가 하나님의 면전에 도달하는 것이었겠지. 하지만 전능자에 맞서 군대를 일으키는 것이 얼마나 헛된 일임을 생각하지 못한 것을 보니, 너는 어리석은 자가 분명하구나. 전능자 그분은 네가 어리석은 짓을 했다는 것을 스스로 깨닫게 될 때까지, 보잘것없는 것들로부터 군대를 계속해서 한없이 만들어 내어 너를 여지없이 굴복시킬 수 있는 분이시고, 그 누구의 도움도 받지 않고서도 네가 세워놓은 온갖 장벽들을 다 뛰어넘어서 한 손으로 일격을 가하여 너를 끝장냄과 동시에 너의 모든 군대를 어둠 아래로 가라앉혀 버릴 수 있는 분이시기 때문이다.

얼마 전에 네가 주관하던 집회에서는 오직 홀로 모든 자와 다른 견해와 생각을 피력한 내가 잘못된 것으로 보여서, 그때는 알지 못했겠지만, 이제는 모두가 너와 같은 생각을 지닌 것이 아니고, 하나님에 대한 믿음과 경건을 따르는 자들이 많이 있다는 것을 분명히 보고 알 것이다. 나와 함께한 이 무리들을 보고서, 비록 너무 늦긴 했지만, 수많은 이들이 잘못된 길을 선택해 갈지라도, 그 중 소수는 종종 그 잘못을 안다는 것을 이제라도 깨달으라.'

큰 대적 사탄은 아브디엘을 경멸하는 눈초리로 흘겨보며 이렇게 응수했지.

'이 선동을 일삼는 천사야, 우리에게서 도망쳤다가 네게 합당한 벌을 받으러 돌아와서, 나의 이 오른손의 뜨거운 맛을 가장 먼저 보기 위해 이렇게 나서주니, 지금 이 시간은 네게는 재앙이겠지만, 내게는 복수를 할 수 있는 좋은 기회가 될 것이니, 내가 먼저 바라던 바다. 얼마 전에 우리 무리가 대회로 모여서, 자신들의 내면에서 신성이 펄펄 살아 있는 동안에는, 어느 한 명이 전권을 쥐고서 그들을 다스리는 것을 허용할 수 없다는 것을 천명함으로써, 자신들의 신적 지위를 확인하고 절대로 양보할 수 없음을 선언한 자리에서, 너는 거스르는 마음이 가득한 네 혀로 하늘의 천군천사들의 삼분의 일이나 되는 그들 모두를 적으로 돌린 자가 아니더냐.

그래 놓고서는 이제 와서 나와 싸워 이겨서 너의 동료들 중에서 인정을 받고자 하는 야심으로 이렇게 가장 먼저 싸우러 나왔으니, 내가 기꺼이 너를 상대해서 네게 합당한 응징을 가함과 아울러 너의 나머지 동료들도 모조리 전멸시켜주마. 하지만 네가 한 말에 대해서 내가 아무 대답도 하지 않으면, 마치 네가 내세운 논리가 옳다는 듯이 의기양양해 할 것이니, 그렇게 하지 못하도록 하기 위해, 싸우기에 앞서 먼저 너의 말에 대답을 해주마.

처음에 나는 하늘의 천사들은 모두 한결같이 천국과 자유는 하나라고 여겨서 오직 자유만을 원한다고 생각했지. 하지만 이제 보니, 대다수의 천사들이 잔치와 노래에 길들여지고 나태해져서 그저 섬기는 영들로서 노예로서의 삶일지라도 현실에 순응하여 살아가는 쪽을 택했다는 것을 알겠다. 그러므로 너는 지금 천국의 노예로서 하나님이 세운 기름 부음 받은 자를 찬미하는 노래나 부르며 살아가고자 하는 자들을 규합해서 굴종의 삶을 위해 자유에 맞서 싸우려고 하는 것임을 알아야 한다. 하지만 어느 쪽이 정당한지는 오늘 결판나게 되리라.'

아브디엘은 짧고 단호하게 이렇게 대답했다.

'이 배교자야, 너는 진리의 길에서 멀리 떠나서 여전히 잘못된 길로 가고 있고, 그 오류의 길이 끝이 보이지 않는구나. 너는 하나님과 순리가 정한 이를 섬기는 것을 굴종이라는 이름으로 부당하게 매도하고 있다. 모든 자들보다 뛰어나고 가장 고귀한 이가 다른 모든 자들을 다스리는 것은 하나님과 순리가 동일하게 명하는 것이고, 너의 무리가 너를 섬기듯, 지혜롭지 못한 우매한 자, 또는 자신보다 더 고귀한 이를 거슬러 반역한 자를 섬기는 것이 바로 굴종이다. 너는 네 자신에게 매여 네 자신의 노예가 되어 있는 것이니 결코 자유로운 것이 아니다. 그런데도 너는 무지하고 비열해서 감히 우리의 참된 섬김을 비방하고 있다. 너는 너의 왕국인 지옥이나 다스려라. 나는 천국에서 영원히 복되신 하나님을 섬기면서, 순종하는 것이 너무나 마땅한 하나님의 명령에 순종하리라. 하지만 너는 지옥에서 너를 기다리고 있는 것은 너의 영지가 아니라 너를 결박해둘 사슬이라는 것을 알아야 하리라. 지금은 네가 방금 말한 대로, 도망갔다가 다시 돌아온 내가 너의 불경스러운 투구에 보내는 인사부터 받아라.'

아브디엘이 이렇게 말하면서 엄청난 일격을 가하자, 그 일격은 지체없이 폭풍처럼 아주 신속하게 사탄의 오만한 투구에 내리꽂혔고, 그

"내가 너의 불경스러운 투구에 보내는 인사부터 받아라."

의 방패는 말할 것도 없고 그의 민첩한 눈이나 생각으로도 막아낼 수 없었지. 사탄은 그 거대한 걸음으로 열 발자국이나 뒤로 밀려났고, 마지막에 무릎을 꿇고 육중한 창으로 자신의 몸을 지탱하고서야 겨우 멈춰 설 수 있었는데, 그 모습이 땅 밑에서 바람이나 물이 옆쪽에서 세차게 터져 나와서, 산이 원래 있던 자리로부터 밀려나고, 그 산의 모든 소나무들이 반쯤 잠기게 된 것 같았어. 반역의 천사들은 그들 무리 중에서 가장 강한 이가 이렇게 밀리는 것을 보고서는 경악하였지만, 그들의 광분함은 더욱 고조되었던 반면에, 우리 진영은 기쁨이 충만하여 마치 다 이기기라도 한 듯이 함성을 내질렀고, 사기는 더욱 충천했지.

미카엘은 지금이 기회라고 생각하여 천사장의 나팔소리로 공격신호를 보내자, 그 나팔소리가 광대한 하늘 전체에 울려 퍼졌고, 충성스러운 하늘 군대는 지존자를 향해 '호산나'를 소리 높여 외쳤지. 이에 질새라 적군도 가만히 서 있지 않고 돌진하니, 정말 무시무시하고 끔찍한 충돌이 벌어졌어. 그곳은 순식간에 아수라장이 되어 광란의 무대로 변했고, 무기와 무기가 부딪치면서 소름끼치는 소음과 무시무시한 불협화음, 청동의 전차들이 광분하여 무섭게 질주하며 내는 굉음 같은 것들이 뒤섞이며, 천국에서 그때까지 한 번도 들어본 적이 없던 소란이 그곳을 휩쓸었지. 두 진영이 접전하는 소리는 그야말로 등골이 오싹할 정도로 무시무시했고, 머리 위로는 불화살들이 화염을 일으키며 일제히 쉴 새 없이 양쪽으로 날아다니면서 아치형의 불의 천장이 생겨났지.

이렇게 불이 만든 천장 아래에서 양 진영의 주력군들이 꺼지지 않는 분노와 파멸적인 공격으로 서로 맞붙어 접전을 벌였을 때, 하늘 전체가 진동했고, 만일 그때 땅이 존재했더라면, 땅의 중심까지 흔들렸을 것임에 틀림없었지. 수백만의 천사들이 두 진영으로 갈라져서 치열하게 맞붙어 싸웠고, 그 천사들 중에서 가장 보잘것없는 자까지도 모든

"그곳은 순식간에 아수라장이 되어 광란의 무대로 변했다."

원소들을 부릴 수 있었고, 그 원소들이 지닌 모든 힘으로 무장할 수 있었으니, 그것은 전혀 이상한 일이 아니었지. 만일 영원하신 왕 전능자가 자신의 하늘 성채로부터 굽어보시며 그 전쟁을 전체적으로 주관하셔서 그들의 힘을 적절히 제한하지 않으셨다면, 무수히 많은 두 진영의 군대가 훨씬 더 큰 힘으로 접전하면서 생겨난 엄청난 소동으로 인해, 그들의 복된 원래의 처소는 비록 완전히 파괴되지는 않았더라도 상당한 정도로 어지럽혀졌을 것이야.

수적으로는 그래도 꽤 많은 수의 천군천사들이 소속되어 있는 부대 하나가 무수히 많은 수로 이루어진 대군처럼 보였지만, 힘으로 보자면 각각의 무장한 천사 한 명이 하나의 부대였지. 각각의 전사는 전투에서 지휘를 받는 자임과 동시에 자신의 전투를 이끌어가는 지휘관이어서, 전세를 읽어서 돌격할 때와 정지할 때, 그리고 냉혹한 전투를 개시할 때와 끝낼 때를 스스로 아주 잘 알고 있었어. 그들은 도망친다거나 후퇴한다는 생각을 추호도 하지 않았고, 두려움을 느낄 만한 상황에서도 전사로서 합당하지 않은 일은 전혀 하지 않았지. 마치 승패를 좌우하는 결정적인 요인이 오직 자신의 전투에 달려 있는 것처럼 믿고서 각자가 최선을 다했기 때문에, 영원히 이야기될 그들의 빛나는 무용담은 끝이 없었지. 그들의 싸움은 아주 넓은 지역 곳곳에서 다양하게 펼쳐져서, 단단한 땅 위에 서서 싸우다가도 힘차게 높이 날아올라 온 공중을 휘젓고 다니며 싸웠기 때문에, 그때는 공중 전체가 전쟁의 화염에 휩싸인 것처럼 보였어.

오랜 시간이 흘렀는데도 싸움은 팽팽하게 전개되어 끝날 줄을 몰랐지. 그때 이 날에 비상한 괴력을 선보이며 적수를 만나지 못했던 사탄이 어지러이 싸우는 스랍 천사들의 무시무시한 공격을 뚫고 휘젓고 다니다가, 미카엘이 휘두르는 칼날 한 번에 여러 분대의 천사들이 한꺼번에 쓰러지는 광경을 목격하고서는, 미카엘이 두 손으로 칼을 높이 들고 큰 원을 그리며 휘둘러대기만 하면 그 무시무시한 칼날 앞에서 수십 명의 자기 군대 천사들이 속절없이 무너지는 것을 막기 위해, 열 겹의 금강석을 사용해서 만든 거대한 바위 같은 자신의 둥근 방패를 앞세우고서 그 쪽으로 급히 갔지. 사탄이 다가오자, 천사장 미카엘은 휘두르던 칼을 잠시 멈추고서는, 적군의 대장인 그에게서 항복을 받아내거나 그를 사로잡아서 사슬에 묶어 끌고 가면, 천국의 내란을 끝낼 수 있을 것이라는 희망으로 인해 내심 기뻐하면서, 적개심에 불타서 일그러진 표정으로 먼저 이렇게 말하기 시작했어.

'악을 생겨나게 한 원흉아, 너는 반란을 일으킬 때까지는 하늘에서 알려져 있지도 않고 이름도 없는 자이더니, 결국 네가 보고 있는 것처럼, 이런 엄청난 분란을 일으키고야 말았구나. 이 일은 의당 네 자신과 너의 졸개들에게 가장 끔찍한 악몽이 되겠지만, 다른 모든 이들에게도 악몽일 것임은 두말할 필요도 없다. 어찌하여 너는 하늘의 복된 평화를 어지럽히고, 네가 반역의 범죄를 저지르기 전에는 있지도 않았던 불행을 자연 속으로 끌어들였으며, 어찌하여 전에는 정직하고 충성스러웠던 수많은 천사들 속에 너의 악의를 주입시켜서 지금은 거짓된 자들이 되게 하였던 것이냐.

하지만 이곳에서 하늘의 거룩한 안식을 교란시키고자 하는 너의 음모가 성공할 것이라고는 생각하지 말아라. 너는 하늘의 모든 구역들로부터 내쳐지게 되리라. 지극히 복된 곳인 하늘에서는 폭력과 전쟁은 용납될 수 없다. 그러니 나의 복수의 칼날이 너의 운명을 결정짓기 전에, 또는 하나님의 좀 더 신속한 보응이 네게 임하여 더 큰 고통을 안겨주기 전에, 너와 너의 악한 무리들은 네가 낳은 자손인 악을 대동하고서 악이 거하는 곳인 지옥으로 가서, 거기에서 너희끼리 지지든 볶든 마음

250

대로 살아라.'

천사들의 군주인 미카엘이 이렇게 말하자, 대적은 그에게 이렇게 대꾸했다.

'네가 내게 무슨 짓을 해도 나로 하여금 겁을 집어먹게 할 수는 없다. 그런데 설마 너의 몇 마디 허풍과 헛된 위협으로 내가 겁을 집어먹을 것이라고 생각하는 것은 아니겠지. 가령 네가 나의 대군을 모조리 물리쳤다고 해도, 나의 군대는 그대로 주저앉지 않고 또다시 일어날 것인데, 하물며 나의 군대 중에서 가장 힘 없는 자들을 물리치거나 쓰러뜨렸다고 해서, 네가 원하는 대로 나를 쉽게 주무를 수 있다거나, 몇 마디 위협의 말로 나를 여기에서 쫓아낼 수 있을 것이라고 생각하는 것이냐.

너는 악이라고 부르지만 우리는 영광의 투쟁이라고 부르는 이 싸움이 그렇게 싱겁게 끝날 것이라고 생각한다면, 그건 오산이다. 우리의 목표는 승리이고, 이 천국을 네가 말한 지옥으로 바꾸어놓고서, 비록 이곳을 다스리지는 못할지라도, 적어도 여기에서 자유롭게 사는 것이다. 그러니 네가 전능자라 불리는 이의 도움을 받아서 있는 힘을 다해 내게 덤벼든다고 해도, 나는 결코 도망치지 않고, 얼마든지 너를 상대해주마. 사실 나는 이 싸움이 시작되는 순간부터 너를 찾느라 이 전장을 두루 돌아다녔으니까.'

그들은 말싸움을 마치고 나자, 인간의 말로는 표현해 낼 수 없는 싸움을 싸우기 위한 태세를 갖추었다. 사실 인간이 천사의 말을 할 수 있다고 할지라도, 땅에서 볼 수 있는 그 어떤 것들에 비유해서 이 둘의 싸움을 표현해서, 인간의 상상력으로 그들의 저 헤아릴 수 없는 능력을 이해시킬 수는 없는 노릇이기 때문이다. 이 둘은 하나님을 가장 닮은 자들이어서, 서거나 움직이는 모습, 신장, 동작, 사용하는 무기에서 위대한 천국의 운명을 능히 결정지을 수 있는 그런 자들처럼 보였다.

이윽고 이 둘이 각자의 불 칼을 한 번 휘두르자, 공중에는 두 개의 무시무시한 원이 만들어지고, 그 칼을 막는 두 개의 거대한 태양 같은 각자의 방패에서는 불꽃이 튀어 오르니, 이 둘의 대결을 사뭇 기대감을 갖고 지켜보던 두 진영의 천사들은 공포로 인해 그 자리에 얼어붙어 버렸어. 이 둘의 접전이 시작되기 전에 치열하게 맞붙어 싸우고 있던 두 군대는 이 둘의 충돌로 인한 여파가 그들에게 미쳐서 무사하지 못할 것을 우려해서, 큰 빈 공간을 만들어놓고 멀찌감치 물러나 지켜보고 있었는데, 큰 일을 작은 일에 빗대어 표현하자면, 이 둘이 충돌하는 모습은 마치 자연의 조화가 깨지고, 별들 사이에 전쟁이 벌어지면서, 두 행성이 정반대 방향에서 전속력으로 쇄도하여 중천에서 정면으로 충돌하자, 그 근방에서 서로 싸우고 있던 별들이 서로 뒤엉켜서 부딪치며 아수라장으로 변하는 것과 같았기 때문이지.

사탄과 미카엘은 둘 다 전능자 다음가는 권능의 팔로 자신들의 칼을 곧바로 높이 들어올려서, 내리치는 힘이 부족해서 또다시 칼을 휘둘러야 하는 수고 따위는 하지 않겠다는 듯이, 단번에 모든 것을 결판내려는 듯 최후의 일격을 가했지. 공격력이나 신속한 방어태세에서는 서로 우열을 가릴 수 없었지만, 하나님의 무기고에서 꺼내온 미카엘의 칼은 아주 잘 벼려져 있어서, 상대방의 칼이 아무리 날카롭고 단단해도, 그 칼날을 막아낸다는 것은 불가능한 일이었지. 미카엘의 칼은 공격해 들어오는 사탄의 칼을 사정없이 내리쳐서 두 동강을 내버렸고, 거기에서 그치지 않고 신속하게 칼을 다시 거들어들였다가 방향을 바꾸어 재차 공격해서, 사탄의 오른쪽 옆구리를 깊이 찔렀지. 그때 사탄은 처음으로 고통을 알았고, 이리저리 몸을 뒤틀며 몸부림을 쳤지. 그를 뚫어버린 미카엘의 예리한 칼날에 찔린 상처는 아주 깊고 크게 벌어졌지만,

영체에 난 상처가 아물어서 봉합되는 데는 그리 오랜 시간이 걸리지 않았어. 그런데도 그 상처에서는 천상의 영들이 흘리는 피 같은 신령한 액체가 콸콸 쏟아져 나왔고, 그토록 찬연하게 빛나던 그의 갑옷은 온통 핏빛으로 변하고 말았지.

즉시 사탄의 무리에 속한 많은 힘센 천사들이 그를 돕기 위해 사방에서 달려와서, 그를 에워싸고 방어 태세를 갖추는 한편, 그를 자신들의 방패들 위에 눕힌 후에 전선의 후방으로 신속하게 이송하여 거기에 있던 그의 전차에 눕히니, 그는 자신이 천하무적도 아니고, 이 수치스러운 패배로 말미암아 자존심도 형편없이 무너져 내렸으며, 힘에 있어서 하나님에 비해 조금도 못할 것이 없다고 자부했던 확신도 여지없이 뭉개져 버렸다는 것을 인정하지 않을 수 없다는 것을 실감하고서는 극심한 괴로움과 분함과 수치심으로 인해 이를 갈며 누워 있었어.

하지만 그의 몸에 난 상처는 이내 회복되었지. 영들은 나약한 인간과는 달리 내장과 심장과 두뇌와 간과 신장만이 아니라 몸의 모든 부분, 곧 몸 전체에 생기가 충만해서, 무로 돌아가게 하는 소멸을 통해서가 아니면 죽지 않기 때문이지. 그들의 몸을 구성하는 유체가 사망에 이르는 상처를 입을 수 없는 것은 유체인 공기에 그런 상처를 입힐 수 없는 것과 같은 원리지. 영들은 그들의 모든 부분이 심장이고 두뇌이고 눈이고 귀이고 지성이며, 자신의 모든 부분으로 지각하고, 손과 발을 생기게 하기도 하고 없애기도 하며, 몸의 색깔과 형태와 크기도 자기 마음대로 조절해서, 촘촘하게 하기도 하고 듬성듬성하게 하기도 하지.

한편 다른 곳들에서도 기억할 만한 무용담들이 만들어졌어. 용맹스러운 가브리엘은 자신의 용감한 군대를 이끌고 저 광분하여 날뛰고 있던 왕 몰록의 진영 속으로 깊숙이 뚫고 들어갔는데, 그러자 몰록은 그를 반드시 사로잡아 자신의 전차 바퀴에 묶어 끌고 가겠노라고 큰소리

그때 사탄은 처음으로 고통을 알았고, 이리저리 몸을 뒤틀며 몸부림을 쳤다.

치며 도전하면서, 하늘의 거룩하신 이를 모독하는 말도 서슴지 않았지. 하지만 그는 그런 말들을 채 끝내기도 전에, 가브리엘이 휘두른 칼에 허리 부분까지 둘로 쫙 갈라져서, 한 번도 겪어보지 못했던 괴이한 고통에 큰 소리로 울부짖으며, 혼비백산해서 뿔뿔이 흩어지는 자신의 군대와 함께 줄행랑을 쳤지.

양쪽에서는 금강암으로 된 갑옷을 입은 두 명의 보좌 천사인 거대한 아드라멜렉과 아스모다이[3]가 자신들은 신들이고 하나님 편에 선 천사들은 자신들보다 못한 자들이라고 업신여기며 기세등등하게 대들었다가, 우리엘과 라파엘의 칼에 의해 금강암과 강철 사슬로 이루어진 자신들의 갑옷이 뚫려 무시무시한 상처들로 난자를 당하고 여지없이 패배하여, 자신들의 생각이 틀린 것임을 절감하고서 도망쳐버렸지.

또한 아브디엘도 하나님 없는 무리를 혼내주기 위해서 결코 손을 놓고 가만히 있었던 것이 아니어서, 자신의 힘을 배가해서 아리엘과 아리옥과 라미엘[4]의 군대를 불로 공격했고, 그들은 불에 타 녹초가 되어 와해되고 말았어. 그 밖에도 수천 명의 천사들이 만들어 낸 무용담을 일일이 다 열거해서, 그들의 이름이 이 땅 위에서도 영원히 기억될 수

---

3 "아드라멜렉"은 "불의 왕"이라는 뜻의 이름을 지닌 바빌론의 태양신으로서, 성경에서는 사마리아에서 인신제사를 드려 이 신을 숭배했다고 말한다(열왕기하 17장 31절). "아스모다이"는 히브리어 이름이고, 라틴어로는 "아스모데우스"다. 이름에 "광포"라는 뜻이 있으며, 사악하면서도 교활하고 잔학하며 의롭지 못한 자로서 사람의 분노와 욕망을 이용한다. 그는 피로 얼룩진 곤봉으로써 사람에게 유익한 가축이나 죽은 사람의 영혼을 괴롭혀 죽인다. 잔학함, 폭행, 죽음 등을 관장하는 마족 다에와를 이끌고, 부정한 마법사를 이용해 세상에 전란이 일어나게 하며, 술에 만취되어 있는 이를 꾀어 난폭함과 광란으로 이끌어간다. 외경 토빗서에서는 사라의 일곱 남편을 죽인 색마의 악귀로 등장한다.

4 "아리엘"은 "하나님의 사자(lion)"라는 뜻이고, "아리옥"은 "사자 같은 자"라는 뜻이며, "라미엘"은 "하나님의 우레"라는 뜻으로서, 외경인 에녹1서에는 여자들과 음행을 벌이는 천사들 중의 하나로 나온다. 이 세 가지 이름은 랍비 문헌과 귀신론 문헌에서 선한 천사와 악한 천사 모두에 대해 사용된다.

있게 할 수 있지만, 이 특별한 용맹함을 보여주었던 천사들은 하늘에 알려진 자신들의 명성으로 이미 만족하였고, 인간들로부터의 찬사 같은 것은 구하지도 않으니, 더 이상 거론하지 않기로 하지.

한편 사탄의 진영에 섰던 천사들 중에서도 힘과 전투 실력이 놀라운 자들이 있었고, 그들은 명예욕도 대단히 강한 자들이었지만, 하늘의 명부와 거룩한 기억에서 완전히 지워져서, 저 어두운 망각의 땅에서 이름도 없이 영원히 살아가야 하는 형벌을 선고받았는데, 진리와 정의로부터 떨어져 나온 힘은 찬사를 받을 수 없고, 오직 비난과 불명예와 악명만을 불러오는 것이 당연한데도, 허영심에 사로잡혀 영광을 구하였고, 불명예와 악명을 통해 명성을 얻고자 한 것이었으니, 그들의 이름이 영원히 기억되지 않게 하는 판결이 그들에게 내려진 것은 마땅한 일이었어.

이제 사탄 진영의 가장 강력한 용사들이 패배당하고, 수많은 공격으로 전열이 흐트러지면서, 꼴사나운 패주와 추악한 무질서가 시작되었지. 땅 위에는 부러지고 꺾인 무기들과 찢긴 갑옷들이 어지러이 사방에 널브러져 있었고, 전차들과 전차를 몰던 기수들, 거품을 물고 헐떡이는 불 말들이 더미를 이루어 켜켜이 쌓여 있었어. 멀찍이 퇴각해서 기진맥진하여 녹초가 되거나 공포에 질려 얼굴이 시퍼렇게 질려 서 있던 사탄의 군대는 이때 처음으로 두려움과 쓰라린 고통에 사로잡혀 겁을 집어먹고서 수치스러운 줄도 모르고 도망치기 시작한 거야. 얼마 전까지만 해도 두려움이나 도망이나 고통을 몰랐던 그들이었지만, 불순종의 죄로 인해 그런 재앙이 그들에게 닥친 것이었지.

반면에 하나님 편에 선 선한 천사들의 사정은 판이하게 달랐어. 이 무적의 군대는 상하게 할 수도 없고 뚫을 수도 없는 무장을 하고서 견고한 방진을 이룬 채 일제히 진격했는데, 범죄하지도 않고 불순종하지

이제 밤이 자신의 운행을 시작했다.

도 않고 순진무구한 상태를 유지한 것이 그들로 하여금 적보다 훨씬 더 월등한 여러 이점들을 지닐 수 있게 해 준 것이었지. 그들은 지치지 않고 싸울 수 있었고, 폭력에 의해 그들의 여러 부위들이 잠시 훼손될 수는 있었지만, 상처로 인한 고통은 그들에게 없었지.

이제 밤이 자신의 운행을 시작해서, 하늘에 어둠을 뿌리자, 전쟁의 혐오스러운 소란 위에 고마운 휴전과 정적이 감돌았고, 승자든 패자든 그 어둠의 그늘 아래로 물러났지. 격전의 현장인 벌판에는 승리한 미카엘과 그의 군대가 곳곳에 진을 쳤고, 이 진을 지키기 위해 불덩이가 되어 날아다니는 그룹 천사들이 사방으로 배치되었어.

맞은편에는 아무도 보이지 않았는데, 사탄이 그의 반군들과 어둠 속에서 뒤로 멀찌감치 진을 옮겨서, 휴식을 취하지도 않고 야밤에 지휘관들을 소집해 놓고서는, 낙심하는 기색이라고는 전혀 없이 이렇게 말하기 시작했지.

'친애하는 동지들이여, 우리는 오늘 한바탕 위기를 겪는 시험을 거치긴 했지만, 결코 굴복시킬 수 없는 군대임을 만천하에 알림으로써, 단지 자유를 확보하고자 하는 것은 목표를 너무 낮게 잡은 것이고, 명예와 주권과 영광과 명성을 누릴 만한 자격이 충분하다는 것을 확실하게 보여주었소. 하늘의 주는 자신의 보좌 가까이에서 그를 모시는 그의 최측근인 가장 강력한 자들을 보내어 우리를 치게 하면, 자신의 뜻대로 우리를 넉넉히 제압할 수 있다고 판단했지만, 우리는 이 우열을 가릴 수 없는 가장 힘든 오늘의 싸움을 잘 견뎌냄으로써(하루의 싸움을 잘 견뎌냈다면, 앞으로도 영원히 잘 견뎌낼 수 있지 않겠소?), 그의 판단이 틀렸다는 것을 증명해 내었소. 그러므로 우리는 지금까지는 그를 전능자라고 생각해 왔지만, 앞으로는 그가 실수를 저지르는 모습을 자주 보게 될 것임을 충분히 예상할 수 있소.

258

격전의 현장인 벌판에는 승리한 미카엘과 그의 군대가 곳곳에 진을 쳤다.

물론 우리가 무장을 좀 더 확실하게 하지 않아서 약간의 열세를 감수해야 했고, 지금까지 알지 못했던 고통을 처음으로 맛보다보니 약간의 혼란도 겪을 수밖에 없었지만, 우리가 지닌 영체는 사망에 이르는 상처 같은 것은 입을 수도 없고 실제로 죽지도 않을 뿐만 아니라, 창과 칼에 찔려서 상처를 입는다고 해도 타고난 생명력으로 인해 금방 아물고 회복된다는 것을 이제는 알게 되었으니, 우리가 입는 피해는 미미하고 쉽게 회복할 수 있는 것이라는 점에서, 앞으로는 그런 것들쯤은 가볍게 웃어넘길 수 있게 되었소. 그러므로 다음번에 만났을 때, 우리 무기는 더욱 강력해지고, 우리 군대는 더욱 강해져서, 아군은 지금보다 더 우월해지고, 적군은 지금보다 더 열악해지거나, 본질상 서로 완전히 대등하여 우열을 가릴 수 없는 상황이 될 것이오. 하지만 우리가 알지 못하는 어떤 다른 이유로 인해 적군이 여전히 더 우세에 있을 수도 있으니, 우리의 정신이 아무런 해도 입지 않고 판단력도 온전한 이때에, 제대로 살펴보고 논의해서 그 이유를 반드시 알아내야 하오.'

사탄이 이렇게 말하고 앉자, 좌중에서 다음으로 일어난 자는 군주 천사들 중의 우두머리인 니스록[5]이었지. 참혹한 전투에서 구사일생으로 겨우 빠져나온 그는 기진맥진해서 녹초가 되어 있었고, 그의 무기들은 갈라지고 찢겨져서 너덜너덜해진 상태여서인지, 먹구름처럼 잔뜩 찌푸린 인상으로 이렇게 말했다.

'새롭게 등장한 주들로부터 우리를 건져내실 구원자시며, 신들로서의 우리의 권리를 자유롭게 향유하게 해주기 위해 우리를 이끌어 이 전쟁을 지휘하시는 지도자시여, 우리의 적들은 우리와 비교도 되지 않

---

5 "니스록"은 히브리어로 "비상"을 뜻하는데, 아시리아 왕 센나케리브(성경에서는 "산헤립")가 숭배했던 신이다.

는 막강한 무기들을 지니고 있고, 그 어떤 공격을 받아도 고통을 느끼지 않는 그런 자들이어서, 우리가 아무리 신들이라고 해도, 그런 자들을 상대로 전쟁을 벌이는 것은 너무나 힘들고 고통스러운 일일 뿐만 아니라, 결국에는 반드시 파멸과 재앙만이 임하게 될 것이 분명합니다. 우리에게 무적의 힘과 용맹함이 있어서, 우리를 거스르는 모든 자들을 다 굴복시키고 전능자의 손을 약화시킬 수 있다고 할지라도, 우리 자신이 고통에 압도되어 무너져 버린다면, 그런 것이 무슨 소용이 있겠습니까. 우리의 삶 속에서 쾌락이 느껴지지 않는 경우에는, 지극히 고요한 삶을 영위할 수 있을 것이니, 우리가 거기에 불평하지 않고 만족하며 살아갈 수 있겠지만, 고통이라는 것은 완전한 불행이고 최악의 재앙일 뿐만 아니라, 그 정도가 지나치면 모든 인내심은 바닥이 나 버리고 말지요. 그러므로 상처를 입고도 고통을 느끼지 않는 적군에게 고통을 느끼게 해주거나, 우리 자신이 상처를 입고도 고통을 느끼지 않게 해줄 수 있는 무엇인가 좀 더 강력한 어떤 무기를 만들어 낼 수 있어야만, 우리는 이 전쟁에서 승리할 수 있게 되리라는 것이 나의 생각입니다.'

그러자 사탄이 차분한 표정으로 대답했다.

'우리가 승리하려면 반드시 필요하다고 그대가 아주 정확하게 지적한 바로 그것을 내가 이렇게 만들어서 여기 가져왔소. 우리 모두는 이 하늘의 땅에 서서, 그 땅의 표면, 즉 온갖 식물들과 열매들과 향기로운 꽃들과 보석들과 황금으로 장식된 이 광활한 하늘의 대륙만을 볼 뿐이고, 그런 것들을 생겨나게 하는 땅 속 깊은 곳에 있는 어떤 물질은 생각하지 않는 것이 보통이오. 그 물질은 불이 붙어 폭발하기 쉬운 검고 거친 액체 상태로 있다가, 하늘의 빛과 접촉하면, 주변에 환한 빛을 발하며 아주 아름답게 폭발하는 성질을 지니고 있소. 우리가 지옥의 화염을 품고 있는 원래의 검은 모습 그대로의 이 물질을 지하 깊은 곳에서 얼어서, 속이 빈 길고 둥근 장치에 가득 채워 넣고, 그 입구에 불을 붙이면, 순식간에 급격히 팽창하고 폭발해서 청천벽력 같은 굉음을 내며 멀리까지 날아갈 것인데, 그러면 우리의 적군은 그 소리에 혼비백산해서, 우리가 우레의 신에게서 그의 유일하게 무시무시한 무기인 벼락을 빼앗아 무장한 줄 알고서 겁에 질려 와해되고 말 것이오. 이 병기는 별 힘들이지 않고 금방 만들 수 있으니, 동이 트기 전에 우리의 바람은 이루어질 것이오. 그동안에 다시 힘을 차리고 두려움을 떨쳐내 버리시오. 힘과 모략을 한데 합쳐 해 나가면, 어렵고 힘든 것은 전혀 없을 것이고, 절망은 더더욱 없을 것이오.'

사탄이 말을 끝맺자, 위축되어 있던 그들의 마음은 그의 말에 다시 밝아졌고, 그들의 시들어 버렸던 희망도 되살아났지. 모두가 그의 발명품을 놀라워하였고, 발명되기 전에는 불가능하다고 생각되었던 것이 일단 발명되고 나니 아주 쉬운 것으로 여겨져서, 자신들이 그런 것을 진작에 발명해 내지 못한 것을 못내 아쉬워했지. 하지만 후일에 악이 땅에 가득 찼을 때 아담 너의 족속, 즉 인류 중에서도 어떤 자가 마귀로부터 영감을 받아서 사람들을 해치려고 하는 의도로 인류에게 재앙이 될 그것과 똑같은 장치를 발명해 내어서, 전쟁에서 서로 대량살육을 벌이는 죄를 짓게 되리라.

그들은 회의가 끝나자마자 곧장 날아가서 그 병기를 만드는 일에 착수했는데, 그 중에서 왈가왈부하며 서 있는 자는 아무도 없었고, 무수히 많은 손들이 달려들어서 순식간에 하늘의 드넓은 땅을 파헤치니, 땅 속에는 그 물질이 원래의 거친 모습 그대로 잉태되어 있었지. 그들 중 일부는 유황과 초석의 거품을 발견해 내서 서로 섞고 능숙한 솜씨로 열을 가했다가 말려서 아주 새까만 알갱이들로 만들어서는 창고로 옮겼고, 또 다른 일부는 숨겨진 광맥을 찾아내어(하늘의 땅도 지구의 땅과 똑같은 내부구조를 지니고 있었기 때문에), 거기에서 광물들을 캐내어서, 큰 파괴력을 지닌 총열들과 탄환들, 그리고 한 번 건드리면 발사되는 아주 위험한 발사장치들을 만들어 내기도 했어. 이렇게 해서 날이 밝기 전, 그들은 밤이 깨어 있는 동안에 모두가 일사불란하게 은밀하고 소리 없이 아주 조심스럽게 움직여서 적군이 전혀 눈치채지 못하게 모든 준비를 다 마칠 수 있었지.

이윽고 아름다운 아침이 동쪽 하늘에서 나타나자, 아침 나팔이 울려 퍼졌고, 어제 승자였던 쪽의 천사들은 일어나서 무장을 했지. 그들은 황금 갑옷을 입은 채 무기를 들고 이내 대오를 갖추고서 찬란한 빛의 군대의 모습으로 도열해 서 있었고, 일부는 동터 오르는 산 정상에서 사방을 둘러보았지. 한편 가볍게 무장한 척후병들은 모든 탐색 지점으로 가서, 전장에서 한참 떨어져 있는 적군이 어느 곳으로 도망쳐서 어디에 주둔해 있는지, 아니면 전투를 위해 이동하고 있거나 이동하다가 어느 지점에 잠시 멈춰 서 있는지 등과 같은 적의 동향을 파악하고 있는 중이었는데, 얼마 되지 않아서 사탄이 수많은 군기들을 펄럭이며 대군을 이끌고서 느리지만 탄탄한 전투대형을 갖추고 접근해 오는 것을 발견했지. 그래서 스랍 천사들 중에서 가장 빠른 날개를 지닌 조피엘[6]이 전속력으로 날아와 공중에서 큰 소리로 이렇게 외쳤어.

'전사들이여, 무장하시오. 전투태세를 갖추시오. 우리는 적이 멀리 도망쳤다고 생각했지만, 지금 우리 가까이에 있어서, 오늘은 굳이 멀리까지 나가서 싸울 필요도 없겠소. 아주 빽빽한 구름 같은 대군을 이끌고 오는 그의 얼굴에는 자신감 넘치는 확고한 결의가 보이니, 이번에는 그가 도망칠 것 같지도 않소. 모두가 금강 갑옷을 빈틈없이 갖춰 입고,

---

6 "조피엘"은 히브리어로 "하나님의 정탐병"이라는 뜻이다.

투구도 잘 고정하고서, 둥근 방패를 손으로 꽉 잡고 하늘 높이 들어 올려서 수평 상태를 유지한 채로 진군하시오. 추측하건대, 오늘은 촉촉한 보슬비가 아니라, 끝에 불로 된 촉이 달려 있는 화살들이 굉음을 내며 폭우처럼 우리 위에 쏟아질 것 같기 때문이오.'

그가 이렇게 경고하자, 그들은 적군이 출현했다는 신호를 아무런 소동 없이 받아들여서, 그 즉시 질서정연하게 저마다 모든 불필요한 군장들은 다 제거하고서 오직 싸우는 데 필요한 것들로 무장한 채로 전투태세를 완료해서 진용을 갖추고서 전진해 나아갔고, 그리 멀지 않은 곳에서 무수히 많은 적군이 육중한 걸음으로 다가오고 있었는데, 이 지옥의 군대는 자신들의 속임수를 감추기 위해, 악마의 병기를 사방으로 촘촘히 에워싼 입방체 대형으로 다가오고 있었지. 양 진영은 한동안 서로를 노려보며 대치하고 있었는데, 이때 갑자기 적진의 맨 앞에 사탄이 나서 다음과 같이 큰 소리로 명령하는 소리가 들렸지.

'선봉대여, 좌우로 갈라서서 정면을 비워 드러나게 하라. 우리는 평화롭고 태평한 삶을 진정으로 원하고, 이런 우리를 미워하는 저들이 사악한 마음을 품고서 우리의 제안을 거부하지 않고 순순히 받아들이기만 한다면, 마음을 열고 그들을 기꺼이 받아들일 준비가 되어 있다는 것을 보여주고 싶다. 하지만 지금으로서는 과연 저들이 우리의 제안에 응할지는 의심스럽기 때문에, 우리는 그것을 위해 우리 쪽에서 할 수 있는 것을 하리니, 하늘이 모든 것을 증언하고 판단하리라. 너희 세움을 받고 이 자리에 있는 자들이여, 너희에게 주어진 임무를 완수하여, 우리가 무엇을 제안하고 있는지를 조금 보여주어라. 우리가 준비한 바로 그것이 우리의 제안이 무엇인지를 모든 적들이 다 들을 수 있도록 큰 소리로 말해 주리라.'

사탄이 애매모호한 말로 비아냥거리며 말하는 것을 채 끝내기도 전에, 정면에 서 있던 선봉대는 좌우로 갈라져서 양쪽 옆으로 물러나자, 새롭고 괴상한 장치가 우리 눈 앞에 나타났지. 그 장치는 수레 위에 층층이 놓여진 세 개의 기둥 같은 것들로서, 그 모습은 기둥 같기도 했고, 숲이나 산에서 벤 참나무나 전나무의 가지들을 다 제거하고 그 속을 파낸 통나무 같기도 했어. 황동과 쇠와 돌로 만들어진 그 장치의 무시무시한 입들은 우리를 향해 잡아먹을 듯이 쩍 벌리고 있어서, 사탄이 방금 전에 평화 운운 한 것이 공허한 빈말이라는 것을 여실히 보여주었지. 각각의 장치 뒤에는 스랍 천사들이 한 명씩 서 있었고, 그들의 손에는 끝에 불이 붙어 있는 갈대가 하나씩 들려 있었어.

우리 모두가 혼란스러워서 갈피를 잡지 못하고 긴장하며 서 있는데, 이내 그 스랍 천사들이 손에 들고 있던 불붙은 갈대를 그 기둥들의 좁은 구멍에 아주 정확하게 갖다 대자마자 큰 불꽃이 번쩍이더니, 이내 그 장치들이 저 목구멍 깊은 곳에서 토해낸 연기로 온 하늘이 자욱해졌고, 그 장치들이 광분하여 울부짖는 무시무시한 굉음은 대기를 꽉 채우며 그 모든 내장을 파열시켜 버렸지. 또한 그 장치들에서 함께 토해져 나온 저 추악한 오물들, 곧 벼락 같이 쏟아져 나온 사슬로 서로 연결된 둥근 쇳덩어리들이 우박처럼 연이어 우리 군대 위에 엄청난 위력으로 떨어지니, 방금 전까지만 해도 바위처럼 견고히 서 있던 자들이 그 쇳덩어리에 맞자 제대로 서 있지도 못하고서 쓰러졌는데, 천사든 천사장이든 가릴 것 없이 그렇게 수천의 천사들이 쓰러져 서로 엉켜서 나뒹굴었지. 그들은 영들이었기 때문에, 만일 무장만 하지 않았더라도, 신속하게 자신의 몸을 줄이거나 그 자리를 피해 그런 사태를 막을 수 있었을 것이었지만, 무장을 하고 있었기 때문에 속수무책으로 당하여 이리저리 뿔뿔이 흩어져 도망칠 수밖에 없었고, 이렇게 해서 촘촘한 대오가 흐트러졌어도 상황은 그들에게 호전되지 않았지.

두 번째의 포대를 구성하고 있던 적군의 스랍 천사들이 이미 또다시 발사할 준비를 다 갖추고 대기하고 있는 상황에서, 우리가 돌격해 들어간다면, 또다시 패퇴하게 되어, 두 번이나 수치스러운 패배를 당하게 될 것이 틀림없었고, 이대로 패배를 인정하고 물러나는 것은 생각만 해도 더욱 끔찍한 일이어서, 우리는 어떻게 해야 할 줄을 몰랐지. 사탄은 우리가 진퇴양난에 처해서 갈팡질팡하는 모습을 보고서는, 자신의 동료들에게 조롱하는 어투로 이렇게 말했어.

'오, 친구들이여, 저 의기양양하던 승리자들이 왜 우리에게 나아오지 않는 것인가. 전에는 아주 기세 좋게 돌진해 오더니, 우리가 정면을 열고 가슴을 열어 그들에게 화친의 조건들을 제시하며 너그럽게 그들을 받아들이려고 하자마자(우리가 이것 이상으로 어떻게 더 너그러울 수 있겠소), 마음이 변해서 우리 앞에서 멀리 도망쳐 마치 춤추는 듯이 지랄발광을 하고 있는데, 춤이라고 하기에는 부자연스럽고 괴상하긴 하지만, 아마도 우리가 화친을 제안한 것이 너무 기뻐서 저렇게 춤을 추는 것 같소. 하지만 우리가 우리의 제안을 다시 한 번 그들에게 들려준다면, 그들은 자신들이 어떻게 해야 할지 금방 결론을 내리지 않을 수 없게 될 것이오.'

그러자 벨리알이 재미있다는 듯이 사탄을 향해 이렇게 맞장구를 쳤지.

'지도자여, 우리가 제시한 조건들은 무게가 있고 그 내용물도 딱딱하며 아주 강력한 힘으로 가득해서, 지금 우리가 보고 있는 바와 같이, 적군 중에서 우리의 조건들을 제대로 받아들인 많은 자들은 저렇게 쓰러져 나뒹굴며 머리부터 발끝까지 온 몸으로 그 조건들을 이해하며 더 할 나위 없이 기뻐하고 있는 것이 분명합니다. 하지만 아직도 우리의 조건들을 이해하지 못한 자들이 있는 것 같으니, 우리가 준비한 선물을

다시 한 번 그들에게 선사해서, 우리의 적들이 똑바로 걸을 수조차 없게 만들어 줍시다.'

이렇게 사탄의 군대는 자신들의 의심할 여지 없는 승리를 굳게 확신하고서 기고만장하여 웃고 떠들면서, 자신들이 만들어 낸 그 장치로 영존자의 힘도 쉽게 이길 수 있을 것이라고 생각하고, 한동안 당혹스러워하며 서 있던 하나님의 군대는 물론이고 하나님의 우레조차도 조롱하고 비웃었지. 하지만 하나님의 군대가 그렇게 서 있는 것은 오래가지 않았어. 너무나 어처구니없이 당한 것에 격분한 그들은 마침내 사탄군의 저 지옥의 병기에 적절하게 맞설 수 있는 방법을 찾아내었는데, 그 것은 하나님이 자신의 권능의 천사들에게 얼마나 탁월한 힘을 주셨는지를 여실히 보여주는 것이었지.

그들은 즉시 자신들이 지니고 있던 무기들을 내던져 버리고서는, 번개처럼 날렵하고 신속하게 산들로 날아가서(지구의 지상에 있는 온갖 모양의 산과 골짜기는 천국의 아름다운 풍광을 본떠 만들어놓은 것이다), 산들의 뿌리들을 이리저리 흔들어서 느슨하게 한 후에, 대지 속으로 깊이 박혀 있던 산들은 물론이고, 그 산들에 얹혀 있는 암석들과 물과 나무들까지 모조리 뽑아내어, 초목이 가득한 봉우리들을 손으로 잡아 산 전체를 들어올려 이동시켰지. 거꾸로 뒤집혀진 거대한 산들이 무시무시한 모습으로 그들을 향해 다가오는 것을 보았을 때, 반란군은 경악을 금할 수 없었고 공포에 사로잡힐 수밖에 없었어.

마침내 세 층으로 된 저 저주받을 장치들이 그들의 기고만장해 하던 자신감과 함께 그들의 눈 앞에서 거대하고 육중한 산들 아래로 깊이 파묻혔고, 다음으로는 그들이 공격을 받아서, 무지막지하게 큰 산봉우리들이 공중에 거대한 그림자를 드리우며 그들의 머리 위로 날아오더니, 무장한 반란군 전체를 덮쳤지. 입고 있던 갑옷은 부서져서 영체

속으로 뚫고 들어가 그치지 않은 고통을 일으킴으로써 그들의 재앙을 더하여, 울부짖는 신음소리가 사방에서 그치지 않았는데, 이는 그들이 원래는 지극히 순결한 빛의 영들로서 지극히 순전했지만, 지금은 범죄하여 불순하게 되고 거칠어졌기 때문이었지. 그들은 그 생지옥에서 겨우 벗어날 때까지, 그런 식으로 산더미 아래에서 오랜 시간 극심한 고통 속에서 사투를 벌여야 했지.

반란군 중에서 산더미에 묻히지 않은 자들은 천국 군대가 했던 것과 똑같은 방식으로 되갚아주겠다고 생각해서, 근방의 산들을 뿌리째 뽑아 내던졌기 때문에, 산들이 공중에서 어지럽게 날아다니며 서로 충돌했고, 땅에서는 그렇게 해서 만들어진 음산한 그늘 아래에서 양 진영이 접전을 벌였지. 그야말로 아비규환이었어. 이 지옥 같은 참혹한 난리에 비하면, 전쟁은 시민들이 일상적으로 행하는 경기나 시합 같은 것이었지. 그렇게 무시무시한 혼란은 거듭되었어. 만일 하늘 성소에 중심을 잡고 앉아 계시면서 모든 것을 헤아려 아시는 전능하신 성부께서 이 난리를 미리 예견하셨으면서도 어떤 계획이 계셔서 이 모든 것을 일정한 한도까지 허용하신 것이 아니었다면, 하늘 전체가 찢겨 산산조각이 나서 파편이 되어 쌓이게 되었을 것이야.

하지만 성부에게는 이 사건을 통해 이루고자 한 큰 계획이 있었는데, 그것은 기름 부음 받은 성자로 하여금 자신의 원수들에게 복수하게 하심으로써, 모든 영광이 성자에게 돌아가게 함과 동시에, 모든 능력이 성자에게 주어졌음을 분명하게 보여주는 것이었어. 그래서 성부는 자신의 보좌에 함께 앉아 있던 성자에게 이렇게 말씀하셨지.

'내 영광의 광채인 내 사랑하는 아들아, 나의 보이지 않는 신성을 자신의 얼굴에 보이는 형태로 지니고 있고, 내가 영원 전부터 작정한 일들을 자신의 손으로 행하는 제2의 전능자인 내 아들아, 이틀이 지났구나. 미카엘과 그가 이끄는 군대가 저 불순종의 무리를 제압하기 위해 출전한 지도, 벌써 천국의 날짜 계산법을 따라 이틀이 되었구나. 전투는 아주 치열했어. 무장한 두 맞수가 만났으니, 그럴 만도 했지. 너도 알고 있듯이, 나는 양 진영의 천사들을 똑같이 창조했고, 단지 반란군들은 죄를 범하여 능력이 훼손되기는 했지만, 내가 그들에 대한 형벌을 나중으로 미루고, 그들을 원래대로 내버려 두어서, 그들의 능력이 눈에 띄게 약화된 것은 아니었기 때문이다. 그러니 그들의 싸움은 영속적으로 끝없이 이어질 수밖에 없고, 이대로 두어서는 아무런 해결책도 찾을 수 없는 것이 당연하다. 이렇게 전쟁이 끝없이 지루하게 이어졌다가는, 분노한 그들이 자신들이 가진 무기들, 그리고 거기에다 이제는 산들을 닥치는 대로 마구 휘둘러 대서, 천국 전체가 황폐해지고, 만유 전체가 위험에 빠지게 될 것은 뻔한 노릇이 아니겠느냐.

이미 이틀이 지났으니, 제3일은 너의 날이다. 내가 미리 이 날을 너를 위해 정해두고서, 이 큰 전쟁을 끝내는 영광이 너의 것이 되게 하기 위하여, 지금까지의 모든 혼란을 용납하고 감내해 왔다. 오직 너만이 이 전쟁을 끝낼 수 있기 때문이지. 내가 네게 무한한 능력과 은혜를 부어준 것은 너의 힘으로 이 악한 소동을 진압함으로써, 하늘과 지옥에서 너의 힘을 능가할 자가 아무도 없고, 네가 만유의 상속자가 되기에 손색이 없을 뿐만 아니라, 거룩한 기름 부음을 받아 만유의 상속자가 되고 왕이 될 자격이 네게 충분하다는 것을 모든 자로 하여금 알게 하기 위한 것이다.

그러니 성부가 지닌 것과 같은 힘을 갖춘 가장 힘 있는 자여, 나의 모든 전쟁무기인 내 활과 우레를 꺼내어 갖추고, 내 무적의 갑옷을 입고, 나의 칼을 너의 강력한 넓적다리에 차고서, 나의 전차에 올라, 하늘의 터를 흔드는 빠른 바퀴들의 인도를 받아 출전해서, 저 어둠의 아들들을 추격하여, 모든 하늘의 영토로부터 몰아내어, 저 바깥 심연 속으로 던져넣어서, 그들이 원하는 대로 거기에서 하나님과 그의 기름 부음 받은 왕 메시아를 마음껏 욕하고 멸시하게 하라.'

성부가 이렇게 말씀하시고서, 자신의 모든 광채를 직사광선으로 성자에게 비추니, 성자는 말로는 다 표현할 수 없는 성부의 충만을 자신의 얼굴로 받아들인 후에 이렇게 화답했지.

'오, 아버지여, 하늘의 보좌들 중에서 최고의 보좌에 앉아 계시는 가장 처음이시고 가장 높으시며 가장 거룩하시고 가장 선하신 이여, 당신은 언제나 당신의 아들을 영화롭게 하고자 하시고, 나는 언제나 당신을 영화롭게 해 드리고자 하오니, 내가 그렇게 하는 것은 지극히 마땅한 일일 뿐만 아니라, 내가 영광 받고 높아지며 나의 기쁨이 충만해지는 길이기도 합니다. 당신이 나를 통해 당신의 뜻을 이루시기를 기뻐하신다고 말씀하시니, 내가 당신의 뜻을 이루는 중임을 맡게 된 것은 내게는 이루 말할 수 없이 큰 복입니다. 그러나 당신이 주신 규와 능력을 내가 잠시 맡았다가, 마침내 당신이 만유 안에서 모든 것이 되시고, 내가 당신 안에 영원히 있게 되며, 당신이 사랑하는 모든 자들이 내 안에 있게 될 때, 지금보다도 더 기쁜 마음으로 다시 돌려 드리겠습니다.

나는 모든 것에서 당신의 형상이어서, 당신의 온유함만이 아니라 당신의 엄위하심도 똑같이 지니고 있어서, 당신이 미워하는 자들을 미워하오니, 이제 곧 당신의 힘으로 무장해서, 저 반란군들을 하늘에서 제거하여, 당신에게 순종하는 것이야말로 전적인 행복인데도, 마땅히 순종을 드려야 할 당신을 배신하고 반역한 그들에게 준비된 저 끔찍한 거처로 내몰아서, 구더기도 죽지 않는 저 흑암 가운데서 사슬에 묶여 영원히 살아가게 하겠습니다.

270

그 때에는 오직 당신의 선한 천사들만이 불순한 무리들과 완전히 분리되어 이 성산을 돌며, 당신을 지극히 높이는 할렐루야 찬송들을 진실한 마음으로 노래하게 될 것이고, 나는 그들의 수장이 될 것입니다.'

성자는 이렇게 말하고 자신의 규 위로 절하고 나서, 자기가 앉아 있던 영광의 성부 오른편에서 일어서자, 거룩한 아침이 하늘에서 동터오면서, 전쟁이 시작된 지 세 번째 날이 시작되었고, 성부 하나님의 전차는 회오리바람 소리와 함께 화염이 치솟는 가운데 번쩍거리는 불빛을 내며 돌진해 왔지. 전차에는 바퀴들이 있었고 바퀴들 속에는 또 다른 바퀴들이 있었지만, 그 바퀴들이 전차를 끄는 것은 아니었고, 그 속에 있는 영에 의해 전차가 굴러갔지. 또한 네 명의 그룹 천사들이 그 전차를 호위하고 있었는데, 각각의 얼굴이 기이했고, 그들의 몸과 날개 전체에는 별 같은 눈들이 박혀 있었으며, 에메랄드로 된 바퀴들에도 눈들이 있었고, 그 사이로는 불들이 앞뒤로 왔다 갔다 했지. 그들의 머리 위로는 수정으로 된 덮개가 있어, 그 위에는 순전한 호박이 입혀져 있는 사파이어 보좌가 놓여 있고, 형형색색의 온갖 깃발들이 펄럭이고 있었어.

성자는 하나님이 친히 만드신 찬란한 우림[7]으로 장식되어 있는 천상의 갑옷과 투구로 온 몸을 무장하고서, 하나님의 전차에 오르자, 그의 오른쪽에는 독수리 날개를 단 '승리'가 앉았고, 그 옆에는 활, 그리고 벼락이 충전되어 있는 세 발의 화살을 담은 화살통이 걸려 있었으며, 그의 주변에서는 연무와 깜박거리는 화염과 무시무시한 불꽃들이 자욱하게 뭉게뭉게 피어오르고 있었어.

그는 수천만의 천군천사들을 거느리고서 전진해 나아갔는데, 그가

---

7 "우림"은 이스라엘에서 대제사장의 제복에 있는 판결 흉패에 담긴 보석들이었다(출애굽기 28장 30절).

이렇게 전진해 나아가는 모습은 아주 멀리서 보아도 빛이 났고, 다른 이에게서 들은 얘기지만, 하나님의 전차 2만대가 양편으로 절반씩 나뉘어서 진군해 나아갔다고 하더군. 이렇게 성자는 수정으로 된 덮개 위에 안치된 사파이어 보좌에 앉아 그룹 천사의 날개를 타고 저 높이 날아서 전장을 향했지.

그의 빛나는 모습은 사방으로 아주 멀리서도 볼 수 있었지만, 그를 알아본 것은 하나님의 군대였지. 그들은 천사들이 하늘 높이 들고 있던 메시아의 문장이 새겨진 큰 깃발이 찬란한 빛을 발하며 펄럭이는 것을 보고서는, 그것이 하늘에서 메시아의 행차를 알리는 신호라는 것을 알고 있었기 때문에, 전혀 예상하지 못했던 일에 기쁨을 감추지 못했지.

성자의 지휘 아래 미카엘은 양쪽으로 나뉘어 전개되어 있던 군대를 즉시 다시 하나로 합쳐서, 그들의 머리인 성자 아래에서 모두 한 몸이 되게 하였고, 하나님의 능력이 앞서서 성자의 길을 준비했지. 통째로 뿌리가 뽑혔던 산들은 그의 명령에 순종하여 각기 제자리로 다시 돌아갔지. 이렇게 산들은 성자의 음성을 듣고서는 고군고분 원래 있던 곳으로 되돌아갔고, 하늘은 평상시의 얼굴을 회복했으며, 산과 골짜기는 새로 피어난 꽃들로 미소를 지었지.

저 불행한 적들도 이 모습을 보았지만, 완고한 마음을 굽히지 않고, 분별없이 절망 속에서 희망을 품고서, 반역의 싸움을 위해 모든 군사들을 소집해서 전열을 정비하였지. 하늘의 영들 속에 이렇게 뒤틀리고 왜곡된 악이 자리 잡고 있는 것이 이상한 일이었지만, 그 어떤 기적들을 베푼다고 한들 교만한 자들이 겸손해지겠으며, 그 어떤 기이한 일들을 보여준다고 한들 완고한 자들이 고집을 꺾을 수 있겠는가. 그들은 성자의 영광을 보고서 당연히 자신들의 잘못을 뉘우쳤어야 했지만 실제로는 더욱 완고해져서, 높이 계신 성자에 대한 부러움과 시기심으로 불타올라, 그런 광경을 보는 것 자체를 괴로워하며, 힘으로든 속임수로든 소기의 목적을 이루어서 마침내 하나님과 메시아를 이기거나, 결국 완패를 당하여 철저한 파멸을 겪거나, 양단간에 결판을 내기 위해 살기등등한 기세로 전열을 재정비하는 데 몰두하고 있었지. 바야흐로 도망치거나 힘없이 퇴각하기를 거부하고서 마지막 결전을 벼르고 있었던 거야.

이때 위대하신 하나님의 아들이 좌우에 포진되어 있던 전군을 향해 이렇게 말씀했지.

'너희 거룩한 천군들이여, 빛나는 대오를 갖추고서 이렇게 가만히 서 있으라. 너희 무장한 천사들이여, 오늘은 전투를 쉬고 여기에 서 있으라. 너희는 지금까지 대의를 위해 두려움 없이 충성을 다해 싸워 왔고, 너희의 소임을 훌륭히 수행해 왔기 때문에, 하나님이 너희의 그런 충성심을 받으시고 기뻐하신다. 하지만 이 저주받은 무리를 벌하는 것은 너희의 소관이 아니니, 보응하는 권한은 하나님이나 그가 지명한 이에게만 있기 때문이다. 오늘 저들에 대한 형벌을 집행하는 일은 여러 명이 할 필요가 없고, 군대를 동원할 필요는 더욱 없다. 그러므로 너희는 그저 내가 저 불경한 무리에게 퍼부을 하나님의 진노를 서서 지켜보기만 하면 된다. 저들이 시기심으로 인해 멸시해 온 것은 너희가 아니라 바로 나고, 저들의 모든 분노도 내게 향해 있으니, 이는 하늘에서 최고의 나라와 능력과 영광을 지니신 성부께서 자신의 뜻에 따라 나를 영화롭게 하셨기 때문이다. 그래서 저들이 원하는 바에 따라 나 혼자 저들 모두를 상대해 싸워서 과연 어느 쪽이 더 강한지가 분명하게 드러나게 하기 위하여, 하나님은 저들을 단죄하고 심판하는 일을 내게 맡기신 것이다. 저들은 힘을 기준으로 모든 것을 평가하고, 그 밖의 다른 뛰어난 것들에 대해서는 관심도 없으며, 그런 것들에 뛰어난 자들에게는 신경도 쓰지 않는 자들이어서, 나도 다른 것들이 아니라 오직

힘으로 그들과 겨루고자 한다.'

성자는 이렇게 말한 후에, 너무나 준엄해서 감히 쳐다볼 수 없을 정도로 두려움을 불러일으키는 추상 같은 표정을 하고서, 진노하심에 가득 차서 적군을 향했지. 그 즉시 네 명의 그룹 천사들이 별들이 촘촘히 박혀 있는 날개들을 펴자, 무시무시한 거대한 그늘이 펼쳐졌고, 그의 공포스러운 전차의 바퀴들이 구르니, 그 소리가 엄청난 홍수의 격류나 무수히 많은 대군이 쇄도하는 소리 같았지. 그는 불경스러운 적을 향해 밤과 같은 얼굴을 하고[8] 곧바로 돌진했고, 화염이 치솟는 그의 전차 바퀴들 아래로는 그토록 견고하던 하늘 전체가 하나님의 보좌를 제외하고는 모든 것이 다 흔들렸지.

순식간에 적진 앞에 다다른 그는 오른손에 일만 개의 벼락을 쥐고 있다가 한꺼번에 방출하니, 마치 그들의 영혼에 역병이 주입된 듯, 그들은 얼이 빠져 맥을 못 추며, 저항하고자 하는 마음과 용기를 모두 잃고서, 이제는 아무 짝에도 쓸모없게 된 자신들의 무기를 땅에 떨어뜨렸지. 그가 그 무시무시한 전차를 타고, 널브러진 방패들과 투구들, 그리고 엎드러져 있던 보좌 천사들과 힘센 스랍 천사들의 투구 쓴 머리들 위로 나니, 그들은 산들이 다시 그들 위에 던져지고 자신들이 그 밑에 파묻혀서 오직 그의 진노에서만은 피할 수 있게 되기를 간절히 소원했지.

또한 그의 전차를 끄는 수많은 눈들로 뒤덮인 서로 다른 얼굴을 한 네 명의 그룹 천사들과 마찬가지로 수많은 눈들로 뒤덮인 살아 있는 전차 바퀴들로부터도 화살이 양쪽으로 폭풍처럼 쏟아졌고, 모든 눈들은 번개처럼 번쩍이며 저 저주받은 자들에게 해로운 불을 발사했는데,

---

8   호메로스의 『일리아스』 제12권 462행 인용구.

이 모든 것은 바퀴들 속에 있는 한 영의 지휘 아래 이루어졌지. 그 불에 그들의 힘은 모두 말라 버리고, 늘 지니고 있던 활력도 다 고갈되어서, 그들은 모든 힘이 소진되어 죽은 자와 방불하게 되어 고통스러워하며 하나 둘씩 픽픽 쓰러지고 말았지.

그는 자신의 힘을 절반도 사용하지 않았지만, 번개로 일제사격 하던 것을 중지했어. 저 반란군들을 다 멸하는 것이 아니라, 천국에서 완전히 뿌리 뽑아 내쫓는 것이 목적이었기 때문이지. 그래서 그는 엎드러져 있는 자들을 일으켜 세우고, 혼비백산하여 얼이 빠져 있는 그들을 염소 떼나 겁 많은 양 떼처럼 한데 모은 후에, 공포들과 진노들을 사용해서 천국의 경계인 수정 성벽까지 몰아부쳤지. 안쪽으로 활짝 열려진 성벽 너머로 황량한 심연으로 통하는 거대한 틈이 드러났는데, 그들은 자신들 앞에 펼쳐진 기괴한 광경에 공포심을 느끼고 순간 멈칫하며 물러나려 했지만, 뒤에서는 훨씬 더 공포스러운 것들이 그들을 뒤쫓고 있었기 때문에, 천국의 벼랑끝에서 뛰어내릴 수밖에 없었고, 영원한 진노는 거세게 타오르며 저 무저갱, 곧 바닥 없는 구덩이인 지옥까지 그들을 뒤쫓았지.

지옥은 감내하기 어려운 소음이 들리면서, 하늘로부터 하늘이 무너져서 떨어져 내려오는 것을 보고서는 경악해서 도망치려고 했지만, 엄격한 '운명'이 지옥의 저 어두운 토대들을 아주 깊이 박아서 너무나 단단히 고정해 놓았던 까닭에, 도망치는 것은 불가능했어. 저 반란군들은 아홉 날 동안 내내 추락했고,[9] 그들의 대규모의 패주로 인한 추락은 '혼돈'이 다스리는 저 광활한 무질서의 왕국 전체를 초토화시키고 열 배나

---

9   헤시오도스는 자신이 쓴 『신들의 계보』에서 티탄 신족들이 올림포스의 신들과 싸워 "아홉 날 동안" 하늘에서 땅으로 떨어졌고, 다시 "아홉 날 동안" 땅에서 지옥으로 떨어졌다고 말한다.

저 반란군들은 아홉 날 동안 내내 추락했다.

더한 혼란을 가져다주어서, 그것을 생생하게 느낀 '혼돈'은 당혹감을 감추지 못하고 크게 울부짖었지. 결국 지옥은 입을 벌려 그들 모두를 받아들였고, 그런 후에 자신의 입을 닫아 버렸어. 영원히 꺼지지 않는 불이 가득 차 있는 재앙과 고통의 집이었던 지옥은 그들이 거처하기에 안성맞춤인 곳이었지.

무거운 짐을 벗어버린 천국은 기뻐하였고, 활짝 열어 놓았던 성벽은 다시 닫히고 틈새가 모두 메워져서 원래대로 복원되었지. 혼자서 무수히 많은 적을 물리치고 승리하여 천국에서 추방한 메시아는 개선의 전차를 돌렸고, 전능자로서의 그의 위용을 가만히 서서 지켜보고 있던 모든 천군천사들은 그를 맞으러 환호성을 지르며 나아갔는데, 그들의 손에는 종려나무의 가지가 들려 그늘이 만들어졌고, 모든 빛의 군대가 개선의 노래를 합창하며, 승리한 왕이며 상속자이고 주로서 통치권을 수여받으신 성자야말로 다스리시기에 지극히 합당하신 분이라고 송축했지. 그는 이렇게 모든 천군천사의 송축을 받으며 공중으로 자신의 전차를 몰아 개선하여, 저 높은 곳 보좌에 앉아 계시는 전능자 성부의 궁정이자 성전으로 들어가셨고, 하나님은 그를 지극한 영광으로 영접하셨지. 이렇게 해서 지금도 성자는 지극히 복된 하나님의 오른편에 앉아 계시지.

이렇게 내가 너의 요청을 받아들여서, 아마도 인류에게 영원히 숨겨져 있었을 하늘에서 일어난 일들을 땅의 일들에 빗대어 지금까지 얘기한 것은 너로 하여금 지난날의 일을 교훈으로 삼아 경계하고 조심하게 하기 위한 것이다. 내가 네게 말해 준 것은 하늘의 천사들 사이에서 벌어진 불화와 전쟁, 그리고 분수를 모르고 과대망상에 빠져서 사탄의 반역에 동조했다가 지옥에 떨어진 천사들에 관한 것이지만, 사탄은 지금도 너의 복된 삶을 시기해서, 너도 자기처럼 복된 삶을 상실하고서

결국 지옥은 입을 벌려 그들 모두를 받아들였다.

자기가 받고 있는 형벌, 곧 영원한 불행과 비탄의 삶을 살게 하려고, 너를 유혹해서 하나님에 대한 순종에서 끌어내리려고 음모를 꾸미고 있다. 너를 유혹해서 자신의 재앙을 함께 받게 하는 데 성공하기만 한다면, 그것은 지존자에게 모욕을 가한 것이 될 것이기 때문에, 사탄은 그런 식으로 지존자에게 통쾌한 복수를 하고, 그 마음에 큰 위안을 얻으려고 하는 것이지. 그러니 너는 그의 유혹에 넘어가지 말고, 너보다 더 연약한 너의 배필에게도 그렇게 경고해서, 내가 네게 불순종의 대가가 얼마나 무서운 것인지를 보여주는 예를 들려준 보람이 있게 하라. 그들은 얼마든지 견고히 서서 끝까지 순종할 수 있었는데도, 결국 불순종을 택해 타락하고 말았다는 것을 기억하고서, 범죄하지 않도록 각별한 주의를 기울여라."

제 7 권

줄거리

라파엘은 아담의 요청으로 이 세계가 처음에 어떻게, 그리고 왜 창조되었는지를 들려준다. 하나님은 사탄과 그의 천사들을 천국으로부터 추방한 후에, 또 하나의 세계와 다른 피조물들을 창조하여 거기에 살게 하겠다는 자신의 뜻을 밝히고서는, 자신의 영광의 아들을 천사들과 함께 보내어 육일 동안에 걸쳐 창조 사역을 수행하게 하였고, 천사들은 이 아들이 그 일을 다 마친 것과 그가 천국으로 다시 돌아온 것을 송축하였다.

우라니아여,[1] 그대가 그런 이름으로 불리는 것이 합당하다면, 나는 그대의 거룩한 음성을 따라, 올림포스의 산보다 더 높이, 페가소스[2]가 그 날개로 날아오르는 것보다 더 높이 날아오르리니, 하늘에서 내려오라. 내가 부르는 것은 그대의 이름이 아니라 그 이름 속에 담긴 뜻이니, 그대는 아홉 명의 뮤즈 중 하나도 아니고, 옛 올림포스 산의 꼭대기에 거하지도 않았으며, 오직 산들이 등장하거나 샘이 흐르기도 전에 하늘에서 태어나서, 전능한 아버지 앞에서 그대의 자매인 영원한 "지혜"와 함께 교제하고 노닐며, 그대의 천상의 노래로 아버지를 기쁘게 해 드렸던 그런 존재이기 때문이라.

나는 그대의 인도함을 받아 하늘들 중의 하늘인 최고천으로 올라가서 땅에서 온 손님이 되어, 그대가 만들어 놓은 영기로 된 공기를 마셨는데, 이제 내려갈 때에도 나를 인도해서 내가 나의 고향 땅에 안전하게 돌아가게 해주어서, 전에 벨레로폰[3]이 저 천마天馬 페가소스를 타고

1 　이것은 밀턴이 성령의 도움을 청하는 세 번째 도입문이다. "우라니아"는 "천상의 존재"라는 뜻으로서 그리스 신화에서는 천문을 관장하는 시와 음악의 여신 뮤즈를 의미했지만, 여기에서는 하늘의 뮤즈인 성령을 가리킨다.

2 　"페가소스"는 그리스 신화에 나오는 날개 달린 흰색의 천마로서, 영웅 페르세우스가 메두사의 목을 벨 때, 메두사의 몸에서 혹은 메두사가 흘린 피에서 태어난 말이다. 이 말은 뮤즈 여신의 샘인 히포크레네를 만든 장본인이기도 하다. 밀턴은 천마 "페가소스"는 하늘을 날아 기껏해야 신들의 거주지인 올림포스 산까지밖에 오르지 못하지만, 자신은 성령의 날개를 타고 하나님이 계시는 최고천까지 이르러서 거기에서 듣고 본 것을 노래하고 있다고 말한다.

3 　"벨레로폰"은 그리스 신화에 나오는 영웅으로서 코린토스의 왕자다. 헤라클레스 이전의 가장 위대한 용사로 손꼽힌다. 하늘을 나는 천마 페가소스를 타고 키마이라 등 많은 괴물들을 무찔렀다. 시간이 지나면서 벨레로폰은 오만에 빠져 페가소스를 타고 신들이 사는 올림포스까지 올라가려고 했다. 벨레로폰의 방자한 짓에 노한 제우스는 등에를 한 마리 보내서 페가소스의 등을 쏘게 하였다. 페가소스가 깜짝 놀라며 몸부림치는 바람에 벨레로폰은 낙마하여 "알레의 벌판"으로 추락하고 말았다. 덤불 위로 떨어진 벨레로폰은 겨우 목숨은 건졌

하늘로 오르다가 알레의 벌판으로 떨어져서 거기에서 길을 잃고 처량하게 방황하는 그런 일이 내게는 일어나지 않게 해주시라.

　나의 노래는 겨우 절반밖에 부르지 못했지만, 이제 남은 것은 눈에 보이는 일상의 세계와 관련된 좀 더 협소한 범위로 좁혀졌으니, 저 위 우주의 극으로는 올라가지 않고 오직 이 땅에 서서, 험한 날들과 악한 혀들을 만나서 어둠 속에서 위험들과 고독으로 둘러싸여도, 다른 목소리를 내거나 침묵하지 않고, 언제나 변함없는 인간의 목소리로 좀 더 편안하게 노래하리라. 하지만 내가 밤에 잠들어 있거나, 아침이 동쪽 하늘을 자줏빛으로 물들일 때, 그대가 나를 찾아주는 한, 나는 외롭지 않노라. 그럴지라도 우라니아여, 계속해서 나의 노래를 이끌어주고, 소수일지라도 이 노래를 들을 만한 자들을 찾아주시라. 반대로 바쿠스와 그의 주당들이 내는 야만적인 소음은 쫓아내주시라. 트라키아의 음유시인인 오르페우스가 로도페⁴에서 노래하자, 나무들과 바위들은 거기에 매료되어 경청했지만, 저 술에 취해 고함치던 주당들이 이 음유시인의 몸을 찢었을 때, 그 야만적인 소란에 수금과 목소리는 입을 다물 수밖에 없었고, 뮤즈였던 칼리오페도 자기 아들을 구할 수 없지 않았던가. 그러니 그대는 그대에게 간곡히 청하는 자의 기대를 저버리지 말아주

지만 절름발이에 장님이 되고 말았고, 그 뒤로 벨레로폰은 사람들을 피해 방랑하면서 남은 생을 보냈다고 한다. "알레"는 그리스어로 "유랑"이라는 뜻으로서 소아시아 동남지역에 있던 광야였다.

4　"오르페우스"는 그리스 신화에 등장하는 가장 위대한 음악가이자 시인이다. 오르페우스는 죽은 아내 에우리디케를 되찾기 위해 저승세계로 내려가 자신의 노래로 구해내려고 하기도 했고, 아르고 호 탐험대에 참가하여 고향을 그리워하는 영웅들의 마음을 수금으로 달래주었으며, 앞길을 가로막는 적들을 음악으로 물리쳤다. 하지만 최후는 비참했다. 오르페우스가 아내를 영원히 잃은 슬픔에 빠져서 로도페에 은둔하여 노래하고 있을 때, 술에 취한 트라키아의 여자들이 소리를 지르며 달려들어 그의 몸을 찢었고, 유일하게 훼손되지 않은 그의 머리는 헤브로스 강으로 굴러 떨어졌다. "로도페"는 트라키아의 산으로서, 오르페우스가 기거하던 곳이었다.

시라. 칼리오페는 헛된 꿈이지만, 그대는 하늘에 속한 이가 아니던가.

하늘의 여신이여, 선량한 천사장 라파엘이 하늘에서 저 배교자들에게 무슨 일이 벌어졌는지, 저 무시무시하고 끔찍한 사례를 들어서 아담에게 배교하지 않도록 미리 경고해 주면서, 낙원에는 아담이나 그의 족속이 자신들의 입맛을 따라 골라 먹을 수 있는 것들이 아주 많이 있으니, 비록 식욕이 수시로 변한다 하더라도, 저 금지된 나무의 열매를 따먹지 말라는 단 하나의 명령은 얼마든지 쉽게 순종할 수 있기 때문에, 하나님의 그 명령을 무시하고 그 나무의 열매를 따먹음으로써 낙원에서도 배교가 일어나서 똑같은 일이 벌어지지 않게 조심하라고 신신당부한 후에 어떤 일이 일어났는지를 말해주시라.

아담은 자신의 배필인 하와와 함께 라파엘이 들려준 이야기를 경청한 후에, 그들의 생각으로는 도저히 상상할 수 없는 신비하고 기이한 일들, 곧 하나님에 의한 지극히 복된 평화가 지배하는 천국에서 그런 증오와 전쟁과 혼란이 벌어졌다는 것, 하지만 악은 복된 삶과 섞이는 것이 불가능했기 때문에 마치 큰 물처럼 자신이 원래 생겨났던 곳으로 이내 되돌아갈 수밖에 없었다는 것을 듣고서는, 어떻게 그런 일이 일어날 수 있는지 한편으로는 놀랍기도 하고 한편으로는 의아하기도 하여 이런저런 생각에 잠겼지만, 자신의 마음속에서 생겨난 의심들을 곧 떨쳐 버렸다. 그러자 아담 속에서는 자기와 좀 더 직접적으로 관련된 일들, 그러니까 하늘과 땅으로 이루어진 이 세계가 처음에 어떻게 출현하게 되었고, 무슨 이유로 언제 무엇으로 창조되었으며, 자신의 기억 이전에 에덴의 안과 밖에서 무슨 일이 벌어졌는지에 대해 알고 싶은 자연스럽고 순진한 욕구가 생겨났는데, 이것은 물을 마시긴 했지만 갈증이 완전히 가시지 않은 사람이 흐르는 물을 보았을 때, 그 졸졸 흐르는 물소리에 또다시 갈증이 생겨나는 것 같은 것이었다. 그래서 아담은 하늘에서 온 손님에게 계속해서 이렇게 청했다.

"당신은 우리가 인간의 지식으로는 알 수 없어서 무지로 인해 일을 저질러서 큰 낭패를 당하게 되지 않도록 시의적절하게 미리 경고해 주기 위해, 하늘의 해석자로서 영기천에서 이곳으로 내려와서, 이 세계와는 너무나 다르고 우리 귀에는 놀랍게만 들리는, 경이로움으로 가득한 엄청난 일들을 우리에게 알게 해주는 은총을 베풀어 주셨으니, 우리는 영원히 죽지 않으시는 하나님이 우리에게 베풀어 주신 이 무한한 은혜에 감사를 드리고, 그분의 경고를 엄중하게 받아들여서, 우리가 존재하는 목적인 지존자의 뜻을 변함없이 지켜나갈 것입니다.

당신은 지금까지는 이 땅에서는 생각할 수조차 없는 일들이지만 최고의 지혜에게는 우리가 꼭 알아야 할 것이라고 생각된 일들을 감사하게도 우리의 교훈을 위해 우리에게 알려주셨으니, 이제는 좀 더 아래로 내려와서 이 땅에서 일어난 일들 중에서 마찬가지로 우리가 알면 유익할 것들에 대해서도 말해 주십시오. 그 일들이라는 것은 무수히 많은 움직이는 불들로 장식된 채로 우리로부터 아주 높고 멀리 떨어져 있는 것으로 보이는 이 하늘, 그리고 모든 공간을 만들어 내거나 넓게 채우고서 이 아름답고 풍요로운 땅을 부드럽게 감싸고 있는 이 대기는 처음에 어떻게 시작되었고, 모든 영원 동안에 걸쳐 거룩한 안식 가운데 있던 창조주가 무슨 이유로 이렇게 느지막이 움직이셔서 '혼돈' 안에 이 세계를 창조하는 일을 시작하였고, 어떻게 이 일이 이토록 신속하게 끝나게 되었는가 하는 것이고, 우리는 하나님의 영원한 제국의 비밀들을 캐내기 위해서가 아니라, 우리가 더 많이 알수록 하나님이 하신 일들을 더 진심으로 찬미할 수 있을 것이어서 이렇게 묻는 것이니, 하나님이 금하신 것이 아니라면 우리에게 말해 주십시오.

대낮의 환한 빛은 이제 그 기세가 꺾이긴 했지만, 당신의 목소리에 붙잡혀 하늘에 그대로 멈춰서서, 당신의 그 힘 있는 목소리를 듣느라 아직도 여전히 달려갈 길이 많이 남아 있고, 당신이 태양이 탄생한 이야기, 그러니까 모든 것이 어둠에 가려 있는 저 심연으로부터 자연이 탄생하게 된 이야기를 들려준다면, 저 태양은 그 이야기를 들으려고 자신의 여정을 좀 더 오래 뒤로 미루게 될 것이 분명합니다. 혹시라도 저녁별과 달이 당신의 이야기를 듣고 싶어 서둘러 달려온다면, 밤도 함께 따라와서 고요함을 가져다줄 것이고, 잠은 당신의 이야기에 귀 기울이느라 밤을 꼬박 새우거나, 우리가 당신의 노래가 끝날 때까지 잠에게 오지 말라고 명하여, 아침이 오기 전에 당신을 보내드릴 수 있을 것입니다."

아담이 이렇게 자신의 빛나는 손님에게 간곡히 청하자, 저 하나님 같은 천사 라파엘은 이렇게 온유하게 대답했다.

"전능자가 하신 일들은 스랍 천사의 말이나 혀로 제대로 얘기해 줄 수 있는 것도 아니고, 인간의 마음으로 제대로 이해할 수 있는 것도 아니지만, 네가 그렇게 간곡히 청하니 어떻게 들어주지 않을 수 있겠느냐. 나는 네가 알고 싶어 하는 것들을 금지된 것이 아니라면 대답해 주라는 하나님의 명령을 받고 왔으니, 네가 들어서 이해할 수 있고 조물주를 섬기는 데 도움이 되며 네 자신도 더 행복해질 수 있는 일이라면, 그런 일을 네게 들려주지 않을 이유는 전혀 없기 때문이다. 하지만 오직 자신만이 모든 것을 아시는, 눈에 보이지 않는 왕이 땅이나 하늘에 있는 그 누구도 알지 못하도록 어둠 속에 감춰두신 것들에 대해서는 묻지도 말고, 네 자신의 상상력을 동원해 알아내려고 해서도 안 된다. 그런 것들 말고도 네가 탐구해서 알아야 할 것들이 많이 있다. 하지만 지식은 음식과 같아서 그 욕구를 적절히 절제해서 각자의 지성이 담아 낼 수 있는 분량만을 알고 그 이상은 알려고 해서는 안 된다. 그렇게 하지 않고 닥치는 대로 모든 것을 알려고 하면, 마치 폭식을 하면 자양분이 되어야 할 음식이 도리어 몸을 해치는 것이 되고 마는 것처럼, 지혜가 되어야 할 지식은 이내 우매함으로 변하게 되기 때문이다.

본론으로 들어가서, 루시퍼(이 별은 전에 천군천사들 중에서 다른 별들보다 더 밝았기 때문에 이런 이름이 붙었다)가 자신의 화염 군대와 함께 하늘로부터 떨어져서 심연을 거쳐 자기 자리로 들어간 후에, 위대한 성자가 천사들을 거느리고 개선하였을 때, 전능하신 영원한 성부는 자신의 보좌에서 그들 무리를 보시고서는, 성자에게 이렇게 말씀하셨지.

'시기심으로 가득한 우리의 원수는 모든 천사들도 자기처럼 반역할 것이라고 생각하고서, 그들의 도움으로 감히 범접할 수조차 없이 높은 힘인 이 최고신의 자리를 탈취해서 우리를 폐위시키고 자신이 그 자리에 앉게 될 것이라고 믿고, 이제는 천국에서 까마득히 잊혀진 많은 천사들을 자신의 사기극 속으로 끌어들였지만, 결국에는 이렇게 실패하여 끝장이 나고 말았구나. 하지만 그들보다 훨씬 더 많은 수의 천사들은 여전히 자신들의 자리를 지키고 있어서, 천국이 비록 넓다고 하지만, 한편으로는 천국의 모든 구역들을 지키면서, 다른 한편으로는 이 높은 성전을 드나들며 합당한 직무들을 행하고 엄숙한 예배를 드릴 자들의 수는 충분하다. 그 원수는 자신의 무리를 이끌고 스스로 자멸한 것이지만, 그럼에도 불구하고 그가 자신의 반란으로 인해 천국에서 많은 백성이 없어져서 손실을 입게 된 것을 어리석게도 내게 타격을 입힌 것이라고 생각해서 우쭐대는 일이 없게 하기 위해서라도, 나는 순식간에 또 하나의 세계와 한 인간을 창조해서, 그로 하여금 거기에 거하게 하고, 그로부터 무수히 많은 인간들로 이루어진 종족이 생겨나게 하여 그 손실을 회복하리라. 그리하여 인류라는 종족이 여기가 아니라 거기에 거하면서 오랜 세월 순종을 배워 점차 자격을 얻어서, 마침내 여기로 올라올 길이 열리게 되면, 그때에 땅은 하늘로 변하고 하늘은 땅으로 변하여, 모두가 하나 되어 한없는 기쁨을 누리는 하나의 왕국이 세워지게 될 것이다.

나의 말씀이자 내가 낳은 아들인 너를 통해 내가 이 일을 이루리니, 네가 말하면 이루어지리라. 너희 하늘의 천사들이여, 그 일이 이루어질 때까지 너희는 각자의 위치에서 자신의 일을 하며 지내거라. 내가 모든 것을 이루어내는 능력의 나의 영 및 권능과 함께 너를 보내노니, 너는 지금 즉시 가서 심연에게 명하여 그 중 일정 부분의 공간에 경계를 정하여 하늘과 땅이 되게 하라. 심연은 경계가 없고 무한하지만, 그 무한한 공간은 텅 비어 있는 것이 아니라, 내가 채우고 있고, 그곳의 주인도 나다. 나는 아무런 제약도 받지 않지만, 내가 그렇게 심연에서 물러나서 거기에 나의 선을 행하지 않는 것은 나의 자유의지에 의한 것이다. 내게는 그렇게 할 수도 있고 하지 않을 수도 있는 자유가 있기 때문이다. 필연과 우연은 나와는 아무 상관이 없고, 모든 일에서 오직 내가 뜻하는 것이 반드시 이루어지는 것일 뿐이다.'

전능자가 이렇게 말하자, 그의 말씀인 성자 하나님이 그가 말한 것을 실행하였지. 하나님이 하시는 일들은 즉각적으로 이루어지기 때문에, 한순간의 시간이나 움직임보다 더 신속하지만, 이 땅에서 살아가는 자들이 이해할 수 있도록 순서를 밟아 차례대로 말하지 않으면, 인간의 귀로는 알아들을 수가 없게 되지.

천군천사들이 전능자가 자신의 뜻을 밝히는 것을 들었을 때, 하늘에는 큰 환호성이 울려퍼지고 큰 기쁨이 있었고, 그들은 지존자에게는 영광이, 미래의 인류에게는 선의가, 자신들의 거처에는 평화가 있기를 노래했는데, 그것은 자신의 의로운 보응의 진노하심을 따라 불의한 자들을 자신의 목전과 의인들의 거처로부터 몰아내신 분에게 영광을 돌리는 노래였고, 악한 영들 대신에 더 선한 종족을 창조하여 그들의 빈 자리를 메우셔서 모든 세계들과 만대에 자신의 선하심을 알리심으로써 자신의 지혜로 악으로부터 선을 이루어 내신 분에게 영광과 찬송을 돌리는 노래였어. 온갖 지위에 있는 모든 천군천사들이 그렇게 노래했지.

그러는 사이에 성자가 전능함을 온 몸에 두르고 신적인 위엄과 무한한 지혜와 사랑의 광채를 발하며 자신에게 맡겨진 대원정의 길을 떠나기 위해 모습을 나타내니, 성부에게 속한 모든 것이 그에게서 빛났지. 그 전차 주위에는 무수히 많은 수의 그룹 천사들과 스랍 천사들, 권세 천사들과 보좌 천사들과 능력 천사들, 날개 달린 영들과 하나님의 병기고에서 나온 날개 달린 전차들이 포진해 있었어. 이 전차들은 결정적인 날에 사용하기 위해 아득히 먼 옛날부터 구리로 된 두 산 사이에 매어 둔 날개 달린 천마들이 끄는 천상의 전차들로서, 각각의 전차 안에는 자신들의 주의 명령을 기다리는 영들이 살고 있어서, 명령이 떨어지면 그 즉시 스스로 나아오게 되어 있었지.

천국은 금으로 된 축들이 움직이며 내는 듣기 좋은 소리와 함께 영원토록 견고히 서 있는 자신의 문들을 활짝 열어서, 능력의 말씀과 성령으로 새로운 세계들을 창조하기 위해 가는 영광의 왕을 환송할 준비를 마치고 기다리고 있었지. 그들이 천국의 땅에 서서 그 가장자리에서 헤아릴 수 없을 정도로 끝없이 펼쳐져 있는 광대한 심연을 바라보니, 풍랑이 극심한 어둡고 황량하고 거친 거대한 바다 같아서, 산더미 같은 사나운 바람들과 솟아오르는 파도들이 저 깊은 곳에서 올라와서 그 가장 높은 곳들, 곧 천국과 맞닿아 있는 그 꼭대기들을 공격하여, 그 중심과 그 꼭대기들을 뒤섞으며 심연 전체를 뒤흔들어놓고 있었지.

그때에 전능의 말씀인 성자는 이렇게 말했지. '너희 거친 풍랑들아, 잠잠하고, 너 심연아, 고요하라. 너희의 불화를 그치라.' 그런 후에 혼돈이 그 명령을 청종하자, 그는 거기에 머물러 있지 않고, 성부의 영광 가운데서 그룹 천사들의 날개를 타고 위로 날아올라서, 저 멀리 '혼돈'과 아직 창조되지 않은 세계를 향해 나아갔고, 그를 수행하는 천군천사들은 그의 창조 사역과 그의 힘으로 이루어 낼 놀라운 일들을 보기 위해 빛의 행렬을 이루어 그의 뒤를 따랐지.

이때 화염 전차 바퀴들이 잠시 멈춰 섰고, 성자는 이 세계와 모든 피조물들의 치수를 재기 위해, 하나님의 영원한 창고에 보관되어 있던 황금 컴퍼스를 손에 들고, 컴퍼스의 한 쪽 발을 중심으로 해서, 다른 쪽 발은 깊은 어둠 속에 있는 대심연 위로 한 바퀴 돌리며, '세계여, 여기까지가 너의 경계이고, 이것이 네게 주어진 합당한 둘레다'라고 말씀하셨어. 이렇게 해서 하나님은 형체도 없고 아무것도 없이 공허한 하늘과 땅을 창조하셨지. 깊은 어둠이 심연을 뒤덮고 있었지만, 하나님의 영은 자신의 날개를 펴서 그 고요한 물을 품어서 생명의 기운과 생명의 온기를 유체 상태의 덩어리 전체에 주입하고, 생명에 해로운 지옥에 속한 검고 찬 찌꺼기들은 아래로 밀어내는 정화작업을 했지. 그런 후에는 둥근 공 모양의 것들을 모두 비슷하게 여러 개 만들어서 여러 곳으로 분산시키고, 그 사이에 공기를 불어넣으니, 지구는 중심을 잡고 균형을 이루어 우주에 걸려 있게 되었지.

하나님이 '빛이 있으라'고 말씀하시자, 그 즉시 만물의 처음이자 순수한 제5원소인 천상의 빛이 심연으로부터 생겨나서, 자신이 탄생한 동쪽에서 빛나는 구름에 둘러싸여서 어두운 대기 속을 움직이기 시작했는데, 이것은 태양이 아직 존재하지 않았고, 빛은 구름 장막 속에 한

동안 머물러 있었기 때문이었지. 하나님이 빛을 보시니 좋으셨어. 지구의 두 반구가 각각 빛과 어둠으로 나뉘었고, 하나님은 빛을 낮이라고 명명하고, 어둠을 밤이라 명명하셨지. 이렇게 해서 첫째 날의 저녁과 아침이 지나갔어.

동방의 빛이 어둠 속에서 처음으로 비쳐 나오는 것을 보았을 때, 하늘의 성가대는 찬미하는 노래로 송축하지 않을 수 없었지. 천지가 탄생한 날에 그들이 기뻐하고 환호하는 소리, 황금 수금을 타며 하나님과 그가 하신 일들을 찬미하는 노랫소리가 우주의 둥근 허공 전체에 가득 울려 퍼졌고, 그들은 첫 번째 저녁에도, 그리고 첫 번째 아침에도 그렇게 소리쳤고 노래했지.

또다시 하나님은 '물들 사이에 창공이 있어서 물과 물이 나뉘게 하라'고 말씀하셨지. 이렇게 해서 순수하고 투명하며 유체상태의 원소인 공기가 계속해서 순환해서 이 거대한 둥근 곳의 끝인 천장, 곧 아랫물과 윗물을 나누어놓는 견고하고 확실한 구분막까지 퍼져 있는 공간인 창공이 생겨났어. 하나님은 땅과 마찬가지로 우주도 거대한 수정 바다에서 계속해서 순환하며 흐르는 고요한 물 위에 세움으로써, 혼돈의 요란한 무질서가 침투하는 것을 막고, 서로 철저하게 반대되는 것들이 나란히 이웃하여 만유의 질서 전체를 어지럽히고 뒤흔드는 것을 막고자 하신 것이지. 이 창공은 하늘이라 명명되었고, 하늘의 성가대는 이 둘째 날에도 저녁과 아침으로 노래했지.

땅은 만들어졌지만, 물의 모태 속에서 아직 완전히 자라지 않고 태아 상태로 머물러 있었고, 표면으로 나타나지는 않았지. 온 지면은 큰 바다가 온통 뒤덮고 있었지만, 그것은 쓸데없이 그런 것은 아니었고,

생명체들을 만들어 내는 따뜻한 양수로 지구 전체를 부드럽게 감싸서 위대한 어머니 땅을 생명의 습기로 촉촉이 적셔주어 그 생식력을 촉진시키기 위한 것이었지.

이때에 하나님이 '이제 너희 천하의 물들은 한 곳으로 모여서 마른 땅이 드러나게 하라'고 말씀하시자, 그 즉시 거대한 산들이 그 모습을 드러내니, 그들의 벗은 넓은 등들은 구름 위로 솟아오르고, 산 정상들은 하늘에 닿았으며, 산들이 높이 솟아오른 정도만큼 해저가 아래로 가라앉아 생겨난 깊고 넓은 빈 공간 속으로는, 너무나 신이 난 물들이 마치 마른 땅의 먼지 위에 떨어진 물방울들처럼 둥글둥글한 모양을 이루어 서둘러 달려가기도 하고, 수직으로 일어서서 수정 같은 벽을 이루거나 산등성이를 이루기도 했지.

하나님의 명령 한 마디에 큰 물들이 이렇게 신속하게 움직이는 모습은 흡사 대군이 나팔 소리에 무리를 지어 자신들이 속한 부대의 군기 아래로 일사불란하게 모이는 것(군대의 이런 모습은 네가 앞서 이미 들었다) 같아서, 물들은 그런 식으로 무리 지어 큰 물결들을 이루어 출렁거리며 연이어 흘렀고, 그때그때 모양을 바꾸어 가파른 곳에서는 급류가 되고, 평탄한 곳에서는 잔잔한 물이 되었지. 바위나 산이 그 물들을 결코 가로막을 수는 없었지. 물들은 땅 밑으로 흘러들거나, 뱀처럼 이리저리 우회하여 흐르거나, 물기가 젖어드는 촉촉한 땅에서는 깊은 수로들을 파고들어가서 끊임없이 자신의 길을 찾아 나아갔거든. 앞서 하나님이 천하의 물이 한 곳에 모여 마른 땅이 드러나게 하라고 명하셨을 때, 지금 강물이 흐르는 곳들은 제외하셔서, 거기에는 계속해서 습기가 있었기 때문에, 물들이 그런 수로들을 파고들어가는 것은 쉬운 일이었지. 하나님은 마른 곳을 땅이라 명명하고 천하의 물들이 모인 거대한 저장소를 바다라고 명명하셨는데, 그렇게 된 것이 보기에 좋았지.

물들은 그런 식으로 무리 지어 큰 물결들을 이루어 출렁거리며 연이어 흘렀고,
가파른 곳에서는 급류가 되었다.

하나님은 다시 '땅은 푸른 풀과 씨앗을 맺는 초목과 씨앗이 땅에 떨어지면 열매를 맺는 과실수를 종류별로 내라'고 말씀하셨지. 말씀이 채 끝나기도 전에, 그때까지 벌거벗고 아무런 장식도 없이 볼품없는 황무지 같은 땅이 연한 풀을 내니, 그 풀로 인해 온 지면은 아름답고 기분 좋은 푸르름으로 뒤덮이게 되었고, 온갖 잎사귀를 지닌 초목들이 갑자기 형형색색으로 무성하게 피어나서 감미로운 향기로 대지의 품을 물들이며 유쾌하게 만들었지. 이 꽃들이 다 피기도 전에 연이어서, 포도송이들이 주렁주렁 달린 포도나무들이 무성하게 자라났고, 박들이 매달린 박과의 식물들도 여기저기서 기어 나왔으며, 곡식이 달린 이삭들이 대지의 들에 진을 벌리고 서 있었고, 키 작은 관목들은 서로 뒤엉킨 채 나타났으며, 마지막에는 크고 웅장한 나무들이 마치 춤추듯이 솟아나서 많은 과일들이 매달린 가지들을 쭉 펴거나 꽃망울을 피웠지. 이렇게 산들은 울창한 숲으로, 골짜기들은 초장으로, 모든 샘 옆과 강가는 길게 늘어선 초목들로 장식되니, 이제 땅은 천국을 닮은 곳이 되어서, 하나님이 거하거나 대지의 나무 그늘들을 드나들며 즐겁게 거니기에 좋은 곳이 되었지.

하나님은 아직까지는 땅에 비를 내리지 않았고, 밭을 경작할 사람도 없었지만, 땅에서는 이슬 같은 안개가 피어올라서, 하나님이 만든 모든 땅과 거기에 있던 모든 초목들과 푸른 줄기의 온갖 식물들을 적셔 주었지. 하나님이 이 모든 것을 보시기 좋았고, 이렇게 해서 저녁이 지나 아침이 되어 셋째 날이 지나갔지.

또다시 전능자는 '하늘의 창공 높은 곳에 빛을 내는 광명체들이 있어, 낮과 밤이 나뉘고, 징조들과 계절들과 날들이 세세연년 있게 하며, 그것들로 내가 창공에서 그것들에게 정해준 소임을 따라 땅에 빛을 주는 일을 하라'고 말씀하셨고, 즉시 그렇게 되었지. 하나님은 인간의 유익을 위해 큰 역할을 할 두 개의 큰 광명체를 만드셔서, 서로 교대로 큰 광명체에게는 낮을 주관하게 하시고 작은 광명체에게는 밤을 주관하게 하셨고, 또한 별들을 만들어 창공에 두시고서, 서로 다른 별들이 교대로 낮과 밤에 땅을 비추게 하심으로써, 빛과 어둠을 나누셨어. 하나님이 자신이 행한 위대한 일을 둘러보시니 보시기에 좋으셨지.

하나님은 천체들 중에서 처음에 태양을 만드셨는데, 태양은 천상의 물질로 만들어진 강력한 둥근 물체였지만, 처음에는 빛이 없었지. 다음으로는 둥근 모양의 달과 온갖 크기의 별들을 만드셔서, 마치 들판에 씨앗들을 뿌리듯이 창공에 촘촘히 뿌리셨어. 하나님은 자신의 구름 성전에서 상당히 많은 분량의 빛을 가져다가 둥근 태양에 옮겨 심으셨는데, 태양은 유체 상태의 빛을 흡수할 수 있도록 많은 구멍이 송송 나 있었고, 그렇게 해서 모아진 빛들을 저장해둘 수 있을 만큼 견고하게 만들어졌기 때문에, 지금과 같은 거대한 빛의 궁전이 될 수 있었지.

다른 별들은 자신들의 황금 항아리를 들고 그들에게는 빛의 샘인 태양으로 가서 빛을 가득 길어 오곤 하는데, 샛별의 뿔들이 반짝일 수 있는 것도 그 때문이지. 별들은 아주 멀리 있어서 인간의 눈에는 희미하게 보일지라도, 이렇게 태양으로부터 빛을 흡수하거나 반사함으로써 원래부터 그들에게 있던 작은 빛을 증폭시키는 것이지. 낮의 지배자인 이 영광의 등불은 처음에는 동쪽에 나타나서 지평선 전체에 밝은 빛을 뿌리고서는, 하늘 높이 날아올라 서쪽을 향해 자신에게 정해진 경로를 따라 즐겁게 달려가고, 잿빛 여명과 플레이아데스 성단[5]은 좋은

---

5 "플레이아데스 성단"은 아틀라스의 일곱 딸들이 변해서 된 일곱 별로 이루어진 성단이라고 한다. 이 성단은 봄에 나타나서 지구에 선한 감화력을 보내어 풍작을 선사하는 것으로 생각되었다.

감화력을 뿌리며 그 앞에서 춤을 추었지.

한편 태양의 바로 맞은편 서쪽에 자리잡고서, 마치 거울처럼 그 얼굴 전체로 태양 빛을 받아 교교한 빛을 반사하는 달은 그 자리에서는 다른 빛이 필요없기 때문에, 오직 그 거리를 그대로 유지하고 있다가 밤이 되면 태양과 교대해서 동쪽에서 창공의 거대한 축을 중심으로 돌며 빛을 발하여, 태양이 진 반구를 수놓은 수많은 별들, 곧 수많은 작은 광명체들과 함께 밤을 지배했지. 이때 처음으로 밝은 광명체들이 지고 뜨는 가운데 즐거운 저녁과 아침이 지나갔는데, 이 날이 넷째 날이었지.

또다시 하나님은 '물은 많은 알을 지닌 파충류들과 생물들을 낳고, 새들이 땅 위 드넓은 창공에서 날개를 펴고 날아다니게 하라'고 말씀하셨지. 이렇게 해서 물은 큰 물고기들과 각종 생물과 기어다니는 것들을 종류대로 풍성하게 만들어 내었고, 날개 달린 각종 새들도 종류대로 만들어 내었는데, 하나님이 보시기에 좋았기에, 그것들에게 복을 주시며 '생육하고 번성하여 바다와 호수와 흐르는 강과 시내와 모든 물을 가득 채우고, 새들은 땅에서 번성하라'고 말씀하셨더니, 그 즉시 큰 바다들과 강들, 모든 만들과 시내들은 지느러미와 반짝이는 비늘들을 지니고서 푸른 물결을 가르며 다니는 물고기 새끼들과 물고기 떼들로 차고 넘쳐나서, 종종 바다 한가운데서 제방을 이루었지.

물고기들은 혼자서 또는 짝을 지어서 자신들의 먹이인 해초를 뜯어 먹기도 했고, 산호 숲을 거닐기도 했으며, 수면 위로 살짝 떠올라 놀다가 황금 비늘들이 물결처럼 뒤덮인 자신들의 겉옷을 햇빛에 노출하기도 했고, 진주 껍데기 속에서 물기에 젖은 먹잇감을 지켜보기도 했으며, 많은 조각들을 이어 붙인 갑옷을 입고 바위 아래에서 먹잇감을 노리기도 했지.

또다시 하나님은 '물은 많은 알을 지닌 파충류들과 생물들을 낳고,
새들이 땅 위 드넓은 창공에서 날개를 펴고 날아다니게 하라'고 말씀하셨다.

광활하게 펼쳐진 고요한 바다 위에서는 물개들과 곡선으로 튀어오르는 돌고래들이 놀았고, 거대한 몸집을 가진 생물들은 아주 둔하고 서툴게 움직이느라 한 번 움직일 때마다 폭풍처럼 큰 바다를 휘저어놓기도 했지. 생물들 중에서 가장 거대했던 리워야단이 몸을 펴고 잠들어 있거나 헤엄치는 것을 보면, 깊은 바다 위에 떠 있는 곶처럼 보이기도 했고, 움직이는 섬 같기도 했는데, 바다 하나를 아가미로 들이마셨다가 코로 내뿜었어.

미지근한 물이 있는 동굴과 늪지와 물가에서는 수많은 새끼들이 부화했는데, 자연적으로 부화된 알에서는 날개 없는 새끼가 나왔지만, 이내 깃털이 돋아나서 날개를 갖게 되자, 날카롭게 우는 소리를 내며 저 높은 상공으로 날아올라, 구름 아래 있는 대지를 가소롭다는 듯이 굽어보았지.

그 중에서 독수리와 황새는 깎아지른 벼랑의 바위 틈새나 백향목 꼭대기에 둥지를 틀었고, 어떤 새들은 혼자서 창공을 날았지만, 또다른 새들은 계절의 변화를 알아차리고서는 함께 무리지어 쐐기 모양의 대형을 갖추어 높이 날아서 서로를 의지하며 산 넘고 강 건너 저 아득히 먼 지역까지 집단으로 쉽게 이동하는 지혜를 발휘하기도 했지. 영리한 학들은 해마다 바람을 타고 긴 여정을 떠났는데, 그 지나는 길목마다 저 무수히 많은 깃털들의 부채질로 인해 공기 중에 파랑이 일곤 했고, 낮 동안에는 작은 새들이 자신들의 형형색색의 아름다운 날개들을 펴서 이 가지에서 저 가지로 옮겨 날며 지저귀는 노랫소리로 숲을 위로해 주었으며, 그러다가 밤이 되면 장중한 나이팅게일이 부르는 부드러운 곡조가 시작되어 날이 새기까지 그치지 않았지.

어떤 새들은 은빛 호수와 강들 위에서 자신의 솜털 같이 부드러운 가슴을 적셨고, 백조들은 흰 날개들 사이에 묻힌 활 모양의 목을 자랑

움직이는 섬 같기도 했는데, 바다 하나를 아가미로 들이마셨다가 코로 내뿜었다.

스럽게 꼿꼿이 들고서 발로 노를 저어 위풍당당하게 물살을 가르고 나아가다가, 때로는 뻣뻣한 날갯짓으로 물을 떠나 하늘 높이 중천으로 날아오르기도 했고, 발로 땅을 딛고 걷기도 했지. 볏 달린 수탉의 날카로운 울음소리는 적막한 시간들이 만들어 놓은 정적을 깼고, 무지개처럼 화려하고 별처럼 찬란한 빛을 발하는 눈들이 촘촘히 박혀 있는 긴 꼬리로 장식된 공작새들도 있었지. 이렇게 물에 가득한 물고기들과 공중에서 수없이 날아다니는 새들이 다섯째 날의 저녁과 아침을 송축했지.

창조의 마지막 날인 여섯째 날이 저녁의 수금 소리와 아침의 노랫소리로 시작되자, 하나님은 '땅은 생물들을 종류대로 내고, 가축과 기어다니는 것들과 땅의 짐승을 각각 종류대로 내라'고 말씀하셨고, 그 즉시 땅은 거기에 순종해서, 자신의 다산의 태를 열어, 무수히 많은 생물들을 완전한 형태로, 곧 각 생물을 구성하는 모든 부분들이 이미 다 자란 형태로 단번에 내었으니, 들짐승들은 마치 자신들의 굴에서 나오듯 땅에서 솟아나거나, 나무들 사이에서 짝을 지어 걸어 나와서, 조금 전까지만 해도 황량했던 숲과 덤불과 굴에 둥지를 틀었고, 들과 푸른 초지에서는 어떤 것들은 외롭게 혼자, 어떤 것들은 무리를 지어 함께 풀을 뜯으며, 무수히 많은 가축들이 생겨났지.

초원이 쪼개지면서 어떤 새끼가 나왔고, 이제 반쯤 나온 그 모습은 황갈색의 사자였는데, 자신의 나머지 절반을 빼내려고 발버둥치다가 결국에는 쑥 빠져나와서는 마치 족쇄를 부수어 홀가분해진 듯 줄무늬가 있는 자신의 갈기를 격렬하게 흔들었지. 스라소니와 표범과 호랑이들은 두더지처럼 땅을 뚫고 솟아오르니, 그들 위로는 부서진 흙들이 쌓여 둔덕을 이루었고, 민첩한 수사슴은 여러 갈래로 나뉜 뿔이 있는 머리로 땅을 치달아 뚫고 나왔으며, 땅에서 난 생물 중에서 가장 큰 짐승

미지근한 물이 있는 동굴과 늪지와 물가에서는 수많은 새끼들이 부화했다.

이었던 베헤못[6]은 자신의 거대한 몸집을 들어올려서 거푸집을 부수고 나왔고, 양들은 털에 둘러싸인 채로 음메 하고 울며 초목들처럼 솟아났으며, 양서류에 속하는 하마와 비늘 덮인 악어들도 땅에서 솟아났지.

곤충이든 벌레든 땅 위를 기는 모든 생물들도 한 번에 다 나왔지. 곤충들은 유연한 날개들을 부채처럼 퍼득이며 움직였고, 아주 작은 몸체를 황금색, 자주색, 청색, 녹색의 반점들로 수놓아진 여름옷들로 장식하고서 완벽한 자태를 뽐내었던 반면에, 벌레들은 긴 몸체를 끌어당겨서 하나의 선처럼 움직였기 때문에, 그들이 지나간 땅 위에는 물결 모양의 선 자국이 선명했는데, 그들 모두가 자연의 미물들이었던 것은 아니어서, 뱀 종류에 속한 어떤 것은 놀라울 만큼 길고 부피도 컸으며 몸을 둘둘 말아 똬리를 틀기도 했고 날개까지 달려 있었지.

가장 먼저 기어 나온 것은 미래를 대비할 줄 아는 지혜를 지닌 검소한 개미였는데, 작은 몸집에 큰 마음을 지닌 이 곤충은 아마도 나중에 여러 종족들이 서로 공평하고 평등하게 결합되어 하나의 나라를 이루고 살고자 할 때 모범이 될 만한 것이었고, 그 다음으로 무리를 지어 나타난 것은 암컷 벌이었는데, 자신의 남편인 수컷 벌을 맛있는 것으로 먹이며, 벌집을 지어 꿀을 저장하는 그런 곤충이었지. 그 밖에도 무수히 많은 것들이 생겨났지만, 너는 이미 그 모든 것들의 본성을 알고서 그 각자에게 이름을 붙여주었으니, 그 이름들을 여기에서 다 열거할 필요는 없을 것이다. 또한 모든 들짐승 중에서 가장 교활한 뱀, 종종 거대한 몸집과 놋쇠 빛깔의 눈과 무시무시한 갈기를 지닌 뱀이 있다는 것도 네가 이미 알고 있겠지만, 그 뱀도 너의 명령에 순종하는 생물에 불

---

6   "베헤못"은 성경에 나오는 거대한 짐승의 이름인데(욥기 40장 15절), 흔히 코끼리로 추정한다.

과하니, 네게 해로운 것은 아니다.

이제 하늘은 자신의 모든 영광 가운데 빛을 발하며, 위대한 제1동인[7]의 손이 처음에 정해준 궤도를 따라 돌고 있었고, 땅은 완벽하게 잘 차려입고서 사랑스러운 미소를 짓고 있었으며, 공중과 바다와 땅에서는 수많은 새와 물고기와 짐승들이 날아다니고 기어다니고 걸어다녔지.

하지만 이것으로 여섯째 날의 창조가 다 끝난 것은 아니었어. 하나님이 지금까지 행하신 모든 일의 목적인 최고의 작품이 아직 창조되지 않았거든. 다른 피조물들처럼 비천하거나 야만적인 것이 아니라 신성한 이성을 부여받은 존재로서, 똑바로 서서 평화로운 얼굴로 정직하고 올바르게 만물을 다스리고, 자기 자신을 아는 지식을 통해 그 마음이 넓어져서 하늘과 소통하고서, 자신에게 주어진 모든 선한 것들의 원천이 누구신지를 알고 감사하며, 자신을 만물의 영장으로 만드신 지존자 하나님에게 자신의 마음과 목소리와 눈을 돌려 경배드릴 수 있는 인간이라는 피조물을 지을 일이 남아 있던 것이지.

그래서 전능하신 영원한 성부는 성자가 들을 수 있게 이렇게 말씀하셨어(성부가 계시지 않은 곳은 없기 때문이지). '이제 우리가 우리의 형상을 따를 인간, 우리와 닮은 인간을 만들어서, 바다의 물고기와 공중의 새와 들의 짐승과 온 땅과 땅 위를 기어다니는 온갖 생물들을 다스리게 하자.' 하나님은 이렇게 말씀하시고서는, 땅의 티끌로부터 바로 너 아담, 곧 인간을 지으시고, 너의 코에 생기를 불어넣으셨지. 이렇게 하나님은 자신의 형상을 따라 너를 지으시자, 너는 정확히 하나님의 형

---

7 "제1동인"은 만물의 움직임의 시초가 되는 최초의 움직임을 만들어내는 힘을 의미하는데, 여기에서는 하나님을 가리킨다.

상을 따라 지음 받아서 산 영이 되었지. 하나님은 너를 남자로 지으시고 나서, 인류가 번성할 수 있도록 너의 배필인 여자도 지으신 후에, 인류에게 복주시고, '생육하고 번성하여 땅에 충만해서 땅을 정복하고, 바다의 물고기와 공중의 새와 땅 위에서 움직이는 모든 생물을 다스려라'고 말씀하셨지.

그런 다음에 하나님은 너를 지은 바로 그곳(당시에는 특별히 지명이 없었기 때문에 그 이름을 밝힐 수는 없다)에서, 네가 아는 대로 보기에도 좋고 살기에도 좋은 이 즐거운 숲, 하나님의 나무들이 심겨져 있는 이 동산으로 너를 데려와서, 땅에서 나는 온갖 소산들이 다 있는 이곳에서 모든 맛있는 것들을 네게 주어 너의 음식으로 자유롭게 먹게 하셨지. 하지만 선악을 아는 지식을 주는 나무의 열매만은 먹지 말라 하시고, 그 열매를 먹는 날에는 네가 죽게 될 것이라고 말씀해주시며, 이 명령을 어기는 경우에는 그 형벌로서 죽음이 임하게 될 것이니, 너의 먹고자 하는 욕망을 다스려서, 네가 졸지에 죄에 붙잡히고, 죄의 검은 시종인 죽음에게 끌려가지 않게 조심하라고 명하셨지. 여기에서 하나님은 창조를 마치시고, 자신이 지은 모든 것을 바라보시니, 그 모든 것이 단 하나도 좋지 않은 것이 없었어. 이렇게 해서 저녁과 아침이 지나갔고, 여섯째 날도 끝이 났지.

창조주는 잠시 일을 중단하고 하늘들의 하늘인 최고천으로 오르셔서 자신의 저 높은 거처로 돌아가셨는데, 이는 지치고 힘드셔서가 아니라, 거기로부터 하나님의 제국에 더해진 이 새롭게 창조된 세계를 보고서, 자신의 보좌에서 조망했을 때 그 세계가 어떻게 보이는지, 자신이 원래 생각했던 대로 지극히 선하고 아름다운지를 보시기 위한 것이었지.

하나님이 위로 올라가실 때, 천사들의 환호와 박수갈채, 수많은 수금들이 어우러진 교향악과 거기에 맞춘 천사들의 노랫소리도 그 뒤를 따르니, 그 소리는 땅과 공중에만 울려퍼진 것이 아니라(너도 그 소리를 들어서 기억하고 있을 것이다), 하늘들과 모든 성좌들 속에서도 울려퍼졌고, 행성들이 자신의 자리에서 그 소리를 경청하며 서 있는 가운데, 찬란하고 장엄한 행렬은 큰 기쁨 중에 위로 올라갔었지.

그들은 이렇게 노래했어. '너희 영원한 문들아, 열릴지어다. 하늘들이여, 너희 생명의 문들을 열어, 엿새 동안 한 세계를 창조하는 위대한 일을 하시고 돌아오시는 크신 창조주를 맞이하라. 또한 하나님이 마음에 기뻐하시는 의인들의 거처를 종종 찾아가시고, 하늘의 은총을 베푸시기 위하여 그 땅으로 보내실 자신의 날개 달린 사자들이 빈번하게 드나들 수 있도록, 이후로도 자주 그 문들을 열지어다.' 저 영광의 행렬은 위로 올라가면서 그렇게 노래했지.

창조주는 활짝 열려서 광채를 뿜고 있던 하늘의 문들을 통과해서 하나님의 영원한 집으로 직행하셨는데, 그 문들에서 하나님의 집으로 곧장 이어진 그 길은 크고 넓은 대로였고, 황금 같은 흙 위에 별들이 깔려 있는 그런 길이어서, 밤에 네 눈 앞에 나타나는 은하수, 곧 별들을 촘촘히 뿌려놓은 원 모양의 지대 같아 보였지. 바야흐로 땅에서는 해가 저물고, 동쪽으로부터 황혼이 밤보다 먼저 달려와서, 일곱째 날의 저녁이 에덴에 찾아온 바로 그때에, 성자는 하늘에서 가장 높은 꼭대기에 자리한 거룩한 산, 영원히 견고하고 든든하여 요동함이 없는 삼위일체 하나님의 보좌에 이르러서 크신 성부와 함께 보좌에 앉으셨지. 성부는 한편으로는 보이지 않게 성자와 함께 땅으로 내려가서 만물의 근원이자 목적으로서 창조의 일을 주관하셨지만, 다른 한편으로는 변함없이 하늘의 보좌에 좌정하고 계셨으니, 하나님에게는 어디에나 동시에 계시는 것이 가능한 편재의 특권이 있었기 때문이지.

이제 하나님은 창조의 일을 쉬시고, 일곱째 날을 복주시고 거룩하

일곱째 날의 저녁이 에덴에 찾아온다.

게 하셨으니, 이는 하나님이 이 날에 모든 일을 쉬셨기 때문이지. 하지만 이 날이 거룩한 침묵 속에서 지나간 것은 아니었어. 쉬지 않고 연주된 수금들, 장엄한 소리를 내는 피리, 생황, 감미로운 소리를 내는 온갖 관악기들, 현이나 황금 줄을 타서 소리를 내는 온갖 현악기들이 합창이나 제창으로 천사들이 내는 목소리와 어우러져 만들어 낸 아름다운 화음이 울려 퍼졌고, 금향로들로부터는 향연이 피어올라 거룩한 산을 뒤덮었지. 천군천사들은 엿새 동안에 걸친 하나님의 창조 사역을 찬미했지.

'여호와여, 당신이 이루신 일들은 크고, 당신의 능력은 무한합니다. 어떤 생각이 당신을 헤아릴 수 있겠으며, 어떤 혀가 당신에 대해 말할 수 있겠습니까. 지금의 당신은 반역을 꾀했던 거대 천사들을 무찌르고 개선하셨던 때보다 더 위대합니다. 그날에는 당신의 우레들이 당신을 찬미했지만, 창조하는 것은 이미 창조된 것을 파괴하는 것보다 더 위대한 일이니까요. 누가 능력의 왕이신 당신에게 흠이 가게 하거나 당신의 제국을 속박할 수 있겠습니까. 배교한 천사들이 불경스럽게도 당신의 위엄을 손상시키고 당신을 섬기는 자들을 당신에게서 떼어놓으려 했지만, 당신은 그들의 교만한 시도와 허황된 모략을 쉽게 격퇴하셨습니다. 당신의 위엄을 손상시키려고 하는 자들은 자신들의 의도와는 달리 당신의 한층 더 큰 위엄을 드러내는 데 일조할 뿐입니다.

당신은 그들의 악을 선용하셔서 더 큰 선을 만들어 내셨습니다. 당신이 새롭게 만드신 이 세계, 천국 문에서 그리 멀지 않은 곳, 저 맑은 유리바다 위에 세워져 있는 것처럼 보이는 또 하나의 천국이 그것을 말해줍니다. 별들은 하나하나가 당신만이 아시는 때에 언젠가는 거주지로 사용될 하나의 세계를 이루는 곳인데, 그런 별들이 무수히 많이 있어, 거의 무한대에 가까운 크기를 지닌 우주에, 당신은 인간의 거처인 땅, 아래의 큰 바다로 둘러싸인 땅을 마련하시고, 그 아름다운 거처에 인간을 두셨습니다.

당신이 이렇게 자신의 형상을 따라 인간을 창조하여 땅에 두시고서 그를 예배하게 하시고, 그 상으로 당신이 창조하신 땅과 바다와 공중을 다스리며 생육하고 번성하여 거룩하고 의로운 예배자들의 종족이 되게 하고자 하시니, 인간은 세 배나 복된 자들입니다. 그들이 자신들에게 주어진 복을 알고 끝까지 바르게 살아간다면, 그들의 행복도 세 배가 될 것입니다.'

천군천사들이 이렇게 노래하자, '할렐루야'라고 외치는 소리가 천국 전체에 울려 퍼졌고, 첫 번째 안식일은 그렇게 지켜졌지. 이 세계와 그 속에 있는 만물이 처음에 어떻게 시작되었고, 너의 기억 이전의 태초에 무슨 일이 벌어졌던 것인지를 너도 알고, 너의 자손들에게도 전하여 알게 하고자 한 너의 목적이 이제는 다 이루어졌으리라 생각되니, 인간의 분수를 넘지 않는 것들 중에서 네가 알고 싶은 다른 것이 있다면 내게 말하라."

제 8 권

줄거리

아담은 천체의 운행에 대해 질문하지만, 라파엘은 시큰둥한 반응을 보이며, 그런 것보다 더 알아야 할 가치가 있는 것들에 대해 물으라고 권한다. 아담은 거기에 동의하면서도, 여전히 라파엘을 더 붙잡아두고 싶어서, 자신이 지음 받은 후로 기억하고 있는 일들, 즉 자기가 낙원에 두어진 것, 혼자 사는 것과 함께 하는 삶에 대해 하나님과 나눈 대화, 하와를 처음으로 만나 혼인하게 된 것을 그에게 얘기해주고, 그 일들에 대해 천사와 대화를 나눈다. 그런 후에 라파엘은 조심하라고 반복해서 당부하고서 떠난다.

라파엘의 말은 끝났지만, 그의 너무도 매력적인 음성은 아담의 귀에 남아서, 그가 계속해서 말하고 있는 것으로 생각되어, 아담은 경청하고 있던 그 상태로 꼼짝도 하지 않고 있었는데, 조금 있다가 마치 방금 잠에서 깨어난 사람처럼 화들짝 제정신으로 돌아와서는 감사하는 말과 함께 이런 말을 했다.

"당신이 하늘에서 오셔서, 내가 그토록 알고 싶어 했던 일들을 이렇게 속 시원히 얘기해 주시니, 나로서는 어떤 식으로 감사하고 어떤 식으로 보답해야, 나의 도리를 충분히 다할 수 있을지 난감할 따름입니다. 당신이 자신을 이렇게 낮추시고서 이곳에 오셔서, 나 혼자서는 도저히 알 수 없는 일들을 알게 해주시는 은혜를 베푸시니, 당신의 말씀을 들은 나는 지금 너무나 놀랍고 기뻐서, 지극히 높으신 창조주께 합당한 영광을 돌리지 않을 수 없습니다. 하지만 내게는 오직 당신만이 풀어주실 수 있는 의문이 아직 남아 있습니다.

내가 하늘과 땅으로 구성된 세계라는 이 아름다운 구조물을 바라보면서 그 크기를 계산해보면, 하늘 및 거기에 있는 모든 무수히 많은 별들과 비교해 볼 때, 내가 사는 이 땅은 한 점이나 곡식 한 알이나 원자 하나에 지나지 않을 그런 곳인데, 그 별들이 거의 무한대에 가까운 공간(이 땅으로부터 떨어져 있는 거리와 매일의 빠른 회전이 말해주듯이)을 돌면서 하는 일이라는 것이 고작 하루의 낮과 밤 동안에 이 한 점에 불과한 어두운 땅에 빛을 비춰줄 뿐이고, 그 외에는 전혀 하는 일이 없어 보여서, 이 거대한 공간과 거기에 있는 모든 것들이 별 쓸모가 없다는 생각이 들 때마다 나로서는 의아함을 떨칠 수가 없었습니다.

참으로 지혜로워서 늘 모든 것을 적당하고 알맞게 하는 자연이 오직 이 한 가지 용도로 쓰기에는 너무나 고귀하고 지나치게 많은 천체들을 쓸데없이 만들어서, 날마다 저토록 끊임없이 반복해서 각자의 궤도를 돌도록 강요하면서도, 정작 훨씬 더 짧은 반경으로 돌면서 빛을 받을 수 있는 지구는 전혀 움직이지 않고 가만히 앉아서, 자신보다 더 고귀한 천체들이 헤아릴 수 없이 긴 여정을 눈으로 볼 수도 없고 시간으로 잴 수도 없는 빠른 속도로 돌며 보내오는 열기와 빛을 조공으로 받음으로써 자신의 목적을 달성하게 하는 이 말도 안 되는 어처구니없는 짓을 저지르고 있다는 것이 믿을 수 없기 때문입니다."[1]

우리의 첫 조상은 이렇게 말했고, 그의 얼굴에는 이 난해한 문제를 골똘히 생각하며 깊은 묵상으로 빠져 들어가는 듯한 표정이 역력해 보였다. 지금까지 뒤로 물러나서 조용히 지켜보고 있던 하와는 아담의 그런 모습을 보고서는, 보는 사람들로 하여금 그녀 곁에 더 머물고 싶게 만드는 겸손하고 우아하며 기품 있는 자태로 자리에서 일어나, 자신이 직접 가꾼 초목들이 얼마나 자랐는지, 얼마나 움이 트고 꽃이 피었는지를 살펴보기 위해서, 과실들이 열리고 꽃들이 피어 있는 정원으로 걸어갔고, 그녀가 다가가서 그 손길로 곱게 어루만지자, 초목들은 활짝 웃으며 피어났다. 하지만 그녀의 이런 행동은 라파엘과 아담 사이에 오고

---

1 밀턴은 여기에서 갈릴레오의 『두 주된 세계 체계에 관한 대화』(1632년)에 나오는 것을 모델로 삼아서, 아담과 라파엘이 우주의 천문학적 체계에 대해서 묻고 대답하는 내용을 구성한다. 아담은 행성들의 운동에 대해 갈릴레오에게 묻는 사그레도 역할을 하고, 라파엘은 처음에는 프톨레마이오스의 천동설을 지지하는 심플리키오의 역할을, 다음으로는 코페르니쿠스의 지동설을 지지하는 살비아티의 역할을 맡아 얘기한다. 여기에서 아담은 천동설적인 우주론을 전제해서, 온 우주와 천체들이 지구를 중심으로 운행된다고 말하면서도, 그것이 사실이라면 비효율적인 낭비가 아니냐고 반문하며, 그러한 우주론에는 논리적인 난점이 있다고 문제제기를 한다.

간 대화가 재미도 없고, 고상한 얘기라서 들어도 이해할 수 없었기 때문이 아니라, 천사가 아니라 남편에게서 듣고 남편에게 묻는 것이 더 좋아서, 둘만이 있게 되었을 때, 혼자 남편에게서 듣는 오붓한 즐거움을 남겨두기 위한 것이었다. 아담은 흥미를 끄는 여담들을 적절하게 섞어서 재미있게 얘기해 줄 것이고, 아무리 골치 아픈 주제라도 단지 그의 입술에서 나오는 말로만이 아니라 부부 간의 다정한 포옹으로 녹여서 그녀를 즐겁게 해주리라는 것을 알고 있었기 때문이다. 오, 서로에 대한 사랑과 존경이 함께 있는 그런 부부를 언제나 만나볼 수 있으려나. 이렇게 하와는 여신 같은 자태로 나갔는데, 그것은 혼자의 행차가 아니라 시녀들을 거느린 행차였다. 왜냐하면 그녀가 행차할 때마다 마치 여왕처럼 사람들의 눈길을 끄는 우아함의 화사한 행렬이 늘 따라다녔고, 모든 눈들이 그녀를 언제까지나 보고 싶어 하도록 만드는 화살들이 그녀에게서 나가서 모든 이들의 마음에 꽂혔기 때문이었다.

이제 라파엘은 아담이 제기한 의문에 너그럽고 온화한 음성으로 이렇게 대답했다.

"네가 묻거나 탐구하는 것 자체를 탓할 생각은 내게 없다. 하지만 너는 하늘이 네 앞에 하나님의 책처럼 놓여 있어서, 거기에서 하나님이 행하시는 놀라운 일들을 읽어낼 수 있고, 하나님이 정하신 계절들과 시간들과 날들과 달들과 해들을 알 수 있다. 네가 올바르게 생각하기만 한다면 하늘에서 그런 유익한 지식을 읽어내고 알아내는 것은, 하늘이 움직이는 것이냐 아니면 땅 곧 지구가 움직이는 것이냐 하는 문제와는 아무 상관이 없다. 그런 지식 외에 다른 지식들은 위대한 건축자이신 하나님이 지혜로우시게도 인간에게나 천사에게나 숨기신 채 그 비밀들을 누설하지 않으심으로써, 마땅히 창조주를 찬미해야 할 자들이 자신들의 분수를 잊고서 그 비밀을 알려고 하지 않게 하셨다는 것을 알아야 한다.

그런데도 그들이 끝까지 하늘들의 구조를 알려고 한다면, 하나님은 그들의 분분한 견해들과 추측에 그 문제를 맡겨놓으셨다가, 나중에 그들이 하늘의 구조를 추측하고 별들의 운행을 계산해서 내놓은 얼토당토않은 괴상하기 짝이 없는 결론을 보시고서는, 아마도 실소를 금치 못하실 것이다. 틀림없이 그들은 자신들의 눈에 보이는 대로 천체의 모습을 구조화하기 위해서, 지구와 동일한 중심을 가지고 동심원을 그리며 도는 천체들과 다른 중심을 가지고 원을 그리며 도는 천체들을 구별해서 그리고, 하늘들이 각자의 중심을 가지고 원을 그리며 도는 것과 그 큰 원들의 원주에 중심을 두고 원을 그리며 도는 천체들을 구별해서 그리며, 열 개의 하늘들이 겹겹이 원을 그리며 도는 것을 그려서, 우주가 그런 구조로 이루어졌다고 말할 것이기 때문이다.

너는 장래에 태어나게 될 너의 자손들의 머리이니, 그들도 네가 방금 추론한 대로 추론할 것임을 근거로 해서, 내가 추측하건대, 그들은 너처럼 더 밝은 빛을 발하는 큰 천체들이 별로 밝지도 않고 크지도 않은 지구를 섬기기 위해서, 하늘은 저토록 먼 여정을 부지런히 달리는데, 지구는 가만히 앉아서 그 혜택을 혼자 독식하는 것은 옳지 않다고 생각할 것이다.

가장 먼저 알아야 할 것은 크거나 밝은 것이 더 우월한 것이 아니라는 것이다. 지구는 하늘에 비하면 아주 작고 빛을 발하지도 않지만, 많은 장점들을 지니고 있어서, 실속도 없이 밝은 빛을 발하기만 하는 태양보다도 훨씬 더 실속이 있고, 태양의 힘은 자기 자신에게는 아무런 소용이 없지만, 지구에서는 놀라운 결실을 맺는데, 다른 것에는 소용없는 태양 빛이 지구에 받아들여졌을 때에야 비로소 그 효능을 발휘하게 되기 때문이지. 하지만 저 밝은 광명체들은 지구가 아니라 이 지구에 사는 너를 섬기는 것이다.

하나님이 아주 멀리까지 선을 그어서, 우주를 이렇게 광대하게 지어, 하늘들이 광활한 공간 속에 펼쳐 있게 하심으로써, 그 조물주의 위대함과 장엄함을 나타내게 하신 것은 인간으로 하여금 혼자 독차지하기에는 너무나 넓은 이 구조물 속에서 그들은 단지 하나님이 정해주신 작은 구역에 몸을 담고 살아가는 것이고, 우주의 나머지 부분은 하나님이 가장 잘 아시는 용도들로 사용되고 있음을 알게 하기 위한 것이지.

또한 저 천체들이 얼마나 빠른 속도로 움직이는지는 계산할 수 없지만, 그것들이 그렇게 빠르게 도는 것은 하나님이 자신의 전능함으로 말미암아 유형의 물체들인 그것들에게 영적인 존재인 천사들만이 낼 수 있는 것과 거의 같은 속도를 더하셨기 때문이다. 천국에서 에덴까지는 인간이 사용하는 숫자로는 표현할 수 없을 정도로 먼 거리이지만, 천사인 나는 아침 시간에 하나님이 계시는 천국을 떠나 정오가 되기 전에 에덴에 도착했으니, 너는 천사가 느리다고 생각해서는 안 된다. 내가 이런 식으로 하늘들이 빠른 속도로 움직인다는 것을 인정하고 강조하는 것은, 네가 혹시라도 천체들이 움직인다는 것을 의심한다면, 그것은 잘못된 것임을 보여주기 위한 것이다. 여기 지구 위에서 살아가는 네 눈에는 어떻게 보이더라도, 나는 천체들이 움직인다는 것을 단언한다. 하나님은 인간의 지각으로는 자신의 길을 알 수 없게 하기 위해, 땅과 하늘의 거리를 이처럼 아주 멀리 떼어두신 것이니, 땅에서 보면 저 지극히 높은 곳에서 일어나는 일들을 알 것 같아도, 사실 그런 지식들은 틀린 것들이어서 아무런 유익을 얻을 수 없게 되어 있지.

태양이 우주의 중심이고, 다른 행성들은 그들 자신의 인력과 태양의 인력에 이끌려서 여러 다양한 궤도로 태양 주위를 돌며 춤추는 것이라고 해도, 그것이 무슨 상관이란 말인가. 때로는 높고 때로는 낮게, 어떤 때에는 모습을 감추었다가 어떤 때에는 나타나고, 나아가기도 하고 정지하기도 하며 자신의 궤도를 도는 모습이 여섯 행성에서 보이고, 거기에 일곱 번째 행성인 지구가 겉으로는 멈춰 있는 것처럼 보이지만, 사실은 인간이 감지하지 못할지라도 서로 다른 세 가지 운동으로 움직인다고 해도, 그것이 무슨 상관이란 말인가.[2]

그렇지 않다면, 여러 행성들이 제각기 이리저리 불규칙하게 서로 엇갈리며 우주를 떠돌고 있다고 해야 하거나, 모든 별 위에 있어서 볼 수 없지만, 낮과 밤을 생겨나게 하는 궤도가 거기에 있어서, 태양이 아주 손쉽고 신속하게 그 궤도를 오가면서 낮과 밤의 변화가 생기는 것일 수도 있으리라. 하지만 지구가 스스로 동쪽으로 열심히 달려가서 낮을 붙잡을 때, 태양의 빛을 받지 못하는 반구에 밤이 오고, 다른 쪽 반구는 계속해서 햇빛을 받아 광명한 곳이 되는 것이라면, 너는 모든 별 위에 그런 궤도가 있다고 믿을 필요가 없을 것이다.

밤에 달이 지구에 빛을 비추듯이, 낮에는 하나의 별인 지구에서 보낸 저 빛이 드넓게 펼쳐져 있는 투명한 허공을 뚫고 지구의 위성인 달을 비추어서 달이 낮에 보이지 않는 것이고, 거기에 대지가 있고 들이 있으며 주민이 있어서,[3] 네게 반점들로 보이는 것이 사실은 구름이고, 그 구름들에서 비가 내려, 달의 부드러워진 흙에서 과실들이 생겨나서, 거기에 사는 사람들이 그 과실들을 먹는다고 해도, 그것이 무슨 상관이

---

2 "여섯 행성"은 토성, 목성, 화성, 금성, 수성, 달이고, "일곱 번째 행성"은 천동설에 의하면 태양이고 지동설에 의하면 지구다. "세 가지 운동"은 지구가 매일 스스로 도는 자전, 일 년마다 한 번씩 태양을 도는 공전, 지구의 축을 천체에서 언제나 동일한 지점에 정렬하기 위한 운동을 가리킨다.

3 브루노와 데카르트 등과 같은 당신의 지성인들 중에는 태양과 행성들과 달에 생명체가 살고 있다고 생각한 사람들이 있었다.

318

란 말인가. 아마도 다른 태양들도 자신의 달을 거느리고서 음양의 빛을 주고받음으로써, 이 두 가지 위대한 성性(음양의 빛)이 이런저런 생물들이 살아가는 각각의 구체 속에 형성된 세계로 하여금 살아 움직이게 할 것이다.

그러니 자연 속에 있는 이 거대하고 광활한 공간이 거기에서 살아가는 생물들도 없이 황량하게 버려져 있고, 무수히 많은 천체들도 단지 빛을 발하는 것만을 하고 다른 기여를 하는 것은 거의 없으며, 게다가 인간이 거하는 이 지구는 그렇게 받은 빛들을 다시 반사해 버리니 무용지물일 뿐이라고 말하는 것은 분명히 논란의 소지가 있다.

하지만 이런 것들의 실상이 어떠하든지, 그러니까 하늘을 주관하는 태양이 지구 위에 떠오르는 것이 사실이든, 아니면 지구가 태양 위로 떠오르는 것이 사실이든, 또는 태양이 동쪽에서 출발하여 자신의 불의 여정을 시작하는 것이 사실이든, 아니면 지구가 서쪽에서 자신의 부드러운 축을 중심으로 회전하며 마치 잠든 듯한 소리 없는 발걸음으로 고요한 여정을 출발하여, 너를 안아서 부드러운 대기를 따라 이동시켜 주는 것이 사실이든, 감춰져 있는 일들로 너의 생각을 어지럽히지 말라. 그런 일들은 위에 계신 하나님께 맡겨 드리고, 너는 오직 그분을 경외함으로 섬기는 일만을 해야 한다.

다른 피조물들은 하나님이 자신이 생각하시기에 가장 좋은 곳에 두시게 하고 자신의 뜻을 따라 처분하시게 하라. 너는 하나님이 네게 주신 것들, 곧 이 낙원과 너의 아름다운 배필인 하와를 기뻐하거라. 하늘은 네게 너무나 높아서, 네가 거기에서 일어나는 일들을 아는 것은 불가능한 일이다. 겸손하게 지혜롭게 행하여, 너와 너의 존재에 대한 것만을 생각하고, 다른 세계들에 대해서나, 거기에 어떤 피조물들이 어떤 환경에서 어떤 신분과 상태로 살아가고 있는지에 대해서는 상상조차

하지 말아라. 오직 내가 지금까지 네게 지구만이 아니라 최고천에 대해서까지 계시해준 것들만으로 만족하라.”

의심에서 벗어난 아담은 라파엘에게 이렇게 대답했다.

“하늘의 순결한 지성이여, 고결한 천사여, 당신은 나의 모든 의문을 말끔히 풀어주고 내가 혼란스러워하던 문제에서 벗어나게 해주었을 뿐만 아니라, 하나님은 우리에게 모든 염려와 근심과 걱정을 다 물리쳐서 그런 것들이 우리의 삶을 괴롭게 하지 못하게 하라고 명령하신 것을 명심하고서, 우리 자신이 쓸데없이 이런저런 잡념들을 불러일으켜서, 우리가 풀 수 없는 복잡하고 난해한 문제들로 우리의 생각을 어지럽혀서 복된 삶을 망치는 일이 없이, 아주 단순하게 살아가야 한다는 것을 가르쳐 주었습니다. 하지만 지성이나 상상이라는 것은 아무런 제약도 받지 않은 채 제멋대로 떠도는 경향이 있고, 그렇게 떠도는 데 한도 끝도 없어서, 어떤 경고를 받거나 경험을 통해 가르침을 받아야만 비로소, 인간이 알아보아야 유익이 없어서 하나님이 감춰두어 알기 어려운 많은 것들을 아는 것이 아니라, 우리 앞의 일상생활 속에 놓여 있는 일들을 아는 것이야말로 으뜸가는 지혜이고, 그 이상의 지식을 구하는 것은 허황되고 공허한 것이어서, 아무 짝에도 쓸데없고 우리의 능력으로는 알 수도 없는 것들에 집착하는 것일 뿐임을 그제서야 배우게 됩니다.

따라서 이제는 우리가 저 높은 곳에서 좀 더 아래로 내려와서 내 신변에 관한 얘기들을 나누다보면, 당신의 호의로 인해 내가 당신에게 물어보아도 별 문제가 없고 당신이 내게 대답해주기에도 부담스럽지 않은 그런 질문들이 거기에서 나올지도 모르는 일이 아니겠습니까. 그래서 지금까지는 내가 기억하기 이전의 일들에 대한 이야기를 당신으로부터 들었으니, 이제부터는 아마도 당신이 듣지 못하였을 나에 대한 이야기를 들어보는 것이 어떻겠습니까. 당신이 하는 말씀을 듣지 않고 내가 얘기를 하는 것이 어리석은 일이기는 하지만, 날은 아직 저물지 않았고, 그때까지는 어떻게 해서든지 당신을 붙잡아두고 싶어서, 나에 대한 이야기를 한 번 들어보시라고 당신에게 청하는 이런 수를 생각해낸 것임을 당신도 아실 것입니다. 당신과 함께 앉아 있으면 마치 천국에 있는 것 같고, 당신의 말씀이 내 귀에 달콤하기가 노동을 하고 나서 목마르거나 배고팠을 때 즐거운 식사시간에 먹는 야자나무 열매보다 더합니다. 야자나무 열매는 달콤하고 맛있기는 하지만 금방 배부르고 질려서 더 이상 먹기 싫어지지만, 당신의 말씀은 하나님의 은총으로 가득차 있어서, 그 달콤함이 질리지가 않습니다."

라파엘은 천상의 온유한 음성으로 아담에게 이렇게 대답했다.
"인간의 시조여, 너의 입술도 못지않게 우아하고, 너의 혀도 못지않게 물 흐르듯이 거침없고 아름다우니, 이는 하나님이 자신의 아름다운 형상을 따라 너를 만들어서, 안과 밖으로 네게 자신의 은사들을 차고 넘치게 부어주셨기 때문이지. 말을 할 때나 침묵할 때나 온갖 아름다움과 우아함이 너와 함께 있어서, 너의 말 한 마디, 너의 일거수일투족에 아름다움과 우아함이 깃들어 있어서, 하늘에서 우리는 우리 동료 종들인 천사들에 대해 생각하는 것 못지않게 이 땅에서 살아가는 너에 대해 생각하고 있고, 하나님과 인간의 관계에 대해 아는 것을 기뻐한다. 왜냐하면 우리는 하나님이 너를 존귀하게 높이시고, 우리에게 주시는 것과 동일한 사랑을 인간에게도 주시는 것을 보아 왔기 때문이다. 나는 네가 창조되던 날에 거기에 없었으니 너에 대한 이야기를 내게 해보아라.
그날 나는 늘 그렇듯이 하나님이 창조 사역을 하시는 동안에, 혹시라도 사탄이 하나님의 그런 갑작스러운 조치에 격분해서, 첩자를 보내거나 자기가 직접 탈출해서, 파괴와 창조를 뒤섞어 놓으려고 시도하지 못하도록, 하나님의 명령을 따라 한 군단 전체로 방진을 짜서 지옥에서 단 한 명도 빠져나오지 못하게 지키기 위해, 저 멀리 지옥 문을 향해 어둡고 음침한 여정을 따라 별난 원정을 떠나고 있었지. 물론 그들은 하나님의 허락 없이는 감히 지옥을 빠져나올 시도를 할 수 없을 것이었지만, 하나님은 만유의 왕으로서의 위엄을 보여주고, 우리의 즉각적인 순종을 훈련시키기 위해서 왕의 칙령으로 우리를 거기로 보내셨던 것이었지. 우리가 도착했을 때, 지옥의 음산한 문들은 굳게 닫혀 있었을 뿐만 아니라, 지옥 전체가 철통같이 봉쇄되어 있었지. 하지만 거기에 도착하기 한참 전부터 이미 지옥 안으로부터 시끄러운 소리가 들려왔는데, 그것은 춤을 추고 노래하는 소리가 아니라, 극심한 고통 속에서 광분하며 크게 울부짖는 소리였어. 우리는 임무를 무사히 마치고서, 안식일이 시작되는 저녁이 되기 전에 빛의 나라로 다시 돌아왔지.

그러므로 네가 나의 얘기를 즐겁게 들었듯이, 나도 너의 얘기를 즐겁게 경청하리니, 이제 너에 관한 이야기를 내게 해보아라."

하나님을 닮은 능력의 천사가 이렇게 말하자, 우리의 시조는 자신에 관한 이야기를 시작했다.

"인간이 인간의 삶이 어떻게 시작되었는지를 말한다는 것은 어려운 일입니다. 자신의 처음을 아는 자가 누가 있겠습니까. 단지 당신과 좀 더 오래 함께 있어 대화하고자 하는 마음에서 이렇게 얘기를 꺼내는 것일 뿐입니다.

내가 눈을 떴을 때는, 나는 잠을 푹 자고 일어난 듯 향기 나는 땀이 난 채로 꽃이 만발한 초지 위에 부드럽게 누워 있었고, 태양은 자신의 햇살로 그 땀에서 습기들을 연속으로 빨아들여 먹어버려서, 나의 땀은 금방 말랐습니다. 바로 내 눈 앞에는 펼쳐진 하늘이 있었고, 나는 경이로움에 사로잡혀 끝없이 펼쳐진 창공을 한참 동안 응시하다가, 마치 하늘로 뛰어오르려는 듯이 본능적으로 재빨리 움직여서 일어나 두 발로 섰습니다. 내 주위로는 언덕과 골짜기, 그늘진 숲, 햇살 가득한 벌판, 졸졸거리며 미끄러지듯 흘러가는 액체가 보였고, 거기에서는 살아서 움직이고 걷거나 나는 생물들이 있었으며, 나뭇가지들 위에서 지저귀는 새들이 있었습니다. 만물이 미소 짓고 있었고, 나의 가슴에서는 향기로움과 기쁨이 넘쳐흘렀습니다. 나의 손과 발, 그리고 내 자신의 구석구석을 살펴보고 나서는, 내 안의 활력이 이끄는 대로 유연한 관절들을 사용해서 걸어보기도 하고 뛰어보기도 했습니다. 하지만 내가 누구인지, 어디에서 왔는지, 무슨 이유로 존재하게 되었는지는 알지 못했습니다.

말을 하려고 해보았더니 즉시 말이 나왔고, 나의 혀도 내 뜻에 잘 순종해서, 내 눈에 보이는 것마다 이름을 붙여줄 수도 있어서, 나는 이렇게 말했습니다. '너 아름다운 빛 태양이여, 너 빛을 받아 지극히 신선하고 밝게 빛나는 땅이여, 너희 산들과 골짜기들이여, 너희 강들과 숲들과 들판들이여, 너희 살아서 움직이는 아름다운 생물들이여, 내가 어떻게 생겨났고 어떻게 여기에 있게 되었는지를 너희가 보았다면, 제발 내게 말해 달라. 내가 여기에 있는 것은 나에 의해서 스스로 된 것이 아니라, 선하심과 능력에서 나보다 훨씬 탁월하신 어떤 위대한 조물주에 의해 된 것일 것이니, 나를 이렇게 살아 움직이게 해주시고 나 스스로는 알지 못했을 이 행복을 느끼게 해주신 그분을 내가 알아서 경배하려면 어떻게 해야 하는지를 내게 말해 달라.'

내가 처음으로 공기를 들이마셔 숨을 쉬고 처음으로 이 행복한 빛을 본 곳으로부터 걸음을 옮겨서, 어딘지도 모르고 이리저리 헤매면서,

계속해서 이렇게 소리쳤지만, 그 어떤 대답도 들려오지 않아서, 나는 꽃들이 만발한 푸르고 그늘진 강둑에 앉아서 생각에 잠겨 있다가, 스르르 잠이 와서, 그 잠의 부드러운 압력으로 인해 아무런 고통 없이 의식이 몽롱해지면서, 내가 다시 지각이 없는 이전의 상태로 넘어가고 있다고 느꼈지만, 그런 의식조차도 이내 사라지고 말았습니다. 그러자 갑자기 내 머리맡에는 꿈이 서 있었고, 그 꿈이 내 안에 만들어 낸 환영은 나의 상상력을 조용히 움직여서, 내가 아직 존재하고 살아 있다는 것을 믿게 하였습니다.

내 생각으로 하나님 같은 모습을 한 것으로 보인 어떤 이가 와서, '최초의 인간으로서 앞으로 생겨날 헤아릴 수 없이 많은 사람들의 첫 번째 아버지로 세움을 받은 아담아, 네가 지금 거처할 곳이 없어서, 내가 너의 부름을 받고, 너의 처소로 예비된 저 지극히 복된 동산으로 너를 안내하기 위해 이렇게 왔으니, 일어나라'고 말하고서는, 내 손을 잡고 나를 일으켜서, 걷는 것이 아니라 허공을 부드럽게 미끄러지듯 움직여 강과 들을 지나, 마침내 숲이 울창한 한 산으로 나를 데려다 놓았습니다. 그 산의 높은 정상은 평지처럼 평탄하고 둘레도 넓었고, 아주 아름다운 나무들로 둘러싸여 있었으며, 길들과 처소도 마련되어 있어서, 앞서 땅에서 내가 보았던 것들은 거기에 비하면 별로 아름다워 보이지 않았습니다. 나무마다 탐스러운 과실이 주렁주렁 매달려 있어 눈을 유혹하였기 때문에, 내 속에서는 갑자기 식욕이 동하여 따먹고 싶은 마음이 드는 순간, 나는 잠에서 깨어났습니다.

그런데 내 눈 앞에 펼쳐진 모든 광경은 꿈에서 생생하게 보았던 바로 그 모습 그대로였습니다. 이때 나를 이곳으로 데려다준 그 하나님 같은 이가 나무들 사이에서 나타나지 않았더라면, 이곳에서 나의 방황은 또다시 시작되었을 것입니다. 나는 그분을 보자 한편으로 기뻐하면서,

나도 모르게 경외심이 생겨나 그의 발 앞에 엎드려 경배하게 되었고, 그는 나를 잡아 일으켜 세우시며 온유한 음성으로 이렇게 말했습니다.

'네가 찾고 있던 이, 곧 너의 상하좌우로 보이는 모든 것을 창조한 이가 바로 나다. 내가 이 낙원을 너에게 줄 것이니, 너는 이곳을 너의 소유로 여기고서 잘 경작하고 돌보아서 여기에서 나는 열매를 양식으로 삼아 먹으라. 동산에서 자라는 모든 나무의 열매는 부족하거나 떨어질 걱정이 전혀 없으니 기쁜 마음으로 마음껏 먹어도 좋다. 하지만 선악을 알게 하는 효능을 지닌 나무의 열매를 먹지 말라. 내가 너의 순종과 믿음을 알아보기 위하여 동산 중앙의 생명나무 옆에 그 나무를 두었으니, 네가 나의 유일한 명령을 어기고서 그 열매를 먹는 날에는 반드시 죽게 될 것이고, 바로 그날부터 죽을 수밖에 없는 존재가 되어, 이 복된 상태를 상실하고서, 이곳으로부터 쫓겨나서 재앙과 비탄으로 가득한 세계로 추방될 것이라는 나의 경고를 기억해서, 그 열매를 먹음으로써 초래될 참담한 결과를 피하라.'

그분은 이 단호한 금령을 준엄하게 선언하셨기 때문에, 내게는 그 금령을 어길 생각이 전혀 없음에도 불구하고, 그분의 준엄한 음성은 지금도 내 귀에 쟁쟁합니다. 하지만 그분은 이내 자비로우신 모습으로 되돌아가서, 다시 이렇게 은혜로우신 말씀을 계속해 나갔습니다.

'내가 이 아름다운 곳만이 아니라 온 땅을 너와 네 자손인 인류 전체에게 줄 것이니, 너와 네 자손은 온 땅을 소유하여, 땅과 바다와 공중에서 살아가는 모든 것들, 짐승과 물고기와 새를 다스려라. 이제 내가 각종 새와 짐승을 종류별로 네 앞에 호출하여, 너로 하여금 그것들을 보고 그 각각에 이름을 붙여주어 그것들로 네게 굴복하여 충성하게 함으로써 너와 네 자손의 통치권의 증표로 삼으리라. 물에 거처를 둔 물고기들도 너와 네 자손의 소유이지만, 그것들을 여기로 호출하지 않는 것

은 갑자기 그것들의 체질을 바꾸어 공기를 마시게 할 수는 없기 때문이다.'

그분의 말씀이 끝나자마자, 각종 새와 짐승이, 짐승들은 몸을 낮추고 겸손하고 고분고분한 태도로, 새들은 날개를 다소곳이 내리고서, 둘씩 짝을 지어 가까이 나아왔고, 나는 그것들이 내 앞을 지나갈 때마다 이름을 붙여주었는데, 그 순간 하나님이 내게 부어주신 지식으로 인해 갑자기 각각의 본성이 깨달아졌지만, 그것들 중에는 내게 필요하다고 생각되는 존재는 여전히 없었기 때문에, 나는 하나님 같이 생긴 그분에게 감히 이렇게 말하였습니다.

'당신은 이 우주를 창조하시고 인간에게 이 모든 좋은 것들을 다 주신 분으로서, 이 모든 것들보다 위에 계시고, 인간보다 위에 계시며, 인간 위에 있는 그 어떤 존재보다 더 위에 계시니, 내가 당신을 어떤 이름으로 부르며 어떤 식으로 경배할 수 있겠습니까. 당신은 너무나 후하신 손으로 인간의 복리를 위해 이토록 차고 넘치게 베푸셔서 이 모든 것들을 공급해 주셨습니다. 하지만 나와 함께 이 모든 것을 누릴 자가 보이지 않으니, 고독 속에서 이 모든 것을 혼자 누린다고 한들, 거기에 무슨 만족이 있고 무슨 행복이 있겠습니까.'

내가 이렇게 주제넘게 말하자, 밝은 빛의 그분은 더 밝게 웃으며 이렇게 대답했습니다.

'땅에도 수많은 다양한 생물들이 있고, 공중에도 생물들이 가득 있어서, 너의 명령 한 마디에 와서 네 앞에서 노니는 데다가, 너는 그들의 언어와 삶을 모르지 않고, 그들에게도 무시하지 못할 정도의 지식과 생각하는 능력이 있는데, 너는 왜 고독이라고 말하느냐. 그들을 다스리며 그들과 함께 시간을 보내거라. 너의 영토는 넓다.'

만유의 주는 이렇게 말씀하셨고, 사실 내 귀에 그 말씀은 명령처럼 들렸지만, 나는 다시 한 번 말할 기회를 주시라고 간청해서 겸손히 이렇게 탄원했습니다.

'하늘의 권능이시여, 내 말에 노하지 마시고, 나를 지으신 이여, 내가 말하는 동안 너그러이 들어 주십시오. 당신은 나를 당신의 대리자로 지으셔서, 나보다 한참이나 열등한 것들을 다스리게 하신 것이 아닙니까. 하지만 대등하지 않은 존재들 사이에 사귐이나 어울림이나 참된 기쁨 같은 말들이 가당키나 하겠습니까. 그런 것들이 가능하려면 서로 대등하게 주고받는 것이 있어야 하는데, 그렇지 않다면 마치 현악기에서 팽팽하게 당겨진 줄과 느슨해진 줄이 서로 화음을 이룰 수 없고 불협화음만을 만들어 내듯이 서로에 대해 이내 싫증을 느끼게 되고 말 것입니다. 내가 원하는 사귐은 마음이 서로 통하여 기쁨을 나눌 수 있는 사귐을 말하는 것이기 때문에, 그런 점에서 짐승은 인간의 배필일 수 없습니다. 당신은 종류대로 짝을 짓는 것을 합당하게 하셨으니, 수사자와 암사자처럼, 짐승들은 동일한 종류에 속한 것들 중에서 자신의 짝을 찾게 되어 있어서, 새는 짐승과 짝을 이룰 수 없고, 물고기는 새와 짝을 이룰 수 없으며, 황소가 원숭이와 짝을 이룰 수 없는 것이 당연하기 때문에, 인간과 짐승이 짝을 짓는 것은 그 중에서도 최악이 되고 말 것입니다.'

그러자 전능자는 전혀 불쾌해하지 않고 이렇게 대답했습니다.

'아담아, 내가 보니 너는 뭔가 독특하고 묘한 행복을 바라고 너의 배필을 고르고 있어서, 이미 홀로 즐거움 가운데 있으면서도 즐거움을 모르는 것 같구나. 그렇다면 너는 나에 대해서, 곧 지금의 나의 상태에 대해서는 어떻게 생각하느냐. 내게는 나와 대등한 자는 말할 것도 없고, 나보다 조금 못한 자도 없어서, 내가 직접 만든 자들, 곧 너의 경우와는 비교가 될 수 없을 정도로 나보다 무한히 열등한 자들 외에는 교제할 자가 없었기 때문에, 나는 영원 전부터 혼자였는데, 네가 보기에 그런 내가 충분히 행복해 보이느냐? 그렇지 않으냐?'

그분의 말씀이 끝나자, 나는 이렇게 겸손히 대답했습니다.

'지존이시여, 당신의 영원한 도는 지극히 높고 깊어서, 인간의 생각으로는 도무지 헤아릴 수 없을 뿐더러, 당신은 그 자체로 완전하시고, 결핍된 것이 하나도 발견되지 않지만, 인간은 그렇지가 않고 불완전해서, 자신과 동일한 종류의 존재와 더불어 교제함으로써 도움을 받기도 하고 자신의 결점들을 완화시키려고 하는 욕구가 생겨날 수밖에 없게 됩니다. 당신은 한 분이지만, 무한하고 절대적이어서, 모든 곳에 편재하시기 때문에, 번식할 필요성이 없지만, 인간은 혼자일 때 불완전함을 노출할 수밖에 없는 까닭에, 자기와 같은 자들, 곧 자신의 형상을 닮은 자들을 낳아서 번성하여, 서로 간의 사랑과 깊은 우애를 통해 혼자일 때의 결핍을 보완해야 합니다. 당신은 홀로 계실 때 비록 혼자일지라도 최고의 동반자인 자기 자신과 함께 계시니, 다른 존재들과의 교제나 소통을 필요로 하지 않으시고, 또한 원하시기만 하면 당신이 창조한 피조물에게 신의 속성들을 부여해서 당신과 연합하거나 친교를 나누게 할 수도 있지만, 나는 다른 생물들을 땅으로부터 일으켜 세울 수도 없고, 그들의 삶의 방식 속에서 만족이나 기쁨을 얻을 수도 없습니다.'

이렇게 내게 허락된 자유를 사용해서 담대하게 말한 나의 청원은 받아들여져서, 하나님의 은혜로우신 음성으로부터 다음과 같은 대답을 얻을 수 있었습니다.

'아담아, 지금까지는 내가 너를 시험해 본 것인데, 너는 내게 네 속에 둔 자유로운 영, 곧 나의 형상을 잘 사용해서, 네가 올바르게 이름들을 붙여준 짐승들만이 아니라, 네 자신에 대해서도 네가 잘 알고 있는 것을 보니 내 마음이 참으로 기쁘구나. 나의 형상은 오직 네게만 주어졌고 짐승들에게는 주어지지 않았기 때문에, 네가 그들과 교제하는 것은 합당하지 않으니, 네가 그들 중에서 너의 배필을 구하는 것을 무척 싫어했고 지금도 그런 생각을 지니고 있는 것도 당연한 일이다. 나는 네가 이런 말을 하기 전에 이미 인간이 혼자 있는 것이 좋지 않다는 것을 알고 있었고, 또한 네가 지금까지 보아온 것들은 너의 배필로 지은 것도 아니며, 단지 네가 제대로 맞게 판단할 수 있는지를 시험해보기 위해 네 앞에 데려온 것일 뿐이다. 하지만 이제 다음으로 내가 네 앞에 데려와서 네게 보여줄 자는 너와 꼭 닮은 자, 네게 합당한 조력자, 또 하나의 네 자신, 너의 마음이 진정으로 원했던 자일 것이니, 너는 반드시 그를 기뻐하게 될 것이다.'

여기에서 그분의 말씀이 끝난 것이었는지, 아니면 내게 더 이상 들리지 않았던 것인지는 나도 모릅니다. 왜냐하면 천상의 존재와의 고귀한 대화가 오랫동안 지속되다 보니, 흙에 속한 나의 체질은 천상의 존재인 그분의 본성에 압도되어 극도로 팽팽하게 당겨져서, 감각을 뛰어넘는 존재와 상대할 때 흔히 그러하듯이, 이제 기력이 소진되어 어질어질해져서, 잠을 통해 힘을 회복하려는 본능을 따라 그대로 쓰려졌고, 자연이 그런 나를 돕기 위해 즉시 호출한 잠이 내게 엄습해 와서, 이내 나의 눈이 감겨버렸기 때문입니다.

하지만 나의 내면의 마음의 눈은 열려 있어서, 비록 나는 잠들어 있었지만, 내 생각에 탈혼 상태 같은 붕 뜬 상태로 내가 누워 있는 모습을 보았고, 내가 깨어 있을 때 내 앞에 서 있었던 바로 그 빛나는 형체가 여전히 내 옆에 서 있는 것을 보았습니다.

그분은 몸을 굽히고서 나의 왼쪽 옆구리를 열더니, 내 심장의 뜨거운 생기와 내 신선한 생명의 피가 흐르는 갈비뼈 하나를 빼냈고, 상처는 넓었지만, 이내 순식간에 살로 메워지고 치유되었습니다. 그분이 나의 그 갈비뼈를 가지고 손으로 무엇인가를 빚어내시니, 그의 빚는 손길 아래서 사람 모양의 한 피조물이 생겨났는데, 나와는 성별이 다르지만 너무나 사랑스럽고 아름다운 인간이어서, 지금까지 이 세계에서 아름다워 보였던 모든 것들이 이제 그 사람 앞에서는 초라해 보였습니다. 아니, 세계의 모든 아름다움이 그녀와 그녀의 용모 속에 집약되어 모두 담겨 있었습니다. 그 모습을 보는 순간 내 가슴속에는 전에는 느껴보지 못했던 달콤함이 주입되었고, 사랑의 기운과 연모의 기쁨이 그녀의 자태로부터 만물 속으로 스며들었습니다.

그녀는 나를 어둠 속에 남겨두고 홀연히 사라졌고, 그때 잠에서 깨어난 나는 그녀를 찾았는데, 그때 만일 그녀를 다시 볼 수 없었다면, 그녀를 잃은 것에 상심하여, 다른 모든 즐거움들을 다 버리고, 영원토록 슬퍼하며 비탄 속에서 살았을 것입니다. 그런데 그녀가 보이지 않아 허탈해하고 있던 내 앞에, 거기에서 별로 멀지 않은 곳에서 내가 꿈 속에서 보았던 그녀가 온 땅과 온 하늘이 아름답게 치장해 줄 수 있는 모든 것으로 단장한 모습으로 나타났는데, 보이지 않는 하늘의 창조주에게서 혼인의 신성함과 혼인 예식에 대한 가르침을 받고나서, 그의 음성의 인도함을 받아 내게로 나아온 것이었습니다. 내딛는 걸음걸음마다 우아함이 깃들어 있었고, 그 눈에는 천국이 있었으며, 몸짓 하나하나마다 존귀함과 사랑이 배어 있었습니다. 나는 너무나 기뻐서 큰 소리로 외치지 않을 수 없었습니다.

'모든 좋은 것들을 아낌없이 후히 베풀어 주시는 그지없이 인자하신 창조주시여, 이번에는 당신의 말씀을 이루어, 내게 부족하다고 생각했던 것을 다 보상해 주셔서, 당신의 모든 선물들 중에서 가장 좋은 이 선물도 아끼지 않으시고 기꺼이 주시니, 나는 지금 내 뼈 중의 뼈, 내 살 중의 살, 내 자신을 이렇게 내 앞에서 보고 있습니다. 남자에게서 추

하와의 창조.
(윌리엄 블레이크 作)

출되었다고 해서 그녀의 이름은 여자이니, 그런 연유로 남자는 부모를 떠나 자기 아내와 결합하여 한 몸과 한 마음과 한 영혼이 될 것입니다.'

그녀는 내가 이렇게 말하는 것을 듣고서는, 비록 하나님의 손에 이끌려 오긴 했지만, 여전히 처녀의 순진함과 수줍음과 미덕이 있어, 남자가 구애하지 않으면 얻을 수 없는 자신의 가치를 알아서, 당돌하게 나서지 않고 조용히 물러났고, 그녀의 그런 모습은 그녀를 더욱 아름다워 보이게 했습니다. 단도직입적으로 말하자면, 그녀는 나를 보자, 어떤 죄악되고 불순한 생각에서가 아니라 순전히 본성이 그녀 안에서 작동하여 내게로부터 돌아섰던 것입니다. 내가 그 뒤를 따라갔더니, 그녀는 혼인의 귀함에 대해 이미 하나님에게서 들어 알고 있었기 때문에, 기품 있는 순종함으로 나의 청혼을 받아들였습니다. 나는 동틀 때처럼 붉게 물든 얼굴을 한 그녀를 혼인의 처소로 인도했고, 바로 그 시각에 온 하늘과 별자리들은 행복해하며 자신들의 가장 좋은 기운을 쏟아냈고, 땅과 모든 산도 축하를 보내주었으며, 새들은 기뻐 노래하였습니다. 신선한 산들바람과 온화한 대기는 숲에 우리의 혼인 소식을 전함과 동시에, 그 날개들로 장미꽃들을 길에 던지고, 향내 나는 관목들에서 향기들을 실어 날랐고, 밤이 되자 애모의 밤새 나이팅게일은 혼인의 축가를 불렀으며, 저녁별을 재촉해서 창공에 높이 떠올라 화촉을 밝히게 했습니다.

나는 지금까지 나의 모든 삶과 나의 상태를 다 얘기했고, 이제 나의 이야기는 내가 이 땅에서 누리는 모든 복의 정점인 것에 다다랐으니, 솔직하게 고백해야 할 것이 있습니다. 그것은 내가 다른 모든 것들, 그러니까 나의 미각과 시각과 후각을 통해 느끼는 것들, 그리고 초목과 열매와 꽃과 산책과 새들의 노랫소리 등등에서 실제로 즐거움을 얻은 것은 사실이지만, 그런 즐거움들을 얻든 얻지 않든, 내 마음속에서는 아무런 변화가 없었고, 격렬한 욕망 같은 것도 일어나지 않았는데, 이번만은 아주 달랐다는 것입니다. 바라보는 것도 황홀했고, 만지는 것도 황홀했습니다. 이번에는 처음으로 격렬한 감정과 묘한 두근거림을 느꼈고, 다른 모든 즐거움들에서는 언제나 흔들림 없이 초연했었는데, 이번만은 나를 강력하게 끌어당겨서 나로 하여금 눈을 뗄 수 없게 만드는 아름다운 그녀의 자태 앞에서 나의 마음은 여지없이 무너지고 말았습니다. 하나님이 만드신 나의 본성 중에 약한 부분이 있어서 이런 대상 앞에서는 평정심을 유지할 수 없었던 것인지, 아니면 나의 옆구리로부터 갈비뼈를 빼낼 때 적정한 양보다 더 많은 것이 내게서 빠져나갔기 때문이었는지, 나로서는 알 수 없었습니다.

하지만 적어도 그녀에게는 지나치게 많은 장식들이 주어져서, 겉으로는 정교하고 세련되어 보이지만, 내면은 생각보다 부실하다는 것을 알 수 있었습니다. 하나님이 인간을 지으신 일차적인 목적에 비추어 보았을 때, 가장 뛰어나야 할 지성과 내면의 능력들에서 그녀는 열등했고, 외적으로도 우리 두 사람을 지으신 그분의 형상을 덜 닮았으며, 다른 모든 피조물들을 다스리도록 인간에게 주어진 저 통치자로서의 면모도 별로 갖추고 있지 못했습니다.

반면에 그녀의 아름다움과 사랑스러움에 접근했을 때는, 그녀는 흠잡을 데 없이 너무나 완벽해 보이고 자기 자신에 대해서도 너무나 잘 알고 있어 보여서, 그녀가 행하거나 말하고자 하는 모든 것들은 지극히 지혜롭고 덕스러우며 분별 있고 선해 보였습니다. 아무리 고상한 지식도 그녀 앞에서는 형편없어 보였고, 그녀와 대화할 때면 아무리 놀라운 지혜도 어리석어 보여서 고개를 떨굴 수밖에 없었습니다. 권위와 이성은 나중에 어쩌다가 만들어진 것이 아니라, 원래 처음부터 그녀의 시녀들로 의도되었다는 듯이 그녀를 시중들고 있었고, 거기에 완벽함을 더

하려는 듯이, 위대한 지성과 고귀함이 그녀의 지극히 아름다운 자태 속에 마치 수호천사처럼 둥지를 틀고 있어서, 그녀에게서는 후광이 비쳐 나와 주변으로부터 외경심을 만들어 내고 있었습니다."

그러자 라파엘 천사는 이마를 찌푸리며 아담에게 이렇게 말했다.

"하나님은 자신의 일을 다하신 것이니, 하나님이 지으신 여자의 본성 자체를 탓하지 말라. 너는 지혜를 불신하지 말고, 네가 해야 할 일을 하면 된다. 네가 지혜를 거부하지만 않는다면, 네게 지혜가 가장 필요할 때, 지혜도 너를 버리지 않고 너를 도와서, 네 자신이 말했듯이, 너보다 열등한 것들에 지나친 가치를 부여하는 우를 범하지 않게 해줄 것이다.

도대체 너는 무엇에 그리도 매료되어서 넋을 뺏겨 경탄하는 것인가. 외모인가. 여자가 아름다운 것은 의심할 여지가 없고, 또한 네가 소중히 여기고 존중하며 사랑할 가치도 충분한 것은 사실이지만, 거기에 굴복해서는 안 된다. 네 자신과 그녀를 저울에 달아 경중을 헤아려본 후에 그녀의 가치를 평가해 보라. 흔히 의로움과 올바름에 입각해서 잘 다스려진 자존감보다 더 유익한 것은 없으니, 네가 그렇게 행동하는 법을 더 많이 알수록, 그녀는 더욱더 너를 그녀의 머리로 인정하고서, 자신의 외관을 꾸미는 것보다 내면의 실속을 다지려고 하게 될 것이다. 반면에 네가 그녀의 외모에 이끌리는 지혜롭지 못한 모습을 보이면, 너의 반려인 그녀는 너의 존중과 사랑을 얻기 위해, 너를 기쁘게 함과 동시에 그녀에 대한 너의 외경심을 더 많이 불러일으키려고, 더욱더 자신의 외모를 치장하게 될 것이다.

인류로 하여금 생육하고 번성하게 하기 위한 수단인 남녀 간의 접촉 행위가 네게 다른 모든 것을 뛰어넘는 최고의 기쁨이 된다면, 너는 그런 행위는 모든 가축이나 짐승에게도 주어진 것임을 기억해야 한다. 만일 인간이 자신의 영혼이나 열정을 바칠 만한 가치가 있는 것이 그런 행위 속에 들어 있었다면, 하나님은 그것을 모든 가축과 짐승에게도 똑같이 허락하지 않았을 것임을 알아야 한다. 너는 그녀와의 사귐 속에서 찾을 수 있는 더 고귀하고 매력적이며 인간답고 이성적인 사랑을 추구해야 한다. 사랑은 좋지만, 정욕은 옳지 않으니, 정욕에는 참된 사랑이 들어 있지 않기 때문이다. 사랑은 이성을 토대로 한 지혜로운 것이어서, 생각을 정화해주고 마음을 넓혀줌으로써, 육신의 쾌락에 빠지지 않고, 하늘에 속한 사랑으로 승화될 수 있게 해줄 사다리다. 이것이 너의 배필을 짐승들 중에서 찾을 수 없었던 이유였다."

아담은 조금 당황해하며 상기된 표정으로 이렇게 대답했다.

"그녀의 지극히 아름다운 외모나, 온갖 생물들에게 공통적으로 주어진 생식행위(물론 나는 부부의 잠자리는 그런 것들보다 훨씬 더 고귀하고 신비로워서 외경심을 가지고 대해야 한다고 생각하지만)도 나의 즐거움의 일부이기는 하지만, 그런 것들보다 내가 훨씬 더 기뻐하는 것은 우리 두 사람의 마음과 영혼이 진정으로 하나가 된 결과로서, 사랑과 기쁜 순종으로부터 생겨난 그녀의 말과 행동에서 날마다 흘러나오는 저 우아하고 기품 있고 단아한 수많은 몸짓들입니다. 혼인한 부부의 다정하고 화목한 모습을 보는 것은 기가 막히게 아름다운 화음의 노랫소리를 듣는 것보다 더 상쾌한 일입니다. 하지만 내가 그런 것에 져서 굴복당하는 것은 아니고, 단지 내 마음속에 느끼는 것을 당신에게 밝히는 것일 뿐입니다. 내가 여러 가지 대상들을 만날 때, 감각들이 내게 다양한 인상들을 줄지라도, 나는 여전히 그런 것들에 얽매이지 않고 자유롭게 판단하여 가장 선한 것을 분별하고, 그렇게 해서 옳다고 분별된 것을 따르고 있습니다. 당신이 말하신 것처럼 사랑은 우리를 하늘로 인도해주는 길이요 안내자이니, 나의 사랑을 탓하지 말아 주시고, 대신 내가 묻고 싶은 것이 있는데, 합당하다면 대답해 주십시오. 하늘의 영들은 사랑을 합니까? 한다면, 어떤 식으로 그 사랑을 표현하는 것입니까? 단지 표정만으로, 아니면 아울러 눈빛도 교환하거나, 정신적이거나 신체적인 접촉을 통해서 표현합니까?"

라파엘은 사랑의 원래의 빛깔인 천상의 붉은 장밋빛으로 빛나는 미소를 지으며 아담에게 대답했다.

"우리는 행복하고, 사랑 없이는 행복도 없다는 것을 아는 것만으로 네게는 충분할 것이다. 너는 순결한 존재로 지음 받아서 너의 육신으로 모든 순결한 것들을 누릴 수 있는데, 우리에게는 온갖 장애물들, 곧 피부, 팔과 다리, 관절 같은 유형적인 신체의 모든 구성부분이 없기 때문에, 네가 누리는 모든 것들을 최고의 수준에서 누릴 수 있지. 순결한 존재들끼리 서로 결합하고자 한다면, 영들이 서로 포옹하는 것은 공기와 공기가 섞이는 것보다 더 쉽게 섞여서 완전한 결합을 이루게 되고, 인간의 육체와 육체, 또는 마음과 마음이 결합하는 것을 매개해주는 기관들이 필요하지 않아서 그 어떤 제약도 없게 되지.

하지만 해가 땅의 푸른 곶, 헤스페리스의 푸른 섬 너머로 지고 있으니,[4] 이제는 내가 떠날 시간이어서, 네게 더 이상 말해줄 수가 없구나. 굳세고 행복하게 살며 사랑하라. 하지만 그분을 사랑한다는 것을 보여

---

4 "땅의 푸른 곶"은 세네갈 서부의 다카르 근방에 있는 베르데 곶을 가리키는데, "베르데 곶"은 포르투갈로 "푸른 곶"이라는 뜻이다. 이 연안에 있는 섬들은 아프리카의 최서단이다. 이 세상의 서쪽 끝에는 황금사과가 열리는 나무가 있는 "헤스페리스" 정원이 자리하고 있고, 석양의 요정들인 헤스페리데스 세 자매가 그곳을 지키고 있다고 한다.

둘은 울창한 숲의 그늘에서 작별해서, 라파엘 천사는 천국으로 올라갔고,
아담은 자신의 거처로 돌아갔다.

주는 최고의 증표는 순종하는 것이니, 그분의 명령을 반드시 지켜라. 정욕에 이끌려 너의 판단이 흐려져서 네게 주어진 자유의지로 허락되어 있지 않은 일을 행하지 않도록 유념하라. 너와 너의 모든 후손의 복과 화가 네게 달려 있으니 조심하라. 네가 모든 유혹을 떨치고 바른 길로 행한다면, 나를 비롯한 모든 복된 자들이 무척 기뻐할 것이다. 견고히 서 있으라. 서거나 넘어지는 것은 오로지 네 자신의 결정과 선택에 달려 있는데, 너의 내면이 완전하다면, 외부의 도움은 필요하지 않을 것이니, 하나님의 명령을 어기고자 하는 온갖 유혹을 스스로 물리치거라."

라파엘은 이렇게 말하고서는 자리에서 일어났고, 아담도 함께 일어서서 그의 뒤를 따라가며 이렇게 감사의 작별인사를 했다.

"내게 최고의 은택을 베풀어주시는 분이 보내어 하늘로부터 오신 손님이자 천상의 사자시여, 떠날 때가 되었다면 가셔야겠지요. 당신이 이 낮은 곳으로 몸소 나를 찾아 보여주신 은혜는 내게 너무나 자비롭고 고마우신 일이어서, 감사하는 마음을 내 속 깊이 새겨두고 언제까지나 기억하며 당신을 높이겠습니다. 앞으로도 인간을 늘 인자하심과 선하심으로 대해 주시고, 자주 찾아 주십시오."

둘은 울창한 숲의 그늘에서 작별해서, 라파엘 천사는 천국으로 올라갔고, 아담은 자신의 거처로 돌아갔다.

제 9 권

줄거리

사탄은 사악한 계략이 무엇이 있을지를 곰곰히 생각하며 땅을 두루 다니다가, 마침내 결심하고서 야음을 틈타 밤안개처럼 낙원으로 돌아와서, 잠자고 있던 뱀 속으로 들어간다. 아담과 하와는 아침에 일하러 나갈 때, 하와가 일할 곳을 여러 구역으로 나누어 서로 떨어져서 따로 일하자고 제안했다. 아담은 라파엘 천사가 미리 경고해 주었던 원수가 혼자 있는 하와를 보면 유혹하려고 할 것이니 따로 일하는 것은 위험하다며 반대했지만, 하와는 자기가 충분히 신중하지 못하다거나 견고하지 못하다고 생각되는 것이 싫어서, 자신의 힘을 시험해 보고자 하는 마음에서 도리어 더욱 강력하게 따로 일하자고 우기는 바람에, 아담도 어쩔 수 없이 거기에 동의하고 만다.

뱀은 하와가 혼자 있는 것을 발견하고서는, 몰래 접근해서 먼저 그녀를 찬찬히 지켜보며 관찰하다가, 이윽고 그녀에게 다가가서, 자기가 지금까지 본 모든 피조물들 중에서 그녀가 최고라고 그녀를 치켜세우며 이런저런 아첨하는 말들로 그녀의 환심을 산다. 하와는 뱀이 말하는 것을 듣고서는 의아해하며, 어떻게 해서 이전과는 달리 인간처럼 말하고 이해하게 되었는지를 묻는다. 뱀은 동산 안에 있는 어떤 나무의 열매를 먹었더니, 이전에 없었던 언어능력과 이성이 생겨나게 되었다고 대답한다. 하와는 뱀에게 부탁해서 그 나무가 있는 곳으로 가게 되고, 그 나무가 하나님이 인간에게 그 열매를 따먹어서는 안 된다고 명하신 선악을 알게 하는 나무라는 것을 알게 된다.

뱀은 이제 한층 더 대담하게 많은 술수들과 언변으로 하와를 유혹해서 결국 그 열매를 따먹게 만든다. 하와는 그 열매를 직접 먹어 보니 기가 막히게 맛있는 것을 발견하고서는, 아담에게 이 열매를 나누어줄지 말지를 잠시 고민하다가 마침내 그 열매를 아담에게 가져가서, 누군가의 권유로 그 열매를 먹게 되었다고 말한다. 아담은 처음에는 경악했지만, 그녀가 이미 타락하여 망하게 되었다는 사실을 깨닫고서는, 그녀를 너무나 열렬히 사랑했기 때문에 함께 멸망하기로 결심하고, 그녀의 범죄에 물타기를 하기 위해 자기도 그 열매를 먹는다. 이 범죄의 효력은 그들에게 나타나서, 그들은 자신들의 벌거벗은 것을 가리고자 하고, 서로 이견이 생겨 불화하고 논쟁하며 서로를 탓하고 비난하기 시작한다.

에덴 동산이라는 낙원에서 하나님이나 천사 손님들이 인간과 함께 마치 친구처럼 친숙하고 편안하게 앉아서 전원의 식사를 함께 하며 이런저런 흉허물 없는 담화를 나누곤 했다는 얘기는 이쯤에서 그치고, 이제 나는 이 노래를 비극의 슬픈 운율로 바꾸지 않으면 안 되게 되었다.[1]

바야흐로 인간 쪽에서는 추악한 불신과 끔찍한 배신, 반란과 불순종이 생겨나고, 이제 인간과 절연된 하늘 쪽에서는 거리감과 혐오, 분노와 의로운 책망과 형벌이 생겨나서 이 세계 속으로 유입되면서, 세계는 재앙과 죄, 죄의 결과인 죽음, 죽음의 전조인 불행이 만연한 세계가 되는 일이 벌어지고 말았다. 이 일을 노래하는 것은 안타깝고 서글픈 작업이긴 하지만, 트로이의 성벽을 세 번이나 돌아서 자신의 도망치는 원수를 붙잡아 죽였던 아킬레스의 준엄한 분노나,[2] 자신과의 약혼을 파기한 라비니아에 대한 투르누스의 분노나,[3] 아주 오랜 세월 그리스 사람 오디세우스와, 아프로디테의 아들 아이네아스를 괴롭혔던 넵

---

1   이것은 실낙원의 네 번째 도입부로서, 밀턴은 여기에서 뮤즈의 도움을 청하는 대신에, 자기가 구하지도 않아도 밤마다 자기를 찾아와서 영감을 주고 말해준다고 증언하면서, 이제부터는 비극의 운율로 자신의 노래를 읊게 될 것을 예고하는데, 이것은 인간의 타락을 다루기 시작하기 때문이다.

2   "아킬레스"는 그리스 신화의 영웅으로서 무르미돈족의 왕 펠레우스와 바다의 여신 테티스의 아들이다. 발뒤꿈치를 제외하고는 불사신으로서 걸음이 몹시 빠르며, 트로이 전쟁에서 활약하다 트로이의 왕자 파리스에게 발뒤꿈치에 화살을 맞아 죽었다고 한다. 아킬레스 건이란 말은 이 신화에서 유래되었다. 아킬레스는 트로이를 공략하던 중 어릴 적부터의 친구인 파트로클로스가 전사하자, 그를 죽인 적장 헥토르를 끝까지 추격해서 죽이는데, 그의 분노는 호메로스의 대서사시 『일리아스』의 주제 중 하나다.

3   "투르누스"는 로마 신화에 나오는 루툴리족의 왕이었다. 라티움의 왕 라티누스의 딸 "라비니아"가 그의 약혼녀였으나, 그를 배신하고 아이네아스와 결혼하자, 그는 결국 아이네아스와 결투하다가 죽음을 맞는다. 이것은 베르길리우스의 대서사시 『아이네이스』의 주제 중 하나다.

투누스나 유노의 분노[4]보다도 더하면 더했지 결코 못하지 않은 영웅적인 주제를 노래하는 것이리라. 내가 청하지 않아도 천상의 나의 수호신이 밤에 나를 찾아와서, 잠들어 있는 내게 받아 적게 하거나, 내게 영감을 주어, 내가 전에는 생각하지도 못했던 시구를 술술 써내려갈 수 있게 해주기만 한다면, 나는 이 주제에 걸맞는 문체로 노래할 수 있으련만. 내가 실제로 이 일을 노래하기 시작한 것은 최근이지만, 사실 영웅 서사시의 주제로 이 일을 선택하면 좋겠다고 처음으로 생각한 것은 오래 전이었다.

이제까지 영웅서사시의 유일한 주제로 여겨졌던 전쟁에 대해 노래하는 것은 나의 천성에 맞지 않으니, 그런 서사시들에서 주로 하는 것은 실존하지도 않은 기사들을 등장시켜 실제로 일어나지도 않았던 전투들을 꾸며내어 서로 죽고 죽이는 것을 지루하고 장황하게 묘사하는 일이다. 게다가 불굴의 인내와 영웅적인 순교 같은 미덕들에 대해서는 노래하지 않고, 경주들과 경기들, 마상 창시합을 위한 장비들, 문장이 새겨진 방패들, 거기에 새겨진 기기묘묘한 형상들, 화려하게 치장한 말들과 군마들, 말의 안장과 금박 장식들, 토너먼트로 벌어지는 마상 창시합에 출전한 한껏 멋을 낸 기사들, 많은 시녀들과 시종들이 줄지어 서서 시중드는 궁정에서 열리는 연회 같은 것들만을 노래하니, 그런 것

---

4 "오디세우스"는 해신 넵투누스 또는 포세이돈의 아들인 거인족 폴리페모스의 눈을 멀게 했다는 이유로 해신의 분노를 사서 트로이 전쟁에서 승리하고 돌아오는 길에 10년을 표류해야 했다. 이것은 대서사시 『오디세이아』의 주제다. "아프로디테"(원문에는 이 여신의 별명인 '키테레아'로 되어 있다)의 아들이자 트로이 군의 제일의 용사였던 "아이네아스"도 그의 어머니인 아프로디테가 세 여신의 미의 경연에서 승리했다는 이유로 그 경연에 참가했던 여신 중 한 명인 "유노"의 분노를 사서 트로이 전쟁에서 패하여 거기를 탈출하여 이탈리아로 가서 새로운 나라를 세우려고 했을 때 많은 어려움을 겪어야 했다. 이것은 대서사시 『아이네이스』의 주제다.

들은 잔재주에 뛰어난 기교요 과시하는 데 영리한 자들이라고 말할 수는 있겠지만, 그런 시와 거기에 등장하는 사람들에게 영웅이라는 이름을 붙이는 것은 옳지 않으리라.

그런 시를 쓰는 데는 재주도 없고 흥미도 없는 내게 영웅서사시라는 이름을 붙이기에 충분한 더 고귀한 주제가 남아 있다. 적절한 시기를 놓쳐서 이미 서사시를 쓰기에 부적절한 시대가 되었다거나, 서사시가 나오기에는 차갑고 냉담한 풍토라거나, 내 나이가 이미 많이 들어 힘들다고 할지라도,[5] 다만 천상의 나의 수호신이 단 한 번도 밤에 내게 찾아와서 내 귀에 읊조려 주지 않아서, 이 모든 것을 나 혼자 노래해야 하는 것이 아니라면, 나의 의욕의 날개를 꺾어 나를 날아오르지 못하게 할 수는 없으리라.

해가 지고, 그 뒤를 따라 낮과 밤의 짧은 만남의 중매자로서 땅에 황혼을 가져다주는 소임을 맡은 헤스페로스의 별[6]도 지니, 이제 밤의 반구가 지평선에 이쪽 끝에서 저쪽 끝까지 완전히 휘장을 쳤다. 앞서 가브리엘의 경고를 받고서 그 앞에서 도망쳐 에덴을 빠져나왔던 사탄은 그동안 심사숙고해서 생각해 낸 간계를 가지고서 더 깊은 앙심을 품은 채로, 앞으로 자기에게 더 극심한 형벌이 가해질 수도 있다는 것을 뻔히 알면서도, 어떻게든 인간을 멸망시키려고, 겁도 없이 에덴으로 돌아왔다. 저녁에 도망쳤던 그는 지구를 돌고 돌다가 낮을 피해서 한밤

---

5   밀턴은 당시 영국의 풍토에서는 대서사시가 나오기 어렵다고 느꼈다. 또한 그는 1608년에 태어나서 『실낙원』을 쓰기 시작한 때는 1660년이었고 완성한 때는 1667년이었기 때문에, 50대 초반에 시작하긴 했지만 끝냈을 때는 60대에 들어선 나이였고, 이렇게 실낙원이 출간된 후 얼마 안 되어 『복낙원』(1671년)을 쓰고 1674년에 죽었다.

6   "헤스페로스의 별"은 초저녁에 나타난 금성을 가리키는 말이다.

중에 다시 돌아왔는데, 이것은 전에 그가 낮에 들어왔을 때는 태양의 통치자 우리엘이 그의 잠입을 알아차리고서, 에덴을 지키는 그룹 천사들에게 미리 알리고 경고하는 바람에 낭패를 당한 기억 때문이었다. 에덴에서 도망친 후에 큰 고민에 봉착하게 된 그는 일곱 밤을 꼬박 쉬지 않고 어둠과 함께 날아서 적도를 세 차례나 돌고, 밤의 수레를 타고 춘분점과 추분점, 하지점과 동지점을 거쳐 극점에서 극점까지를 네 차례나 가로지르며, 숙고에 숙고를 거듭했고, 마침내 여덟째 밤에 그룹 천사들이 지키는 에덴의 정문과 정반대쪽으로 아무도 눈치채지 못하게 감쪽같이 돌아왔다. 그가 들어온 곳은 당시 그곳을 흐르던 티그리스 강은 낙원의 산자락을 만나서 땅 속으로 들어가 하나의 물줄기를 형성하여 흐르다가, 그 일부가 생명나무 옆에서 솟아올라 샘이 된 바로 그곳이었다. 지금은 세월이 아니라 인간의 죄로 인해 그곳이 없어져 버렸지만, 그는 에덴 밖에서 강물 속으로 뛰어들어서 지하의 물줄기를 따라 그 샘에서 피어오르는 짙은 안개 속에 자신의 모습을 감춘 채 동산 안으로 들어와서 은신해 있을 곳을 찾았다.

사탄은 에덴에서 도망친 후에 폰투스와 메오티스 해를 거쳐 오브 강 너머에 이르기까지의 지역을,[7] 아래쪽으로는 저 멀리 남극 땅까지, 옆으로는 오론테스 강에서 서쪽으로 큰 바다와 접해 있는 다리엔까지, 거기에서 갠지스 강과 인더스 강이 흐르는 지역까지 바다와 육지 할 것 없이 온 땅을 샅샅이 뒤지고 다녔었다.[8] 자신의 간계를 펼치는 데 사

---

7 "폰투스"는 흑해를 가리킨다. "메오티스 해"는 흑해 북부의 우크라이나 남동부에 있는 아조프해를 가리킨다. "오브 강"은 시베리아에 있는 오비 강을 가리키는데 북빙양으로 흘러들어가는 강이다. 사탄은 이렇게 북쪽으로는 흑해와 아조프 해를 거쳐 오비 강 너머 북극까지 갔다가 아래쪽으로 남극에 이르렀다.

8 "오론테스 강"은 지중해로 흘러들어가는 시리아의 강이고, "다리엔"은 파나마 해협이며,

그는 에덴 밖에서 강물 속으로 뛰어들어서 지하의 물줄기를 따라
동산 안으로 들어와서 은신했다.

용하기에 가장 적합한 생물이 어떤 것일지를 생각하며 그렇게 곳곳을 헤집고 다닌 끝에, 마침내 모든 들짐승 가운데 가장 교활한 뱀을 발견해 냈다.

그는 이런저런 생각을 하며 한참을 망설이고 결정을 내리지 못하다가, 뱀이야말로 자신의 속임수를 저 극도로 예리한 감시의 눈길로부터 숨긴 채 음험한 간계를 펼치는 데 최적격인 도구이자 하수인이 될 수 있을 것이라고 최종적으로 결론을 내리고서 뱀 안으로 들어가기로 결정했다. 이는 교활한 뱀의 경우에는 그 어떤 간계나 술수를 사용한다고 해도, 뱀의 천성적인 교활함과 영악함에서 나온 것으로 치부하여 의심의 눈초리를 보내는 이가 아무도 없을 것이지만, 다른 짐승의 경우에는 그런 교활함이 없는 것을 누구나 다 알고 있어서 그 속에 어떤 악마적인 힘이 들어가서 활동하고 있다는 의심을 받게 될 수밖에 없을 것이기 때문이었다.

사탄은 이렇게 결정했지만, 처음으로 속에서 비통함과 회한의 격렬한 감정이 터져 나와서 다음과 같은 한탄을 쏟아냈다.

"오, 땅이여, 너는 하늘과 너무나 닮았구나. 천국보다 더 낮다고 할 수는 없지만, 이미 존재하는 천국을 참조하고 더 숙고하여 개량해서 지은 것이라 신들이 살기에 더 나은 곳이구나. 하나님이 두 번째로 건설하는 것을 첫 번째로 건설한 것보다 더 못하게 하겠는가. 다른 하늘들은 땅의 하늘을 중심으로 춤추고 돌며 빛을 발하여 그들의 밝은 등불들에서 나오는 모든 빛을 땅의 하늘에게 주지만, 땅의 하늘은 신성한 기운이 담긴 그들의 귀한 빗줄기들을 한데 모아 오직 너에게만 비추는

"갠지스 강과 인더스 강"은 인도에 있는 강들이다. 사탄은 에덴 동산에서 시리아의 오론테스 강을 건너 파나마 해협을 통과해서 동쪽으로 인도까지 갔다.

"오, 땅이여, 너는 하늘과 너무나 닮았구나. 천국보다 더 낫다고 할 수는 없지만,
살기에 더 나은 곳이구나."

구나. 천국에서는 하나님이 중심이어서 거기에서 모든 것이 만유 가운데로 퍼져 나가듯이, 너는 우주의 중심에 위치해서 다른 모든 천체들로부터 모든 것을 받는구나. 초목은 말할 것도 없고, 그런 것들보다 더 고귀한 존재인 생물들, 곧 인간을 최정점으로 해서 성장과 감각과 이성을 지닌 천차만별의 생물들을 낳는다고 알려진 모든 힘은 초목들이나 생물들 자체 속에 있지 않고, 네 안에 있는 것이 아니더냐.

내게 조금이라도 누릴 수 있는 마음의 여유가 있어서, 산과 골짜기, 강들, 숲과 들, 여기는 육지, 저기는 바다, 숲으로 덮인 해변, 바위와 굴과 동굴들이 서로 아름답게 어우러져 있는 네 위를 거닐 수 있다면, 얼마나 기쁘고 즐거울까. 하지만 지금의 나는 이렇게 다양하게 펼쳐져 있는 곳들 중 그 어디에서도 내가 있을 곳이나 내 한 몸을 의탁할 곳을 발견할 수 없구나. 내 주변에 펼쳐진 아름답고 고운 것들을 보면 볼수록, 내 속에서는 상반되는 감정들이 격렬하게 충돌해서, 내 마음은 더욱 괴롭기만 하다. 지금은 모든 선하고 좋은 것들이 내게는 독이 되니, 천국에 있노라면 나의 상태는 더 좋아지는 것이 아니라 도리어 훨씬 더 나빠질 것이 뻔하다. 그러니 천국의 지존자를 굴복시키지 못한다면, 여기에서도 천국에서도 살고 싶지 않다. 내가 그렇게 하고자 하는 것은 내 자신을 좀 덜 불행하게 만들려고 하는 것이 아니라, 비록 그 일로 인해 내 자신이 더 불행해지고 내 처지가 더 악화된다고 할지라도, 남들도 나와 똑같이 만들어 주고 싶어서이니, 오직 파괴하고 멸망시키는 일을 할 때에만 나의 무자비한 마음이 만족을 얻어 편안해질 수 있기 때문이다.

이 싸움에서 이겨 천국의 지존자에게 완벽한 패배를 안겨주어 멸망시켜 버리기만 한다면, 그를 위해 창조되어 그와 화복이 연동되어 있는 이 모든 것도 곧 뒤따라 멸망하게 될 것이다. 그 멸망은 이루 말할 수 없이 광범위하게 진행될 것이고, 지옥의 천사들은 전능자라 불리는 자가 여섯 밤과 낮 동안 계속해서 창조해서 만들어놓은 것들을 하루 만에 파괴하여 엉망진창으로 만들어 놓은 공로로 인한 영광을 오직 내게만 돌리지 않겠는가.

하지만 내가 이 일을 얼마나 오래 전부터 심사숙고해서 계획해 왔는지는 아무도 모를 것이다. 물론 내가 오랜 세월 수치스럽게 그 지존자의 노예로 살아 왔던 하늘의 천사들 중 거의 절반을 하룻밤에 해방시켜서, 지존자를 경배하는 자들의 무리의 수를 현저하게 감소시켜 놓은 바로 그때부터 이 일을 생각한 것이니, 실제로는 그리 오래된 것도 아니기는 하지만.

천국의 지존자는 우리에게 복수함과 동시에, 그렇게 해서 줄어든 자신의 추종자들의 수를 원래대로 회복시키기 위해서, 천사들을 창조한 이가 바로 그라는 것이 사실이라면, 새로운 천사들을 만들어 냈을 법도 한데, 옛적에 지녔던 그런 능력이 지금은 그에게서 없어져버려서인지, 아니면 우리에게 더 악랄한 방식으로 분풀이하기 위해서인지는 몰라도, 흙으로 한 생물, 그토록 비천한 기원을 지닌 한 존재를 창조하여 지극히 높여 우리의 자리에 앉히고, 원래 우리의 것이었던 하늘에 속한 것들을 그에게 주기로 결정하고서는, 자신이 정한 그 계획을 실제로 실행에 옮겨서, 인간을 만들었을 뿐만 아니라, 그를 위해 이 장엄한 세계를 건설해서 '땅'이라고 이름 붙이고 그의 거처로 주어, 그를 이 땅의 주인이라 선포하고, 날개 달린 불꽃 같은 천사들을 이 땅에 두어 인간을 섬기며 지키고 보살피게 하였으니, 이것이 천사들의 수치가 아니면 무엇이란 말인가.

지금 나는 인간을 보호하기 위해 경계를 서고 있는 천사들이 두려워서, 이렇게 한밤중에 물안개 속에 나의 모습을 감추고서 은밀하게 이곳으로 잠입해서, 근처의 숲과 덤불을 다 뒤져서 운 좋게도 잠자고 있던 뱀을 찾아내서 그 안으로 숨어들어, 똬리를 틀고 있는 그의 모습 속에 나의 형체와 나의 검은 의도를 숨기려고 하고 있다. 오, 기분 더러운 추락이여. 지존의 자리를 놓고 신들과 경쟁을 벌였던 때가 엊그제 같은데, 지존을 열망했던 이 몸이 지금은 이렇게 짐승의 몸에 갇혀 짐승의 점액과 뒤섞여서 육체가 되고 짐승이 되는 수모를 감수하려고 하는 것이 말이 되는가.

하지만 야심을 이루고 복수를 해낼 수만 있다면 내가 어떤 식으로 추락한다고 해도 그게 무슨 상관 이겠는가. 야심을 품은 자는 처음에는 높이 올라갔다가도 결국에는 올라간 만큼 추락하고 낮아져서 가장 비천하게 되고, 복수라는 것도 처음에는 달콤하지만 오래지 않아 쓰디쓴 고통으로 자신에게 되돌아오는 법이지만, 나는 그런 것을 개의치 않으니, 아무려면 어떤가. 내게는 지존자를 상대할 힘은 없으니, 그 다음으로 나의 시기심을 불러일으키는 자, 하늘의 이 새로운 총아, 흙으로 지음 받은 이 인간, 우리로 하여금 조물주에게 더 큰 앙심을 불러일으키기 위해 흙에서 만들어진 증오의 아들을 표적으로 삼는 것은 당연하지 않은가. 앙심은 앙심으로 되갚아주는 것이 최고가 아니겠는가."

사탄은 이렇게 말하고 나서, 마치 검은 안개처럼 낮게 기어서, 축축한 곳이든 마른 곳이든 가리지 않고 온 숲을 기어다니며, 최대한 빨리 뱀을 찾아내기 위해 한밤중의 수색을 계속해나가다가, 많은 원들로 이루어진 미로 한복판에 교활한 간계들이 가득 들어 있는 머리를 처박고서 곤히 잠들어 있는 뱀을 발견했는데, 그 뱀은 아직은 죄를 짓기 전이어서 어둡고 음침한 풀 섶이나 굴이 아니라 푸르고 널따란 초지에서 누구에게 겁을 주거나 스스로 겁을 집어먹지 않은 채로 잠들어 있었다. 사탄은 그 뱀의 입을 통해서 안으로 들어가서, 가슴 또는 머리에 있는 짐승으로서의 의식을 장악해서, 거기에 지적인 능력을 주입한 후에, 잠

미로 한복판에 교활한 간계들이 가득 들어 있는 머리를 처박고서
곤히 잠들어 있는 뱀을 발견했다.

자는 것을 깨우지는 않고, 아침이 오기를 숨죽이며 기다렸다.

이윽고 신성한 빛이 에덴에 동트기 시작해서, 아침 향기를 내뿜는, 이슬을 머금은 꽃들 위에 비추고, 숨 쉬는 모든 것들이 대지라는 거대한 제단으로부터 창조주를 향해 조용히 찬미를 올려 드려서, 창조주의 코를 기분 좋은 향기로 채울 때, 한 쌍의 인간이 밖으로 나와서 그 예배에 합류하여, 만물이 소리 없이 드리는 합창에 맞추어 소리 내어 예배를 드리고, 예배가 끝나자, 하루 중에서 바람과 향기가 가장 향기롭고 상쾌한 때를 잠시 음미한 후에, 오늘 하루 어떤 식으로 일을 해야, 갈수록 늘어나는 일을 제대로 잘 감당할 수 있을지를 놓고 대화를 나누었는데, 이는 그들의 할 일이 많아져서, 두 사람의 일손으로는 이 넓은 곳을 다 돌보기에는 턱없이 부족했기 때문이었다.

하와가 먼저 남편에게 이렇게 말했다.

"아담, 이 동산의 초목들과 꽃들을 가꾸며 돌보는 것은 우리가 좋아하고 기뻐하는 일이어서 쉬지 않고 이 일을 한다고 해도 우리야 괜찮지만, 우리를 돕는 손길이 더 이상 없다면, 우리가 아무리 열심히 일하고 수고해도, 우리가 해야 할 일은 무한정으로 늘어날 뿐이에요. 우리가 무성하게 자란 것들을 낮에 힘들여서 베어주거나 잘라주거나 뽑아주거나 묶어주어도, 하루나 이틀 밤이 지나면 언제 그랬냐는 듯이 다시 제멋대로 무성하게 자라나서 우리의 돌봄을 비웃기라도 하듯 야생으로 변해버리고 말잖아요. 그러니 당신에게 좋은 생각이 있으면 지금 내게 말씀해 주거나, 아니면 내 마음에 방금 떠오른 생각을 말할 테니 한번 들어보시는 것이 어떠세요.

내 생각은 우리가 이제부터는 둘이 함께 일하지 말고 각자 일을 분담해서 따로 일을 해 나가자는 것이에요. 당신은 당신이 선택한 곳이나 지금 일이 가장 필요한 곳에 가서 일하는 거예요. 이를테면 우리의 거처 주변의 인동넝쿨을 감아올려주거나, 그 거처를 기어오르려고 꼭 붙잡고 있는 담쟁이에게 타고 올라갈 수 있는 어떤 지지대를 만들어주거나 하는 것이죠. 당신이 그런 일을 하는 동안, 나는 저기 장미와 도금양이 섞여 피어 있는 샘가로 가서 뭔가 손볼 일을 찾아 정오 때까지 거기에서 일을 하는 거예요.

지금처럼 우리가 하루 종일 서로 가까이에서 함께 붙어 있어 일하는 것을 계속해 나간다면, 서로를 쳐다보며 웃거나 일상의 어떤 새로운 일에 대해 얘기를 나누게 되고, 그러다보면 금방 날이 저물어 하루 일을 끝내야 해서, 아침 일찍부터 일을 시작해도 방해를 받아, 저녁 먹을 시간이 되어서는 별로 한 일도 없이 돌아와야 하는 것이 반복될 수밖에 없을 테니까요."

아담은 그 말을 듣고서 하와에게 이렇게 다정하게 대답했다.

"나의 유일한 반려자이자 내게는 다른 그 어떤 것과도 비교할 수 없을 정도로 소중한 오직 하나뿐인 하와여, 이곳에서 하나님이 우리에게 맡겨주신 일을 어떻게 하면 가장 잘 해낼 수 있는지를 그대가 숙고해서 좋은 제안을 해주니, 나로서는 그대를 칭찬하지 않고 그냥 넘어갈 수 없구려. 가사 일을 잘해나가는 데 힘쓰고, 남편이 하는 좋은 일들을 돕는 것이야말로 여자의 가장 아름다운 미덕이기 때문이오.

하지만 우리 주님은 우리가 휴식이 필요해서, 함께 무엇을 먹거나, 마음의 양식인 대화를 나누거나, 표정과 미소로 달콤한 교감을 나눔으로써, 새 힘을 얻어 기운을 차리는 것을 할 시간이 없을 정도로, 우리에게 가혹한 노동을 부과하여 일하도록 강제하는 그런 분이 아니잖소. 미소는 짐승들에게는 주어지지 않은 이성으로부터 흘러나오는 사랑이 담긴 양식이고, 사랑은 인간의 삶에서 없어도 좋은 그저 그런 것이 아니니, 우리 주님이 우리를 지으신 것은 우리에게 죽도록 일하게 해서이 삶을 지긋지긋하게 여기도록 만들기 위해서가 아니라, 이성에 의거한 즐거움과 기쁨을 누리게 하기 위해서이기 때문이오. 머지않아 우리 사이에서 자손들이 태어나서 그 젊은 일손들이 우리를 도울 때까지, 우리 두 사람의 일손만으로도 우리가 자유롭게 나다닐 공간쯤은 잘 가꿀 수 있을 것이니, 우리가 거처하는 곳이나 다니는 길들이 야생으로 변하는 것은 충분히 막을 수 있을 것이오.

혹시라도 우리 사이에서의 많은 대화에 그대가 싫증을 느낀 것이라면, 때때로 혼자 있어 보는 것이 사귐의 소중함을 깨닫게 해주는 데 최선의 방책이고, 잠시 물러나 있어 보는 것이 다시 돌아왔을 때의 달콤함을 극대화시켜주는 것이 될 수 있으니, 우리 두 사람이 잠시 떨어져 있는 것에는 나도 동의할 수 있소.

그러나 내게는 또다른 걱정이 있으니, 그대가 내게서 떨어져 있게 되면, 그대에게 해가 닥치지는 않을까 하는 의심이 드는 까닭이오. 라파엘이 우리에게 경고한 것을 그대도 알고 있을 것이오. 저 악의에 찬 원수가 우리의 행복을 시기하여, 자기 자신은 어떻게 되더라도, 교활한 술책으로 공격해서 우리에게 화와 치욕을 가져다주려고, 가까운 곳에서 우리를 지켜보며, 자기가 마음 먹은 짓을 벌이려고, 우리가 서로 떨어져 있는 때를 가장 좋은 기회로 보고서 그런 때를 호시탐탐 노리고 있을 것이 틀림없소. 우리가 함께 있으면 필요할 때 서로를 신속하게 도울 수 있어서 자신의 목적을 달성할 수 없다는 것을 그 원수도 잘 알고 있기 때문이오. 그러니 그의 최우선적인 목표가 하나님에 대한 우리의 충성을 무너뜨리는 것이든, 아니면 우리 부부 간의 사랑을 깨버리는 것이든(우리가 누리는 복들 중에서 그의 시기심을 가장 자극하는 것은 이것일 테니), 아니면 그런 것들보다 더 좋지 않은 어떤 것이든, 그대에게 존재를 주었을 뿐만 아니라 지금도 여전히 그대의 그늘이 되어주고 보호해주는 그대의 신실한 짝과 떨어져서는 안 되오. 아내가 위험이나 어떤 좋지 않은 일에 직면할 가능성이 있는 때에는 늘 아내를 보호해주고자 하고 최악의 상황에서도 모든 것을 함께 하고자 하는 남편 옆에 머물러 있는 것이 가장 안전하고 바람직한 일이오."

하와는 자신은 순결함과 위엄을 갖춘 자인데도 사랑하는 사람이 그것을 알아주지 않고 서운하게 했다는 듯이 다정하지만 단호한 태도로 아담에게 이렇게 대답했다.

"하늘과 땅으로부터 난 자이며 온 땅의 주인이신 분이여, 우리의 파멸을 노리는 원수가 있다는 것은 당신에게서 이미 들었고, 낮에 활짝 피었던 꽃들이 저녁에 그 꽃봉오리들을 닫을 때쯤 우리의 거처로 돌아와서 그늘진 모퉁이 뒤에 서서 천사가 당신과 작별하며 한 얘기도 들어서 알고 있어요. 하지만 우리를 유혹하는 원수가 있다고 해서, 하나님이나 당신에 대한 나의 확고한 믿음을 이런 식으로 의심하는 말을 당신으로부터 들을 것이라고는 전혀 예상하지 못했어요. 죽음이나 고통은 우리를 주관할 수 없고, 우리에게는 그런 것들을 물리칠 수 있는 힘도 있으니, 당신은 그 원수가 우리에게 해를 입히게 되면 어쩌나 하고 염려하거나 두려워할 필요가 없는 것이죠. 그러니 당신이 이렇게 염려하고 두려워하는 것은 그 원수의 속임수와 간계임이 분명한데, 당신은 내가 그 원수의 속임수와 간계에 유혹되어 넘어가서, 나의 확고한 믿음과 사랑이 흔들릴 수 있을 것이라고 덩달아 염려하고 두려워하니, 당신에게 그토록 소중한 나를 오해한 그런 생각이 어떻게 해서 아담, 당신의 가슴속에 있게 된 것인지 도무지 이해가 되지 않네요."

아담은 다음과 같은 말로 하와를 달래주었다.

"하나님과 인간의 딸로서 죄와 잘못이 전혀 없어서 불멸인 하와여,

그대가 나의 시야에서 떠나 있지 않는 것이 좋겠다고 내가 말한 것은 그대를 불신해서가 아니라, 원수가 우리를 유혹하고자 하는 시도 자체를 원천적으로 차단하기 위한 것이오. 왜냐하면 유혹하는 자는 비록 유혹하는 일에서는 결국 실패한다고 할지라도, 유혹을 당하는 그대 속에서 적어도 자신이 지금까지 철석 같이 믿어왔던 것에 대한 의심이 싹트게 만들어서 이후에 유혹을 견뎌낼 수 없게 만드는 해악을 끼치게 될 것이고, 그대는 원수의 잘못된 제안을 듣고서 분개하며 그 원수를 조소하지만 아무 소용 없는 것을 보고서는 허탈해하게 될 것이기 때문이오. 나는 그대가 그런 모욕과 수모를 겪는 것을 원치 않아서, 그대가 혼자 있는 것을 미리 막으려고 하는 것이니, 내 말을 오해해서는 안 되오.

그 원수가 아무리 대담하다고 해도 우리 두 사람 모두를 상대하려고 하지는 못할 것이고, 설령 무모하게 공격해 오는 경우에도 먼저 나를 공격해 오게 될 것이오. 또한 수많은 천사들을 속여 유혹한 전력으로 보아서, 그가 얼마나 교활한 자인지는 이미 증명된 것이니, 그의 악의와 속임수와 간계를 얕보아서도 안 되고, 남들의 도움을 불필요하다고 생각해서도 안 되오.

지금까지 나의 모든 덕과 힘이 그대가 나를 보아주는 덕분에 한층 더 강해졌듯이, 그대 앞에서 나는 더욱 지혜로워지고 더욱 신중하고 조심스러워지며, 외적인 힘이 필요한 경우에는 더욱 강력한 힘을 발휘하게 되기 때문에, 그대가 지켜보고 있으면, 내 안에서 최고의 용기와 힘이 생겨나서, 그 모든 것이 하나가 되어, 결국에는 그 어떤 것도 다 이겨내서 결코 수치를 당하지 않게 된다오. 내가 그대 옆에 있을 때 그대도 나와 똑같이 그대의 미덕과 힘이 한층 더 강해지는 것을 느끼기 때문에, 그대에게 어려운 일이 있을 때는 나와 함께 그것을 헤쳐나가고 싶은 생각이 들 만도 한데, 왜 그러지 않은지 모르겠소."

가정적이었던 아담은 부부 간의 사랑으로 하와를 걱정하는 마음에서 이렇게 말했지만, 자신의 믿음이 여전히 의심받고 있다고 생각한 하와는 감미로운 어조로 이렇게 다시 대답했다.

"우리가 이 좁은 지역에서 교활하고 난폭한 원수가 호시탐탐 노리는 가운데 언제 만날지 모르는 그 원수를 혼자서는 막아내기에 역부족이어서 늘 해악을 당할지 모른다는 두려움에 사로잡혀 살아가야 하는 것이라면, 우리에게 무슨 행복한 삶이라는 것이 있을 수 있겠어요. 하지만 우리가 먼저 죄를 짓지 않는 한, 우리에게 해악은 있을 수 없으니, 원수가 자신의 추악한 흉계로 우리를 유혹하여 우리의 흠 없고 죄 없는 상태를 망쳐서 우리에게 모욕을 안겨주고자 할지라도, 그자의 추악한 흉계는 우리의 이마에 치욕을 끼치지 못하고, 역으로 그 자신이 추한 꼴을 당하게 될 것이 뻔하지 않겠어요?

그러니 우리가 그 원수나 그의 흉계를 피하거나 두려워할 이유가 없지 않나요? 도리어 그런 일이 벌어지면, 원수의 예상이 잘못되었다는 것이 증명되고, 우리는 마음에 평안을 얻게 되며, 하늘에서 이 일을 지켜본 우리의 증인께서는 우리를 칭찬하게 될 것이에요. 외부로부터의 도움이 없이 독자적인 힘으로 지켜내지 못한다면, 그런 것을 어떻게 믿음과 사랑과 미덕이라고 부를 수 있겠어요. 따라서 지혜로우신 조물주께서 우리 둘 중 혼자서는 그런 것들을 지켜낼 수 없게 우리 두 사람을 만드실 만큼 우리의 행복한 상태를 그토록 불완전하게 해놓으신 것이라고 의심하지 마세요. 만일 그것이 사실이라면, 우리가 지금 누리고 있는 행복은 언제 깨질지 모르는 위태롭기 짝이 없는 것일 테고, 그렇게 심각한 위험에 노출되어 있는 에덴도 더 이상 낙원이 아닐 것이니까요."

아담은 하와에게 다음과 같은 말로 열심히 설명해주었다.

"오, 여자여, 하나님의 뜻대로 정한 모든 것은 가장 선하고, 그 창조의 손길에 의해 만들어진 모든 것 중에서 불완전하거나 결핍된 것은 하나도 없으니, 인간의 경우도 두말할 필요가 없고, 인간의 행복한 상태가 외부의 힘에 의해 무너지지 않도록 안전하게 해놓으신 것도 당연하지 않겠소? 하지만 위험은 인간 자신의 내부에 있고, 그 위험을 막을 힘도 내부에 있어서, 해를 입느냐의 여부는 전적으로 인간의 의지에 달려 있다오.

하나님은 인간의 의지에 자유를 부여하심과 동시에 올바른 이성을 주어, 이성의 옳은 명령에 따라 의지를 자유롭게 사용하게 하시는 한편, 이성이 겉보기에 아름답고 선해 보이는 것에 이끌려서, 하나님이 명시적으로 금지하신 것을 행하도록 의지에 잘못 정보를 주어 거짓된 것을 명령하지 않게 늘 조심하고 항상 깨어 경계하게 하셨으니, 내가 그대에게, 그리고 그대가 내게 종종 충고하고 일깨워주는 것은 따뜻한 사랑의 지시에 의한 것이지 결코 불신 때문이 아니라오. 우리가 아무리 견고하게 서 있어도, 탈선할 가능성은 늘 있으니, 이성도 얼마든지 원수에게 매수당한 겉만 번지르르한 어떤 것을 만났을 때, 자신이 경고받은 대로 철저하게 경계하지 않게 되어 자기도 모르는 사이에 속아 넘어갈 수 있기 때문이라오.

그러니 유혹당할 수 있는 가능성을 아예 처음부터 차단하여 유혹을 피하는 것이 좋고, 그대가 나와 떨어져 있지만 않는다면, 얼마든지 그렇게 할 수 있을 것이오. 그대가 먼저 나서서 그대 자신을 시험해 보려고 하지 않아도, 그대를 시험하는 일은 일어나게 되어 있는 법이니, 그대가 자신의 변함없는 믿음과 사랑을 증명하고자 한다면, 먼저 그대가 기꺼이 순종할 준비가 되어 있음을 증명하는 것이 옳을 것이오. 그대의 순종을 보지 못한다면, 그대가 유혹을 이길 수 있다는 것을 어떻게 보증할 수 있겠소.

하지만 이렇게까지 말해도, 여전히 그대가 시험을 받아보고서, 우리에 대한 경고보다 우리가 더 강하다는 것을 증명하고자 할 생각이라면, 억지로 그대를 내 곁에 붙잡아두는 것보다는 그대의 생각을 따라 자유롭게 행하는 편이 더 나을 터이니, 나도 굳이 말리지는 않겠소. 하나님은 그대에 대해 자신의 몫을 다 하셨으니, 이제는 그대가 그대의 타고난 순결함을 꼭 붙잡고, 그대가 지닌 모든 미덕을 의지하며 그 모든 힘들을 다 사용해서 그대의 몫을 잘 해내기를 바라오."

인류의 족장이 이렇게 말했는데도, 하와는 말하는 태도 자체는 순종적인 것이었지만, 여전히 자신의 뜻을 굽히지 않고 이렇게 대답했다.

"이렇게 당신의 허락도 받았고, 미리 경고도 받았으니 이제 됐네요. 당신이 마지막으로 말한 저 일리 있는 말씀, 곧 우리가 우리 자신을 굳이 시험하려고 들지 않아도, 시험은 우리를 찾아와서, 우리 두 사람이 시험을 이길 수 있는 준비가 별로 되어 있지 않다는 것을 드러내게 될 것이라는 말씀이 특히 내 마음에 와 닿네요. 그토록 교만한 원수라면 좀 더 약한 자를 먼저 공격 대상으로 삼을 가능성은 별로 없으니, 나는 더욱 안심하고 혼자 갈 수 있겠어요. 그 원수가 좀 더 약한 쪽인 나를 공격했다가는, 내게 여지없이 패하고 물러나는 더 큰 수모를 당하게 될 테니까요."

하와는 이렇게 말하고 나서는, 남편이 잡은 자신의 손을 슬며시 빼낸 후에, 오레아스 같은 숲의 요정[9]이나 드리아데스[10] 같은 나무의 요정

---

9   "오레아스"는 그리스 신화에 나오는 산의 요정들이다. 고대 그리스인들은 특정한 자연 현상에는 요정이 깃들어 산다고 믿었는데, 요정들은 대부분 주신 제우스에게서 태어난 여신들로 여겨졌다. 오레아스는 산과 동굴에 깃든 요정들로서 이들 가운데에는 미소년 나르키소스를 사랑하였다가 받아들여지지 않자 영원히 메아리로 남은 "에코"가 잘 알려져 있다. 또한 오레아스는 물의 요정 나이아스와 바다의 요정 네레이스와 함께 목양신 "판"의 춤 상대였다고 한다.

10   "드리아데스"는 그리스 신화에 나오는 나무의 요정들이다. 특히 처음에는 떡갈나무의 요정

들, 또는 아르테미스[11]가 거느리고 다니던 많은 요정들처럼 가벼운 발걸음으로 날아갈 듯 숲을 향해 갔다. 하와는 아르테미스처럼 활과 화살통으로 무장하지는 않았고, 그 대신 아직은 불을 사용하지 않는 조악한 기술로 스스로 만든 것인지, 천사들이 가져다준 것인지는 알 수 없지만, 정원을 손질하는 데 사용하는 도구들을 들었지만, 그녀가 걸어갈 때 그녀의 여신 같은 자태와 발걸음은 아르테미스를 능가했다. 그런 도구들을 든 그녀의 모습은 양치기의 여신 팔레스[12] 같기도 했고, 계절의 신인 베르툼누스[13]의 구애를 거절한 과실의 요정 포모나[14] 같기도 했으며, 유피테르와의 사이에서 프로세르피나라는 딸을 낳기 전 처녀 시절의 꽃다운 곡물의 여신 케레스[15] 같기도 했다. 아담은 속으로 그녀가 다

이었는데, 나중에는 모든 나무의 요정들을 가리키게 되었다. 처녀신 아르테미스를 따라다니며 함께 사냥을 즐기는 아름다운 여성들로 묘사된다.

11 원문에 나오는 "델리아"는 그리스 신화에서는 "아르테미스"이고 로마 신화에서는 디아나이다. 디아나는 "빛나는 것"이라는 뜻의 이름을 지닌 숲의 여신 또는 수목의 여신이지만, 나중에는 숲속에 사는 동물의 수호신, 사냥의 신, 나아가서는 가축의 신으로 보게 되었고, 임신과 출산을 돕는 신으로 숭배되었다. 아르테미스는 올림포스 12신 중 한 명으로 사냥, 숲, 달, 처녀성 등과 관련된 여신이다. 또한 여성의 출산을 돕고 어린아이를 돌보는 여신이기도 하다. 그리스 신화에서 아르테미스는 은활과 금화살을 들고 숲에서 사슴이나 곰 같은 짐승을 사냥하는 활기찬 처녀신의 모습으로 등장한다. 이렇게 사냥할 때에 드리아데스 같은 많은 요정들을 거느리고 다녔다.

12 "팔레스"는 로마 신화에 나오는 양 떼와 초지의 여신이다.

13 "베르툼누스"는 로마 신화에 나오는 계절의 신이다. 그의 이름은 "변화한다"는 뜻이다. 베르툼누스는 모습을 자유자재로 바꿀 수 있는 능력을 지녔으며, 여신 포모나와 관련된 사랑 이야기로 잘 알려져 있다. 정원 가꾸는 일과 과일 재배에만 몰두한 포모나는 여러 신들로부터 구애를 받았으나 아랑곳하지 않았다. 베르툼누스 역시 여러 차례 모습을 바꾸어 포모나의 마음을 사로잡으려고 하였으나 뜻을 이루지 못하다가, 결국에는 포모나의 마음을 움직여 둘은 사랑에 빠지게 되었다.

14 "포모나"는 로마 신화에 등장하는 과실을 돌보는 요정이다. 뭇 남성의 사랑을 받았으나 오로지 과수나무 돌보는 일에만 마음을 쏟다가 노파로 변신한 계절의 신 베르툼누스에게 설득되어 그의 사랑을 받아들였다.

15 "케레스"는 로마 신화에 나오는 농업과 곡물의 여신으로서, 그리스 신화에서는 올림포스 12신 중 하나엔 "데메테르"다. 대지의 여신으로 대지에서 자라는 곡물, 특히 밀의 성장과

시 돌아와서 자기 곁에 머물러주기를 간절히 바라면서, 아름다운 자태로 총총히 멀어져가는 하와의 모습을 사랑이 듬뿍 담긴 뜨거운 눈으로 한참을 바라보며, 빨리 돌아오라는 말을 여러 번 반복했고, 그때마다 그녀는 정오 전에는 반드시 거처로 돌아와서 점심 식사와 식후의 휴식을 위한 모든 준비를 차질 없이 다 해놓겠다는 약속을 여러 번 반복했다.

오, 많이 미혹되어서 큰 실수를 저지른 불행한 하와여, 그대는 온전한 상태로 평소처럼 돌아오겠다고 약속했지만, 결국 일이 잘못되고 사단이 나고 말았구나. 그 시간 이후로 그대는 낙원에서 단 한 번도 다시는 맛있게 먹을 수도 없었고 제대로 된 휴식도 취할 수 없게 되었지. 그대가 돌아가지 못하도록 길을 막기 위해, 아니 그대의 순결함과 믿음과 지극한 복을 짓이겨놓고서야 그대를 돌려보내기 위해, 지옥의 처절한 원한과 앙심을 품은 채 향기로운 꽃들과 그늘에 자신의 모습을 숨기고 기다리고 있는 복병이 있었음이라.

동이 튼 첫 새벽부터 사탄은 이제는 완벽하게 뱀의 모습을 하고서 은신처에서 나와, 단지 두 명의 인간일 뿐이지만 실제로는 그들 안에 있는 온 인류를 멸망으로 빠뜨리기 위해, 자신이 목표한 먹잇감을 찾아다니기 시작했다. 그들의 거처는 물론이고, 그들이 재미 삼아 가꾸거나 돌보는 좀 더 잘 다듬어진 숲이나 정원, 그리고 그들이 자주 가는 샘이나 그늘을 두루 다니며 그 두 사람을 찾아다니면서, 하와가 아담과 떨

땅의 생산력을 관장하는 여신이다. 데메테르 여신의 딸 페르세포네(로마 신화의 프로세르피나)는 지하세계의 신 하데스에게 납치되어 그의 아내가 되었다. 데메테르는 밀 이삭으로 만든 관을 쓰고 손에 횃불이나 곡물을 든 모습으로 표현된다.

어져 혼자 있는 기회를 포착할 수 있는 행운을 바라기는 했지만, 그럴 가능성은 거의 없을 것이라고 생각했는데, 예상과는 달리 자신이 바라던 대로 하와가 혼자 떨어져 있는 모습을 보게 되었다.

구름 같은 향기 속에 파묻혀 서 있는 그녀의 주위로는 장미꽃들이 무성하게 피어 붉게 타오르고 있어서, 그녀의 모습은 반쯤밖에 보이지 않았는데, 온갖 꽃들의 연약한 줄기 끝에 붙어 있는 밝은 선홍색, 자주색, 푸른 색, 또는 황금색을 띤 머리들을 그냥 놔두면 아래로 처져 있게 되기 때문에, 그녀는 지지대를 만들어주기 위해 가끔씩 몸을 숙이고서, 도금양의 띠로 그것들을 묶어서 똑바로 서 있을 수 있게 해주고 있었지만, 그녀 자신이야말로 그녀의 최고의 지지대로부터 아주 멀리 떨어져서 전혀 지지를 받고 있지 않은 가장 아름다운 꽃이고, 그런 그녀에게 폭풍이 아주 가까이 다가와 있다는 사실을 꿈에도 알고 있지 못했다.

뱀의 모습을 한 사탄은 좀 더 가까이 다가가서, 백향목과 소나무와 야자나무 같은 우람한 나무들로 뒤덮여 울창한 숲을 한참을 돌아다니다가, 이제는 양쪽 강둑을 경계로 해서 하와가 손수 가꾼 작은 나무들과 꽃들이 우거진 정원 구역을 미끄러지듯 다니며 때로는 대담하게 모습을 내보이기도 하고 때로는 몸을 숨기도 하면서 출몰하기를 거듭했다. 이곳은 부활한 아도니스의 정원[16]이나, 늙은 라에르테스의 아들이었던 오디세우스를 환대했던 저 유명한 알키노오스의 정원[17] 같이 신

16 "아도니스"는 그리스 신화에 나오는 미소년으로 아프로디테의 연인이다. 사냥을 광적으로 좋아하다 멧돼지에 물려 죽는다. 아도니스의 죽음을 슬퍼한 아프로디테는 그를 기념하기 위해 그가 피흘려 죽은 곳에 꽃이 피어나게 했는데, 이 꽃이 핏빛색의 아네모네였다. "아도니스의 정원"은 이렇게 해서 탄생한 아주 아름다운 곳을 가리킨다.

17 "알키노오스"는 스케리아 섬에 사는 파이아케스 족의 왕이었다. 『오디세이아』에는 스케리아 섬이 낙원이라고 할 수 있을 만큼 축복의 땅으로 묘사되어 있다. 파이아케스 사람들이 제물을 바치면 신들은 제사가 끝난 다음 공공연히 나타나서 잔치에 함께 하고, 사람들이 길

뱀의 모습을 한 사탄은 좀 더 가까이 다가가서, 백향목과 소나무와 야자나무 같은
우람한 나무들로 뒤덮여 울창한 숲을 한참을 돌아다녔다.

화나 전설 속에서 아름답기로 유명한 곳들, 또는 세상에서 가장 지혜로 웠던 왕으로 알려져 있던 솔로몬이 이집트의 파라오의 공주를 아내로 맞아 함께 노닐었던 저 정원보다도 더 멋지고 황홀한 곳이었다.

사탄은 이 정원을 보며 탄복하였고, 이런 정원을 만든 인간에 대해 서는 더더욱 감탄을 금할 수가 없었다. 마치 많은 사람들이 밀집해서 살며 집들이 빽빽하게 들어차 있고 하수구에서는 악취가 올라와 공기 를 더럽히는 대도시에서 오랫동안 살다가, 여름철의 어느 아침에 거기 를 빠져나와, 농장들이 있는 아담하고 정겨운 마을에 와서 심호흡을 하 면서, 곡물, 말리기 위해 베어서 널어놓은 풀, 암소, 젖을 짜서 가공하는 시설 같은 농촌의 온갖 풍경들을 바라보며, 전원에서 들려오는 여러 소 리들을 들으며, 그 모든 것들 속에서 기쁨을 맛보는 자 같았다. 마침 아 름다운 하와가 요정 같은 발걸음으로 지나가니, 가장 아름답게 피어난 그녀와 모든 기쁨이 집약되어 있는 그녀의 표정으로 인해, 그녀가 거기 에 있음으로 해서 그 멋지고 아름다운 것은 더할 나위 없이 아름다워 보였다.

뱀은 그런 즐거움에 사로잡혀서, 꽃들이 만발한 이 정원과 이토록 이른 시간에 이렇게 혼자서 이 아름답고 후미진 곳에 와서 자신만의 시간을 갖고 있는 하와를 바라보고 있었다. 하늘의 천사 같으면서도 더 욱 부드럽고 여성적인 그녀의 자태, 우아하면서도 순진무구하고 순결 한 그녀의 모습, 그녀의 별 것 아닌 몸짓과 동작 하나하나가 그의 악의

을 가다 신들을 만나면 신들이 모습을 숨기지 않을 정도로 파이아케스 족은 신들과 가까운 친족이자 신들의 피가 흐르는 사람들이라고 언급되어 있다. 파이아케스 족은 신들의 축복 과 사랑을 받는 사람들이었고, 전쟁에는 관심이 없는 선량한 사람들이었다. 배가 난파하여 오디세우스가 스케리아 섬으로 표류해왔을 때 알키노오스 왕은 그를 따뜻하게 맞이해주고, 부하들을 시켜서 그를 고향으로 무사히 데려다준다.

를 압도하는 가운데, 그 악의에서 생겨난 흉계의 악랄함을 그 모든 감미로움으로 강탈하여 벗겨내니, 이 악한 자는 잠시 자신의 악에서 떠나, 한동안 적개심과 간계와 증오와 복수심으로부터 무장해제 된 채로 아무 생각 없이 선한 상태가 되어 넋을 잃고 서 있었다. 하지만 천국의 한복판에서조차도 언제나 그의 내면에서 활활 타올랐던 저 뜨거운 지옥은 이내 그의 기쁨을 중단시켰고, 다시 제정신을 차리게 된 그의 마음속에 그 기쁨이 자기를 위해 준비된 것이 아니라는 깨달음이 선명하게 다가올수록, 그는 점점 더 괴로워졌고, 그에게서는 또다시 잔인한 증오심이 되살아나서, 처절하게 복수해 주겠다는 생각이 온통 들끓듯 일어나 그를 사로잡았다.

"생각들아, 너희가 달콤한 충동으로 나를 홀려서 이렇게 엉뚱한 곳으로 이끌어가서, 나를 여기로 데려온 것이 사랑이 아니라 증오라는 것을 잠시 잊게 만들다니, 정말 내게 이래도 되는 것이냐. 내가 여기에 온 것은 지옥을 낙원으로 만들기 위해서도 아니고, 이곳에서 즐거움을 누리기 위해서도 아니며, 나의 경우에는 파괴하는 것 외에는 그 어떤 것에서도 즐거움을 느끼지 못하니, 오로지 모든 즐거움을 파괴하기 위해서가 아니더냐. 그러니 지금 내게 미소 지으며 다가온 기회를 절대 놓치지 않으리라.

여자는 혼자 있고, 내가 아무리 멀리까지 살펴보았어도, 그녀의 남편은 가까이 있지 않으니, 지금이 그녀를 유혹하기에 절호의 기회임에 틀림없다. 그녀의 남편은 비록 흙으로 지음 받긴 했지만, 그녀보다 더 뛰어난 지성과 힘, 고귀한 용기, 당당하고 영웅적인 풍모를 갖추고 있고, 아직 죄를 짓지 않아서 외부로부터 해악을 끼칠 수 없는 존재이지만, 나의 경우에는 천국에 있던 때와는 달리, 지옥에서 당한 고통으로 인해 힘이 많이 약해졌기 때문에, 내가 상대하기에 만만치 않은 적이라, 나는 그와 대결하는 것은 피하고 싶다. 반면에 그녀는 천상의 아름다움을 지니고 있어서 신들의 사랑을 받기에 합당할 만큼 아름답기는 하지만, 내게 두려움을 불러일으키는 존재는 아니다. 물론 사랑과 아름다움 속에는 두려움을 불러일으키는 요소가 존재하지만, 더욱 강력한 증오심, 즉 사랑으로 위장된 아주 강력한 증오심으로 접근한다면, 그녀를 얼마든지 파멸시킬 수 있으니, 나는 지금 바로 그 방법을 사용해서 그녀를 무너뜨리고자 한다."

자신의 사악한 동거인인 뱀 안에 들어가 있던 인류의 원수는 속으로 이렇게 말하고 나서, 하와를 향해 나아갔지만, 이 사건 이후로 그랬듯이 물결치듯 지그재그로 땅 위를 기어간 것이 아니라, 자신의 몸을 둘둘 말아 마치 미로처럼 쌓아올린 후에 꼬리를 원형으로 만들어 떠받치고서 꼿꼿이 서서 볏이 달린 머리를 곧추 세우고 붉은 보석 같은 눈으로 앞을 보며 앞으로 나아갔다. 온 몸을 둘둘 말고서 그 중앙에서 황금빛이 감도는 푸르스름한 목을 똑바로 세우고서 풀밭 위를 물결치듯 유영해 가는 듯한 그 모습은 아주 보기 좋고 사랑스러워서, 테베의 왕 카드모스와 그의 왕비 하르모니아가 일리리아로 가서 신에게 부탁하여 뱀으로 변신했을 때도,[18] 그리스 고대 도시 에피다우로스에 병이 횡행했을 때 사람들의 병을 고쳐주기 위해 의술의 신 아스클레피오스가 뱀으로 변신했을 때도,[19] 그리고 암몬의 제우스와 카피톨의 제우스가

---

18 테베의 왕이었던 "카드모스"와 그의 왕비 "하르모니아"는 자기 자식들의 불행으로 인해 세상에 환멸을 느끼고 왕위를 손자에게 물려주고나서 일리리아로 가지만, 거기에서도 괴로움에서 벗어나지 못하자, 뱀이 되게 해달라고 기도하여 실제로 뱀이 된다. 나중에 제우스는 뱀이 된 그들을 축복받은 자들의 섬이라 불리는 엘리시온 평원에 데려다 놓았다고 한다.
19 "아스클레피오스"는 그리스 신화에 나오는 의술의 신으로서 로마 신화에서는 "아이스쿨라피우스"로 불린다. 의술의 신 아폴론의 피를 받은 아스클레피오스는 아무도 따를 수 없는 뛰어난 의술을 익혔다. 심지어 아테나 여신으로부터 받은 고르곤 메두사의 피에 죽은 사람

뱀으로 변신하여, 전자가 마케도니아의 왕 필립포스 2세의 왕비 올림피아스에게서 알렉산드로스 대왕을, 후자가 어떤 여자에게서 로마의 최고의 인물인 스키피오를 낳았을 때에도,[20] 이보다 더 아름다운 자태를 뽐낸 뱀은 없었다.

　뱀은 처음에는 접근하고자 하기는 하지만 불쑥 나타나서 놀라게 하지는 않으려는 듯이 정면으로 나서지 않고 하와의 주위를 이리저리 서성댔는데, 그 모습이 노련한 조타수가 강 어귀나 곶 가까이에서 풍향이 바뀌는 것에 맞춰서 이리저리 키를 돌리고 돛의 방향을 바꾸어 능숙하게 배를 조종해 나가는 것 같았다. 이렇게 그는 자신의 둘둘 말린 화려한 몸통을 흔들며 꼬리로 물결치듯 이리저리 방향을 바꾸어 움직여서 하와의 시선을 유혹했지만, 바쁘게 손을 놀리며 꽃과 나무들을 손질하고 있던 그녀는, 마녀 키르케[21]가 사람들을 짐승들로 둔갑시켜 자기 마음대로 부릴 때보다도 그녀의 말을 더 고분고분하게 잘 듣는 온갖 들짐승들이 그녀 앞에서 뛰놀며 내는 소리에 익숙해져 있었기 때문에, 뱀이 그런 식으로 움직이며 내는 부스럭거리는 소리에 전혀 신경을 쓰지

에게 다시 생명을 불어넣는 마법의 힘이 있는 것을 알고, 그 피를 이용해 죽은 사람들을 아주 많이 살렸다. 뱀이 휘감긴 지팡이를 들고 있는 모습을 하고 있다. 에피다우로스에서는 볏을 달고 꼿꼿이 곧추선 뱀의 모습으로 나타나 사람들을 고쳐주었다고 한다. 그래서 그리스 고대 도시인 에피다우로스는 의술의 신 아스클레피오스 숭배지로서 관련 기념물들이 많은 곳으로 유명하다.

20　고대 신화들에서는 이렇게 신들이 사람이나 짐승의 모습으로 현신하여 인간 여자들과 관계하여 자녀들을 낳는 경우가 비일비재하였다. 여기에서는 "암몬"에서 숭배했던 올림포스의 주신 제우스와 로마에 있는 산인 "카피톨"에서 숭배했던 제우스가 인간 여자들로부터 두 영웅인 알렉산드로스 대왕과 한니발을 물리친 스키피오를 낳았을 때 현신할 때 사용했던 "뱀"에 대해 말한다.

21　"키르케"는 그리스 신화에 나오는 마녀인데, 태양신 헬리오스의 딸로 눈이 부실 정도의 외모를 지녔으며 인간을 동물로 바꾸는 마법을 부리는 마녀로 유명하다. 키르케는 "독수리"를 의미한다. 전설의 섬 아이아이에(Aiaie)에 살면서 그 섬에 오는 사람에게 마법을 걸어 동물로 변하게 하였다고 전해진다. 그리스 신화에서 메데이아와 함께 마녀의 대명사로 간주된다.

않았다.

그러자 뱀은 하와의 부름을 받지 않았는데도 이제 더욱 대담하게 그녀 앞으로 나아가 서서, 마치 그녀에게 탄복을 금할 수 없다는 듯이 넋을 잃고 쳐다보는 모양새를 취하고서는 그녀를 응시하다가, 이따금씩 아양을 부리듯 높게 솟아오른 볏과 매끈매끈하고 윤기 나는 목을 아래로 굽혀서, 그녀가 밟고 지나간 땅을 혀로 핥았다. 이렇게 말없이 호감을 나타내는 그의 반복된 행동은 마침내 하와의 눈길을 끌어서, 그녀는 뱀의 행동을 주목해 보았다. 그는 그녀의 주의를 끌게 된 것을 기뻐하며, 뱀의 혀를 도구로 삼아 주위의 공기를 진동시켜서, 속임수로 가득한 유혹을 이렇게 시작했다.

"유일하게 경이로우신 최고의 여주인이시여, 내가 이렇게 혼자 당신에게 가까이 와서, 이렇게 혼자여서 더욱더 큰 위엄을 불러일으키는 당신의 이마를 보면서도 두려워하지 않고, 넋이 나가서 당신을 응시하고 있는 것이 불쾌하셔서 혹시라도 놀라셨다면, 놀라지 마시고, 하늘처럼 온유한 그 얼굴에 경멸하는 표정으로 나를 바라보지는 더더욱 말아주십시오. 당신은 조물주를 가장 많이 닮은 지극히 아름다운 분이어서, 모든 살아 있는 것들, 당신이 선물로 받은 모든 것들이 당신을 볼 때마다 황홀경에 빠져서 탄복하며, 당신이 지닌 천상의 아름다움을 시간 가는 줄도 모르고 넋을 놓고 바라보게 된답니다. 가장 아름다운 존재는 모든 것들로부터 찬미를 받는 것이 마땅하지만, 여기 이 황량한 동산에서는 한 사람을 제외하고는 모두 짐승들뿐이고, 짐승들은 당신에게 있는 아름다움을 피상적으로만 볼 뿐이어서 절반도 알아보지 못하니, 누가 당신을 제대로 보아주겠습니까. 그리고 과연 그 한 사람도 당신을 당신의 시종들인 무수히 많은 천사들의 섬김과 찬미를 받는 신들 중의 한 여신으로 대우해 주고 있는 것이 분명한지도 의문입니다."

유혹하는 자는 이렇게 듣기 좋은 말로 자신의 서곡을 시작했다. 하와는 뱀이 말을 하는 것을 보고 많이 놀라고 기이하게 여기기는 했지만, 뱀이 한 말은 그녀의 가슴속을 파고들었다. 그래서 그녀는 눈이 휘둥그레져서, 마침내 입을 열어 이렇게 대답했다.

"짐승이 자신의 혀로 인간의 언어를 말하고 인간의 생각을 표현하다니, 도대체 이것이 어떻게 된 영문이란 말인가. 인간의 생각과 관련해서는 짐승들의 표정이나 행동 속에도 종종 생각이 표현되는 경우가 있으니, 거기에 대해서는 확실하게 말하기가 어렵지만, 하나님이 창조의 날에 인간 외에는 모든 짐승이 의미가 구별되는 소리를 내지 못하게 창조하셨으니, 적어도 짐승이 인간의 언어를 말할 수 없다는 것만은 내가 확실히 알고 있다고 생각했다. 그래서 나는 모든 들짐승 중에서 뱀이 가장 교활하다는 것은 익히 알고 있었지만, 설마 네가 인간의 목소리를 낼 줄은 생각지도 못했다. 그러니 인간의 말을 못하던 네가 어떻게 해서 말을 할 수 있게 되었는지, 그리고 그 결과 내가 매일 같이 보는 온갖 종류의 짐승들 중에서 너 뱀이 인간인 나와 가장 가까운 존재가 되었는지를 내게 인간의 말로 설명해 주어서, 이 기적을 다시 한번 보여주는 것이 어떻겠느냐. 이 일은 너무나 신기해서 내가 그 이유를 꼭 알아야겠다."

간교하기 짝이 없던 유혹하는 자는 하와에게 이렇게 대답했다.

"이 아름다운 세계의 여왕이신 눈부시게 아름다우신 하와시여, 당신이 내게 하문하신 모든 것을 대답해 드리는 것은 아주 쉬운 일일 뿐더러, 나로서는 당신이 명하신 것에 복종하는 것이 마땅합니다. 나도 처음에는 들에 널려 있는 풀을 뜯어먹는 다른 짐승들처럼, 나의 양식과 마찬가지로 나의 생각도 천하고 저급해서 먹는 것이나 성性 외에는 아무것도 알지 못해서, 고상한 것에 대해서는 어떤 생각이나 이해도 없었습니다. 그러던 어느 날, 들을 돌아다니다가 우연히 저 멀리에 붉은빛과 황금빛이 뒤섞인 아주 아름다운 빛깔을 한 열매가 많이 달려 있는 매력적인 나무 하나를 보게 되었습니다. 좀 더 자세하게 보기 위해 가까이 다가가니, 불어오는 산들바람을 따라 그 나무의 가지들에서 풍겨나오는 너무나 향긋하고 매력적인 향기가 나의 식욕과 온 몸의 감각을 자극했는데, 가장 달콤한 향기를 풍기는 회향풀이나, 어린 양이나 염소 새끼가 노느라 정신이 없어 빨지 않아서 저녁이 되어 암양이나 암염소의 젖꼭지에서 뚝뚝 떨어지는 젖을 발견했을 때보다도 더 그랬습니다.

나를 설득하는 데 강력한 힘을 지닌 굶주림과 목마름이 그 매혹적인 과실의 향에 즉시 깨어나서 나를 사정없이 몰아붙였기 때문에, 나는 그 욕구들을 채우기 위해 저 탐스러운 과실을 지체 없이 먹기로 결심하고서는, 즉시 이끼가 끼어 있는 그 나무의 몸통을 칭칭 감으며 올라가기 시작했는데, 이는 그 과실이 당신이나 아담이 손을 쪽 뻗어야 겨우 닿을 수 있을 정도로 높은 곳에 달려 있었기 때문이었습니다. 그 나무 주위에는 다른 모든 짐승들도 그 과실을 먹고 싶은 마음이 굴뚝 같았지만, 그 과실을 딸 수 없어서, 내가 그 나무를 오르는 것을 부러운 눈으로 바라보고 서 있을 수밖에 없었습니다. 마침내 나무의 중간쯤에 이르니, 아주 가까이에서 많은 과실들이 주렁주렁 매달려 나를 유혹해서, 배가 불러서 먹을 수 없을 때까지 닥치는 대로 따서 먹었습니다. 그 이전에는 먹거나 마시면서 이번처럼 이렇게 큰 즐거움을 경험한 적이 단 한 번도 없었기 때문이었습니다.

배부르게 먹고 나자, 오래지 않아 내 안에서 기이한 변화가 생겨나기 시작하는 것을 느꼈습니다. 나의 모습은 그대로였는데, 나의 내면에서 이성이 생겨났고, 조금 지나자 언어능력도 생겨났습니다. 그때부터는 나의 생각은 고귀하거나 심오한 일들을 사색하기 시작했고, 하늘과 땅과 대기 중에 있는 모든 아름답고 선한 것들을 관찰하고 사고하게 되었는데, 그러면서 하나님을 닮은 당신의 모습과 천상의 빛으로 찬연하게 빛나는 당신의 아름다움 속에 그런 온갖 아름답고 선한 것이 집약되어 있는 것을 보게 되었습니다. 당신의 아름다움에 견줄 만하거나 그 다음 갈 만한 아름다움은 단 하나도 존재하지 않았습니다. 그래서 어쩔 수 없이 무례인 줄 알면서도 이렇게 와서 당신의 모습을 지켜보며, 모든 피조물 중 여왕이며 만물의 여주인이라 불리기에 손색이 없다는 것을 확인하고서 당신께 찬미를 드리게 된 것입니다."

사탄에게 사로잡힌 간교한 뱀이 이렇게 말하자, 하와는 더욱더 눈이 휘둥그레져서 아무런 의심 없이 이렇게 대답했다.

"뱀아, 네가 나에 대한 지나친 찬사를 그런 식으로 늘어놓는 것을 보니, 네가 처음으로 시험해 보았다고 하는 저 나무의 열매가 효능이 있어서 네게 지혜로움을 더해준 것이 과연 사실인지가 의심스럽기는 하다. 그러나 낙원에서 자라는 하나님의 나무들은 그 수도 많고 종류도 다양해서, 우리가 그 일부만을 알고 돌볼 뿐인데, 나중에 사람들이 많이 늘어나서 그 과실들을 양식으로 삼고, 더 많은 손길들이 이 동산을 가꿈으로써, 자연의 소출을 제대로 선용할 수 있을 때까지는, 여전히 상당수의 과실들은 인간의 손길이 닿지 않은 채 썩지 않고 나무에 그대로 매달려 있을 수밖에 없는 실정이다. 네가 말한 그 나무가 어디에서 자라고 있고, 여기에서 얼마나 멀리 있는지를 내게 말해다오."

하와의 이 말에 영악한 뱀은 반색하며 기뻐하는 음성으로 이렇게 대답했다.

"여왕이여, 그 길은 여기에서 멀지 않아서 금방 갈 수 있고, 도금양이 줄지어 피어 있는 저 곳 너머에 있는 몰약과 유향의 꽃들이 핀 작은 숲을 지나면 바로 평지가 나오는데 거기 샘 곁에 그 나무가 있으니, 나의 안내를 허락해 주시기만 하신다면, 당신을 거기까지 금방 모셔다 드릴 수 있습니다.”

하와에게서 “그렇다면 나를 안내하라”는 말이 떨어지기가 무섭게, 뱀은 둘둘 말린 자신의 몸을 아주 재빠르게 굴러가듯 움직여서 그녀를 재앙 속으로 안내하기 시작했는데, 빨리 움직이는 바람에 뱀의 꾸불꾸불한 모습은 마치 일직선으로 곧게 선 모습 같아 보였다. 희망으로 곧게 서고 기쁨으로 밝게 빛나는 뱀의 볏은 마치 기름기를 머금은 수증기가 밤의 추위에 농축되고 응결되어 떠돌다가 어떤 자극에 의해 점화되어 불꽃이 되어 떠도는 도깨비불 같아 보였는데, (사람들은 악령이 붙어서 도깨비불이 만들어진다고 말하지만) 밤중에 길을 잃고 헤매던 나그네들은 실제로는 이런 식으로 만들어진 도깨비불이 저 멀리서 빛나는 것을 보고서는 민가의 등불로 착각해서, 너무나 기뻐 정신없이 그 불을 향해 가다가 늪이나 습지에 빠지거나 저수지나 연못에 빠져서, 거기에서 나오지를 못해 결국 죽게 된다고 한다. 그렇게 저 소름끼치는 뱀은 자신의 볏에서 빛을 발하며, 순진해서 다른 이의 말에 금방 속아 넘어가는 우리의 어머니를 속여서, 우리의 모든 재앙과 화禍의 뿌리인 저 금단의 나무로 안내했다. 하와는 막상 그 나무를 보자, 자신을 안내했던 뱀에게 이렇게 말했다.

“뱀아, 우리가 쓸데없이 헛걸음을 한 것 같구나. 여기에 네가 말한 열매가 이렇게 많이 있고, 네가 이렇게 된 것이 진정으로 이 열매의 효능이라면 정말 놀라운 일이지만, 내게는 다 소용없는 일이기 때문이야. 왜냐하면 하나님은 다른 모든 것은 우리의 법인 우리의 이성에 따라 살도록 우리에게 맡겨놓으셨으면서도, 이 나무의 열매만은 먹지도 말고 만지지도 말라고 명하시고, 그 명령을 그의 목소리의 유일한 딸로 우리에게 남겨놓으셨기 때문이지.”

그러자 유혹하는 자는 교묘하고 영악하게 하와에게 이렇게 말했다.

"그게 정말입니까. 하나님께서는 당신을 땅과 공중에 있는 모든 것의 주가 되어 만물을 다스리라고 해놓고서는, 정작 이 동산에 있는 모든 나무들의 열매를 먹어서는 안 된다고 당신에게 말씀하셨다는 것입니까."

아직 죄를 범하지 않은 하와는 뱀에게 이렇게 대답했다.

"하나님은 우리에게 동산에 있는 모든 나무의 열매는 먹어도 좋지만, 동산 중앙에 있는 이 아름다운 나무의 열매에 대해서는 먹거나 만지지 말라고 하시며, 먹거나 마시는 날에는 반드시 죽게 될 것이라고 말씀하셨지."

하와의 짧막한 말이 채 끝나기도 전에, 유혹하는 자는 한층 더 대담해져서 새로운 역할을 맡기로 마음먹고서, 이제는 한편으로는 인간을 열렬히 사랑하여 인간이 당하고 있는 부당한 대우에 대해 분노해서 감정이 격해져 온 몸을 부르르 떨면서도, 다른 한편으로는 이대로는 가만 있을 수 없으니 지금부터 무엇인가 대단한 것을 말하기로 결심했다는 듯이 우아한 몸짓으로 자신의 몸을 꼿꼿이 세우고서 일어났다. 그의 그런 거동은 마치 지금은 그런 광경이 다 사라졌지만 저 옛적 아테네나 자유로운 로마에서 웅변이 성행했을 시절에 유명한 웅변가가 어떤 중대하고 큰 문제에 대해 말하려고 할 때 우선 자리에서 일어서는 모든 세세한 동작과 움직임과 몸짓을 통해 청중을 사로잡아 시선을 집중시킨 후에, 정의에 대한 자신의 열정으로 인해 서론적인 말들을 늘어놓을 수 없다는 듯이 거두절미하고 바로 본론으로 들어가서 열변을 토하곤 했던 모습을 보는 것 같았다. 이렇게 유혹하는 자는 자신의 몸을 곧추 세우고 일어나 서서히 움직이며 열변을 토하기 시작했다.

"오, 그 열매를 먹는 자에게 지혜를 주는, 지식의 어머니인 신성하고 지혜로운 나무여, 모든 일들의 원인들을 알아낼 수 있을 뿐만 아니라, 아무리 지혜로운 최고의 존재들의 길일지라도 추적해 알아낼 수 있는 너의 능력이 내 안에서 활동하는 것을 나는 지금 분명하게 느낄 수가 있구나.

이 우주의 여왕이시여, 당신을 겁주기 위해 이 나무의 열매를 먹으면 죽을 것이라고 경고한 말을 믿지 마십시오. 어떻게 그런 일이 당신에게 일어날 수 있겠습니까. 열매 하나 먹는다고 해서 당신이 죽는다고요? 이 열매가 당신에게 지식을 준다면, 생명도 줄 것이 분명합니다. 경고하신 분이 당신을 죽일 수 있다고요? 나를 보십시오. 나는 그분이 금지한 것을 만지기도 하고 먹기도 했지만, 이렇게 멀쩡하게 살아 있을 뿐만 아니라, 나의 분수를 뛰어넘는 것을 시도함으로써, 그분이 내게 운명으로 정해주신 것보다 더 완전한 생명을 얻게 된 것이 아닙니까. 짐승에게 열려 있는 일이 어떻게 인간에게 닫혀 있을 수 있겠습니까. 하나님이 이런 사소한 잘못에 진노하실 그런 분입니까. 도리어 죽음이라는 것이 무엇이든지 간에, 죽음의 형벌을 경고받았음에도 불구하고, 그런 경고를 개의치 않고, 선악을 알아서 더 복된 삶을 살기 위한 시도를 두려움 없이 과감하게 실천한 당신의 용기를 칭찬하지 않으시겠습니까. 선을 알아야 하는 것은 너무나 당연한 일이고, 또한 악이라는 것이 진정으로 존재하는 것이라면, 악이 무엇인지를 알아야 더 쉽게 피할 수 있지 않겠습니까.

그러니 하나님이 진정으로 의로우신 분이라면 절대로 당신들을 해칠 수 없고, 만일 의로우신 분이 아니라면, 그분은 하나님이 아니니, 두려워할 필요도 없고 순종할 필요도 없습니다. 죽음에 대한 두려움만 버린다면, 그분에 대한 두려움도 사라지게 될 것입니다. 그분이 왜 이런 금령을 당신들에게 내렸겠습니까. 당신들로 하여금 언제까지나 아무것도 모르는 비천한 자들로 남아서 그분을 두려워하며 섬기게 하기 위한 것이 아니면 무엇이겠습니까.

당신들이 이 나무의 열매를 먹는 날에는, 지금 아주 분명하게 보고 있는 것같이 느껴지지만 사실은 희미하게만 볼 수 있을 뿐인 당신의 눈이 완벽하게 열려 모든 것이 선명하게 보여서, 신들처럼 되어 신들처럼 선악을 알게 될 것임을 그분은 알고 계시는 것입니다. 내가 짐승이었다가 인간이 된 것, 그러니까 이렇게 적어도 내면만은 인간이 된 것처럼, 당신들이 인간이었다가 신들이 되는 것은 이치에 맞는 일입니다. 게다가 당신들이 죽는다면 그때에는 인간의 모습까지도 벗어버리고 진정으로 신들이 될 것이니, 당신들에게 결코 더 나쁜 결과를 가져다주지 않을 죽음은 두렵기는 하지만 바람직한 것이 아니겠습니까?

신들이 무엇이기에, 인간은 신들과 똑같은 음식을 먹고서 신들이 되면 안 된다는 것입니까. 신들은 자신들이 모든 것보다 먼저 있었다고 주장하고, 그런 주장을 근거로 해서 우리에게 모든 것이 그들로부터 나왔다는 것을 믿으라고 하지만, 나는 그들의 그런 주장에 의문을 제기합니다. 이 아름다운 땅은 태양에 의해 따뜻해져서 온갖 것들을 만들어내지만, 신들은 아무것도 만들어 내지 않기 때문입니다. 하지만 설령 그들이 모든 것을 만들어 낸 것이라고 해도, 이 나무 속에 선악에 대한 지식을 집어넣어 두고서, 그들의 허락 없이도 누구라도 그 열매를 먹는 자가 즉시 지혜를 얻게 한 것도 그들일 텐데, 그렇다면 인간이 그런 식으로 지식을 얻는 것이 어떻게 범죄가 되고 잘못이 될 수 있겠습니까. 또한 모든 것이 그분의 것이라면, 당신이 얻게 된 지식이 그분에게 무슨 해를 끼칠 수 있겠으며, 이 나무가 어떻게 그분의 뜻을 거슬러 그런 지식을 당신에게 나누어 줄 수 있겠습니까. 그러니 그런 것이 아니라면, 그분 속에 시기하는 마음이 거할 수 있는지는 잘 모르겠지만, 시기 때문이 아니겠습니까.

　이런 이유들, 그리고 이것들보다 훨씬 더 많은 이유들이 당신에게
이 아름다운 열매가 필요하다는 것을 말해줍니다. 여신이신 인간이시
여, 그러니 손을 뻗으셔서 마음껏 드시지요."

　뱀의 말이 끝났고, 간교한 흉계들로 가득한 그의 말은 하와의 가슴
속으로 아주 쉽게 파고들어갔다. 보는 것만으로도 유혹이 될 수 있었던
그 열매를 뚫어져라 응시하고 있던 그녀의 귓전에 그녀가 듣기에 사리
에 맞고 참된 내용들로 가득 들어 있는 그의 설득력 있는 말이 아직도
계속해서 생생하게 울리고 있었다. 한편 정오가 다가오면서 깨어난 시
장기는 저 열매에서 풍겨 나오는 너무도 달콤한 향내로 인해 증폭되어,
점점 더 그녀 속에서 만지고 싶고 먹고 싶은 아주 강력한 욕망으로 변
하자, 그 열매를 바라보는 그녀의 눈은 간절해져서 더 이상 참을 수가
없었다. 하지만 하와는 먼저 잠시 마음을 가다듬고서 속으로 이렇게 생
각했다.

　'열매 중에서 최고인 너의 힘은 정말 대단해서, 너는 인간에게는 금
지되었지만, 칭송받을 만하구나. 너무 오랫동안 아무도 너를 알아주지
않았지만, 처음으로 너를 맛본 자에게 너는 너의 힘을 보여주어, 말 못
하던 그에게 말을 주어서, 말을 할 수 없게 창조된 혀를 가르쳐 너를 칭
송하게 하지 않았더냐. 우리에게 너를 먹지 못하게 금했던 그분도 네가
칭송받을 만한 존재라는 것을 우리에게서 은폐할 수 없어서, 너를 지식
의 나무, 곧 선악을 알게 하는 나무라고 이름 붙이신 것이 아니겠느냐.
너의 그런 이름 자체가 이미 네가 전해줄 수 있는 선과 우리에게 결핍된
선을 말해주는 것이니, 그분이 먹지 말라고 금하셨지만, 그분의 그러한
금령이 우리로 하여금 더욱더 네가 주는 것을 갖고 싶게 만드는구나.

　선을 모른다면 가질 수 없는 것이 분명하고, 설령 가지고 있다고 해

도 그 사실을 알지 못한다면 갖고 있지 않은 것과 마찬가지니, 그분이 금하신 것이 우리가 아는 것을 금하고, 우리가 선하게 되는 것을 금하며, 우리가 지혜롭게 되는 것을 금한 것이 아니면 무엇이겠는가. 그런 금령이라면 우리를 구속할 수 없다. 하지만 우리가 이 아름다운 열매를 먹는 날에 죽게 되는 것이 우리의 운명이어서, 나중에 죽음이 우리를 속박하게 된다면, 그 열매를 먹어 내면의 자유를 얻게 된다고 해도, 그것이 우리에게 무슨 유익이 되겠는가. 하지만 뱀은 죽지 않았지 않는가. 그 열매를 먹고 죽기는커녕, 도리어 알게 되고 말하게 되고, 얼마 전까지만 해도 이성이 없던 자가 이성을 갖게 되고 그 이성으로 추론하여 선악을 분별하게 되지 않았던가. 그렇다면 지식을 주는 이 음식을 오직 짐승들에게만 먹게 하기 위해 우리 인간에게는 죽음을 경고하며 먹지 말라고 하신 것이란 말인가. 이 열매가 짐승들이 먹으라고 있는 것은 분명해 보인다. 하지만 그 열매를 먹은 첫 번째 짐승이 그 열매를 만든 이를 의심하거나 우리 인간을 질시하지도 않고, 이렇게 인간에게 친밀하게 다가와서, 자기에게 일어난 선이 너무나 기뻐서, 한 치의 거짓이나 간계 없이 있는 그대로 말해주었지 않는가. 그러니 내가 두려워할 필요가 어디 있겠는가. 아니, 지금 나의 이 상태에서는 선악에 대해 알지 못하는데, 하나님이나 죽음이나 율법이나 형벌이 얼마나 두려운 것인지를 내가 어떻게 알겠는가. 여기에서 자라는 모든 것을 치료하는 효능이 있는 이 신성한 열매는 정말 보기에도 아름답고, 지혜롭게 해줄 힘이 있는 것으로 보일 만큼 탐스러워서 먹고 싶게 만드는구나. 그러니 손을 뻗어 그 열매를 따서 나의 몸과 영혼을 동시에 먹이는 것을 그 무엇이 방해하겠는가.'

하와는 이렇게 말하고서, 그 악한 시간에 자신의 경솔한 손을 내밀어 열매를 따서 먹었다. 땅은 이 일로 인해 생겨난 상처를 금방 감지했

하와의 시험.
(윌리엄 블레이크 作)

고, 자연은 자신의 자리에서 한숨을 쉬며, 자신이 행하는 모든 일을 통해서, 모든 것이 끝장이 났다며 비통해하고 있음을 보여주는 증표들을 표출했다. 이 일을 성사시킨 뱀은 유유히 덤불 무성한 숲으로 돌아갔지만, 하와는 그 열매들을 먹는 데 온통 정신이 팔려, 그 밖의 다른 것들은 전혀 눈에 들어오지 않아서, 뱀이 사라진 것도 전혀 눈치챌 수 없었다. 실제로 그랬던 것인지, 아니면 지식에 대한 높은 기대감 때문이었는지는 알 수 없지만, 그녀가 지금까지 먹어본 과실 중에서 이렇게 달콤한 것은 단 하나도 없었다는 생각이 들 정도로 그 열매는 기가 막힌 황홀한 기쁨을 그녀에게 맛보게 해주었기 때문에, 그녀의 마음에서는 하나님에 대한 생각 같은 것은 완전히 사라지고 없었다. 하와는 죽음을 먹고 있는 것인 줄도 모른 채, 정신없이 닥치는 대로 게걸스럽게 먹었고, 그러다가 마침내 더 이상 먹을 수 없을 만큼 배가 불러오자, 마치 술기운이 거나하게 올라온 것처럼 기분이 한껏 좋아지고 유쾌해져서 이렇게 혼잣말을 하기 시작했다.

"오, 낙원의 모든 나무들 중에서 가장 힘 있고 보배로워서 그 열매를 먹는 자마다 복된 지혜를 줄 수 있는 효능을 지니고 있으면서도, 지금까지는 마치 아무런 목적도 없이 생겨난 쓸데없는 것인 양 욕을 먹고 이렇게 무시를 당하며 그대의 아름다운 열매들을 매달고 버려져 있던 최고의 나무여, 하지만 이제부터는 내가 아침마다 일찍 나와서 합당한 찬미의 노래로 그대를 칭송하며 정성껏 돌보는 것은 물론이고, 그대의 모든 가지들에 주렁주렁 매달려 있는 많은 열매들, 모두가 자유롭게 먹을 수 있는 이 열매들을 부지런히 따먹어서, 다른 나무들이 자신들이 줄 수 없는 것을 그대가 내게 주는 것을 시기한다고 할지라도, 나는 그대가 주는 자양분으로 말미암아 지식에서 점점 더 자라가서, 모든 것을 아는 신들처럼 되고 말리라.

이 일을 성사시킨 뱀은 유유히 덤불 무성한 숲으로 돌아갔다.

만일 그대가 주는 선물이 신들만의 것이었다면, 신들은 그대를 이곳에서 이렇게 자라게 두지는 않았을 것인즉, 그대 다음으로 내가 많은 빚을 진 경험이여, 최고의 안내자인 너를 따르지 않았더라면, 나는 지금도 여전히 무지 가운데 있었을 것이니, 지혜가 아무리 후미진 곳에 숨어 있을지라도, 너는 지혜의 문을 열어, 나로 하여금 그 지혜로 나아가게 하라. 사실 나도 후미진 곳에 숨어 있다고 해도 틀린 말은 아니니, 하늘은 높고 너무 멀어서 땅에서 일어나는 모든 일을 낱낱이 다 알 수도 없을 것이고, 우리에게 금령을 내리셨던 저 지존자께서도 다른 할 일들이 너무 많아서 혼자서 끊임없이 이곳을 감시할 수는 없어서, 이곳과 관련된 일들을 첩자들에게 맡겨두고 그 보고만으로 안심하고 계실 것이 분명하다.

아담에게는 내가 어떻게 해야 할까. 지금까지 내게 일어난 변화를 전부 알게 해주고, 나와 함께 온전한 행복에 참여할 수 있게 해주어야 하나. 아니면, 이 지식의 힘을 공유하지 말고 나 혼자만 은밀하게 간직해서 여성에게 결핍되어 있는 것을 보완함으로써, 한편으로는 그의 사랑을 더 많이 이끌어내고, 다른 한편으로는 그와 대등해지거나, 한 걸음 더 나아가 때때로 우월해지는 것도 괜찮을 것 같아. 열등해서는 자유로울 수도 없으니, 그것도 좋은 방법임에 틀림없어.

하지만 하나님이 이 일을 아셔서 내가 죽음을 맞게 된다면 어쩌지. 그렇게 되면 나는 더 이상 이 세계에 없게 될 것이고, 내가 사라지고 없는 이곳에서 아담은 또다른 하와와 혼인해서 재미 있게 살겠지. 그런 일은 상상만 해도 내게 죽음 같으니, 내가 결심을 단단히 해서, 아담으로 하여금 복이든 화든 나와 함께 하게 해야겠어. 그에 대한 나의 사랑이 너무나 크니, 그와 함께라면 죽음 같은 것은 몇 번이라도 감내할 수 있겠지만, 그가 내 곁에 없다면 내가 살아 있다고 해도 그건 결코 살아 있는 것이라고 할 수 없으니."

하와는 이렇게 혼잣말을 한 후에, 마치 신들의 음료인 신주에서 만들어진 지식의 즙을 흠뻑 들이마신 그 나무가 지닌 능력에 경의를 표한다는 듯이, 먼저 그 나무를 향해 낮게 몸을 굽혀 절을 하고나서 그 나무로부터 돌아섰다.

한편 아담은 그녀가 돌아오기를 학수고대하면서, 종종 추수하는 일꾼들이 자신들이 섬기는 풍요의 여왕에게 그렇게 하듯이, 정원에서 반나절 그녀가 한 노고를 위로하기 위해 그녀의 머리에 씌워주려고 가장 아름다운 꽃들로 화관을 엮고 있었다. 그녀가 돌아오면 둘이 떨어져 있다가 다시 만나는 데서 오는 새로운 위안과 큰 기쁨을 그들 두 사람이 맛보게 될 것을 기대하면서 손꼽아 기다리고 있었지만, 그녀의 귀가 시간이 점점 늦어짐에 따라 무엇인가 불길한 예감이 그의 마음을 언뜻언뜻 스치고 지나갔다. 그래서 불안해서 두근거리는 심장의 박동을 느끼면서, 그녀를 마중 나갔는데, 아침에 자기와 헤어져서 그녀가 간 길을 따라가다 보니, 선악을 알게 하는 나무 곁을 지나야 했고, 거기에서 그 나무에서 막 돌아서던 그녀와 딱 마주치게 되었다. 그녀의 손에는 방금 꺾어서인지 아직도 진한 향기를 풍기며 화사하게 웃고 있는 아주 아름다운 열매가 달린 나뭇가지 하나가 쥐여져 있었다. 그녀는 황급히 아담에게로 달려와서, 변명을 하기에 앞서 그 서론으로 미안하다는 표정을 짓고는, 일부러 상냥한 음성을 지어내어 이렇게 말했다.

"아담이여, 내가 늦게까지 돌아오지 않는 것을 보고 놀라셨나요. 당신이 내 곁에 없으니 너무나 그리워서 시간이 길게만 느껴졌어요. 그건 지금까지 한 번도 느껴보지 못했고, 앞으로는 두 번 다시 느끼고 싶지 않은 사랑의 고뇌였어요. 내가 한 번도 그래보지 않아 뭘 모르고서 경솔하게 당신 곁을 떠나 혼자 일하겠다고 했다가 이런 고통을 당해야 했으니, 이제부터는 절대로 그렇게 하고 싶지 않아요.

하지만 나의 귀가 시간이 늦어진 이유를 들어보시면, 당신도 정말 기이하고 놀라워하실 것인데, 그 이유라는 것은 바로 이 나무예요. 이 나무는 우리가 들어왔던 대로 그 열매를 먹는 자를 위험에 빠뜨리거나 우리가 알지 못하던 악으로 통하는 길을 열어 우리를 그 길로 몰아가는 그런 나무가 아니라, 그 열매를 먹는 자의 눈을 열어주어서 신들이 되게 해주는 신성한 효능을 지닌 나무랍니다. 실제로 이 나무의 열매를 먹고 그런 효능을 맛본 자가 있었어요. 지혜로운 뱀이 바로 그 장본인인데, 뱀은 우리와는 달리 금령을 받지 않았거나, 아니면 금령을 받고도 순종하지 않은 것인지는 모르겠지만, 이 열매를 먹었는데, 우리가 경고받은 것과는 달리 죽기는커녕, 도리어 인간의 목소리와 인간의 지각을 부여받아서 놀라울 정도로 사리에 맞고 논리정연하게 나를 설득시켰고, 그 결과 나도 이 열매를 먹고 나서 보니, 뱀이 경험한 그 효능이 내게도 똑같이 나타나서 그의 말이 맞다는 것을 확인할 수 있었어요. 전에 흐릿했던 내 눈은 활짝 열렸고, 내 영혼은 확장되었으며, 나의 지성은 풍성해지고 점점 자라가서 하나님처럼 되어가고 있어요.

내가 이렇게 한 것은 나보다도 당신을 위한 것이었어요. 당신 없이는 이 모든 것은 아무 짝에도 쓸데없는 것일 뿐이니까요. 당신과 함께일 때만 행복이고, 아무리 큰 행복이라고 할지라도, 당신과 함께 나눌 수 없는 것이라면, 내게는 지루한 것일 뿐이어서 금방 지겨워하고 싫어하게 되고 말 거예요. 그러니 우리 두 사람이 사랑과 마찬가지로 운명이나 기쁨도 함께 할 수 있도록, 이 열매를 드세요. 당신이 이 열매를 먹지 않는다면, 우리는 서로 갈라져서 서로 다른 세계에서 살아갈 수밖에 없게 될 것이고, 그때에는 내가 당신을 위해 나의 신성을 포기하고 싶어도, 이미 때가 늦어서, 운명이 그것을 허락하지 않을 거예요."

하와는 유쾌한 표정으로 이런 얘기를 했지만, 그녀의 뺨은 뭔가 이상한 홍조로 붉게 물들어 있었고, 반대편에는 그녀가 저지른 사망의 죄에 대해 듣자마자 너무나 놀라서 새하얗게 질린 얼굴로 얼이 빠진 채로 아담이 서 있었는데, 그의 혈관들로는 오싹하고 서늘한 전율이 흘렀고, 그의 관절들은 모두 맥이 풀려 버렸으며, 그의 손에 들려 있던 하와를 위해 엮은 화관은 느슨해진 손 사이로 스스로 미끄러져 바닥으로 떨어져서, 시든 장미들의 꽃잎들이 휘날렸다. 아담은 창백한 얼굴을 하고 말 없이 서 있다가, 이윽고 먼저 내면의 침묵을 깨고 자기 자신에게 이렇게 말했다.

"오, 하나님이 창조하신 모든 피조물들 중에서 가장 마지막에, 그리고 가장 훌륭하고 뛰어나게 만드신 가장 아름다운 피조물이자 보거나 생각만 해도 거룩하고 신성하며 선하고 사랑스럽고 감미로운 피조물이여, 그대는 어쩌다가 이렇게 타락했고, 어쩌다가 이렇게 한순간에 짓밟혀 떨어진 꽃처럼 되어 죽음의 나락으로 떨어지고 말았소. 어쩌자고 준엄한 금령을 어기고서, 어쩌자고 저 신성한 금단의 열매를 따먹었단 말이오. 그대는 영문도 모른 채로 어떤 저주받은 원수의 속임수에 속아 넘어갔고, 이제 그대와 나는 멸망하게 되었소. 하지만 그대와 함께 살고 함께 죽겠다는 것이 나의 확고한 결심인데, 그런 내가 어떻게 그대 없이 살겠으며, 이토록 소중하게 맺어진 그대와의 사랑과 달콤한 교제 없이 이 황량한 숲 속에서 혼자 살아갈 수 있겠소. 설령 내가 또 하나의 갈비뼈를 내어드려서, 하나님이 또다른 하와를 지으신다고 해도, 그대를 잃은 상실감은 내 가슴속에서 결코 지울 수 없을 것이오. 아니, 우리 두 사람을 연결시켜 놓은 자연의 사슬이 나를 끌어당기는 것이 느껴진다오. 그대는 나의 살 중의 살이고 뼈 중의 뼈니, 복이든 화든 그대의 운명과 나의 운명은 절대로 갈라질 수 없을 것이오.”

이렇게 말하고 나니 이제는 슬프고 절망적인 상황에서 벗어나 힘을 차리고 혼란스러웠던 생각들이 다 정리가 되었다는 듯이 평소처럼 차분해진 아담은 하와에게 이렇게 말했다.

“모험하기를 좋아하는 하와여, 하나님이 만지지도 말고 먹지도 말라고 명하신 그 신성한 열매는 우리에게 절대적으로 금지된 것이어서, 단지 탐욕의 눈으로 쳐다보기만 해도 위험한 일인데, 그 열매를 만지는 것도 모자라서 먹기까지 했으니, 그대의 대담한 행동 때문에, 정말 엄청난 위험이 우리에게 닥쳤다는 사실을 그대는 아는지 모르겠소. 하지만 누가 이미 지나간 일을 되돌릴 수 있겠으며, 이미 저지른 일을 하지 않았던 것처럼 무효화시킬 수 있겠소. 그런 일은 전능하신 하나님이나 운명도 할 수 없을 것이오.

다만 우리가 먹기 전에, 이미 뱀이 그 열매를 먼저 먹어서 부정하게 만들고 속되게 하여, 그 열매가 신성함을 잃었으니, 어쩌면 그대가 저지른 일이 그렇게 흉악무도한 범죄로 취급되지 않을 수도 있고, 또한 뱀이 그 열매를 먹고도 아직까지 죽지 않고 살아 있는 것을 보면, 그대로 죽지 않을 가능성이 높소. 아니, 당신 말마따나 그 뱀이 살아 있을 뿐만 아니라, 더 높은 수준의 생명을 얻어 인간처럼 살게 되었다니, 우리도 그 열매를 먹으면 더 높은 수준의 생명에 도달해서, 신들이나 천사들이나 반신들 같은 삶을 살게 될 가능성이 아주 농후하오.

또한 지혜로우신 창조주 하나님은 우리에게 죽음을 경고하시기는 했지만, 자신의 최고의 피조물들인 우리를 이토록 높이시고 큰 위엄을 부여하셔서, 자신이 창조한 만물을 위에 두시고 다스리게 하셨을 뿐만 아니라, 우리가 멸망하면, 우리를 위해 창조된 만물도 우리에게 의존되어 있어서 함께 멸망할 수밖에 없는데, 그렇게 되면 하나님이 지금까지 행하셨던 모든 창조 사역은 다 무너져서 무효로 돌아가고, 하나님은 헛수고를 하신 것이 될 것이니, 하나님에게 그런 일이 생길 수 있다는 것은 상상조차 할 수 없는 것임을 감안했을 때, 실제로는 우리를 멸망시킬 수 없을 것이라고 나는 생각한다오. 그러니 하나님은 그 능력으로 다시 창조하실 수는 있겠지만, 우리와 우리가 다스리는 만물을 완전히 멸해 버리고자 하지는 않으실 것이오. 하나님이 그렇게 하시는 경우에는, 하나님과 우리의 원수인 사탄은 그것 보라는 듯이 의기양양해서, '하나님이 그토록 애지중지하며 지극히 은총을 베푸셨던 인간의 운명이 하루아침에 어떻게 바뀌었는지를 한 번 보면, 하나님의 저 변덕스러운 기분을 맞춰줄 자가 있을 수 없다는 것을 알게 될 터이니, 처음에는 나를 멸망시키더니, 이제는 인간을 멸망시켰고, 이제 그 다음 차례는 또 누가 될까나'라고 조롱할 것이고, 하나님은 원수에게 그런 조롱의 빌미를 절대로 제공하지 않으실 것이기 때문이오.

그렇다고 할지라도 그대와 운명을 같이하겠다는 나의 결심은 확고하니, 죽음이 그대를 데려간다면, 나도 죽음을 생명처럼 반가이 맞아서 따라가리다. 자연의 사슬이 나를 내 자신의 것인 그대, 그대 속에 있는 내 자신의 것으로 끄는 것이 내 안에서 아주 강력하게 느껴진다오. 그대가 어떤 모습이든, 그대는 나의 것이기 때문이오. 우리는 하나이고 한 몸이니, 우리의 공동의 운명을 갈라놓을 자는 아무도 없소. 그대를 잃는 것은 곧 내 자신을 잃는 것이니 말이오."

아담이 이렇게 말하니, 하와는 이렇게 대답했다.

"오, 지극히 큰 사랑의 영광스러운 시련이고 빛나는 증거이며 고귀한 본보기여, 나는 당신을 본받도록 지음 받았으니, 당신의 완전함에 미치지 못할 뿐더러, 당신 없이 내가 어떻게 완전함에 도달할 수 있겠어요. 아담이여, 나는 당신의 소중한 옆구리에서 나온 것이 자랑스럽고, 당신이 우리의 연합에 대해 우리 둘이 한 마음이고 한 영혼이라고 말씀해 주실 뿐만 아니라, 죽음이란 것이 무엇이든, 이렇게 귀하고 소중한 사랑으로 연결된 우리가 헤어지고 갈라지는 것이 죽음보다 더 두렵다는 심경을 밝히시고, 그렇게 헤어질 바에는 차라리 이 열매를 먹고서 나와 함께 죄를 짓고 함께 벌을 받아서, 그 결과가 어떤 것이든 다 감수하겠다는 결심을 선언하셔서, 오늘 이렇게 그 사랑의 증거를 보여 주시니, 내 마음이 기쁘군요.

선한 것에서 선한 것이 나오는 법이라더니, 이 나무의 열매가 아니었다면, 나에 대한 당신의 사랑이 이토록 깊은 줄을 알지 못하였을 터인데, 이 선한 열매가 직접적이든 우연이든 이렇게 당신의 사랑을 확인할 수 있는 복된 기회를 마련해 주었네요. 하지만 나의 이 시도가 그분이 경고한 대로 죽음을 초래하게 될 것이라고 생각했다면, 당신의 안위에 해가 되는 일을 하도록 당신을 설득하거나 강요하느니 차라리 나 혼자 죄악의 결과를 묵묵히 받아들여 쓸쓸히 죽는 쪽을 택했을 거예요. 더군다나 지금 이렇게 나에 대한 당신의 사랑이 그 어떤 것과도 비교할 수 없을 정도로 지극히 참되고 신실하다는 것이 너무나 분명하게 확인된 마당에, 어떻게 내가 당신에게 해를 끼치는 일을 할 수 있겠어요.

내가 이 열매를 당신에게 권하는 것은 그분이 경고한 것이나 당신이 생각한 것과는 완전히 다른 결과가 나오리라는 것을 확신하기 때문이에요. 이 열매를 먹으면, 죽음이 초래되는 것이 아니라 생명이 더욱 풍부해져서, 우리의 눈이 열리며, 새로운 희망들과 새로운 기쁨들을 맛보게 되고, 그렇게 경험된 것들은 너무나 신성하고 달콤해서, 이전에 우리가 경험하고 맛보았던 온갖 달콤한 것은 그저 밋밋하거나 도리어 쓴 것이었음을 알게 된답니다. 아담이여, 이것은 내가 이미 경험한 것이니, 죽음에 대한 두려움은 바람에게 주어버리고 홀가분한 마음으로 이 열매를 드세요."

　하와는 이렇게 말하고서, 아담이 두 사람의 사랑을 그토록 소중하고 귀하게 여겨서, 그녀를 위해서라면 하나님의 진노나 죽음도 기꺼이 감수하겠다는 단호한 태도를 보인 것에 깊이 감동해서, 그를 부둥켜안고 소리 없이 기쁨의 눈물을 흘린 후에, 그 보답으로 자신의 손에 들고 있던 선악을 알게 하는 나무의 가지에서 저 아름답고 탐스러운 열매를 따서 어서 먹으라고 그에게 주었는데, 이는 나쁜 일에 동조했을 때는 이런 보답을 받는 것이 마땅했기 때문이었다. 아담은 분명 속은 것은 아니었지만, 여자의 매력에 홀려 거기에 넘어가서 자신의 더 나은 지식을 배신하고서 주저함 없이 그 열매를 덥석 받아먹었다.

　땅은 또다시 내장이 끊어지는 고통을 느끼고 저 깊은 곳에서부터 몸부림을 치고, 자연도 다시 한 번 깊은 한숨을 내쉬고 탄식하며, 창공은 얼굴을 찌푸리고 우렛소리로 자신의 불만을 나타내며 슬퍼서 몇 방울 눈물을 흘리는 가운데, 마침내 죽음을 불러오는 원죄가 완성되었다.

　그런 와중에도 아담은 무심하게 그 열매를 먹고 자신의 배를 채웠고, 하와는 그런 그를 달래주려는 듯이, 자기가 앞서 혼자 자행했던 죄를 아무런 두려움 없이 또다시 반복하고, 그를 껴안고 애무하기 시작했다. 이제 두 사람은 마치 새 포도주에 취한 것처럼 환락 속에서 헤엄치니, 그들의 내면에서는 새롭게 생겨난 것 같은 신성에 날개가 돋아 저 높은 하늘로 날아올라서 이 땅을 굽어보았고, 그러자 이 땅에 속한 모든 것이 하찮게 느껴졌다. 하지만 저 거짓된 기만의 열매로부터는 두 사람이 느낀 그런 신성과는 완전히 반대되는 효능이 처음으로 발휘되어, 그들에게서는 육체의 정욕이 불타오르기 시작했다. 아담은 하와에게 음란한 눈길을 보내기 시작했고, 하와도 음탕한 눈길로 화답을 하니, 두 사람은 정욕으로 불타올랐다. 이윽고 아담은 하와에게 성적으로 희롱하는 말을 건네기 시작했다.

"하와여, 그대의 미각이 정확하고 훌륭하며, 지혜도 상당하다는 것을 이제야 내가 알겠소. 우리는 모든 것을 맛보아 그 선하고 좋은 것을 아는 까닭에, 미각과 지혜를 같은 의미로 사용하니, 그대는 미각만이 아니라 지혜도 뛰어나다는 말이 틀리지 않기 때문이오. 그러니 그대가 오늘 이렇게 좋은 음식을 내와서 내게 맛보게 하는 것을 보고서, 나는 그대를 찬미하지 않을 수가 없구려. 오늘 이 기가 막힌 열매를 맛보기 전까지, 우리는 우리에게 주어진 많은 즐거움을 잃어버린 채 살아왔고, 진정으로 맛있는 것이 무엇인지를 까맣게 모른 채 살아왔소. 이런 즐거움이 우리에게 금지된 것들 속에 들어 있는 것이라면, 이 나무 하나만이 아니라 열 종류의 나무가 우리에게 금지되었었더라면 좋을 뻔하였소.

이제 우리의 마음과 몸에 아주 충분히 새 힘을 얻었으니, 이런 기가 막힌 식사 후에 어울리는 놀이로 함께 놀아봅시다. 내가 그대를 처음 보고서 그대와 혼인한 그 날 이래로, 온갖 완전한 것들로 단장된 그대의 아름다움이 그대를 갖고자 하는 열정으로 나의 감각을 이처럼 활활 불타오르게 한 적이 없었고, 지금의 그대는 이전의 그 어느 때보다도 더 아름다워 보이니, 이 모든 것이 저 영험한 나무가 우리에게 베풀어준 고마운 은택 덕분이 아니겠소."

아담이 이렇게 말하면서, 애욕이 넘치는 눈길을 보내며 그녀를 애무하였고, 하와도 잘 알았다는 듯이 그 눈에서 정욕의 불길로 활활 타오르는 불화살을 그를 향해 쏘았다. 그가 그녀의 손을 잡고서, 위로는 푸른 지붕이 빽빽하게 뒤덮여 있는 그늘진 강둑으로 그녀를 이끄니, 그녀에게는 싫어하는 기색이 전혀 없었다. 여러 종류의 제비꽃들과 수선화와 히아신스로 수놓아진 채로 대지의 가장 신선하고 부드러운 무륨 위에 놓인 초지가 있었고, 그곳이 곧 그들의 사랑의 침상이었다. 거기에서 그들은 자신들이 저지른 죄를 달래줌과 동시에 최종적으로 도장을 찍어 그 죄를 완결하겠다는 듯이 사랑에 도취되어 사랑의 유희를 마음껏 즐기다가 애욕의 놀이에 지쳐 나가떨어져서 이슬 같이 찾아온 잠에 스르르 빠져들었다.

그들의 심령에 작용해서 기분을 최고조로 상승시켜 이루 말할 수 없는 환락을 가져다줌으로써 그들의 내면의 힘을 조종하여 잘못된 길로 가게 만들었던 저 거짓된 기만적인 열매의 힘이 이제 빠져나가고, 그 열매로 인해 몸에서 생겨난 독기로 인해 빠져들어서 죄의식으로 인한 악몽을 꾸며 괴로움에 시달려 자야 했던 잠도 이제 그들을 떠나가 버리자, 그들은 잠을 자긴 했지만 전혀 휴식을 취하지 못한 자들처럼 잠에서 깨어 일어났고, 서로를 바라보자마자, 그들의 눈이 어떤 식으로 열렸고, 그들의 마음이 어떤 식으로 어두워졌는지를 금방 깨달았다.

휘장처럼 그들의 눈을 가려주어 악을 볼 수 없게 해주었던 순진무구함은 사라져 버리고, 무조건적인 신뢰와 타고난 정의로움과 명예로움은 그들 곁을 떠나버려서, 그들은 완전히 벌거벗겨진 채로, 죄의식으로 인한 수치심 속에 덩그러니 남겨져 있었다. 그는 옷으로 자신의 수치를 가렸지만, 그 옷은 그의 수치를 더욱 드러낼 뿐이었다. 헤라클레스 같이 힘센 장사였던 이스라엘 단 지파 사람 삼손이 블레셋 족속의 창기 들릴라의 무릎을 베고 자다가 깨어 일어났을 때 자신의 모든 힘을 잃었듯이, 이 두 사람도 자신들이 지니고 있던 모든 덕과 힘을 잃고서 벌거벗겨진 채로 남겨지게 되었다.

그들은 충격을 받아 당황한 기색이 역력한 얼굴로 한참 동안을 말없이 멍하니 앉아 있었다. 아담도 하와만큼 부끄럽고 참담하기는 마찬가지였지만, 마침내 어쩔 수 없이 입을 열어 그녀에게 이렇게 말했다.

"오, 하와여, 저 거짓된 벌레가 누구에게서 배웠는지 인간의 목소리를 위조해 내어서 우리가 그 열매를 먹으면 타락하여 추락하기는커녕 도리어 신들처럼 될 것이라고 호언장담한 말에 그대가 귀를 기울였던 바로 그 시간이 참으로 원망스럽소. 그 벌레의 말대로 우리의 눈이 열려서 선악을 알게 된 것은 틀림없지만, 그 대신에 선을 잃고 악을 얻게 되었는데, 이것이 선악을 알게 하는 나무의 효능이라면, 그 열매로 인해 얻은 지식은 우리에게 악하고 해로운 것임이 분명하지 않소. 그 지식 때문에 우리는 명예로움과 순진무구함과 믿음과 순결함을 잃고서 이렇게 벌거벗겨진 채로 남겨졌고, 이전에 우리가 지니고 있던 온갖 아름다운 장식물들은 이제 훼손되고 더럽혀졌으며, 우리의 얼굴에는 우리 안에 추악한 정욕이 자리 잡고 있음을 보여주는 징표들이 분명하게 드러나 있소. 그 정욕으로부터 온갖 악들이 무더기로 쏟아져 나오는데, 심지어 최후의 악이라는 수치까지도 이미 우리에게서 표출되고 있으니, 나머지 악들이 우리에게서 발산되고 있다는 것은 너무나 분명한 사실이 아니겠소.

　그러니 전에는 기쁘고 황홀한 마음으로 그토록 자주 봐왔던 하나님과 천사들의 얼굴이지만, 이후로는 어떻게 볼 수 있겠소. 앞으로 저 하늘에 속한 것들이 땅에 속한 것들을 찬란하고 눈부시게 비추면, 우리는 그 밝은 빛을 도저히 감당할 수 없을 것이니, 우람한 나무들과 울창한 숲이 넓게 그늘을 펼쳐서 별빛이나 햇빛을 막아 빛줄기가 전혀 들지 않아서 밤처럼 어두운 숲속 빈터에서 혼자 야만인처럼 살았으면 좋겠소. 너희 소나무들아, 나를 가리고, 너희 백향목들아, 그 무수히 많은 넓은 가지들로 나를 숨겨서, 저 하늘에 속한 것들을 다시는 보지 않게 해다오. 하지만 아무리 우리의 상황이 최악이고 우리가 처한 곤경이 극심하다고 할지라도, 우리의 수치를 가장 극명하게 노출시키는 저 가장 흉해 보이는 부분을 가리는 것이 지금으로서는 급선무요. 그러니 넓고 부드러운 잎사귀들을 나무에서 따서 한데 엮어 우리의 허리에 두릅시다. 그러면 저 가운뎃부분이 가려져서, 우리에게 찾아온 새 손님인 '수치'가 거기에 앉아서 우리를 더럽고 추잡하다고 욕하는 일은 더 이상 없을 것이오."

아담의 제안에 따라 두 사람은 함께 울창한 숲속으로 갔고, 거기에서 이내 무화과나무를 골랐는데, 이 나무는 그 열매로 인해 유명한 그런 종류의 나무는 아니었다. 그것은 인도의 말라바르 지방이나 그 옆의 데칸 지방[22]에서 아주 넓고 긴 가지들을 사방 쭉 뻗은 채로 자라고, 그 가지들에서 휘어져 나와 땅에 닿은 잔가지들에서는 뿌리가 나와서 또다른 나무들을 이루어 어미나무 곁에서 자라남으로써, 마치 기둥들이 줄을 지어 서 있고 그 위에 지붕이 덮인 것처럼 그늘진 큰 길을 형성해서, 그 길로 지나가는 사람들의 발걸음 소리가 메아리쳐 울려 퍼진다고 하여, 오늘날 인도인들에게 유명한 나무로서, 인도의 목자들은 자주 그 시원한 그늘 길로 들어가서 뜨거운 열기를 피하면서, 짙은 그늘 사이로 뚫린 틈새들을 통해서 자신들이 초지에 방목해서 풀을 뜯어먹게 한 가축 떼가 안전한지를 지켜본다고 하는 그런 나무였다.

두 사람은 아마존 부족 여전사들의 방패[23]만큼이나 넓은 무화과나

---

22 "말라바르"는 인도 서남 해안 지방의 이름이다. 오늘날의 케랄라 주의 일부인데, 1290년대 이곳을 방문한 뒤 쓴 마르코 폴로의 『동방견문록』에는 "멜리바르"로 나와 있다. 마르코 폴로는 이곳은 거대 왕국으로 왕과 주민이 같은 언어를 사용하고 누구에게도 조공을 바치지 않으며, 해안에는 해적이 창궐하지만 주민들이 용감히 방비한다고 소개하였다. "데칸"은 인도의 반도 남부에 있는 지표상에서 가장 오래된 육지 중 하나인 데칸 고원이 있는 지방으로서 "말라바르"의 북쪽에 위치해 있다. 따라서 "말라바르"와 "데칸"은 인도 남부 지역을 가리킨다.

23 "아마존 부족 여전사들의 방패"는 그리스 신화 속에 등장한다. 이 여전사들은 군신 아레스의 자손들로서, 흑해 연안에 사는 것으로 여겨졌다. 여왕의 지휘 아래 오로지 전쟁과 수렵에 종사했다. 그들은 활과 창을 사용하는 데 방해가 된다고 해서 오른쪽 가슴을 절제했기

무의 잎들을 여럿 따서, 그들이 지닌 솜씨를 발휘해서 한데 엮어 각자의 허리에 둘렀지만, 그런 것으로 그들이 저지른 죄와 그들에게 엄습한 수치가 덮어지고 가려질 리 만무했다. 그들의 그런 모습은 그들이 처음에 벌거벗고 있던 때에 그들에게서 빛났던 영광과는 완전히 딴판이었다. 최근에 콜럼버스가 아메리카 대륙에서 본 원주민들이 그런 모습이었다고 하는데, 그들은 새털로 엮은 것을 허리에 둘러 그 부분만을 가리고 나머지 부분들은 모두 벌거벗은 채로 섬의 나무들 가운데와 숲이 우거진 바닷가에서 야생으로 살아가고 있다고 한다.

그들은 이렇게 나뭇잎으로 엮어 두르자, 자신들의 수치가 일부 가려졌다는 생각은 들었지만, 마음은 여전히 불안하고 편하지가 않아서 땅바닥에 앉아 울었지만, 그들의 눈에서 눈물이 비처럼 쏟아지는 것에서 그치지 않고, 분노와 증오심, 불신과 의심, 불화 같은 고조된 감정들이 돌풍처럼 그들의 내면에서 격렬하게 일어나서 그들의 마음을 사정없이 뒤흔들어 놓는 바람에, 전에는 그토록 고요하고 평화로웠던 그들의 마음이 지금은 심한 풍랑이 일고 격동하였다. 이성은 지배력을 상실했기 때문에, 의지는 이성의 명령을 따르지 않았고, 이제 이 둘은 모두 육욕에 굴복했으니, 이는 육욕이 아래로부터 하극상을 벌여 주군인 이성의 지위를 찬탈하여 왕으로 군림했기 때문이었다.

아담은 이렇게 이상해져 버린 마음과 지성으로 인해 이전과는 완전히 달라진 표정과 어투로, 아까 하다가 중도에 그만두고 하지 못했던 말을 다시 재개해서 하와에게 이렇게 말했다.

때문에, "가슴이 없다"는 뜻의 "아마존"이라는 이름을 얻었다고 한다. 그들은 기원전 8-7세기에 쓰여진 호메로스의 『일리아스』에서 남성처럼 싸우는 존재들로 처음 언급된다. 그들이 사용한 초승달 모양의 방패가 유명하며, 기마술에도 뛰어났다.

"그대가 이 불행한 아침나절에 어떤 과정을 통해 거기에 사로잡혔는지는 몰라도 천방지축으로 행하고자 하는 저 이상한 방황의 욕망에 사로잡혀서 내게 이상한 제안을 해왔을 때, 내가 그대에게 간청한 대로 내 말을 듣고 내 곁에 머물러 있기만 했다면, 우리는 지금도 여전히 행복한 상태에 있었을 것이니, 지금처럼 우리에게 있던 모든 선한 것과 좋은 것들을 다 잃어버리고 이렇게 벌거벗은 채로 수치스럽고 참담한 모습으로 있지 않아도 되었을 것이오. 그러니 이후로는 그 누구도 자신의 신의를 증명하기 위해 쓸데없는 일을 저지르는 일이 있어서는 안 될 것이오. 그런 것을 증명하고자 하는 생각이 진정으로 마음에 든 순간, 그것은 이미 타락의 길로 접어든 것이나 다름없기 때문이오."

그러자 하와는 그 말 속에 자기를 탓하는 것이 들어 있음을 이내 감지하고서 그에게 이렇게 말했다.

"아담이여, 당신의 입으로 그런 말씀을 하다니 정말 너무해요. 당신은 이 모든 것이 내 잘못이고, 당신이 표현한 대로 나의 방랑 기질 때문이라고 말하지만, 내가 당신 곁에 있었다면 그런 일이 일어나지 않았을 것이라는 것은 아무도 장담할 수 없고, 아니 둘이 함께 있을 때 내가 아니라 당신에게 그런 일이 일어났을지도 모르는 일이잖아요. 당신이 나와 함께 있었거나, 또는 그 뱀이 내가 아니라 당신을 유혹했다고 할지라도, 당신은 뱀이 한 말 속에서 속임수와 간계를 알아차리지 못했을 수도 있어요. 우리가 뱀으로부터 원한을 산 일이 전혀 없었으니, 그가 우리에게 악의를 품거나 해치려고 할 이유도 전혀 없었으니까요.

내가 당신의 옆구리에서 나오지 않고 당신 곁에 꼭 붙어 있어서, 거기에서 생명 없는 갈비뼈로 계속해서 있는 편이 훨씬 더 좋았을 뻔했네요. 내가 그런 존재인 것을 뻔히 알면서도, 왜 당신은 나의 머리로서 내게 가지 말라고 단호하게 명령해서, 당신이 말한 그런 위험 속으로

그들의 눈에서 눈물이 비처럼 쏟아지는 것에서 그치지 않고,
고조된 감정들이 돌풍처럼 그들의 내면에서 격렬하게 일어났다.

뛰어드는 일이 내게 일어나지 않도록 막지 못했나요. 그때 당신은 그리 심하게 반대하지도 않고 너무나 순순히 나를 보내주었고, 아니 도리어 나의 청을 받아들여서 흔쾌히 보내주었죠. 당신이 완강하게 반대하며 단호한 태도를 취했더라면, 나는 범죄하지 않았을 것이고, 당신이 나와 함께 범죄하는 일도 없었을 것이 아닌가요."

그러자 아담은 처음으로 화가 나서 하와에게 이렇게 대답했다.

"배은망덕한 하와여, 이것이 그대가 말한 사랑이고, 그대를 향해 내가 보여준 사랑에 대한 보답이란 말이오? 그대가 타락해서 멸망하게 되었고, 나는 언제까지나 영원히 복을 누리며 살 수 있었는데도, 그대와 함께 죽는 쪽을 기꺼이 선택한 것이 바로 나요. 그런데도 지금 그대가 그런 나를 이 범죄의 원인이라고 몰아붙이고 비난하는 것이 과연 말이 된다고 생각하는 것이오? 내가 단호하게 그대를 막지 못해서 이렇게 된 것이라니, 내가 그 이상 무엇을 더 할 수 있었단 말이오. 나는 그대에게 경고했고 충고했으며, 원수가 숨어서 노리고 있으니 위험하다고 미리 말해주기도 했소. 남은 것은 강제력을 동원하는 것뿐이었는데, 자유의지에 대한 강제가 여기에서 어떻게 통할 수 있겠소.

그때 그대가 너무나 자신감이 넘쳐서 시험을 당해도 유혹에 빠질 위험은 없고 도리어 그것이 자신의 영광을 나타낼 좋은 기회가 될 것이라고 자신만만했던 것이 화근이었고, 나도 그대가 너무나 완벽해 보여서 그대를 지나치게 높이 평가해서, 그 어떤 악도 그대를 유혹할 수 없을 것이라고 생각했던 것이 잘못이라면 잘못이오. 지금 그대는 내가 그렇게 한 것이 바로 이 범죄의 원인이었다고 비난하니, 그런 잘못을 저지른 것이 후회막심이오. 앞으로도 여자를 지나치게 믿어서 여자의 뜻을 존중해 주는 남자는 이런 꼴을 당해도 할 말이 없을 것이오. 남자가 말리는 것을 여자가 받아들이지 않아서, 여자의 뜻대로 하게 했다가, 결국 나쁜 일이 일어나면, 여자는 가장 먼저 남자의 너그러움과 관용을 단호하지 못하고 유약한 것으로 평가해서 비난하게 될 것이니 말이오."

이렇게 두 사람은 자기 자신을 탓할 생각은 하지 않고 서로를 비난하며 쓸데없이 시간을 낭비하고 있었고, 그들이 경쟁하듯 서로에게 책임을 떠넘기며 말다툼을 벌이는 것은 결코 끝나지 않을 것처럼 보였다.

제 10 권

줄거리

인간이 범죄했음이 알려지자, 낙원을 지키던 수비대 천사들은 천국으로 돌아가서, 자신들이 경비에 만전을 기했고 그 어떤 소홀함이나 잘못도 없었다는 것을 증명했고, 하나님은 사탄이 낙원으로 들어오는 것을 그들로서는 막을 수 없었을 것이라고 선언함으로써, 그들에게 잘못이 없다는 것을 인정한다. 하나님은 범죄자들을 심판하기 위해 성자를 내려 보내고, 성자는 낙원으로 내려와서 합당한 판결을 내린 후에, 두 사람을 불쌍히 여겨 옷을 만들어 입혀 주고서는 다시 하늘로 돌아간다.

한편 그때까지만 해도 지옥 문 앞에 앉아 있던 '죄'와 '사망'은 놀라운 공감 능력을 통해 사탄의 시도가 저 새로운 세계에서 성공했다는 것과 인간이 드디어 죄를 저질렀다는 것을 알아차리고, 이제 더 이상 지옥에 갇힌 채로 지옥 문 앞에 앉아 있을 것이 아니라, 자신들의 아버지인 사탄을 뒤쫓아 인간이 있는 곳으로 내려가기로 결심하고서는, 지옥과 이 세계를 좀 더 수월하게 왕래할 수 있는 길을 만들기 위해, 사탄이 개척해 놓은 노선을 따라 혼돈계 위에 널따란 대로 또는 다리를 놓으며 지구로 갈 준비를 하다가, 자신에게 맡겨진 임무를 성공적으로 마치고서 의기양양하여 지옥으로 돌아오고 있던 사탄을 만나, 서로 축하인사를 주고받는다.

사탄은 만신전에 도착해서, 그 자리를 꽉 채운 회중 앞에서 자기가 인간을 타락시키는 거사를 성공시켰음을 자랑스럽게 얘기하지만, 낙원에서 자신이 저지른 일에 대한 형벌이 집행되면서, 그 자신과 함께 갑자기 뱀들로 변해 버린 온 회중으로부터 쉿쉿거리는 뱀들의 소리만을 듣게 된다. 그런 후에 그들은 그들 앞에서 솟아난 금단의 나무처럼 보이는 것에 속아서, 그 열매를 따먹으려고 탐욕스럽게 몰려 가다가 먼지와 쓰디쓴 재를 씹는다.

"죄"와 "죽음"의 행적이 소개되고, 하나님은 성자가 그들에 대해 최종적으로 승리하여 만물이 새로워지게 될 것임을 예언하지만, 현재로서는 먼저 자신의 천사들에게 하늘들 및 원소들과 관련해서 이런저런 몇 가지 변화를 만들어 내도록 명령한다.

아담은 자신의 타락한 상태를 점점 더 자각하게 되면서 몹시 애통해하고, 하와의 위로를 거부한다. 그녀는 계속해서 끈질기게 그를 달래서 마침내 그의 마음을 누그러뜨리는 데 성공한 후에, 그들의 자손들에게 떨어질 가능성이 농후한 저주를 피하기 위해 폭력적인 방법들을 사용할 것을 그에게 제안하지만, 장차 이루어질 더 나은 희망을 품고 있던 그는 그녀의 제안을 거부하고, 최근에 하나님이 그들에게 주신 약속, 즉 그녀의 자손이 뱀에게 복수할 것이라는 약속을 상기시키며, 자기와 함께 회개와 탄원을 통해 진노하신 하나님과의 화해를 모색할 것을 권고한다.

한편 천국에서는 사탄이 앙심을 품고 낙원에서 뱀으로 변장해서 하와를 유혹하여 저 죽음의 열매를 먹게 한 극악무도한 짓을 저질렀고, 하와는 거기에 자신의 남편을 끌어들여 자신과 똑같은 죄를 범하게 만들었다는 것을 알고 있었다. 모든 것을 보시는 하나님의 눈을 피할 수 있는 것은 아무것도 없었고, 모든 것을 아시는 하나님의 마음을 속일 수 있는 것은 아무것도 없었지만, 모든 일에서 지혜로우시고 의로우신 하나님은 사탄이 인간의 마음을 시험하는 것을 막지 않으셨으다. 이는 인간은 원수, 또는 친구를 가장한 원수의 그 어떤 간계도 다 알아내서 물리치기에 충분한 힘과 자유의지로 무장되어 있었을 뿐만 아니라, 아담과 하와는 선악을 알게 하는 나무의 열매를 먹지 말라는 하나님의 지엄하신 명령을 늘 알고 있었고, 또한 늘 기억하고 있다가, 누가 그들을 유혹하더라도, 거기에 굴복하지 않는 것이 마땅한데도, 그들이 충분히 저지르지 않을 수 있는 여러 가지 죄를 한꺼번에 범하여 타락함으로써, 그들이 충분히 피할 수 있었을 형벌을 스스로 자초한 것이었기 때문이었다.

　　수비대 천사들도 이때쯤 인간의 상태를 알아차리고서는, 인간으로 인해 말없이 슬퍼하면서, 교활한 원수가 어떤 식으로 몰래 잠입해서, 천사들 중에서 어떻게 아무도 그를 보지 못한 것인지를 많이 의아해하며, 낙원을 떠나 천국으로 서둘러 올라갔다. 이 좋지 않은 소식이 땅으로부터 올라가서 천국 문에 전해지자, 이내 그 얘기를 들은 모든 이들이 안타까워하였고, 그 시간 천상의 모든 이들의 표정에는 불쌍히 여기는 마음과 뒤섞인 슬픈 기색이 깃들었지만, 그것이 그들의 지극히 복된 상태를 침범하지는 못했다. 낙원에서 수비대 천사들이 황급히 올라왔다는 소식을 접한 천국 백성들은 거기에서 무슨 일이 벌어졌었는지를 듣고 알기 위해 무리를 지어 모여들었다. 수비대 천사들은 서둘러 지존의 보좌 앞으로 나아가서, 자신들은 최선을 다해 경비했다는 것을 소명하였고, 그들에게 잘못이 없었다는 것을 쉽게 인정받았다.

이때 지극히 높으신 영원한 아버지는 자신을 가리고 있는 구름 속에서 우렛소리 가운데 이렇게 음성을 발하셨다.

"이 자리에 모인 천사들과 소임에 실패하고 돌아온 너희 권능들이여, 땅으로부터 전해진 이 소식을 접하고서 낙심하거나 염려하지 말라. 이 유혹하는 자가 지옥을 탈출해서 혼돈계의 심연을 건넜을 때, 이미 나는 무슨 일이 벌어지게 될 것인지를 알고서, 너희가 아무리 온 힘을 다해 그의 시도를 막으려고 해도, 결국 그가 자신이 마음 먹은 일을 성공시킬 것임을 예언한 바 있지 않느냐. 그때 나는 너희에게 그가 온갖 감언이설로 인간을 유혹해서 창조주인 나와 관련된 거짓말을 믿게 하여 자신의 악한 의도를 성공시킬 것이라고 말했었다. 물론 나는 인간이 타락할 수밖에 없도록 정해 놓지도 않았고, 인간의 자유의지에 개입하여 특정한 방향으로 조종하려고 하는 그 어떤 시도도 하지 않았기 때문에, 인간은 완벽하게 중립적인 위치에서 자신의 자유의지를 따라 어느 쪽으로든 선택할 수 있었다.

그런데 인간은 결국 타락하는 쪽을 선택했기 때문에, 이제 내가 할 수 있는 것이라고는 인간의 범죄에 대해 죽음을 선고하는 일밖에 남아 있지 않다. 그가 범죄한 바로 그 날에 그에게는 죽음이 선언되기는 했지만, 그가 두려워했던 죽음이 그에게 즉각적으로 가해지지 않았기 때문에, 그는 죽음에 대한 나의 경고가 단지 말뿐이었고 실제로는 일어나지 않을 것이라고 생각하고 있다. 그러나 그 날이 다 끝나기 전에 곧 인간은 내가 죽음의 효력이 늦게 나타나게 한 것이 그의 죄를 눈감아 준 것이 아님을 알게 될 것이다. 정의는 은혜처럼 경멸받고 돌아가지 않을 것이다.

내가 하늘과 땅과 지옥에 있는 모든 것을 심판하는 권세를 이미 나의 대리자인 성자에게 주었으니, 내가 인간을 심판하기 위해 너 말고 누구를 보낼 수 있겠느냐. 너는 인간의 친구이자 중보자로서, 자원해서 대속물이자 구속주로서의 소임을 맡아, 타락한 인간 대신에 자신이 그 심판을 받기 위해 스스로 인간이 되기로 작정한 자니, 내가 너를 보내는 것은 정의를 집행함과 동시에 자비를 베풀기 위한 것임을 누구라도 쉽게 알 것이다."

성부가 이렇게 말씀하시고, 오른편을 향하여 자신의 온전한 영광을 있는 그대로 비추시니, 오른편에 앉아 있던 성자 위에 조금도 가려지지 않은 온전한 신성이 찬란하게 빛을 발하였다. 그러자 성자는 성부의 영광이 지닌 모든 광채를 남김없이 충만하게 발산하는 가운데, 성부를 향해 다음과 같이 공손하게 대답했다.

"영원하신 아버지여, 뜻을 정하시고 명하시는 것은 아버지의 일이고, 하늘과 땅에서 당신의 지극히 높으신 뜻을 집행하는 것은 나의 일이기 때문에, 아버지께서는 자신의 사랑하는 아들인 내 안에 늘 거하시기를 기뻐하시는 것이 아니겠습니까.

나는 아버지의 명령을 어긴 범법자인 인간을 심판하기 위해 땅으로 내려가지만, 인간에게 어떤 최악의 심판이 내려지든, 아버지께서도 잘 아시듯이 내가 아버지 앞에서 한 약속을 따라 결국 때가 되면 그 심판은 나의 몫으로 돌아오게 될 것입니다. 내가 그런 약속을 한 것에 결코 후회함이 없으니, 이제 인간에게 내려질 형벌을 언젠가는 내가 대신 짊어짐으로써 인간의 짐을 덜어줌과 동시에, 인간에게도 온전히 만족스럽고 아버지께서도 기뻐하실 그런 방법으로 정의와 자비 둘 모두가 가장 잘 드러날 수 있게 할 것입니다. 그리고 심판 받을 자는 오직 저 두 사람뿐이고 그 밖에는 심판을 받을 자가 아무도 없을 것이니, 수행하는 자나 시종을 데려갈 필요는 전혀 없을 것입니다.

또한 제3자인 뱀은 도망침으로써 자신이 모든 율법을 어기고 반역하는 죄를 저질렀음을 스스로 입증했으니, 그를 따로 불러 심문할 필요는 없고, 그가 없는 상태에서 판결을 선고하는 것이 마땅할 것입니다."

성자는 이렇게 말한 후에 지존의 영광 바로 곁에서 찬란하게 빛나는 자신의 자리에서 일어섰고, 보좌 천사들과 권능 천사들과 군주 천사들과 통치 천사들이 그를 수행하여 천국 문에 이르러 거기로부터 보니, 저 까마득하게 먼 아래쪽으로 에덴과 온 땅이 보였다. 성자는 직통으로 아래로 내려갔는데, 하나님이 움직이는 속도는 아무리 빠른 날개를 지닌 시간으로도 측정할 수 없었다.

이제 시간은 정오를 한참 넘겨서 바야흐로 해는 서쪽으로 많이 기울어져 있고, 때맞춰 불어오는 산들바람은 한낮의 열기에서 벗어나 정신을 차린 대지에 부채질을 해서 서늘한 저녁을 맞아들이고 있을 때, 성자는 그것보다 더 서늘한 진노를 품고서 온유한 심판자이자 중재자로서 인간에게 죽음을 선고하기 위해 땅 위에 오셨다.

날이 저물고 있을 때, 아담과 하와는 동산을 거닐다가 산들바람이 그들의 귀에 전해준 하나님의 음성을 들었다. 남자와 그 아내는 둘 다 그 음성을 듣고는 하나님을 피해 울창한 숲의 나무들 사이로 숨었고, 하나님은 가까이 다가와서 아담을 향해 큰 소리로 이렇게 말씀했다.

"아담아, 전에는 내가 오는 것을 저 멀리서도 알아보고서는 기뻐하며 맞이하러 나오더니, 지금은 너의 모습을 여기에서 볼 수가 없으니, 어디에 있는 것이냐. 전에는 부르지 않아도 스스로 나와서 인사를 하던

둘 다 그 음성을 듣고는 하나님을 피해 울창한 숲의 나무들 사이로 숨었다.

네가 지금은 나를 이런 식으로 맞이하여 홀로 있게 하니 즐겁지가 않구나. 내가 온 것을 보지 못한 것이냐, 아니면 무슨 일이 생겨서 여기에 없는 것이냐, 아니면 어떤 연유로 여기에 있으면서도 나오지 않는 것이냐. 어서 나오거라."

아담이 나왔고, 그 뒤로 먼저 죄를 지어서 더 주저하고 있던 하와도 따라 나왔는데, 두 사람 다 어둡고 불안한 기색으로 쭈뼛거리며 하나님 앞으로 다가왔다. 그들의 표정에는 하나님이나 서로를 향한 사랑 같은 것은 없었고, 죄책감과 수치심, 당혹감과 절망, 분노와 고집, 미움과 간사함이 역력했다. 아담은 한참을 주저하고 망설이다가 이렇게 짧게 대답했다.

"동산에서 하나님의 음성을 들었지만, 제가 벌거벗어서 그 음성이 두려워 숨었습니다."

자비로운 심판주는 그런 그를 질책하지 않고 이렇게 말씀하셨다.

"지금까지 너는 나의 음성을 자주 들었지만 한 번도 두려워하지 않고 도리어 늘 기뻐했는데, 왜 지금은 이토록 무서워하게 된 것이냐. 네가 벌거벗었다는 것을 누가 네게 말해주었느냐. 내가 네게 먹지 말라고 명한 그 나무의 열매를 네가 먹은 것이 틀림없구나."

아담은 몹시 괴로워하며 이렇게 대답했다.

"오, 하늘이시여. 오늘 내가 나의 심판주 앞에 서니, 이 모든 죄를 나 홀로 지고 가야 하는 것인지, 아니면 나의 또다른 반쪽이자 내 삶의 동반자를 고발해야 하는 것인지를 몰라 곤혹스럽기 짝이 없습니다. 나에 대한 그녀의 믿음이 여전히 건재한 동안에는, 내가 그녀의 잘못을 덮어주고, 나의 고발로 그녀가 벌을 받는 일이 없게 해주는 것이 마땅합니다. 하지만 모든 진실을 낱낱이 밝혀야 한다는 압박감이 나를 짓누르고 있고, 모든 것을 내가 짊어지고 간다면, 죄와 형벌이 나로서는 도저히 감당할 수 없는 것일지라도, 그 전부가 내 머리 위에 임할 것이니, 거기에 대한 두려움도 견뎌내기가 힘듭니다. 또한 설령 내가 이 일의 진실에 대해 입을 다물고 있을지라도, 하나님은 내가 감추고 있는 모든 것을 쉽게 알아내실 것이 아닙니까.

하나님께서는 이 여자를 너무나 선하고 흠 없고 거룩하게 지으셔서 나무랄 데 없이 완전한 선물로 내게 주어 나의 배필이 되게 하셨기에, 나는 그녀의 손으로 행하는 모든 일에 그 어떤 악이 있을 것이라고는 추호의 의심도 할 수 없었고, 늘 그녀가 그 일을 했다는 것만으로 이미 그 일이 옳은 것으로 확신하고 있었기 때문에, 이번에도 그녀가 내게 건네준 그 나무의 열매를 아무런 의심 없이 그저 받아 먹은 것일 뿐입니다."

지존의 현존이신 분이 아담에게 이렇게 대답했다.

"그녀가 너의 하나님이어서, 너는 하나님의 음성이 아니라 그녀의 음성에 복종한 것인가. 아니면, 하나님이 그녀를 너의 인도자나 상관이나 대등한 자로 지으셨기 때문에, 네가 네게 주어진 남자로서의 지위를 포기하고 그녀의 말에 복종한 것인가. 하나님은 너를 위해서 너의 갈비뼈로 그녀를 지었고, 너를 그녀 위에 세우신 것이 아니더냐. 너의 완전함은 그녀보다 훨씬 탁월해서, 모든 진정한 위엄은 네게 있는 것이 아니더냐. 그녀는 아름답게 단장된 존재여서 너의 사랑을 받을 만한 것은 사실이지만, 네가 그녀의 아름다움에 굴복해서 그녀에게 복종하는 것은 옳지 않다. 그녀에게 주어진 모든 것은 다스림을 받을 때 가장 빛나는 것들일 뿐이고, 다스리는 데 적합한 것들은 아니기 때문이다. 네가 네 자신을 제대로 올바르게 알았더라면, 다스리는 것은 너의 몫이고 너의 역할이라는 것을 알았을 것이다."

하나님은 이렇게 말한 후에, "여자야, 네가 한 일은 무엇인지 말해 보아라"고 하와에게 짧게 물었고, 그녀는 수치심에 몸 둘 바를 몰라 하면서 슬픈 기색으로 얼굴을 붉히며, 심판주 앞이라 대담하게 말하거나 많은 말로 대답하지는 못했지만, 이내 "뱀에게 속아서 먹었어요"라고 고백했다.

주 하나님은 그 말을 듣고, 그녀가 고발한 뱀에 대한 심판을 지체 없이 진행했다. 뱀은 짐승이어서, 뱀을 자신의 간계의 도구로 삼아서 뱀으로 하여금 하나님의 창조 목적에서 벗어난 행동을 하게 한 자의 죄책을 뱀에게 전가할 수는 없었지만, 본성에 어긋난 짓을 한 것은 분명했던 까닭에 저주를 받는 것이 마땅했기 때문이었다. 뱀은 자신이 한 짓이 인간의 운명에 어떤 결과를 초래할지에 대해 전혀 알지 못했지만, 그렇다고 해서 그가 한 짓이 죄라는 사실이 바뀔 수는 없었다. 그래서 하나님은 한편으로는 뱀에게 저주를 내리면서도, 다른 한편으로는 이 모든 죄의 발단이었던 사탄에게 가장 적절한 것으로 여겨지는 심판을 불가사의하고 신비로운 말씀으로 함께 선고하였다.

"네가 이런 짓을 했으니, 모든 가축과 모든 들짐승 가운데서 저주를 받아, 너의 사는 모든 날 동안에 배로 기어다니며 흙을 먹게 되리라. 내가 너와 여자 사이에 적대감을 두고, 너의 자손과 여자의 자손 사이에도 적대감을 두리니, 여자의 자손이 너의 머리를 상하게 할 것이고, 너는 그 자손의 발꿈치를 상하게 할 것이다."

하나님은 이렇게 말씀했고, 이 말씀이 사실임이 증명된 것은 두 번째 하와였던 마리아가 낳은 아들 예수가 공중의 왕이었던 사탄이 하늘로부터 번개처럼 떨어지는 것을 보았을 때였다. 그때에 예수는 무덤에서 부활하여, 전에 타락해서 공중에서 활동하고 있던 군주 천사들과 능력 천사들을 쳐부수고 사로잡아 그 포로들을 끌고 찬란하게 하늘로 올라, 모든 천군천사들이 지켜보는 가운데 개선함으로써, 오랜 세월 사탄이 불법으로 점령하고 있던 영토를 다시 회복하고, 사탄까지도 우리의 발 아래에서 밟히게 될 것이었고, 그렇게 해서 지금 그가 사탄이 치명상을 입게 될 것이라고 한 선고가 이루어지게 될 것이었다.

이제 하나님은 여자를 향해, "내가 너의 산고를 극심하게 할 것이기 때문에, 너는 비탄과 괴로움 속에서 자녀를 낳게 되겠고, 남편이 너를 다스리게 하리니, 너는 남편의 뜻 앞에서 너의 뜻을 꺾어야 하리라"고 선고한 후에, 마지막으로 아담에게는 다음과 같은 심판을 선고했다.

"너는 네 아내의 말을 듣고, 내게 네게 먹지 말라고 명한 나무의 열매를 먹었으니, 너로 인해 대지가 저주를 받아, 너의 사는 모든 날 동안에 대지의 소산을 먹는 데 상당한 어려움을 겪게 되리라. 너는 들의 곡식을 먹고 살아야 하는데, 대지는 네가 원하지도 않는 가시덤불과 엉겅퀴를 낼 것이기 때문에, 네가 다시 흙으로 돌아갈 때까지 너의 얼굴에서 땀이 흘러야 먹을 것을 얻게 되리라. 너의 태생을 알지니, 너는 흙이니라. 그러므로 네가 흙에서 왔으니 다시 흙으로 돌아가게 되리라."

심판주인 동시에 구주로 보내심을 받은 그는 이렇게 인간을 심판했지만, 그 날 선고된 죽음의 즉각적인 집행은 먼 훗날로 연기했다. 그런 후에 이제 기온의 변화를 겪어야 할 대기 속에서 벌거벗은 채로 자기 앞에 서 있는 아담과 하와를 불쌍히 여기고서, 하나님의 가족의 아버지로서 이미 이때부터 후일에 자신의 종들의 발을 씻어주었던 것과 마찬가지로 종의 모습을 취하여, 짐승들의 가죽, 곧 짐승을 죽여서 얻은 가죽 또는 뱀처럼 허물을 벗은 짐승이 남긴 가죽으로 옷을 만들어, 벌거벗은 그들에게 입혀주었는데, 자신의 원수된 그들에게 옷을 입혀준 것이 사실 그리 대단한 것은 아니었다. 왜냐하면 그는 짐승의 가죽으로 그들의 벌거벗은 몸만을 입혀준 것이 아니라, 그것보다 훨씬 더 추한 그들 내면의 벌거벗음도 자신의 의의 옷으로 입혀주어서, 성부의 시야에서 가려주었기 때문이었다.

성자는 모든 소임을 다 마친 후에 신속하게 다시 하늘로 돌아가서 성부의 지극히 복된 품에 안겨, 자신이 이전에 누렸던 영광을 회복하고 서, 성부가 모든 것을 다 아심에도 불구하고, 이미 진노가 누그러져 있던 성부에게, 그동안 인간과 관련해서 일어났던 모든 일을, 인간에 대한 자비를 구하는 호소를 간간이 섞어서 자세하게 말씀드렸다.

한편 이렇게 땅에서 죄가 저질러지고 심판이 진행되기 전에, 지옥문들 안에서는 "죄"와 "죽음"이 서로 마주보고 앉아 있었고, 사탄이 통과하도록 죄가 열어준 지옥 문들은 여전히 활짝 열려 있어서, 맹렬하게 타오르는 화염이 혼돈계 속으로 멀리까지 분출되고 있었다. 이제 죄가 죽음에게 이렇게 말하기 시작했다.

"오, 아들아, 우리를 낳으신 위대한 아버지인 사탄이 자신의 소중한 자식들인 우리의 행복을 위해 더 좋은 거처를 마련하기 위해 다른 세계들에 가서 고군분투하고 있는 지금, 우리가 여기에서 빈둥거리며 서로의 얼굴만 멀뚱멀뚱 쳐다보고 있다는 것이 말이 되겠느냐. 그는 이미 거사에 성공한 것이 틀림없어. 그렇지 않다면 이미 진작 보복자들에게 쫓겨서 분을 참지 못하고 난리를 치며 이곳으로 돌아왔을 것이야. 그에 대한 형벌을 집행하거나, 그들에게 복수할 기회를 노리며 준비하기에 이곳만큼 좋은 곳은 없기 때문이지.

내 안에서 새로운 힘이 생겨나고 날개들이 자라나는 것이 느껴지고, 이 심연 너머에 광대한 영토가 내게 주어질 것이라는 예감도 드는데, 나를 그런 느낌으로 이끄는 것이 부자 간의 비밀스러운 동질성으로 인한 아주 은밀한 소통을 통해 아무리 멀리 떨어져 있어도 서로 교감할 수 있는 공감능력 또는 그런 종류의 어떤 선천적인 힘인 것 같구나. 너는 나의 그림자 같은 존재여서 나와 분리될 수 없으니 반드시 나와 함께 가야 한다. 죄와 죽음은 어떤 힘으로도 분리할 수 없기 때문이지.

하지만 우선은 이 심연을 넘나드는 일이 웬만해서는 불가능해서, 사탄이 돌아오는 길에 어려움을 겪을 수도 있을 것이니, 사탄이 이제 장악하게 된 저 신세계와 지옥을 오갈 수 있는 대로를 이 혼돈계 위에 건설하는 일을 해보았으면 좋겠다. 그런 일을 시작한다는 것이 비록 모험이기는 하지만, 너와 나의 힘을 합치면 못할 것도 없어 보이고, 이 일이 성공한다면, 지옥의 주민들이 각자에게 맡겨진 운명을 따라 저 신세계를 오가거나 아예 그곳에 정착해서 눌러 살고자 할 때, 왕래하는 것을 수월하게 해줄 것이기 때문에, 지옥의 모든 군대의 강력한 힘을 보여주는 대단한 공적비가 될 것이다. 새롭게 나를 아주 강력하게 끌어당기는 이 힘과 본능이 나를 인도해줄 것이니, 우리가 길을 잃어버릴 일은 없을 것이다."

그러자 죄의 그림자인 홀쭉한 죽음은 이렇게 대답했다.

"운명과 강력한 이끌림이 당신을 이끄는 대로 가십시오. 당신이 앞장선다면, 나는 뒤처지지도 않을 것이고 길을 잃지도 않을 것입니다. 나의 먹이인 무수히 많은 시체의 썩은 냄새가 진동하는 것이 내게도 느껴지고, 거기 신세계에서 아직 살아 있는 모든 것들에서도 죽음의 냄새가 올라오고 있으니까요. 그러니 나도 당신이 하고자 하는 일을 못 본 체하지 않고, 당신과 똑같이 힘을 보태겠습니다."

죽음은 이렇게 말하고 나서는, 땅에서 새롭게 생겨난 죽음의 냄새를 킁킁거리고 맡으면서 즐거워했는데, 그의 그런 모습은, 아주 멀리 떨어져 있던 한 무리의 육식조들이 산송장들의 냄새를 맡고서, 이튿날 벌어질 결전의 날에 혈투가 벌어져 수많은 군사들이 죽어 시체들이 산더미처럼 쌓이게 될 것을 알아차리고서는, 군대가 진을 치고 있는 벌판으로 날아서 미리 모여드는 것 같았다. 소름끼치는 모습을 한 죽음은 아주 멀리에서 풍겨오는 자신의 먹이 냄새를 이미 예민하게 알아차리고서는, 자신의 넓은 콧구멍을 벌름거리며 캄캄한 혼돈계를 향하여 허공으로 쳐든 채로 킁킁거렸다.

이윽고 죄와 죽음은 지옥문을 나와, 축축하고 어두운 혼돈계에 끝없이 펼쳐져 있는 혼란과 무질서의 거대한 야생의 황무지 속으로 서로 다른 방향으로 날아가서, 물 위를 낮게 힘 있게 비행하면서(그들의 힘은 대단했다), 격랑이 일어 심하게 출렁거리는 바다 위에 떴다가 가라앉기를 반복하고 있던 모든 물체들을 딱딱한 것이든 물렁물렁한 것이든 가리지 않고 모두 다 양쪽에서 지옥 입구로 몰아갔으니, 이는 극지에서 서로 반대방향으로 불어오는 두 개의 맞바람이 양쪽에서 빙산들을 몰아다가 북극해에서 서로 만나 거대한 빙산 지대를 형성해서, 페조라 강에서 동쪽으로 풍요로운 카데이 연안으로 통하는 것으로 상상되었던 길을 막아버리는 것 같았다.[1]

죽음은 그렇게 긁어모은 흙을 자신의 차갑고 건조한 철퇴로 쳐서 단단하게 만들었는데, 이것은 마치 옛적에 바다의 신 포세이돈이 자신의 삼지창으로 바다 위로 불러내어 떠돌게 했던 델로스 섬을 제우스가 사슬로 단단하게 고정시켜서 한 곳에 정착된 섬으로 만들어놓은 것 같았다.[2] 그런 후에 죽음은 나머지 것들을 고르곤[3] 같은 자신의 눈초리

---

1 "페조라"는 시베리아에 있는 강이고, "카데이"는 중국을 가리키는 옛 명칭이다. 허드슨은 1608년에 북빙양에서 흘러나오는 물이 흐르는 "페조라 강"에서 중국 북부지방으로 이어진 최북단의 길을 찾아나섰지만, 이미 빙하에 막혀 있어서 그런 길을 찾을 수 없었다.
2 "델로스 섬"은 에게 해의 그리스령 키클라데스 제도의 가장 작은 섬이다. 그리스 신화에 의하면, 이 섬은 원래 포세이돈이 불러낸 부도浮島였는데, 제우스가 사슬로 고정시켜서 거기에 자신의 연인이었던 레토를 숨겨두고서 아폴론과 아르테미스를 낳아서 기르게 했다고 한다.
3 "고르곤"은 그리스 신화에 등장하는 흉측한 모습의 세 자매로 머리카락은 뱀이며 멧돼지의 어금니를 지녔다. 눈을 마주치면 누구든 온 몸이 굳어져 돌로 변하게 하는 능력이 있었다고 한다.

로 쏘아보아서 돌처럼 굳게 하여 움직이지 않게 한 다음, 역청을 사용해서 서로 결합시켰다. 이렇게 죽음은 지옥문만큼 넓게, 그리고 지옥의 뿌리만큼 깊이 파서 모래와 자갈을 끌어 모아 다져서 단단하게 뭉친 덩어리를 가지고서, 이제 격랑이 이는 혼돈계의 심연 위로 높게 아치 모양으로 엄청나게 긴 둑길 같은 다리를 놓으니, 그 다리는 지금은 죽음의 수중에 떨어져서 무방비 상태가 되어 아무런 소용도 없게 되어 버린 신세계의 저 견고한 벽까지 닿아서, 거기로부터 지옥까지 아무런 장애물 없이 쉽고 순탄하게 오갈 수 있는 대로가 만들어졌다.

큰 것을 작은 것에 비유해서 말해 보자면, 그것은 페르시아 왕 크세르크세스가 그리스의 자유를 빼앗고 멍에로 속박하기 위해, 멤논의 왕궁이 높이 솟아 있는 페르시아의 수도 수사에서 바다로 와서, 많은 배들을 연결해서 헬레스폰트 해협에 아시아와 유럽을 연결하는 배 다리를 놓아 그리스로 가는 길을 만들면서, 그의 뜻을 방해하려고 했다고 하여 성난 파도에 대해 수백 대의 태형을 집행하라고 명령했던 일을 연상시키는 것이었다.[4]

죄와 죽음은 다리를 건설하는 경이로운 기술을 사용해서, 사탄이 처음으로 날개를 펴서 지옥문을 나서던 지점으로부터 혼돈계를 거쳐 이 둥근 신세계의 외벽에 이르기까지 그의 행로를 그대로 따라서, 거센 파도가 격렬하게 몰아치는 혼돈계의 심연 위에 암석으로 이루어진 둑길 같은 다리를 놓는 작업을 마치고 나서, 아주 견고한 못들과 사슬

---

4 "크세르크세스"는 그리스를 침공하기 위해 유럽과 아시아의 관문이었던 헬레스폰트 해협을 건너려고 수많은 배들을 연결해서 다리를 놓으려고 했는데, 파도에 의해 그 배들이 파괴되자, 바다에 태형을 가하게 하였다. "헬레스폰트 해협"은 "그리스의 관문"이라는 뜻으로서 흑해와 지중해, 발칸 반도를 잇는 중요한 해협이었다. "수사"는 크세르크세스의 겨울 궁전으로, 전설적인 왕 멤논에 의해 건설되었다.

들로 단단히 고정해서, 조금도 흔들리지 않게 했을 뿐만 아니라 언제까지나 망가지지 않게 하였다. 이렇게 해서 천국으로 가는 길과 신세계로 가는 길이 있는 좁은 공간에, 그 왼쪽으로 지옥에서 신세계로 통하는 긴 통로가 개설되어서, 이 세 개의 길을 통해 세 곳은 서로 연결되게 되었다.

　이제 죄와 죽음이 처음으로 낙원으로 아득히 길게 이어져 있는 지구로 통하는 길을 내려다보니, 밝은 천사로 변장한 사탄이 태양이 백양궁에서 떠오르는 동안에 거기에서 정반대에 있는 인마궁과 천갈궁 사이의 공간을 통해 지옥으로 통하는 관문이 있는 우주의 천정을 향해 빠르게 솟아오르고 있었다. 사탄은 변장한 채로 오고 있었지만, 그의 자식들인 죄와 죽음은 금방 자신들의 아버지를 알아보았다.

　사탄은 하와를 유혹하는 데 성공한 후에, 앞으로 어떤 일이 벌어지는지를 살펴보기 위해, 또다시 형체를 바꾸어 변신한 채로 바로 옆 숲에 아무도 눈치채지 못하게 숨어서 그 추이를 지켜보다가, 자기가 하와에게 했던 저 기만적인 행위를 그녀가 전혀 알아차리지 못한 채 자신의 남편에게 똑같이 하는 것도 보았고, 그들이 자신들의 수치를 가리기 위해 나뭇잎을 엮어 허리에 둘러 부끄러운 곳을 감추고자 하는 것도 보았다. 하지만 아담과 하와를 심판하기 위해 하나님의 아들이 내려오는 것을 보고서는, 두려움에 사로잡혀 도망쳤는데, 물론 이것은 자기가 저지른 죄로 인한 하나님의 진노를 피할 수 있을 것이라고 생각했던 것은 아니었고, 다만 그 진노가 지금 당장 자기에게 갑자기 가해지는 것은 모면해 보자는 마음에서 그 자리를 뜬 것이었다. 하나님의 아들이 일을 마치고 돌아가자, 밤중에 사탄은 다시 돌아와서, 저 불행한 부부가 앉아서 서글픈 대화를 하면서 이런저런 푸념을 늘어놓는 것을 몰래 엿듣다가, 자신에 대해 하나님의 선고가 무엇이었는지에 대해서도 들었지만, 그것은 지금 당장이 아니라 먼 훗날에 그에게 닥칠 일이라는 것을 알고서 안심하고서는, 기쁜 마음으로 좋은 소식을 들고 지옥으로 돌아오고 있는 중이었다.

혼돈계의 가장자리에 이르렀을 때, 사탄은 이 새로 놓인 경이로운 다리의 끝 지점에서 뜻하지 않게 자기를 마중 나온 소중한 자식들을 만났다. 그들을 만난 그는 무척 기뻐했고, 넋이 나갈 만큼 어마어마한 다리를 보자 그의 기쁨은 한층 더 커졌다. 그는 놀라움을 금치 못하며 그 다리를 바라보고 한참을 서 있었는데, 요염한 매력을 지닌 아름다운 자신의 딸인 죄가 침묵을 깨고 이렇게 말했다.

"오, 아버지여, 당신은 이 다리가 마치 당신이 이룩하신 것이 아닌 듯이 보고 계시지만, 사실 이 다리는 당신의 트로피일 뿐만 아니라 당신의 위업이기도 해서, 이 다리를 설계하고 이루어낸 분은 바로 당신이에요. 왜냐하면 나의 마음과 당신의 마음은 비밀스러운 동화작용과 감응능력에 의해 서로 연결되어 있어서, 지금 당신의 표정이 모든 것을 말해 주듯이, 당신은 지구에서 일을 성공시켰고, 그리고 바로 그 순간 내 마음도 그 사실을 감지하고서, 그때 당신과 나는 여러 세계들을 사이에 두고 서로 떨어져 있었음에도 불구하고, 우리가 이렇게 서로 감응하고 통한다는 것을 느끼고서는, 당신의 이 아들과 함께 당신을 따르는 것이 우리의 운명이고, 우리 셋은 그렇게 숙명적인 인연으로 결합된 혼연일체라는 것을 알았기 때문이죠. 그래서 지옥은 더 이상 우리를 자신의 경계 속에 가두어둘 수 없었고, 도저히 건널 수 없었던 이 검은 심연도 우리가 당신의 빛나는 궤적을 따르는 것을 막을 수 없었어요. 당신은 지금까지 지옥문 안에 갇혀 살았던 우리를 해방시켜 자유를 알게 해주었고, 우리에게 힘을 주어 이렇게 놀랍도록 강하게 해줌으로써 혼돈계의 어두운 심연 위로 이 거대하고 어마어마한 다리를 놓을 수 있게 해주었죠.

　이제 이 신세계 전체가 당신의 것이니, 당신은 당신이 지닌 힘과 용기를 사용해서, 당신의 손으로 건설하지 않은 것을 얻어내었고, 당신의 지혜를 사용해서, 이전의 전쟁으로 잃어버렸던 것을 다시 만회하고, 천국에서 있었던 우리의 패배를 깨끗이 설욕한 것이에요. 천국에서는 해내지 못했지만, 여기 이 세계에서는 왕이 되어 다스릴 수 있게 된 것이죠. 이전의 전쟁에서 판가름 난 대로 천국은 그 승자가 여전히 다스리고 있지만, 이 신세계에서는 그가 패자이기 때문에, 그 결과에 깨끗이 승복하고서 여기에서 손을 떼는 것이 마땅하니, 지금부터는 천국과 신세계의 접경지역을 경계로 해서 모든 것을 나누어 통치하여, 그는 네모의 세계를 다스리고, 당신은 둥근 세계를 다스리게 될 것이어서, 이제 당신은 그의 보좌를 더욱 위태롭게 할 수 있게 될 것이에요."

　어둠의 왕은 그 말을 듣고 기뻐하면서 이렇게 대답했다.

　"나의 아름다운 딸인 죄야, 그리고 나의 아들이자 손자인 죽음아, 너희는 영광스러운 과업을 이루어 내고서 승리하여 개선한 나를 이 승리의 기념물이자 개선문인 영광스러운 건축물로 축하함과 동시에, 지옥과 이 세계를 하나의 나라, 쉽게 왕래할 수 있는 하나의 대륙으로 만들어놓았으니, 너희가 사탄의 종족이라는 것을 훌륭히 증명해내었고 (나는 천국의 전능왕의 대적이라는 '사탄'이라는 이름이 자랑스럽다), 아울러 나와 지옥 제국 전체의 위엄을 만천하에 떨치는 큰 공을 세웠다.

　그러니 나는 너희가 만들어 놓은 이 길을 따라 어둠을 뚫고서 수월하게 지옥으로 내려가서 나의 동지들을 만나 거사의 성공을 알리고 함께 기뻐할 것이니, 그동안에 너희 둘은 이 길을 따라 이제 너희의 것이 된 이 모든 무수히 많은 별들 사이로 곧장 낙원으로 내려가서, 거기에서 행복하게 거하면서 땅과 공중을 다스리고, 그리고 무엇보다도 일차적으로 만물의 주라 불리는 인간을 지배하고 다스려라. 인간을 먼저 너희의 노예로 삼아 부리다가 마지막에는 죽여라.

나는 너희를 나의 대리자들로 보내는 것이니, 땅에서 나의 전권대사들로서, 내게서 나오는 비할 바 없이 막강한 힘을 휘둘러라. 나의 거사의 성공으로 인해 죄와 죽음에 노출된 이 새로운 왕국을 내가 완전히 장악할 수 있느냐의 여부는 이제부터는 전적으로 너희 둘의 활약에 달려 있다. 너희 둘이 힘을 합쳐 그 일을 잘 해내기만 한다면, 여기 지옥의 일들도 아무 탈 없이 순조롭게 잘 되어갈 터이니, 너희는 아무 걱정 말고 마음을 단단히 먹고 가거라."

사탄은 이렇게 말하고 나서 그들을 보냈고, 그들은 우주 공간에 아주 촘촘하게 박혀 있는 성좌들 사이로 독기를 뿌리며 아주 빠르게 길을 잡아 쇄도해 갔는데, 독기를 쐰 별들은 희미해졌고, 독기를 직통으로 맞은 행성들은 실제로 영구적으로 빛을 잃어버렸다.

한편 사탄은 그들과는 정반대 방향으로 그들이 놓은 저 둑길 같은 다리를 통해 지옥문으로 내려갔다. 이 다리 때문에 둘로 쪼개진 혼돈계의 거센 물결은 다리 양쪽에서 아우성치며 거세게 소리지르며, 그분노어린 항변을 조소하는 다리의 양쪽 벽면으로 날아올라 온 몸으로 격렬하게 항의했다. 사탄이 지옥문을 통과할 때, 지옥문은 활짝 열려 있는 채로 경비하는 자가 아무도 없어, 주변 전체가 황량하기 짝이 없었는데, 이는 그 문의 경비 책임을 맡고 있던 죄와 죽음은 저 윗세계로 가버렸고, 나머지 경비병들은 모두 지옥 깊숙한 곳, 곧 저 밝은 별에 빗대어 루시퍼라 불렸던 사탄의 도성이자 자랑스러운 본거지인 만신전의 성벽 주위로 물러갔기 때문이었다.

거기에서는 군대들이 경비를 강화하고 있는 가운데, 각 군의 지휘관들은 자신들의 황제에게 불상사가 생길지도 모른다는 생각에 노심초사하며 대회의실에 앉아 대기하고 있었고, 이것은 사탄이 떠나면서 명령한 것을 그대로 지켜 행한 것이었다. 최근에 천국으로부터 추방된 그들은 타타르인들이 자신들의 적인 러시아인들에게 쫓겨 카스피해 북쪽에 있는 아스트라칸을 버리고 설원으로 퇴각했을 때처럼,[5] 또는 페르시아 왕이 터키의 초승달의 뿔들에게 쫓겨 알라듈 왕의 영토 너머의 모든 황무지를 버리고 타우리나와 카스빈으로 퇴각했을 때처럼,[6] 그렇게 지옥의 변방지역을 버리고 그곳을 어둡고 황량한 지대로 내버려 두고 내륙으로 아주 깊숙이 물러나, 자신들의 도성을 삼엄하게 방비하면서, 그들의 모험가가 다른 세계들을 성공적으로 탐색하고 돌아오기만을 초조하게 기다리고 있었다.

사탄은 여전히 가장 낮은 직급의 평전사 천사로 변장한 채로 아무도 눈치채지 못하게 그 한복판을 지나 은밀하게 지옥의 대전당 문을 통해 들어가, 극히 화려하게 만들어져서 넓게 펼쳐져 있는 천개 아래 맨 꼭대기에 제왕의 광채를 발하며 높이 자리한 자신의 보좌에 올랐고, 거기에 얼마 동안 앉아서 주위를 둘러보았지만, 이것을 알아채는 자는 아무도 없었다. 이윽고 찬란한 빛을 발하는 그의 머리, 그리고 타락 이후에 그에게 허용되어 아직도 남아 있는 영광, 아니면 거짓으로 만들어 낸 광채에 둘러싸여서 별처럼 빛나는, 아니 별보다 더 밝은 빛을 발하

---

5   "아스트라칸"은 볼가 강 어귀에 있던 타타르인들의 한 지방이었는데, 1556년에 이반 대제에 의해 러시아에 병합되었다.

6   "페르시아 왕"은 원문에는 "박트리아의 왕"으로 되어 있다. "박트리아"는 페르시아의 한 주로서 오늘날의 아프가니스탄이다. "터키의 초승달의 뿔"은 터키군의 대형과 그들의 문장을 가리킨다. "알라듈" 왕은 터키에 정복되기 이전에 페르시아를 다스리던 최후의 왕의 이름으로서 지금의 아르메니아를 통치했다. "타우리스"는 북부 페르시아에 있는 오늘날의 타브리즈이고, "카스빈"은 테헤란 북쪽에 있는 오늘날의 카즈빈이다.

자신들의 도성을 삼엄하게 방비하면서, 그들의 모험가가 다른 세계들을
성공적으로 탐색하고 돌아오기만을 초조하게 기다리고 있었다.

는 그의 모습이 마치 구름 속에서 솟아나듯 나타났다.

그렇게 갑자기 찬란한 광채가 사방을 비추자, 지옥의 무리는 모두 깜짝 놀라 일제히 그쪽을 바라보았는데, 자신들이 고대하던 최고 우두머리가 돌아온 것을 확인하고서는 환호성과 박수갈채가 터져 나왔고, 회의를 하고 있던 지휘관들도 함께 환호하고 기뻐하며 어두운 회의장에서 일어나 서둘러 사탄에게로 달려가니, 사탄은 손을 들어 그들을 진정시키고 나서, 다음과 같은 말로 무리의 이목을 집중시켰다.

"보좌 천사들, 통치 천사들, 군주 천사들, 능력 천사들, 권능 천사들이여, 나는 기대 이상의 성공을 거두고 돌아왔기 때문에, 여러분의 그런 직함들이 이제는 단지 명목상의 것이 아니라 그 명칭에 걸맞는 실권을 지니게 되었기에, 지금 이렇게 이 직함들을 따라 여러분을 부르고 있는 것이오. 우리는 지금 이 지긋지긋한 저주받은 지옥의 구덩이, 온통 화와 재앙만이 가득한 집, 우리를 압제하는 폭군의 지하감옥에 살고 있지만, 이제 나는 여러분이 이곳으로부터 당당하게 나갈 수 있게 되었음을 선언하는 바이오. 내가 큰 위험을 감수하며 어렵고 힘든 모험을 감행한 결과, 이제 여러분은 모두 주군들이 되어, 우리의 고국인 천국 못지 않는 광활한 세계를 소유하게 되었소.

무시무시한 혼돈 속에서 아무런 형체도 없이 끝없이 펼쳐져 있는 혼돈계의 저 광대한 심연을 통과하는 여정 속에서 내가 어떤 고통스럽고 괴로운 일들을 당하며 천신만고 끝에 그곳을 통과할 수 있었는지를 말하자면 한이 없을 것이오. 지금은 저 심연 위에 죄와 죽음이 대로를 닦아 놓아서, 여러분은 영광스러운 대오를 갖추어 수월하게 혼돈계를 지날 수 있게 되었지만, 나는 처음이나 기원 같은 것이 없는 원시 그대로의 어둠과 혼돈의 자궁 속으로 뛰어들어 길도 없는 심연을 헤치고 미지의 여정을 어떻게든 성공적으로 완수하고자 했기 때문에, 혼돈계는 그 누구도 파헤치지 못한 자신의 비밀을 지키기 위해 나의 수상한 여정을 거세게 반대하여, 최고의 운명에게 격렬하게 항의하며 나의 여정을 막아달라고 고함을 지르며 난리를 쳤소.

하지만 나는 결국 혼돈계를 성공적으로 벗어나서, 천국에서 오랫동안 소문으로 떠돌던 예언이 말했던 저 새롭게 창조된 세계, 그리고 절대적으로 완전하고 경이로운 구조로 만들어진 그 세계에 속한 낙원에서 우리의 유배로 인해 행복하게 살고 있는 인간을 찾아냈고, 속임수를 써서 인간을 유혹하여 자신의 창조주를 배신하게 만들었는데, 내가 인간을 유혹하는 데 사용한 도구가 과실 하나였다는 것을 알면, 여러분은 아마도 더 깜짝 놀랄 것이오. 여러분이 실소를 금치 못할 일이지만, 그 일에 진노한 창조주는 그가 그토록 사랑한 인간과 자기가 창조한 그 신세계 전체를 죄와 죽음에게, 그리고 또한 우리에게 먹잇감으로 주어 버리고 말았소. 그래서 이제 우리는 그 어떤 전쟁이나 위험한 모험이나 수고를 하지 않고도, 그 세계를 접수해서 거기에 살며, 인간과 인간이 다스리게 되어 있었던 모든 것을 통치할 수 있게 되었소.

사실 그 창조주는 나에 대해서도 심판했지만, 그것은 내가 아니라, 내가 인간을 속일 때 도구로 사용했던 짐승인 뱀을 심판한 것이었다고 말하는 것이 더 옳을 것이오. 그 심판에서 나와 관련된 것은 적대관계인데, 그는 나와 인간이 서로 적대하다가, 때는 정해지지 않았지만 결국에는 내가 인간의 발꿈치를 상하게 하고, 인간의 자손은 나의 머리를 상하게 할 것이라고 말했소. 한 번 상처를 입는 것, 아니 그것보다 훨씬 더 심각한 고통을 당한다고 해도, 누가 그런 것 때문에 하나의 세계를 포기하겠소.

신들이여, 여러분은 지금까지 내가 이룬 일들에 대한 이야기를 다 들었으니, 이제 우리에게 남은 일은 자리를 털고 일어나서 지극히 복된 삶을 누리러 가는 것뿐이오."

422

사탄은 이렇게 말한 후에, 청중 전체가 지옥이 떠나갈 듯이 일제히 환호성을 지르며 열렬한 박수갈채를 보내는 소리가 자신의 귀를 가득 채우게 될 것을 기대하며 잠시 서 있었지만, 그의 기대와는 정반대로 사방으로부터 그의 귀에 들려온 것은 무수히 많은 혀들로부터 일제히 터져나온 쉿쉿거리는 소름끼치는 소리, 곧 온 청중의 야유소리였다. 이게 어찌된 영문인가 하고 당혹해했지만, 잠시 후에는 자기 자신에게서 느껴진 변화로 인해 더욱 당혹해해야 했다. 그의 얼굴은 쪼그라들어서 길쭉해지고 뾰족해졌으며, 그의 팔은 갈비뼈들에 들러붙었고, 그의 다리는 뒤엉켜서 하나로 붙어버리더니, 결국 바닥에 쓰러져 배를 깔고 있는 기괴한 뱀이 되어 버렸는데, 거부의 몸부림을 쳤지만 아무 소용이 없었다. 이제 그는 자기보다 더 큰 힘의 지배를 받아, 자기가 범죄했을 때의 모습으로 돌아갔고, 이것은 그에게 내려진 심판에 따른 형벌이었다.

그는 말을 하려고 했지만, 갈라진 혀 사이로 쉿쉿거리는 소리만이 흘러나왔고, 사방에서 쉿쉿거리는 소리들만이 계속해서 반복되었는데, 이는 지옥의 모든 군대가 그의 대담한 반역의 조력자들로서 함께 처벌을 받아 모두 뱀들이 되어 버렸기 때문이었다. 전갈, 음악을 들으면 잠이 든다고 하는 아스피스라는 독사, 무시무시한 머리 둘 달린 뱀, 뿔 모양의 머리를 한 독사, 나일 강에 살며 악어의 몸을 갉아먹는 히드루스라는 물뱀, 오싹한 바다뱀, 맹독을 가지고 있어서 물리면 물린지도 모르고 죽는다고 하는 딥사스라는 독사 등등의 괴물들이 머리와 꼬리가 서로 뒤엉켜서 거대한 강당을 가득 메우고 우글거리며 쉿쉿거리며 내는 소리는 정말 소름끼치는 광경이었다. 머리카락이 뱀들로 되어 있는 괴물 고르곤의 피가 떨어진 흙이나,[7] 뱀이 득실거리는 섬이라는 이

---

7   그리스 신화에는 "고르곤의 피가 떨어진 흙"은 모두 뱀들로 변한다는 내용이 있기 때문에.

름을 지닌 지중해의 여러 섬들[8]에도 이렇게 많은 뱀이 한데 모여 우글거린 적은 단 한 번도 없었지만, 그 중에서도 가장 크고 단연 돋보인 것은 사탄이라는 뱀이었다. 그는 이제 태양이 피티아 계곡의 진창에서 만들어 낸 거대한 뱀 피톤[9]보다 더 큰 용으로 자라 있었는데, 여전히 다른 자들보다 더 큰 힘을 보유하고 있는 것으로 보였다.

그들은 모두 그의 뒤를 따라 넓은 벌판으로 나갔고, 거기에는 천국에서 떨어진 저 반역의 무리 중에서 나머지 병력이 자신들의 영광스러운 수령이 만신전에서 위풍당당하게 나오는 것을 보기 위해 기대감으로 한껏 부풀어 오른 채로 대오를 갖추고 도열해 있었다. 하지만 그들 앞에 펼쳐진 것은 그들의 기대와는 완전히 딴판인 광경, 수많은 흉측한 뱀들이 떼지어 몰려오는 소름끼치는 광경이었다. 공포가 그들을 덮쳤고, 무시무시한 감응력이 발동되어 동조현상이 일어나서, 자신들이 본 것들의 형체로 그들 자신도 점점 변해가는 것을 느꼈다. 먼저 그들의 손에서 창과 방패 같은 병기들이 바닥으로 떨어졌고, 곧이어 그들 자신도 바닥에 쓰러져서 쉿쉿거리는 소름끼치는 소리를 반복해서 내었다. 범죄에서와 마찬가지로 형벌에서도 서로 전염되고 감염되어서 모두가 끔찍한 모습으로 변해버리고 만 것이었다. 이렇게 해서 그들은 환호성을 지르고 박수갈채를 보내고자 하면 할수록, 그런 것들은 더 큰 쉿쉿

밀턴은 많은 뱀의 한 예로 이것을 들었다. 오비디우스는 『변신 이야기』에서 고르곤 중의 하나인 메두사의 잘린 머리에서 흘러나온 피가 리비아 사막 위를 흘렀기 때문에 그 지역에는 뱀이 아주 많다고 설명한다.

8 지중해에서 "뱀이 득실거리는 섬"이라는 이름으로 불리는 섬들은 로도스 섬과 포르멘테라 섬 등 여럿 존재한다.

9 "피톤"은 그리스 신화에 나오는 거대한 뱀인데, 대지의 여신 가이아가 홀로 낳은 아들이다. 인간의 타락에 노한 제우스가 인류를 멸망시키기 위해 일으킨 대홍수가 지나가고 물이 빠지면서 대지에 남은 썩은 진흙과 수렁 속에서 기어 나왔다고 한다. 가이아는 그를 파르나소스 산기슭에 자리 잡은 피토(나중의 델포이)에서 살게 하였다.

거대한 강당을 가득 메우고 우글거리며 쉿쉿거리며 내는 소리는
정말 소름끼치는 광경이었다.

거리는 소리로 변해서, 그들 자신의 입에서 나온 승리의 개가는 치욕의 야유가 되어 그들 자신에게로 돌아갔다.

아주 가까운 곳에는 그들이 뱀으로 변하면서 생겨난 숲이 있었는데, 이는 위에서 다스리시는 분의 뜻을 따라 그들에 대한 형벌을 더욱 무겁게 하기 위한 것으로서, 거기에 있는 나무들에는 유혹하는 자가 하와를 속일 때 미끼로 사용했던 낙원의 저 나무 열매와 똑같은 탐스러운 열매가 주렁주렁 달려 있었다. 그들은 그 기이한 광경을 뚫어져라 쳐다보며, 자신들에게 더 많은 재앙과 치욕을 안겨주기 위해 이제 하나의 금단의 나무가 아니라 많은 수의 나무들을 생겨나게 난 것이라고 추측했지만, 타는 듯한 목마름과 극심한 굶주림으로 거의 빈사상태에 빠져 있었기 때문에, 그것이 속임수이고 유혹이라는 것을 뻔히 알면서도 자제하지 못하고, 무더기로 몰려가서 나무들 위로 오르니, 모든 나무들에는 복수의 여신 메가이라[10]의 머리채를 이루고서 서로 얽혀 있던 많은 뱀들보다 더 빽빽하게 뱀들이 뒤엉켜 몰려 있었다.

그들은 소돔이 불타버린 자리에 있는 저 죽은 바다 옆에서 자라는 사과 같이 탐스럽게 생긴 그 열매들을 게걸스럽게 따먹었다. 그 열매들은 겉보기에 탐스럽게 생겨서 따먹고 싶은 마음이 들게 하였을 뿐만 아니라, 실제로 먹었을 때 그 맛까지도 속였다는 점에서 더욱 기만적인 것이었다. 그들은 맛있는 열매로 자신들의 허기를 달랠 수 있을 것이라고 생각하고서는 좋아했지만, 그들이 그 열매를 씹었을 때, 입안에서 씹힌 것은 달콤한 과일이 아니라 쓰디쓴 재였고, 그들의 기겁한 미각은 퇘퇘 소리를 내며 뱉어내었다. 그래도 굶주림과 목마름 때문

---

10 복수의 여신 "메가이라"는 분노의 여신 중 한 명으로서 수많은 뱀들로 이루어진 머리채를 지니고 있었다.

에 어쩔 수 없이 여러 번 반복해서 씹어 보았지만 또다시 뱉어내야 했는데, 도저히 먹을 수 없는 너무나 역겨운 맛으로 인해 턱이 돌아갔고, 입 안에는 숯검댕이와 재들이 가득했다. 그들에게 속아 넘어간 인간은 단 한 번 실수를 저지른 것이었지만, 그들은 계속해서 똑같은 방식으로 속아 넘어가고 기만당했다. 그들은 이런 식으로 오랫동안 굶주림에 지쳐 고통스러워서 쉬지 않고 쉿쉿거리다가, 어떻게 해서 겨우 허락을 받아 자신들의 잃어버렸던 형체를 되찾아 원래의 모습으로 돌아갔다.

　일설에 의하면, 하나님은 그들이 인간을 유혹하여 타락시켰다는 자부심을 갖고 의기양양해하는 것을 꺾어놓기 위해서 일 년에 며칠 동안은 또다시 뱀으로 변하는 굴욕을 반복해서 겪도록 명했다고 한다. 하지만 그들은 이교도들 사이에 자신들의 전리품인 인간에 대해 얘기하면서, 처음에는 오피온이라는 이름을 가진 뱀이 에우리노메("널리 다스리는 자"라는 뜻)라는 이름으로 불린 하와를 자신의 아내로 삼아 함께 저 높은 올림포스를 통치했고,[11] 나중에 가서야 사투르누스와 그의 아내 오프스가 오피온을 쫓아내고 그곳을 차지했으며,[12] 그 후에는 딕테 산에서 태어나서 성장한 제우스[13]가 올림포스를 통치하게 된 것이라는

11　"오피온"은 그리스 신화에 등장하는 뱀의 형상을 한 티탄 신족의 왕이다. 그는 아내인 에우리노메와 함께 올림포스를 최초로 지배했는데, 나중에 크로노스와 레아에게 밀려 쫓겨났다고 한다. 오피온 부부는 지구를 둘러싸고 흐르는 거대한 강 오케아노스에 던져졌다.

12　"사투르누스"는 로마 신화에 나오는 농경신으로서 "씨를 뿌리는 자"라는 의미인데, 그리스 신화에서는 "크로노스"다. 대지의 여신 가이아와 하늘의 의인화된 신 우라노스 사이에서 태어난 티탄 신족 중 티탄 12신의 막내다. 아버지 우라노스의 남근을 잘라 그를 거세시킨 후 우주의 지배자, 즉 최고신의 위치에 등극한다. 자신의 누이였던 레아를 아내로 삼아 데메테르, 헤라, 하데스, 포세이돈, 제우스를 낳는데, 자식들 중 한 명이 그의 지배권을 빼앗을 것이라는 신탁 때문에 자식들이 태어나자마자 바로 삼켜버리지만, 레아는 막내아들 제우스를 빼돌려서 "딕테 산"의 동굴에서 자라나게 하였다. "오프스"는 그리스 신화에서는 "레아"다.

13　"제우스"는 그리스 신화의 최고신으로 "신들과 인간들의 아버지" 등으로 불린다. 티탄 신족의 우두머리 크로노스와 레아의 막내아들로 태어나 아버지를 왕좌에서 밀어내고 신들과 인

전설을 꾸며내어 널리 퍼뜨렸다.

　한편 지옥의 한 쌍의 신인 죄와 죽음은 이미 너무나 신속하게 낙원에 도착해 있었다. 거기에 죄는 이전에도 하나의 잠재적인 세력으로 존재하긴 했지만, 이제는 실제로 와서 거기에 계속해서 눌러 앉아 살게 된 것이었다. 죄의 뒤편으로는 죽음이 보조를 맞춰 바싹 붙어 따라왔는데, 아직 자신의 잿빛 말을 타고 있지는 않았다. 죄는 죽음에게 이렇게 말했다.

　"사탄의 둘째 아들로 태어나서 만물을 정복해 들어가고 있는 죽음아, 아버지가 갖은 고생을 하며 수중에 넣어서 이제 우리의 제국이 된 이곳에 온 감상이 어떠냐. 지금도 저 어두운 지옥의 현관에 앉아서 알아주는 자도 없고 두려워하는 자도 없이 늘 굶주린 채로 경비를 하고 있는 것보다 훨씬 더 낫지 않느냐."

　죄가 낳은 괴물인 죽음은 지체 없이 이렇게 대답했다.

　"영원한 굶주림으로 늘 괴로운 내게는 지옥이나 낙원이나 천국이 다 마찬가지여서 어느 곳이냐가 중요하지는 않고, 다만 나의 먹잇감이 가장 많은 곳이 내게는 가장 좋은 곳이죠. 이곳은 비록 먹잇감이 많기는 하지만, 내게는 거죽 같은 것이 없어서, 어떤 거죽에 의해서도 제한을 받지 않는 이 거대한 위와 몸체를 채우기에는 턱없이 부족해 보이네요."

간들의 지배자가 되었다. 누이인 헤라와 결혼했으나 수많은 여성들과 애정행각을 벌이며 자식들을 낳아 헤라를 질투에 사로잡히게 하였다. 주로 벼락을 손에 든 모습으로 독수리와 함께 표현되며, 로마 신화의 유피테르와 동일시된다. 장성한 제우스와 크로노스 사이에 10년 동안 지속된 싸움이 벌어지고 그 싸움에서 제우스가 승리함으로써, 크로노스의 시대는 막을 내리고, 제우스의 시대가 도래하게 된다. 그리스 신화의 제2세대 티탄 신족의 시대가 막을 내리고, 제우스와 그의 형제의 시대인 그리스 신화의 제3세대 올림포스 신들의 시대가 도래하게 된다. 크로노스는 아들 제우스에 의해 타르타로스에 갇히는 운명에 처한다.

428

그러자 근친상간으로 죽음의 어머니가 된 죄는 이렇게 대답했다.

"그러면 먼저 이 풀과 열매와 꽃을 먹고, 다음으로는 짐승과 물고기와 새를 먹어라. 그것들은 꽤 괜찮은 먹이들이니, 시간의 낫이 베어버리는 것들은 무엇이든지 닥치는 대로 먹어 치워라. 그동안에 나는 인간 안에 들어가서 자자손손 인간의 생각과 표정과 말과 행위를 모두 물들여서 맛있게 조리하여, 네가 마지막으로 먹을 최고의 진수성찬으로 만들어 네게 주마."

죄와 죽음은 이렇게 서로 대화를 나눈 후에, 모든 것을 파괴하고 죽게 하거나 조만간에 죽음을 맞이하게 하기 위해 각기 따로 자신의 길을 갔다.

전능자는 이것을 보시고, 거룩한 자들 가운데 높은 곳에 자리한 자신의 보좌에서 음성을 발하여 빛의 천사들에게 이렇게 말씀하셨다.

"이 지옥의 개들이 저 신세계를 대대적으로 파괴하고 초토화시켜서 황폐하게 하려고 얼마나 광분하고 있는지를 보아라. 나는 그곳을 정말 아름답고 선한 세계로 창조했고, 만일 인간의 어리석음이 저 파괴자들을 불러들여 이렇게 그곳을 초토화시키려고 광분하게 하지만 않았더라면, 그 상태는 지금도 그대로 보존되고 있었을 것이다.

지옥의 왕과 그 추종자들은, 내가 이토록 천국 같은 곳을 너무나 쉽게 그들에게 넘겨주어, 이 원수들이 이렇게 순조롭게 그곳으로 들어와서 장악하는 것을 묵인해준 것을 보고서는 나를 어리석다고 말하고 조소하고 있다. 그들은 내가 순간적으로 분노에 사로잡혀서 분을 못 이겨서 이 모든 것을 그들에게 넘겨주었고, 그들이 폭정을 행하여 그곳을 난장판으로 만들도록 방치했다고 생각하고서 나를 비웃고 있는 것이다.

하지만 내가 부리는 지옥의 사냥개들을 그곳으로 불러들인 것은,

죄와 죽음은 이렇게 서로 대화를 나눈 후에, 각기 따로 자신의 길을 갔다.

모든 것을 오염시키는 인간의 죄가 정결한 것들 위에 토해내는 저 더러운 오물들과 찌꺼기들을 핥아먹고서 썩은 음식으로 자신들의 배를 가득 채워 거의 터질 정도가 되었을 때, 나를 늘 기쁘게 해주는 나의 아들을 보내어, 그의 승리의 팔을 한 번 휘둘러, 죄와 죽음, 그리고 마지막에는 저 입을 크게 벌리고 있는 음부까지도 혼돈계 속으로 던져 넣고, 지옥의 입을 막아 저 게걸스러운 턱을 봉해 버리려고 하는 것임을 그들은 알지 못한다. 그런 후에 하늘과 땅은 새로워지고 정결해져서, 영원히 더러워질 수 없는 거룩함을 얻게 될 것이지만, 그 날이 올 때까지는 하늘과 땅에 선언된 나의 저주가 계속될 것이다."

전능자가 말을 마치자, 천국의 청중들은 큰 소리로 "할렐루야"를 노래하니, 바다들이 내는 소리처럼 온 무리 가운데 울려퍼졌다. "당신이 행하는 길들은 정의롭고, 당신이 정하여 행하는 모든 일들은 의로우니, 누가 당신을 폄하할 수 있겠습니까." 다음으로는 전능자가 인류를 회복할 자로 정하신 성자를 향해 이렇게 노래했다. "당신으로 말미암아 새 하늘과 새 땅이 여러 세대에 걸쳐 만들어지거나 천국으로부터 내려오게 될 것입니다."

그들이 이렇게 노래하는 동안, 창조주는 자신의 권능의 천사들을 호명하여 불러내어, 현재의 상황에서 가장 적절한 여러 가지 서로 다른 소임들을 부여했다. 창조주의 지시를 따라 그 천사들은 먼저 태양에게 북방으로부터 늙어 꼬부라진 겨울을 불러내고, 남방으로부터는 하지의 한여름의 더위를 불러와서, 땅으로 하여금 거의 견딜 수 없을 정도의 추위와 더위를 겪게 하는 방식으로 움직이고 빛을 비추게 하였고, 희고 창백한 달에게도 새로운 임무를 정해주었으며, 나머지 다섯 행성들이 언제 황도의 6분좌와 4분좌와 3분좌와 대척좌에서 움직이거나 서로 합쳐져서 불길한 기운을 품어 낼 것인지도 정해주었고, 항성들에게도 언제 나타나서 그것들 중 어떤 것이 태양과 함께 솟아오르거나 떨어지면서 악한 기운을 폭풍처럼 쏟아낼 것인지를 가르쳐주었다. 또한 바람에게는 어디에 있다가 언제 거세게 불어닥쳐서 바다와 공중과 대지를 휩쓸어 당혹스럽게 할 것인지를 정해주었고, 우레에게는 언제 하늘의 어두운 광장을 굴러 공포를 자아낼지를 정해주었다.

어떤 이들은 창조주가 자신의 천사들에게 지구의 축을 태양의 축으로부터 20도 정도 기울게 하라고 명하자, 그들이 지구의 중심을 힘껏 밀어서 기울어지게 했다고 하고, 어떤 이들은 태양이 하늘에 있는 자신의 길인 황도를 원래의 궤도로부터 20도 정도 기울어지게 해서, 춘분점 또는 추분점인 지점에서 출발하여 아틀라스의 딸들인 일곱 자매를 거느린 금우궁과 스파르타의 쌍둥이 왕자를 나타내는 쌍자궁을 통과해서 북회귀선의 거행궁까지 올라갔다가, 거기에서 전속력으로 내려와서 사자궁과 처녀궁과 천칭궁을 통과해서 저 멀리 산양궁에 도달하는 길로 운행하도록 명령을 받은 것이라고 하는데, 이렇게 한 것은 각 지방에 계절의 변화를 주기 위한 것이었다.

창조주가 이런 조치를 취하지 않았다면, 극지 외에 다른 모든 지역에서는 낮과 밤의 길이가 동일한 가운데 봄이 늘 푸르른 초목들로 땅에 미소를 보내었을 것이고, 극지에서는 태양이 자신의 먼 거리를 보상해주기 위해 밤낮의 구별 없이 늘 낮게 떠서 빛을 비쳐줌으로써, 거기에서는 태양이 계속해서 지평선을 도는 것으로 보였을 것이며, 동서남북의 방위도 존재하지 않았을 것이고, 북쪽의 추운 에스토티란드 지방으로부터 남쪽의 마젤란 해협에 이르는 지역을 뒤덮고 있는 눈[14]도 존

---

14 "에스토티란드"는 북아메리카 캐나다 동부의 래브라도 반도 동쪽에 있는 지방이다. 1,500 미터의 고지로 많은 빙하호가 있다. 지표면이 일 년의 거의 대부분 눈으로 덮여 농업이 거

재하지 않았을 것이다.

인간이 저 금단의 열매를 먹었을 때, 미케네 왕 아트레우스가 자신의 아내를 유혹한 형 티에스테스에게 복수하기 위해 연회를 열어 형의 한 아들을 죽여 내놓아서 그 인육을 먹였던 것처럼, 태양도 그런 인간에게 복수하기 위해 자신의 원래의 궤도를 바꾸어버렸다. 태양이 원래의 궤도를 돌고 있었을 때에는, 이 세계는 죄 짓기 이전의 인간이 살기 좋은 곳이었고, 낙원도 지금과는 달리 살을 에는 추위와 타는 듯이 이글거리는 열기 아래 놓여 있지 않았다. 만일 그때에도 태양이 지금과 같은 바뀐 궤도를 돌고 있었다면, 낙원에 살고 있던 인간이 그런 기후를 어떻게 견뎌낼 수 있었겠는가.

하늘에서 생겨난 그러한 변화들은 별들에 의한 사악한 독기와 나쁜 기운으로 인해 서서히 대지와 바다에도 동일한 변화를 초래해서, 부패하고 해로운 습기와 안개와 뜨거운 수증기를 만들어내었다. 이제 보레아스라는 북풍, 카이키아스라는 북동풍, 아르게스테스라는 굉음을 내는 서북풍, 트라스키아스라는 북서풍이 북방의 노룸베가 지방과 북극해 근방의 사모에드 연안에 있는 자신의 청동 감옥을 부수고 나와,[15] 얼음과 눈과 우박과 폭풍과 돌풍으로 무장하고 불어 닥쳐서 숲들을 찢고 바다들을 뒤집어놓으면, 남방에서는 노투스라는 남풍과 아페르라는

의 불가능하다. "마젤란 해협"은 남아메리카 남쪽 끝에 위치한 해협으로서, 거센 바람이 불고 차디찬 비가 내리는 지구 상에서 가장 위험하면서도 가장 아름다운 지역이다. 기후가 워낙 춥고 삭막했기 때문에 군대를 제외한 민간인들은 이주를 거부했다고 한다.

15 "노룸베가"는 전설로 전해지는 북아메리카 북동쪽의 거주지로서, 1500년대부터 아메리카 식민지 시대까지의 많은 초기 지도들에 등장한다. "노룸베가"는 아메리카 원주민의 언어로 "빠른 것들 사이의 조용한 곳" 또는 "조용히 뻗어 있는 물"이라는 뜻이다. "사모에드"는 시베리아의 북동부에 있는 지방이다.

서남풍이 우레를 품은 먹장구름을 타고 세랄리오나 산[16]으로부터 몰려
와서 북방의 바람들을 맞받아쳤고, 해 뜨는 쪽에서 불어오는 레반트라
는 동풍, 해 지는 쪽에서 불어오는 포넨트라는 서풍, 동서의 수평 방향
으로 부는 에우로스라는 동풍과 제피르라는 서풍, 시로코라는 동남풍
과 리베키오라는 서남풍은 사납게 돌진해서 남방과 북방의 바람들의
옆구리를 공격하여 흩어놓았다.

　　이렇게 불법과 광란은 생명 없는 것들로부터 시작되었지만, 죽음은
처음에 이성 없는 것들의 서로 간의 독한 반감을 통해 죄의 딸인 불화
를 끌어들였다. 이제 짐승과 짐승, 새와 새, 물고기와 물고기가 서로 불
화하고 싸우기 시작했다. 모든 생물들이 풀을 뜯어 먹고 사는 것을 그
만두고, 이제는 서로를 잡아먹었다. 인간을 보면 경외심에 사로잡혀 멈
춰 서서 보는 것이 아니라 피해 달아나거나, 얼굴을 찌푸리고 험상궂은
표정으로 그들 곁을 지나가는 인간을 노려보았다. 그들은 아주 짙은 그
늘 속에 몸을 숨겨버리고 자신들의 모습을 잘 드러내지 않았지만, 아담
은 외부에서 일어나는 이런 불행한 상황이 점점 더 악화되는 것을 이
미 부분적으로 느끼고서는 비참함을 맛보고 있었다. 그러나 더 큰 문제
는 아담의 내면이 온갖 욕망과 감정들이 뒤엉켜서 거세게 요동치는 격
정의 바다처럼 되어 버렸다는 것이었다. 그래서 그는 다음과 같은 푸념
으로 자신의 비참한 처지를 달래보려 하였다.
　　"오, 행복 끝에 불행이라더니, 이것이 정녕 이 영광스러운 새로운

16　"세랄리오나"는 아프리카 서부 해안에 있는 지역으로서 오늘날의 시에라리온이다. 1462년
　　포르투갈인들이 이 지역 해안을 항해하면서 사자의 울음소리가 들리는 듯하다고 생각해서
　　"사자가 있는 산"이라는 뜻의 시에라리온으로 불렀다고 한다.

세계의 끝이고, 얼마 전까지만 해도 그 신세계가 지닌 영광 중에서 최고의 영광이었던 나의 끝인 것인가. 그토록 복된 자였던 내가 이제는 저주 받은 자가 되어, 전에는 바라보기만 해도 내게 최고의 행복을 가져다주었던 하나님의 얼굴을 이제는 피하는 신세가 되어 버렸구나. 내가 그렇게 된 것은 그럴 만한 것이었고, 내가 마땅히 감수해야 할 것이었으니, 나의 불행이 거기에서 멈췄다면 내가 이렇게까지 비참하지는 않았을 것이다.

한데 그것으로는 충분하지 않았던지, 내가 먹거나 마시거나 만들어내는 모든 것에서 끝없이 저주가 양산되니, 전에는 그렇게도 듣기 좋았고 반가웠던 '생육하고 번성하라'는 음성이 이제는 듣기만 해도 죽을 것 같은 말이 되어 버렸구나. 내가 생육하고 번성할수록, 늘어나는 것은 오직 내 머리 위로 돌아오는 저주들뿐이기 때문이다. 앞으로 태어날 모든 세대들 중에서 나로 인해 자신들에게 돌아오는 해악을 느낄 때마다, 나의 머리를 저주하면서, '우리가 운 나쁘게도 못된 조상을 만나 이런 일을 당하는 것이니 아담에게 감사해야 하겠지'라고 자조 섞인 말을 하며 나를 욕하지 않을 자가 누가 있겠는가. 그들이 말하는 감사는 나에 대한 저주요 욕이 아니겠는가. 그러니 내 머리 위에 머무는 내 자신에 대한 저주 외에도, 나로부터 나간 모든 저주가 심한 반동으로 그 저주의 원래의 목표물이자 있어야 할 자리인 나의 머리로 다시 돌아와서 나를 무겁게 짓누르게 되리라. 오, 영구한 재앙 및 비탄과 맞바꾸어버린 낙원의 지나가버린 기쁨들이여.

조물주여, 언제 내가 흙으로 나를 빚어 인간으로 만들어달라고 요청했으며, 어둠으로부터 나를 이끌어서 여기 이 즐거운 동산에 데려다주시라고 간청했습니까. 내가 사람이 되어 살아가고 싶어서 당신께 나를 사람으로 만들어 존재하게 해달라고 요청한 적이 없으니, 나를 다시 흙이 되게 해주시는 것이 합당하고 옳을 것입니다. 또한 당신은 내가 스스로 원해서 지키겠다고 약속하지도 않은 선을 내게 지키라고 너무나 가혹한 조건을 내거셨으나, 나로서는 그런 조건을 따라 살아갈 수 없으니, 나는 당신이 내게 주신 모든 것을 반납하고 다시 흙으로 돌아가려고 합니다. 그렇게 하면 내가 저지른 죄에 대한 형벌로는 충분할 것 같은데, 무슨 이유로 이렇게 내게 끝없는 비탄과 괴로움을 더하시는 것입니까. 당신이 말하는 정의라는 것은 정말 이해하기가 불가능해 보입니다.

하지만 솔직히 말해서, 내가 이런 식으로 항변해 보아야, 이미 때는 너무 늦어버렸어. 조물주가 이런 조건을 내걸었을 때, 바로 그 자리에서 거절했어야 했어. 너는 그 조건을 받아들여서 좋은 것은 다 누려오다가, 이제 와서 그 조건이 말도 안 되는 것이었다고 트집을 잡는 것이냐. 하나님은 너의 허락 없이 너를 짓긴 했다. 하지만 만일 네가 낳은 아들이 네게 반기를 들고 네 탓을 하며, '내가 원하지도 않았는데, 왜 당신은 나를 낳으신 것입니까'라고 항변한다면, 너는 네 아들이 그런 오만한 핑계를 들이대며 너를 멸시하는 것을 용납할 수 있겠느냐. 물론 네 아들은 너의 선택에 의해서가 아니라 자연의 필연에 의해 태어난 것인 반면에, 하나님은 자신의 선택을 따라 너를 지었고 자신의 뜻을 따라 너로 하여금 하나님을 섬기게 하셨기 때문에, 네게 주어지는 상은 하나님의 은혜를 따라 주어지는 것이고, 너에 대한 형벌은 당연히 전적으로 하나님의 뜻에 달려 있지.

그러니 내가 흙이니 흙으로 돌아가라는 하나님의 심판이 합당하다는 것을 나는 인정한다. 그 심판을 언제든지 집행하라. 나는 쌍수를 들어 환영한다. 그런데 왜 하나님은 자신이 내린 선고를 즉시 집행하지 않으시고 연기하셔서, 나로 하여금 구차한 목숨을 이어가면서 죽음의 조롱을 받으며 죽음보다 못한 고통을 계속해서 받게 하시는 것인가. 나는 내게 내려진 선고대로 죽어서 아무것도 알지 못하고 느끼지 못하는 흙이 되는 것을 쌍수를 들어 환영하고, 내 어머니의 무릎을 베고 눕는 날을 학수고대한다. 거기라면 나는 편안히 쉬고 잠들 수 있으리라. 내 귀에 우레처럼 울리는 그분의 무서운 음성을 더는 듣지 않아도 되고, 나와 나의 자손에게 닥칠 더 큰 화와 재앙을 예감하며 몸서리치며 두려워하고 괴로워하는 일도 없게 될 것이다.

하지만 여전히 한 가지 의문이 나를 괴롭히는데, 그것은 하나님이 내게 불어넣어 주신 저 순수한 생기, 곧 인간의 영은 흙으로 만들어진 이 육체와 더불어 없어질 수 없는 것이기 때문에, 내가 죽더라도, 나의 모든 것이 다 죽지는 않고, 나는 무덤 속에서, 또는 아무도 모르는 어떤 암울한 곳에서 영원히 어떤 모종의 죽음을 맛보며 살아가게 될 수도 있다는 것이다. 그것이 사실이라면, 생각만 해도 끔찍하다. 그러나 다른 한편으로 생각해 보면, 범죄한 것은 바로 생기였고, 생명이 있어서 범죄한 바로 그것이 죽는 것이 아니면 대체 무엇이 죽을 수 있겠는가. 육체에는 본래부터 생명도 없고 범죄함도 없지 않는가. 그러니 나의 모든 것이 죽게 될 것이 분명하다. 인간의 지각으로는 그 이상을 알 수 없으니, 이쯤에서 그런 의심은 버려야 한다.

만물의 주는 무한하시지만, 그분의 진노가 과연 무한할까. 그렇다고 할지라도, 인간은 죽게 되어 있으니, 인간에 대한 하나님의 진노는 무한할 수 없다. 죽음으로 모든 것이 끝나버릴 인간에게 어떻게 끝없이 진노를 내릴 수 있겠는가. 하나님은 인간이 죽지 않고도 죽음을 맛볼 수 있게 하실 수 있는가. 그것은 기괴한 모순이어서, 하나님의 권능을 보여주는 증거가 아니라, 도리어 허점이 될 것이니, 그런 일은 하나님에게도 불가능하리라. 과연 하나님은 자신의 분노로 인해 유한을 무한으로 연장해서 인간을 벌함으로써 결코 충족될 수 없는 자신의 준엄함을 만족시키고자 할 것인가. 하지만 그것은 흙이라는 물체가 감내할 수 있는 한도 내에서만 작용하는 자연의 법칙을 넘어서서 자신의 심판을 연장하는 것이 될 것이어서 불가능할 것이다.

그러나 하나님이 말한 죽음이라는 것은 내가 생각하는 것처럼 어느 순간에 단 한 방으로 모든 감각을 상실하게 되는 그런 것이 아니라, 내가 그 날 이후로 내 안에서와 내 밖에서 동시에 느끼기 시작한 저 끝 모를 불행이 영원까지 이어지는 그런 것일 수도 있어. 만약 그렇다면, 그 두려운 것은 시도 때도 없이 벼락처럼 무시무시하게 되돌아와서 나의 무방비상태의 머리 위에 떨어지겠지. 죽음이나 나나 형체도 없이 존재해서, 나 혼자만이 아니라 내 안에서 모든 자손들이 저주를 받게 되겠지. 나의 아들들아, 내가 너희에게 정말 좋은 유산을 물려주게 되었구나. 그 유산을 내가 몽땅 써버려서, 너희에게는 단 한 푼도 물려주지 않을 수 있다면 얼마나 좋을까. 그렇게 되기만 한다면, 너희는 나를 저주하는 대신에 도리어 그것을 막아준 내게 감사하지 않겠느냐. 아, 온 인류가 아무런 죄를 저지르지 않아도 한 사람의 잘못으로 인해 단죄되어 죽어야 한다는 것이 말이 되는가. 하지만 내게서 태어날 자들은 모두 그 마음과 의지가 다 부패하고 타락해서, 나와 똑같은 죄를 지을 뿐만 아니라 지으려고 하는 자들일 것이 뻔하지 않느냐. 그러니 어떻게 그들이 죄 없는 자들로 하나님 앞에 설 수 있겠는가.

그러므로 이리저리 모든 것을 다 고려하고 생각해 보아도 나는 하나님이 행하신 바가 다 옳다는 것을 인정하지 않을 수 없다. 내가 옳고 하나님이 틀렸다는 것을 증명하기 위해 마치 미로처럼 온갖 변명들과 근거들을 들어서 추론해보아도 결국 그 결론은 내 자신의 죄를 확인해주는 것밖에 없구나. 모든 잘못은 전적으로 모든 타락과 부패의 근원이

자 원천인 오직 내게 있기 때문에, 형벌도 내게만 주어지는 것이 합당하니, 하나님의 진노도 내게만 내려지는 것이 옳다. 하지만 그것은 헛된 바람일 뿐이다. 그 형벌은 지구보다도 더 무겁고 우주 전체보다 더 무거울 것인데, 저 악한 여자와 나누어 진다고 해도, 어떻게 그 무거운 짐을 질 수 있겠느냐.

이렇게 네가 바라는 것이 무엇인지를 생각해보고, 네가 두려워하는 것이 무엇인지를 생각해보아도, 네가 빠져나갈 구멍은 아예 없으니, 너는 과거와 미래를 통틀어서 가장 불행한 자라는 결론밖에 나오지 않고, 네가 저지른 범죄나 네가 받은 심판과 유일하게 닮은 자는 오직 사탄뿐이로구나. 오, 양심이여, 너는 나를 두려움과 공포의 심연 속으로 몰아가고 있고, 나는 거기에서 빠져나올 길을 찾지 못한 채 점점 더 깊이 빠져 들어가고 있구나."

이렇게 아담은 적막한 밤 내내 혼자 큰 소리로 탄식했다. 이제 그 밤은 인간이 타락하기 이전처럼 상쾌하지도 시원하지도 온화하지도 않았고, 검은 공기와 끈적끈적한 습기와 무시무시한 암울만이 가득해서, 그의 악한 양심으로 하여금 모든 것에 대해 갑절로 두려움을 느끼게 만들었다. 그는 차가운 땅바닥에 큰 대자로 누워, 자기가 지음 받은 날을 저주하기도 하고, 그가 범죄하던 날에 선고된 죽음이 빨리 집행되지 않고 늦어지고 있는 것을 저주하기도 하며 푸념을 늘어놓았다.

그는 이렇게 말했다. "내가 이렇게 죽음을 기다리고 있으니, 죽음이 내게 와서 단 한 방에 나를 끝장내야 하는 것 아닌가. 진리는 자신이 내뱉은 말을 지키고, 성스러운 정의는 자신의 의로움을 빨리 드러내야 하는 것 아닌가. 하지만 아무리 불러도 죽음은 오지 않고, 아무리 소리 질러 간구해도 성스러운 정의는 자신의 너무나 느린 발걸음을 재촉하려들지 않는구나. 오, 숲들이여, 오, 샘들과 언덕들과 골짜기들과 그늘진 곳들이여, 너희도 전에는 내가 가르쳐준 대로 내게 잘도 화답하더니, 지금은 나의 소리를 외면하고, 아주 딴판인 노래를 내게 되돌려주는구나."

조금 떨어진 곳에서 쓸쓸히 앉아 슬픈 기색으로 그가 괴로워하는 모습을 지켜보고 있던 하와가 가까이 다가와서 부드러운 말로 사납게 요동치는 그의 감정을 달래주려 했지만, 그는 그녀를 무섭게 노려보며 이렇게 퇴짜를 놓았다.

"뱀이여, 내 눈 앞에서 사라지시오. 당신은 거짓되고 가증스러워서 뱀과 한 패이니, 그 이름이 당신에게 정말 잘 어울리오. 뱀의 생김새와 빛깔은 고운데, 속에는 거짓을 숨기고 있는 것이 당신과 똑같으니, 앞으로 모든 피조물들은 천상의 존재처럼 지나치게 아름다운 것 속에는 지옥의 거짓이 감추어져 있어서 그 덫에 걸려들어서는 안 된다는 경고를 당신을 통해 받게 되었소.

당신만 아니었다면, 당신이 그 특유의 교만하고 허영에 들떠 제멋대로 행하는 성벽으로 인해 가장 위험한 때에 나의 경고를 받고도 자기를 믿지 못하는 것이라 하여 거절하고, 자기 자신을 지나치게 과신하여, 사탄과 맞닥뜨려서도 얼마든지 보기 좋게 이길 수 있다는 것을 보여주겠다고 호기롭게 나서서는, 정작 사탄을 만났을 때에는 어리석게 속아 넘어가는 바보 같은 짓을 저지르지만 않았더라면, 나는 지금도 여전히 행복하게 살고 있었을 것이오. 나는 당신이 지혜롭고 심지가 굳으며 성숙해서 그 어떤 공격도 다 막아낼 수 있을 것이라고 믿고서, 당신이 내 옆에서 떨어져 혼자 있게 한 것이었는데, 당신의 그런 모든 모습이 진짜 모습이 아니라 단지 겉모습일 뿐이라는 것을 미처 몰랐던 것이오. 이제 보니 당신은 본래 그저 구부러지고 휘어진 갈비뼈, 아니 불길하고 사악한 쪽으로 구부러진 갈비뼈, 하나님이 나를 만들기 위해 준비해 놓았다가 남아서 필요 없게 되어 내버린 갈비뼈에 불과했던 것이오.

오, 지혜로우신 창조주이신 하나님이여, 왜 당신은 최고천에는 남자인 영들만을 창조하여 살게 했으면서, 이 세계에서는 남자인 천사들만을 지으셔서 여자 없이 살게 하거나, 여자 없이 인류를 생산해낼 수 있는 다른 방법을 찾아보지 않으시고, 자연의 아름다운 결함인 이 신기한 존재를 마지막으로 창조하여 이 땅에 두신 것입니까. 그렇게 하지만 않으셨다면, 이 재앙이 생겨나는 일도 없었을 것이고, 여자와의 친밀한 관계로 인해 여자가 덫이 됨으로써 이후로 이 땅에 생겨나게 될 수 없이 많은 혼란도 막을 수 있지 않았겠습니까. 이후로 남자들은 자신의 합당한 짝으로 오직 여자만을 맞이할 수밖에 없을 것이고, 여자들은 남자들을 잘못되게 하여 이런저런 재앙들을 가져다줄 것입니다. 또한 남자들은 자기가 가장 원하는 여자를 그녀 자신의 반대로 얻지 못하거나, 자기보다 훨씬 더 악한 자가 그녀를 차지하는 것을 지켜보거나, 그녀가 그를 사랑한다고 해도 부모의 반대로 그녀를 얻지 못하거나, 아주 좋은 짝을 만났는데도 이미 때가 늦어, 그녀가 자신이 미워하는 원수와 약혼하거나 결혼한 후여서 자신의 짝으로 맞아들이지 못하는 일이 비일비재하게 일어나게 될 것입니다. 그리고 이런 일들은 인간의 삶에 끝없는 재앙들을 야기시킬 것이고, 가정의 평화를 파괴하게 될 것입니다."

아담은 더 이상 말을 이어가지 못하고 하와에게서 돌아섰지만, 그녀는 거기에 반발해서 물러가지 않고, 눈물을 하염없이 흘리며 머리카락이 헝클어진 채로 그의 발 앞에 주저앉아, 그의 발을 부여잡고서 용서를 구하며 이렇게 간청했다.

"아담이여, 내가 불운하여 나도 모르는 사이에 속아 범죄하였지만, 내 마음속에서 내가 얼마나 당신을 진심으로 사랑하고 존경하는지는 하늘이 알고 있으니, 제발 나를 이런 식으로 버리지 말아 주세요. 이렇

게 당신의 무릎을 꼭 붙들고서 간청하오니, 지금까지 나의 유일한 힘이
자 의지인 당신만을 믿고 살아온 내가 이렇게 극도의 곤경에 처해 있
어서 당신의 온유한 표정과 당신의 도움과 당신의 지혜가 그 어느 때
보다도 절실한 이때에 나를 떠나지 말아 주세요. 당신에게서 버림받으
면 내가 어디로 가겠으며, 어디에 간들 거기에서 삶을 이어갈 수나 있
겠어요?

우리가 살아 있는 것이 단 한 시간뿐일지라도, 우리 두 사람이 화해
하고 서로 힘을 합쳐서, 해악을 함께 받은 우리가 이제 하나님의 심판
으로 인해 우리의 철천지원수임이 분명해진 저 사악한 뱀에 맞서 함
께 대항합시다. 우리 두 사람이 범죄하긴 했지만, 당신은 오직 하나님
께만 범죄했고, 나는 하나님과 당신에게 범죄했으니, 심판정에 서게 되
면, 당신에게 임한 이 모든 재앙은 다 내 탓이기 때문에, 하나님의 진노
도 오직 내게만 내려지는 것이 마땅하다고 소리 높여 하나님을 끈질기
게 설득해서, 당신에게 내려진 모든 심판이 당신의 머리에서 제거되어
내게 돌아오게 해달라고 간청하리니, 이 일로 인해 이미 심판을 받아서
당신보다 더 불행해진 내게 당신의 증오까지 더하지 말아 주세요."

하와는 말을 끝내고나서도 여전히 울고 있었고, 자신의 잘못을 인
정하고 깊이 뉘우치면서 용서를 받을 때까지는 결단코 물러서지 않겠
다는 그녀의 겸손하면서도 단호한 태도는 아담의 내면에서 연민의 정
을 불러일으켜서, 이내 그녀에 대한 그의 마음은 풀렸다. 그녀는 얼마
전까지만 해도 그의 생명이었고 유일한 기쁨이었다. 그런 그녀가 지금
그의 발 앞에 순종하는 자세로 자신의 잘못으로 인해 해악을 입은 그
에게 용서를 구하고 그의 조언과 도움을 청하니, 그녀의 그런 아름다운
모습에 마치 무장을 해제당한 자처럼 분노는 온 데 간 데 없이 사라져
버려서, 그는 다음과 같은 말로 그녀를 달래며 즉시 손을 잡아 일으켜

세웠다.

"이 일로 인한 모든 형벌이 그대 자신에게 내리기를 바라는 것은 그대가 이전과 마찬가지로 지금도 여전히 뭘 잘 알지도 못하면서 의욕만 앞서서 경솔하고 성급하게 행동하는 것일 뿐이오. 나의 분노조차 감당하지 못했던 그대가 이제 단지 시작일 뿐인 그분의 진노를 모두 다 감당한다는 것은 말도 안 되는 일이니, 그 진노 중에서 그대의 몫부터 먼저 잘 감당하기 바라오. 만일 그분이 정한 지엄한 선고들을 기도로 바꾸어 놓을 수 있는 것이라면, 그대보다 내가 먼저 그곳으로 달려가서, 그대가 연약한 여자로 태어나 그 연약함으로 인해 이 잘못을 저지르게 된 것이니 그대를 용서하시고, 모든 잘못을 내게 돌리시고, 거기에 따른 형벌도 다 내 머리에 돌아오게 해주시라고 큰 소리로 부르짖었을 것이오.

그러니 일어나시오. 우리는 다른 곳에서 이미 충분한 책망을 들었으니, 더 이상 우리끼리는 다투지도 말고, 서로에게 책임을 떠넘기며 탓하지도 말고, 이제 서로를 향한 사랑의 의무들에 매진해서, 이미 우리의 몫이 되어 버린 이 재앙과 곤경 속에서 어떻게 하면 서로의 짐을 덜어줄 수 있을지를 생각해 봅시다. 왜냐하면 내가 보기에는 이 날 우리에게 선고된 죽음이라는 것은 단번에 어느 한순간에 생명이 끊어지고 멸망을 받는 것이 아니라, 오랜 날들에 걸쳐 서서히 우리에게 점점 더 큰 고통이 더해지고, 우리의 불운한 자손들에게도 자자손손 그런 고통이 전해지는 어떤 해악일 것임에 틀림없기 때문이오."

아담이 이렇게 말하자 기운을 회복한 하와는 이렇게 대답했다.

"아담이여, 이번의 서글픈 경험을 겪으면서, 나의 말들이 너무나 불행한 사건을 통해 완전히 틀렸고 잘못되었다는 것이 밝혀졌으니, 이제부터 당신이 내가 하는 말을 얼마나 가볍게 들을지를 나는 알아요. 그럼에도 불구하고 당신이 나 같이 형편없는 여자를 다시 받아주어서, 사나 죽으나 내 마음의 유일한 만족인 당신의 사랑을 되찾을 희망이 생겼으니, 내가 당신으로 말미암아 다시 힘을 내어, 나의 불안한 마음속에서 일어나는 생각들을 당신에게 숨기지 않고, 우리의 이 극단적인 상황에서 우리가 겪는 재앙과 고통을 끝내기 위한 쓰라리고 서글픈 선택이지만 그래도 감당할 만하고 좀 더 쉬운 길이 무엇인지를 말해 볼까해요.

우리에게 가장 괴로운 일들 중의 하나가 우리 자손들에 대한 염려, 곧 이 비탄과 재앙의 세계 속으로 태어나서 고통스럽게 살아가다가 결국에는 죽음에게 삼켜지는 것이라면, 우리 자신이 우리가 낳은 자손들의 불행의 원인이 되는 것은 참으로 비참한 일이니, 우리의 허리에서 이 저주 받은 세계 속으로 태어난 비탄의 족속이 참담한 삶을 살고 나서는 결국 저 추악하기 짝이 없는 괴물의 밥이 되지 않게 할 수 있는 방법을 강구했으면 해요. 그런데 그 복 없는 족속이 잉태되는 것을 미리 막아서 태어나지 않게 하는 것은 당신이 얼마든지 할 수 있고, 다행히 우리에게는 아직 자녀가 없으니, 지금 이대로 계속해서 자녀를 낳지 않고 살아가는 것이 가장 좋은 방법이겠죠. 그러면 죽음은 잔뜩 포식하게 될 것이라고 기대했다가 크게 실망하고서, 우리 둘로만 자신의 허기진 배를 채울 수밖에 없게 되겠죠.

하지만 당신이 가망 없는 간절한 욕망으로 시들어가는 짝을 눈앞에 둔 채로 자기 자신도 그 동일한 욕망으로 시들어가면서도, 부부가 달콤하게 서로 껴안고 사랑의 의식을 치르는 것을 피하고, 단지 서로를 바라보며 사랑의 눈빛을 교환하며 대화하는 것은 우리가 두려워하는 다른 불행과 괴로움들만큼이나 어렵고 힘든 일이라고 판단한다면, 우리 자신과 우리의 자손을 우리가 두려워하는 것으로부터 단번에 벗어나게 하기 위해, 더 생각해 볼 것도 없이 즉시 죽음을 찾거나, 죽음이 보이지 않으면, 우리 자신의 손으로 죽음이 해야 할 일을 직접 하면 될 것이에요. 멸망으로써 멸망을 멸할 수 있는 많은 방법들 중에서 가장 손쉬운 지름길이 있고, 우리에게는 그 지름길을 택할 수 있는 능력이 있는데, 우리가 죽음 외에는 끝날 것 같지 않은 온갖 두려움들 아래에서 계속해서 부들부들 떨며 살아갈 이유가 어디 있겠어요."

하와는 여기에서 말을 끝냈지만, 사실은 절망의 격정으로 인해 더 이상 말을 이어나갈 수 없었던 것이었다. 죽음에 대해서 너무나 진지하고 골똘하게 생각하느라, 그녀의 뺨은 창백해져 있었다.

하지만 아담은 좀 더 주의 깊고 신중한 생각으로 더 나은 희망을 바라보며 자신의 마음을 추스르려고 애쓰고 있었기 때문에, 그녀의 그런 제안에 전혀 동요함이 없이 그녀에게 이렇게 대답했다.

"하와여, 그대가 생명과 즐거움을 하찮게 여기는 그런 말을 하는 것은 그대 안에 그대가 하찮게 여기는 그런 것들보다 더 고귀하고 탁월한 그 무엇이 존재한다는 것을 증명해 주는 것으로 보이오. 하지만 자멸을 바라고 스스로 죽고자 하는 것은 그대 안에 있는 그 탁월한 것을 거부하는 것이기 때문에, 그것은 생명과 즐거움을 하찮게 여기는 것이 아니라, 도리어 역으로 그대가 너무나 사랑한 그런 것들을 잃어버려서 상실감과 회한과 고통을 느끼고 있음을 말해주는 것일 뿐이오. 또한 그대가 우리에게 선고된 형벌을 피하기 위해 모든 불행의 가장 끝인 죽음으로 직통하고자 한다면, 하나님은 자신의 복수와 진노를 아주 지혜롭게 설계해 놓으셔서, 그대가 그런 식으로 선수를 치는 것을 용납하지 않을 것이 분명하오. 그리고 내가 무엇보다도 가장 염려하고 두려워하는 것은 우리가 그런 식으로 선수를 쳐서 죽음을 택한다고 할지라도,

하나님의 심판에 의해 우리에게 치르도록 정해진 고통은 우리에게서 떠나가지 않고, 우리는 그 모든 분량을 끝까지 감당해야 되리라는 것이오. 도리어 우리의 고집을 앞세운 그런 행위들은 지존자의 노여움을 불러일으켜서, 죽음이 우리 안에서 살아가게 하실 것이오.

그러니 우리는 좀 더 안전한 해결책을 찾아보아야 하는데, 내가 보기에는 하나님이 우리에게 내리신 선고의 일부, 그러니까 그대의 자손이 뱀의 머리를 상하게 할 것이라는 말씀을 좀 더 주의 깊게 찬찬히 숙고해보면 무엇인가 해결책이 나올 것이라는 생각이 드오. 내 추측에는, 거기에서 하나님이 말씀하신 뱀은 뱀의 모습으로 위장하고 나타나서 우리를 속인 우리의 불구대천의 원수인 저 사탄을 가리키는 것이 틀림없소. 만일 그렇지 않다면, 그 말씀은 우리에게 별로 위로가 되지 않을 것이기 때문이오. 실제로 사탄의 머리를 상하게 한다면, 즉 그 머리를 부수게 된다면, 그것은 우리에게 진정한 복수가 될 것이오. 그런데 그대가 제안한 대로 우리가 스스로 죽음을 택하거나, 자녀 없이 살아간다면, 그런 일은 일어나지 않게 될 것이고, 우리의 원수는 자신에게 내려진 형벌을 피하는 대신에, 우리의 머리 위에는 갑절의 형벌이 내려지게 될 것이오.

그러므로 우리가 우리 자신에게 폭력을 가하자거나 자녀 없이 살아가자는 말은 더 이상 하지 맙시다. 그런 것들은 우리에게 남아 있는 희망마저 끊어버리고, 오직 우리의 적개심과 오만함, 초조함과 앙심, 하나님과 그가 우리의 목에 메워준 의로운 멍에에 대한 반감만을 보여주는 것일 뿐이오.

우리가 범죄했던 그 날 하나님이 오셔서 노하심이나 질책 없이 지극히 온유하시고 자비로우신 태도로 우리의 얘기를 들어주시고 심판하셨던 것을 기억해 보시오. 그 날 우리는 하나님이 말씀하신 죽음이라

446

는 것은 즉각적인 소멸일 것이라고 생각해서 그런 일이 우리에게 일어날 것이라고 예상했지만, 그대에게는 오직 산고의 고통이 있으리라는 것만이 선고되었고, 그 산고도 이내 그대의 자궁에서 나온 열매로 인한 기쁨으로 보상받게 될 것이라고 하지 않았소. 나에 대한 저주도 크게 빗나가서, 내가 일을 해야 먹고 살게 될 것이라고 했는데, 그것이 무슨 저주고 무슨 나쁜 일이란 말이오. 일하지 않고 게으르게 빈둥거리는 것이야말로 훨씬 더 나쁜 일이니, 나는 일을 함으로써 도리어 더 건강하게 살 수 있게 될 것이오.

하나님은 추위와 더위가 우리를 해치지 못하게 하기 위해, 우리가 구하지 않아도, 때를 따라 우리에게 필요한 것들을 공급해주셨고, 우리가 심판받는 와중에도 우리를 불쌍히 여기셔서, 손수 옷을 만들어 그런 자비를 받을 자격조차 없는 우리에게 입혀주지 않으셨소? 그러니 앞으로 우리가 그분에게 기도한다면, 그는 자신의 귀를 활짝 여실 것이고, 우리에 대한 연민의 마음이 더욱 깊어져서, 이 혹독한 계절들과 비와 얼음과 우박과 눈을 어떻게 피해야 하는지도 가르쳐주실 것이오.

지금 하늘은 이 산에서 그 얼굴 표정을 여러 가지로 바꾸고, 바람도 습하고 매섭게 불어와서 여기에 있는 나무들이 아름답게 드리우고 있는 저 우아한 머리채를 잡아채서 산발로 만들어놓음으로써, 우리에게 그런 징조들을 보여주기 시작하고 있으니, 우리는 꽁꽁 얼어 마비된 우리의 손과 발을 녹이고 잘 보호하기 위해서 더 따뜻한 거처와 더 나은 온기를 찾지 않으면 안 되게 되었소. 얼마 전에 구름들이 서로 마찰을 일으키거나 거친 바람에 밀려 충돌하여 번개를 점화시켜서, 그 들쑥날쑥한 화염이 아래로 내려와 전나무나 소나무 같은 기름 성분이 풍부한 나무껍질에 불을 붙임으로써, 저 멀리에서 온 불이 태양을 보완하는 것을 보았는데, 우리도 낮의 별인 태양이 져서 추운 밤이 오기 전에, 그 빛줄기를 마른 재료에 모으거나 공기 중에서 두 물체를 마찰시켜 불을 얻어야 하오.

우리가 하나님에게 기도하고, 은총을 구한다면, 하나님은 이러한 불의 사용법만이 아니라, 우리 자신의 잘못으로 초래된 온갖 해악들을 치료할 수 있는 방법들도 틀림없이 우리에게 가르쳐 주실 것이니, 우리는 두려워할 필요 없이, 하나님이 공급해 주시는 것들에 의지해서 현세의 삶을 편안하게 살다가, 우리의 최후의 안식처이자 본향인 흙에서 우리의 생애를 마감하면 될 것이오. 그러니 그분이 우리를 심판하신 그곳으로 가서, 그 앞에 부복해서 경배를 드리고 나서, 우리가 진정으로 슬퍼하고 참회하며 지극히 낮아져 있음을 보여주는 증표로 우리의 눈물로 바닥을 적시고 우리의 한숨으로 주위의 공기를 가득 메우며, 겸손히 우리의 잘못을 고백하고 용서를 구하는 것보다 더 좋은 방법이 어디 있겠소. 그러면 하나님은 틀림없이 마음이 누그러지셔서 노여움을 거두실 것이오. 하나님은 아무리 진노하셔서 준엄해 보일지라도, 그 잔잔하고 평화로운 표정 속에서는 오직 축복과 은혜와 자비만이 빛나는 그런 분이오."

우리 인류의 시조가 회개하며 이렇게 말하자, 하와에게서도 똑같은 참회의 마음이 생겨났다. 즉시 그들은 하나님이 자신들을 심판하신 그곳으로 다시 가서, 그 앞에 부복해서 경배를 드리고서, 진정으로 슬퍼하고 참회하며 지극히 낮아져 있음을 보여주는 증표로 눈물로 바닥을 적시고 한숨으로 주위의 공기를 가득 메우며, 겸손히 자신들의 잘못을 고백하고 용서를 구했다.

제 11 권

줄거리

하나님의 아들은 우리의 첫 조상이 회개하는 기도를 받아 성부에게 올려드리며 그들을 위해 탄원한다. 하나님은 그 기도와 탄원을 받아들이지만, 그들이 더 이상 낙원에서 살아갈 수는 없다고 선언하고서, 먼저 아담에게 미래의 일들을 계시해 주게 하기 위해 미카엘이 이끄는 한 무리의 그룹 천사들을 보낸다. 미카엘은 낙원으로 내려오고, 아담은 하와에게 몇몇 불길한 징조들을 보여준다. 아담은 미카엘이 오는 것을 알아차리고서 그를 마중하러 나간다. 미카엘 천사는 그들에게 낙원을 떠날 것을 통고한다. 하와의 비탄. 아담은 사정해 보다가 결국 그 통고를 수용한다. 미카엘 천사는 아담을 높은 산으로 데려가서, 대홍수 때까지 일어나게 될 미래의 일들을 그의 눈 앞에 묵시로 보여준다.

아담과 하와는 이렇게 자신들을 철저하게 낮추고서 가장 겸손한 자세로 회개기도를 하며 서 있었는데, 이는 하늘에 있는 시은좌라 불리는 자비를 베푸는 곳으로부터 회개를 불러일으키는 선행 은혜가 내려와서, 그들의 돌 같던 마음을 제거하고, 살 같은 새로운 마음이 거기에서 다시 자라나게 함으로써, 기도의 영에 감응된, 말로는 표현할 수 없는 탄식들이 그들에게서 쏟아져, 가장 큰 소리로 하는 웅변보다 더 빠른 속도로 하늘로 날아올랐기 때문이었다. 하지만 그들의 태도는 비굴하게 애걸하는 자들 같지 않았고, 그들의 탄원도 그들보다는 오래되지는 않았지만 그래도 꽤 먼 옛날 오래된 이야기에 나오는 한 쌍의 부부인 데우칼리온과 그의 고결한 아내 피라가 인류 전체가 물에 잠겨 사라지는 것을 막기 위해 테미스 여신의 신전에서 서서 했던 기도[1]보다도 더 무게가 있었다. 시샘하는 바람이 그들의 기도를 흩어버리거나 중간에 가로채서 올라가지 못하게 하려고 해도, 물리적인 형체나 무게를 지니지 않은 그 기도는 길을 잃지 않고 날아올라가서 천국 문을 쉽게 통과해서, 황금 제단에서 피어오르는 향연을 덧입고서는, 그들의 위대

---

[1] "데우칼리온"은 그리스 신화에 나오는 프로메테우스의 아들이다. 제우스가 일으킨 대홍수 이후에 아내 피라와 함께 유일하게 살아남아 인류의 조상이 되었다. 피라는 프로메테우스의 동생 에피메테우스와 최초의 여성 판도라 사이에서 난 딸이다. 그리스 로마 신화에서는 인간 종족의 시대를 황금 시대, 은 시대, 청동 시대, 철 시대 등으로 구분하고 있다. 제일 처음에 도래한 황금 시대는 크로노스가 지배하던 시기로 인간들은 전쟁이나 형벌의 고통을 모른 채 평화롭고 안락한 삶을 누렸으며 대지는 경작하지 않아도 사시사철 먹을 것을 내어주어 모든 인간이 신처럼 살았지만, 청동 시대에 들어서면서 인간들은 마음씨가 몹시 거칠어졌다. 그들은 청동으로 농기구뿐만 아니라 무기도 만들어 서로 싸우기 시작했고 세상에는 고통과 한숨이 그칠 날이 없었다. 이에 제우스는 대홍수를 일으켜 사악한 인간들로 넘쳐나는 인류를 끝장내고자 했다.

한 중재자인 성자에 의해 성부의 보좌 앞에 올려졌다. 성자는 기뻐하며 그 기도를 올려드리며 이렇게 중재하기 시작했다.

"아버지여, 당신이 인간 속에 심으신 은혜로 말미암아 이제 땅에서 맺어진 첫 열매인 이 탄식과 기도를 보십시오. 당신의 제사장인 내가 그 기도를 이 금향로에서 피어오르는 향에 섞어 당신 앞에 올려드리오니, 이 열매는 당신이 인간의 마음에 뿌린 참회의 씨앗으로부터 자라난 것이어서, 순진무구한 상태에서 타락하기 이전에 인간의 손으로 가꾸어 낙원의 모든 나무에서 거둔 열매들보다 더 향기롭습니다. 그러니 인간의 간구에 귀를 기울여주시고, 말로 표현할 길 없는 인간의 탄식을 들어주십시오.

인간이 서툴러서 무슨 말로 기도해야 할지 몰라 자신의 뜻을 제대로 전달하지 못하니, 나를 변호인으로 삼아 인간을 위해 해명하게 해주시고, 나를 대속제물로 삼아, 선한 일이든 악한 일이든 인간이 행하는 모든 일을 내게로 돌리십시오. 나의 공로로 인간의 모든 행위를 완전하게 하고, 나의 죽음으로 인간의 모든 죄악에 대한 대가를 치르겠습니다. 나의 청원을 받아들여주셔서, 나로 말미암아 인간으로부터 올라온 이 기도를 흠향하심으로써, 서글픈 일이기는 하지만 인간에게 내려진 심판을 따라 죽음이 임하여(내가 이렇게 탄원하는 것은 그 죽음을 무효화하기 위한 것이 아니라 단지 완화하기 위한 것입니다) 인간이 더 나은 삶으로 옮겨져서, 당신과 내가 하나이듯이 나의 모든 속량함을 받은 자들도 나와 하나가 되어서 나와 함께 기쁨과 지극한 복 가운데 살아갈 수 있게 될 때까지, 이 땅에서 살아가는 날들 동안에 인간으로 하여금 당신과 화해하고 살아가게 해주십시오."

성부는 구름 한 점 없는 청명한 하늘 같은 표정으로 성자에게 이렇게 말했다.

"내가 사랑하고 기뻐하는 아들아, 네가 인간을 위해 청원한 모든 것은 내가 영원 전부터 작정하고 계획한 것 속에 다 포함되어 있는 것이니 모두 이루어질 것이다. 하지만 인간이 저 낙원에서 계속해서 살아가는 것은 내가 자연에 부여한 법에 어긋나는 불법이어서, 자연의 저 순수한 불멸의 원소들은 혼탁하고 이질적이며 추악한 것과 함께 하는 것을 용납하지 못하기 때문에, 이제 타락해서 더러운 것들로 오염되어 버린 인간을 토해내고, 병病의 원인이 되어 버린 인간을 낙원에서 쫓아내어, 처음으로 만물을 병들게 하고 부패하지 않은 것들을 부패시킨 죄로 말미암아 죽게 된 인간으로 하여금 그런 그에게 가장 알맞는 거칠고 나쁜 공기를 마시게 하고 썩는 양식을 먹게 할 것이다.

처음에 나는 인간을 창조하면서 행복과 영원불멸이라는 두 가지 좋은 선물을 수여했지만, 인간은 죄를 범하여 행복을 잃어버렸고, 영원불멸은 내가 선고한 죽음이 임할 때까지 인간의 고통과 비탄을 연장시키는 역할만을 하게 되었다. 그러므로 이제 죽음은 인간의 마지막 치료제가 될 것이고, 아울러 현세에서 살아가는 날들에 혹독한 환난과 시련 속에서 연단을 받고 믿음과 믿음에 의한 행위들을 통해 정화된 자들은 장차 내세에서 의인들로 부활하여, 그들에게 주어질 새 하늘과 새 땅에서 두 번째의 삶을 살게 될 것이다.

하지만 먼저 총회를 소집하여, 천국의 광대한 지역들에서 살아가는 모든 복된 자들을 다 모이게 하라. 그들은 자신들의 본분을 확고하게 지켜왔지만, 최근에 죄를 짓고 타락한 천사들에 대한 나의 심판을 보고서 교훈을 받아 더욱더 자신들의 본분을 확고히 하게 되었으니, 이번에도 내가 죄를 짓고 타락한 인류를 어떤 식으로 심판하고 처리하는지를 그들에게 숨기지 않을 것이다."

성부의 말이 끝나자, 성자는 모셔 서 있던 빛의 천사에게 신호를 보냈고, 그 천사는 나팔을 불었는데, 이 나팔소리는 훗날에 하나님이 시나이 산에 강림하실 때에도 울려 퍼졌고, 최후의 심판 때에도 또다시 울려 퍼질 것이었다. 천사가 부는 나팔소리는 천국의 모든 구역을 가득 채웠다. 빛의 아들들은 영원히 시들지 않는 초목인 아마란스[2]가 만들어준 그늘 밑의 지극히 복된 처소들이나 샘터나 생명수 강가에 앉아 기쁨의 교제를 나누고 있다가, 지존의 호출에 따라 서둘러 모여들어 각자의 자리에 가서 앉았다. 이윽고 전능자는 지극히 높은 보좌로부터 왕명을 하달하였다.

"오, 아들들아, 인간은 저 금지된 열매를 먹은 후로 선악을 아는 일에 우리 중 하나처럼 되긴 했지만, 그것은 선을 아는 지식은 상실하고 악을 아는 지식을 얻은 것이니, 차라리 선만을 알고 악은 아예 알지 못했던 그 시절로 만족했다면, 더 행복했을 것이다. 지금 인간은 자신의 행동을 후회하고 슬퍼하며, 자신의 죄를 고백하고 마음 아파하며 회개 기도를 하고 있지만, 그것은 그에게 회개의 영을 보냈기 때문이니, 인간의 마음이라는 것은 참으로 변덕스럽고 허망해서, 혼자 남게 되면 틀림없이 그 회개는 얼마 가지 못할 것이고, 지금보다 더 대담해져서 생명나무의 열매를 따먹고 영원히 살고자 할 것이다. 그러므로 인간이 그런 짓을 할 꿈도 꾸지 못하도록, 나는 인간을 에덴 동산에서 내보내어 흙을 경작하며 살게 하기로 작정하고 명하니, 그는 흙에서 지음 받은 자여서, 그렇게 살아가는 것이 그에게 더 합당하기 때문이다.

---

2   "아마란스"는 중심자목 비름과에 속하는 한해살이풀로 남아메리카 안데스산맥의 고산지대가 원산지며 약 5,000년 전부터 재배되었다. 아마란스는 "시들지 않는"이라는 뜻의 그리스어 '아마란토스'와 "꽃"을 뜻하는 '안토스'의 합성어로 영원히 시들지 않는 꽃이라는 뜻을 가지고 있는데, 꽃의 개화 시기가 다른 꽃보다 길기 때문에 이러한 이름이 붙여졌다. 밀턴은 이 식물의 이름에 착안해서, 이 이름의 초목이 천국에서 그늘을 만들어주고 있다고 말한다.

미카엘아, 나의 이 명령을 수행할 소임을 네게 맡기고자 하니, 너는 그룹 천사들 중에서 화염 전사들을 선발하여 이끌고 가서, 저 원수가 인간을 대상으로, 또는 저 주인 없는 곳을 차지하기 위해 낙원에서 새로운 공작을 펴서 또다시 말썽을 일으키지 못하도록, 하나님의 낙원으로부터 저 죄악된 부부를 가차 없이 쫓아내어 거룩한 곳에 거룩하지 않은 자들이 살아가지 못하게 하고, 그들과 그들의 자손들에게 인류가 낙원에서 영원히 추방되었음을 선포하라. 하지만 그들이 자신들의 범죄를 뉘우치고 눈물 흘리며 탄식하는 것을 내가 보았으니, 그들에게 내려진 서글픈 선고가 가차 없이 집행되는 것을 보고 절망하는 일이 없게 하기 위해, 모든 공포와 두려움을 그들에게서 제거해주어야 하리라. 그러니 그들이 너의 명령에 순순히 순종하는 경우에는, 무엇인가 위안이 되는 것을 가지고서 낙원에서 나갈 수 있도록, 내가 네게 알려준 대로 아담에게 장래에 일어날 일들을 계시해주고, 아울러 여자의 자손 안에서 인류에게 주어질 나의 새로운 약속도 말해주라. 그렇게 해서 그들이 슬픔 가운데서도 어느 정도는 희망과 위안을 가지고 낙원에서 나갈 수 있게 해주어라.

그리고 에덴 지역에서 동산으로 올라갈 수 있는 가장 쉬운 길이 있는 동쪽 지역에 그룹 천사들로 이루어진 경비대와 넓은 지역을 두루 돌아다니며 감시하는 화염검을 배치해서 외부에서 그 누구도 접근할 수 없게 하고 생명나무로 통하는 모든 길목을 차단함으로써, 낙원이 악령들의 소굴이 되고, 거기에서 자라는 나의 모든 나무들이 그들의 먹이가 될 뿐만 아니라, 그들이 훔친 열매로 또다시 인간을 유혹하는 일이 벌어지지 않게 하라.”

전능자의 말이 끝나자, 미카엘 천사장은 낙원의 경비를 맡게 될 그룹 천사들을 신속하게 선발하여 하나의 경비대를 창설해서 아래로 내려갈 준비를 하였는데, 각각의 그룹 천사는 얼굴이 둘인 야누스 신[3]을 두 명 합해 놓은 것처럼 네 얼굴을 지녔고, 그 몸에는 백 개의 눈을 가진 아르고스[4]보다 더 많은 눈들이 촘촘히 박혀 초롱초롱 빛을 발하고 있어서, 헤르메스가 아르고스를 잠들게 할 때 사용했던 아르카디아의 피리와 감람나무로 만들어진 마법의 지팡이 앞에서도 졸지 않고 깨어 있을 수 있었다.

한편 땅에서는 새벽의 여신 레우코테아가 잠에서 깨어나서, 신성한 빛으로 세계를 다시 축복하기 위해, 신선한 이슬로 땅에 향기를 더할 때, 아담과 최초의 여주인 하와는 이제 막 기도를 마치고 나서는, 위로부터 주어진 새로운 힘과 절망 속에서 솟아난 새로운 희망, 그리고 아직 두려움이 깃들어 있기는 하지만 새롭게 주어진 기쁨이 그들의 내면에 자리 잡고 있는 것을 알았다. 그래서 아담은 자신의 기쁜 심정을 하와에게 이런 말로 표현했다.

---

3 "야누스"는 로마 신화에 나오는 문의 수호신으로서, 그리스 신화에 대응하는 신이 없는 유일한 로마 신화의 신이다. 고대 로마인들은 문에는 앞뒤가 있다고 생각하여 두 개의 얼굴을 가지고 있는 것으로 여겼으며, 미술 작품에서는 4개의 얼굴을 가진 모습으로 그려지기도 하였다. 집이나 도시의 출입구 등 주로 문을 지키는 수호신 역할을 하였는데, 문은 시작을 나타내는 데서 모든 사물과 계절의 시초를 주관하는 신으로 숭배되었다. 영어에서 1월을 뜻하는 재뉴어리(January)는 "야누스의 달"을 뜻하는 라틴어 야누아리우스(Januarius)에서 유래했다.

4 "아르고스"는 그리스 로마 신화에서 100개의 눈을 지닌 거인이다. 제우스가 헤라의 눈을 피해 이오와 관계를 맺은 다음 이오를 암소로 변신시키자, 아르고스는 헤라의 명령에 따라 암소가 된 이오를 감시한다. 제우스는 전령의 신 헤르메스에게 아르고스를 죽이라는 명령을 내리고, 헤르메스는 피리를 불어 아르고스를 잠들게 한 후 목을 베어 죽인다. 이때 그가 사용한 피리는 목가적이고 평화롭고 경치가 아름다운 이상향 "아르카디아"에서 목신에게 쫓기던 시링크스가 변신한 갈대로 만든 것이어서, "아르카디아의 피리"라고 한다.

"하와여, 우리가 누리는 온갖 선한 것들은 하늘로부터 내려온다는 것을 믿는다는 것은 비교적 쉬운 일이지만, 우리에게서 그 무엇이 하늘로 올라가서, 지극히 복되신 하나님의 마음을 움직여서 어떤 일을 하시게 하거나, 그 뜻을 바꿀 수 있다는 것은 믿기 어려워 보이지만, 인간의 기도나 짤막한 탄식은 하나님의 보좌에까지 올라가서 그 일을 해내는 것으로 보이오. 이는 내가 기도로써 하나님의 노여움을 풀어드리기 위해 그분 앞에서 나를 낮추어 무릎을 꿇고 온 마음을 다해 간구하기 시작한 때로부터, 그분이 관용을 베풀어 따뜻하게 나의 기도를 경청해주실 뿐만 아니라 실제로 은혜를 베풀어 응답해주심으로써, 내 가슴속에는 평화가 다시 돌아오고, 당시에는 너무나 낙심되고 경황이 없어서 주의 깊게 듣지 않았던 그분의 약속, 즉 그대의 자손이 우리 원수를 상하게 할 것이라는 약속이 내 기억 속으로 돌아온 것을 느끼고서는, 죽음이라는 절망은 우리에게서 지나가고, 우리는 살게 될 것이라는 확신이 들었기 때문이오. 그러니 그대로 인해 인간은 살게 될 것이고, 만물이 인간을 위해 살게 될 것이기 때문에, 그대가 온 인류의 어머니이자 모든 살아 있는 것들의 어머니로서 하와라고 불리는 것은 당연하니, 그대에게 영원토록 축복이 있을 것이오."

하와는 슬프지만 온유한 태도로 아담에게 이렇게 말했다.

"당신을 도와야 할 배필로 지음 받았으면서도 당신에게 덫이 되어버린 이 죄인에게 그런 이름은 가당치 않고 어울리지도 않아요. 도리어 나는 욕을 먹고 불신을 당하며 온갖 비방을 당하는 것이 마땅하고 더 어울리니까요. 그런데도 나의 심판주의 용서는 무한하여, 만물에 처음으로 죽음을 불러온 내게 이 땅에서 살아가는 모든 생명 있는 존재들의 어미가 되는 은혜를 베풀어주셨고, 당신이 내게 보여주신 자비도 거기에 못지않게 지극해서, 내게는 도무지 어울리지 않는 살아 있는 존재들의 어미라는 이름으로 불러주시니 몸 둘 바를 모르겠어요.

하지만 지금은 우리가 그런 얘기를 할 때가 아니고, 비록 밤을 꼬박 새워 한숨도 잠을 자지 못했지만, 들로 나가서 땀 흘리며 열심히 일해야 할 때인 것 같네요. 저기 보세요, 우리가 불안해하든 말든 아침은 평소와 마찬가지로 방실방실 웃으며 자신의 장밋빛 여정을 시작했잖아요. 이제부터는 우리가 낮에 일할 곳이 어디이든, 거기에서 해가 저물 때까지 당신 곁에 꼭 붙어서 결코 떨어져 있지 않을 테니 어서 나가요. 수고하고 땀이 흐르도록 일하라는 명령을 받긴 했지만, 우리가 여기에서 계속해서 살아갈 수만 있다면, 이 좋은 곳에서 일하며 살아가는 것이 무슨 고생이겠어요. 비록 타락한 상태이긴 하지만, 우리 두 사람 여기에서 만족하며 살아가기로 해요."

마음이 많이 낮아진 하와는 이렇게 말하고 이렇게 소원했지만, 운명은 거기에 서명해 주지 않았고, 먼저 자연이 새와 짐승과 하늘에 맡겨 동의하지 않는다는 징조들을 나타내었다. 아침이 잠시 불그레한 얼굴을 내미는가 싶더니, 돌연히 하늘이 어두워졌고(일식), 그녀의 눈 앞 가까운 곳에서 제우스의 새인 독수리가 공중을 떠다니다가 쏜살같이 하강하여, 고운 깃털을 지닌 두 마리 새를 공격했으며, 숲을 다스리는 짐승인 사자가 이제는 최초의 사냥꾼이 되어 언덕에서 내리달아, 모든 숲에서 가장 아름답고 온순한 한 쌍의 짐승인 암사슴과 수사슴을 추격하자, 그들은 에덴 동산의 동쪽 문 쪽으로 재빨리 달아났다.

아담은 이 모든 움직임들을 눈여겨보다가, 사자가 사슴 한 쌍을 추격하는 모습을 계속해서 자신의 눈으로 따라가며 응시하면서, 마음이 심란해져서 하와에게 이렇게 말했다.

"오, 하와여, 하늘이 자연의 소리 없는 징조들을 통해 자신이 장차 행할 일들을 미리 알려주는 것을 보니, 조만간 어떤 추가적인 변화가 우리에게 닥칠 것 같은데, 이는 아마도 요 며칠 동안 우리에게 죽음이 찾아오지 않는 것을 보고, 우리가 마치 형벌로부터 벗어난 것처럼 착각해서 안심하거나 안일해져서는 안 된다고 경고하려는 것 같소. 우리의 삶이 얼마 동안이나 지속되고, 그때까지 어떤 삶을 살게 될 것인지를 누가 알겠소. 우리가 아는 것이라고는, 우리는 흙이니 흙으로 돌아가야 한다는 것, 그리고 그것으로 우리의 삶은 끝이고 더 이상 존재하지 않게 된다는 것뿐이니, 이제 우리에게 어떤 변화가 생기는 것은 당연한 일이오.

그렇지 않다면, 두 마리 새와 두 마리 들짐승이 똑같은 시간에 공중과 땅에서 동일한 방향으로 쫓겨 달아나는 광경이 우리 눈 앞에서 펼쳐지고, 한낮이 되기도 전인 지금 동쪽 하늘이 어두워지는 일이 벌어질 리가 없지 않겠소. 게다가 저기 서쪽 구름이 하늘에서 무엇인가를 싣고, 아침 햇빛보다 더 밝은 빛을 발하며, 푸른 창공에 한 줄기 희고 찬란한 빛줄기를 그리면서 느린 속도로 내려오고 있는 것이 보이지 않소?"

아담의 말은 틀리지 않았다. 이때쯤 해서 천국에서 파견된 천사 경비대가 벽옥 빛으로 빛나는 창공을 가로질러 이제 낙원에 도착해서 언덕 위에 멈춰 섰는데, 만일 타락으로 인해 생겨난 의심과 두려움으로 말미암아 그 날 아담의 눈이 침침해져 있지 않았더라면, 그 천사 부대의 모습은 그의 눈에 더할 나위 없이 눈부시고 찬란했을 것이다. 실제로도 거기에 나타난 천사 경비대의 모습은, 야곱이 마하나임에서 천사들을 만났을 때 들판 전체가 그를 지키기 위한 빛의 천사들의 장막들로 가득 덮여 있는 것을 보았을 때나, 엘리사 선지자 한 사람을 불시에 기습해서 죽이려고 선전포고도 없이 마치 암살자처럼 전쟁을 일으킨 시리아 왕을 막기 위해 천군천사들이 도단에서 불의 진영으로

천국에서 파견된 천사 경비대가 벽옥 빛으로 빛나는 창공을 가로질러
이제 낙원에 도착했다.

뒤덮여 화염이 충천한 산 위에 나타났던 때보다도 더 눈부시고 찬란했다.

미카엘 천사장은 대오를 갖추고 정렬해 있는 자신의 천사 경비대를 그곳에 두어 동산을 장악하게 하고, 혼자서 아담이 거처하는 곳을 찾아 나섰는데, 아담은 이 위대한 방문객이 오는 것을 보고서, 하와에게 이렇게 말했다.

"하와여, 이제 곧 하늘로부터 사자가 지존자의 하명을 가져와서, 우리에 대한 사형 집행을 통고하거나 우리에게 부과해서 지키게 할 새로운 율법을 통보할 것 같소. 저 산을 덮은 찬란한 구름으로부터 하늘의 군대 중 하나가 나오는 것을 보았는데, 그의 거동과 행보가 범상치 않고 위엄이 서려 있는 것을 보니, 하급천사는 아니고, 하늘의 군주 천사나 보좌 천사 같은 높은 지위에 있는 천사임에 틀림없소. 하지만 내가 두려워해야 할 정도로 무섭지도 않고, 내가 많이 신뢰할 수 있을 정도로 라파엘처럼 상냥하고 온유하지도 않지만, 대단한 위엄과 기품이 있으니, 공경하는 마음으로 예를 갖추어 맞는 것이 도리일 것 같소. 그러니 그대는 물러가 있으시오."

아담의 말이 끝나자, 얼마 안 있어 천사장 미카엘이 가까이 다가왔는데, 천상의 모습으로가 아니라, 인간을 만나기 위해 인간의 모습을 하고 나타났다. 빛나는 갑옷 위에 걸친 군복은 무지개의 여신 이리스[5]가 친히 염색한 자색 옷이어서, 옛 왕들이나 영웅들이 평시에 입던 멜

---

5   "이리스"는 그리스 신화에 나오는 무지개의 여신이다. 폰토스와 가이아의 아들인 타우마스와 바다의 요정 엘렉트라 사이에서 태어난 딸이라고 하며, 자연 현상을 의인화한 존재다. 무지개는 하늘과 땅에 걸려 있는 것처럼 보이기 때문에 신의 뜻을 인간에게 전달하는 사자로 여겨져서, 예술 작품에서는 날개가 달려 있고 사자의 지팡이나 항아리를 들고 있는 경쾌한 모습으로 그려진다.

리보이아나 티로스⁶에서 생산된 염료로 물들인 것보다 더 밝고 선명했다. 별처럼 찬란한 투구를 벗은 그의 모습은 청년기를 지나 장년기로 접어든 한창때였고, 그의 허리에 두른 찬란한 황도 같은 허리띠에는 사탄을 벌벌 떨게 만들었던 칼이 걸려 있었으며, 손에는 창이 들려 있었다. 아담이 허리를 굽혀 절했지만, 그는 왕 같이 위풍당당한 풍모로 꼿꼿이 서서, 자기가 찾아온 용건을 이렇게 밝혔다.

"아담아, 하늘의 왕의 명령에는 서론 같은 것은 필요 없으니 단도직입적으로 전하겠다. 하나님이 너의 기도를 받으셨다. 네가 범죄했을 때 너는 즉시 죽어야 마땅했지만, 너의 주이신 하나님이 네게 은혜를 베푸셔서, 여러 날 동안 죽음이 자신의 노획물인 너를 손에 넣는 것을 막으신 것은, 너로 하여금 회개하여, 많은 선한 일들을 행하여 그 한 범죄를 상쇄하게 하심으로써, 진노를 누그러뜨리시고서, 너를 죽음의 저 광분함에서 건져내시기 위한 것이었다. 하지만 이 낙원에서 살아가는 것은 이제 더 이상 허용하지 않으시고 금하셨다. 그래서 너를 이 낙원에서 내보내어, 너의 근본은 흙이니, 네게 더 적합한 바로 그 흙으로 돌아가서 흙을 경작하게 하려고, 내가 온 것이다."

이 말을 들은 아담은 심장이 멎는 듯한 충격을 받고, 그 비통함이 온 몸으로 전해져서 사시나무 떨듯이 부들부들 떨며 서 있었기 때문에, 미카엘은 더 이상 말을 이어갈 수 없었다. 하와는 앞에 나타나지 않고 모습을 숨기고 있었지만, 모든 것을 다 듣고서는 소리 내어 탄식하며 다음과 같이 넋두리를 늘어놓는 바람에, 근처에 몰래 숨어 있는 것이

---

6 고대에 자색 염료 산지로 유명했던 두 곳이 테살리아 해변의 "멜리보이아"와 "티로스"(성경의 "두로")다. 테살리아는 올림포스 산과 핀두스 산맥과 에게 해로 둘러싸여 있는 그리스 중북부 지역이고, "티로스"는 레바논 남부의 국제적인 교역항으로서, 페니키아 시대부터 지중해 동쪽의 무역도시로 유명했다. 원문에는 "티로스"의 옛 명칭인 "사라"가 사용되었다.

발각되었다.

"오, 전혀 생각지도 못했는데 죽음보다 더한 일격을 맞았구나. 나는 이렇게 너 낙원을 떠나야 하는 것인가. 이 복된 산책길들과 그늘들과 신들이 거하기에 안성맞춤인 거처를 떠나야 하는가. 우리 두 사람에게 죽음이 찾아오는 날까지 그 유예된 날들 동안 비록 슬프지만 조용한 여생을 이곳에서 보냈으면 하는 것이 나의 바람이었건만.

오, 다른 풍토에서는 결코 자라지 못할 꽃들이여, 처음에 싹이 틀 때부터 내가 아침 일찍과 저녁 늦게 매일같이 찾아와서 나의 자애로운 손길로 너희를 길렀고 이름도 붙여주었는데, 이제는 누가 너희를 들어올려 태양을 향하게 해주고, 너희를 종류대로 줄지어 심어주며, 저 향기로운 샘의 물로 너희를 촉촉이 적셔줄까.

내가 보기 좋고 향기로운 것들로 단장해 놓은 너 부부의 처소여, 어떻게 내가 너를 두고 떠나 저 아래 세상으로 가서 어둡고 황량한 곳을 떠돌며, 영원불멸의 열매들을 따먹는 데 익숙해진 우리가 어떻게 저 불결하고 더러운 공기 속에서 숨 쉬며 살아간단 말이냐."

미카엘 천사는 부드러운 음성으로 다음과 같이 말함으로써 그녀의 넋두리를 중간에 끊었다.

"하와야, 너의 신세를 너무 슬퍼하며 한탄하지 말고, 네가 정당하게 잃어버린 것들에 대해서는 체념하고 순순히 받아들이거라. 이미 너의 것이 아니게 된 것들에 대해 마음을 두지도 말고 너무 연연해하지도 말아라. 네가 혼자 가는 것이 아니고, 너의 남편도 너와 함께 갈 것이니, 외롭지는 않을 것이다. 그리고 남편을 따르는 것이 너의 도리가 아니더냐. 그러니 너의 남편이 살아가는 곳이 너의 본향이라고 생각하거라."

아담은 갑작스런 통보에 온 몸이 얼어붙고 얼이 빠져버린 충격에서 이제 서서히 깨어나 자신의 흩어진 기운들을 다시 모아서 겸손한 태도로 미카엘에게 이렇게 말했다.

"하늘의 천사시여, 왕들 중의 왕 같은 당신의 풍모로 보아 보좌 천사 중 한 분이거나, 아니면 보좌 천사들 중에서도 가장 높은 천사이신 것으로 보이는 당신은 하늘로부터 받아 우리에게 전한 그 칙령을 가혹하게 전함으로써 우리를 크게 해칠 수도 있었고 그 칙령을 집행하는 과정에서 우리를 죽음으로 몰아넣을 수도 있었지만, 그렇게 하지 않으시고 이렇게 온유하게 그 칙령을 전해 주셨습니다. 하지만 당신이 전해 주신 칙령은 우리에게 이제 남아 있던 유일한 위안인 우리의 저 복된 은신처에서 떠나라는 것이니, 그것은 우리의 연약한 체질로는 감당할 수 없는 비통함과 낙담과 절망만을 안겨줄 수밖에 없습니다. 우리 눈에 익숙한 곳은 오직 이곳뿐이고, 나머지 다른 모든 곳은 황량하고 쓸쓸해서 우리가 살 수 없는 곳으로 보이고 우리를 알지 못하며, 우리도 그곳들을 알지 못합니다.

모든 것을 자신의 뜻대로 행하시는 분의 마음을 끊임없는 기도로 바꾸어놓는 것이 가능하기만 하다면, 나는 끈질기게 울며불며 기도로 매달려서 그분을 지치게 하는 일을 그치지 않을 것입니다. 하지만 그분의 절대적인 명령을 거슬러 드리는 기도는, 불어오는 바람에 맞서 숨을 들이마시지는 않고 내쉬기만 하겠다고 함으로써 결국에는 질식해서 죽을 수밖에 없는 것과 같이 아무 소용도 없고 헛될 뿐이니, 나는 그분의 지엄하신 명령에 순순히 따를 것입니다.

지금 내가 가장 괴로운 것은 이곳에서 떠나게 되면 내가 그분의 얼굴로부터 숨겨져서 다시는 그분의 복된 얼굴을 볼 수 없다는 것입니다. 그러니 내가 가끔 이곳으로 찾아와서, 그분이 내게 나타나셨던 곳들에서 예배를 드리며, 나의 아들들에게 '그분은 이 산에서 나타나셨고, 이 나무 아래 가시적인 모습으로 서 계셨으며, 내가 이 소나무들 사이에서 그분의 음성을 들었고, 이 샘에서 그분과 대화를 나누었었지'라고 말해줄 수 있었으면 좋겠습니다. 그렇게 하는 것이 허락되기만 한다면, 나는 풀이 무성한 뗏장들로 아주 많은 감사의 제단들을 쌓고, 시내에서 빛나는 돌들을 가져다가 그 위에 올려서 돌무더기를 만들어, 대대로 그분을 기억하는 기념비들로 삼아, 그 제단들 위에 향기로운 수액들과 열매들과 꽃들을 드려 경배하고 싶습니다. 이제 내가 저 아래 세상으로 내려가면 어디에서 그분의 빛나는 모습과 발자취의 흔적을 찾아볼 수 있겠습니까. 내가 그분의 진노를 피하여 도망쳤지만, 그분은 나를 다시 불러 생명을 연장시켜 주시고 자손도 약속해 주셨으니, 이제 나는 기쁜 마음으로 그분의 영광의 끝자락이라도 뵈옵고자 하고, 그분의 발자취들을 아주 멀리서나마 경배하고자 합니다."

미카엘은 자비로운 눈길로 아담을 바라보며 이렇게 말했다.

"아담아, 단지 이곳만이 아니라 하늘과 온 땅이 그분의 것이어서, 그분은 육지와 바다와 하늘과 모든 살아 있는 것들 안에 두루 계셔서, 자신의 생명의 능력으로 붙들어 보존하시고 온기와 활력을 불어넣어 주신다는 것은 너도 알고 있을 것이다. 그분이 네게 주셔서 다스리게 하신 온 땅은 결코 하찮은 선물이 아니다. 그러니 그분의 임재가 낙원인 이 에덴이라는 좁은 경계 내로 한정되어 있다고 섣불리 추측해서는 안 된다. 물론 네가 범죄하여 타락하지만 않았더라면, 이곳은 너의 본거지이자 인류의 수도가 되어서, 이곳으로부터 모든 세대들이 퍼져나갔을 것이고, 땅의 모든 끝들로부터 사람들이 이리로 와서, 자신들의 위대한 시조인 너를 경배하며 송축하였을 것이다. 하지만 이제 너는 그러한 놀라운 특권을 상실해 버렸기 때문에, 저 낮은 곳으로 내려가서 너의 자손들과 함께 살아갈 수밖에 없게 되었다. 하지만 하나님은 이곳에서와 마찬가지로 저 아래 세상의 골짜기들과 평지들에도 똑같이 계셔서, 자신의 임재의 수많은 징표들을 여전히 너에게 보여주시고, 아버지로서의 선하심과 사랑으로 늘 너를 감싸주시며, 자신의 얼굴과 거룩한 발자취들을 네게 분명하게 드러내주실 것이다.

사실 내가 여기로 보내심을 받아 온 것은 너로 하여금 바로 그것을 믿고 확신하고서 이곳을 떠날 수 있도록, 장차 너와 너의 자손들에게 일어나게 될 일들을 보여주기 위한 것임을 알아야 한다. 하지만 하늘로부터 주어지는 은혜는 인간의 죄성과 싸우는 것이니, 너는 내게서 듣기 좋은 말들만이 아니라 듣기 싫은 말들도 들을 각오가 되어 있어야 한다. 그런 싸움을 통해 너는 참된 인내를 배워서, 형통할 때나 역경을 만났을 때나 변함없이 늘 좌로나 우로나 치우침이 없는 삶을 살고, 경외하고 두려워하는 마음과 경건한 슬픔 가운데서 기쁨을 누리는 삶을 살아갈 수 있어야 한다. 그렇게 하기만 한다면, 너는 가장 안전하게 너의 삶을 살아가다가, 그 마지막에 죽음이 찾아왔을 때에 가장 잘 준비된 상태에서 죽음을 맞이하게 될 것이다. 전에 네가 잠들어 있는 동안 하와가 지음을 받아 생명을 얻었던 때와는 반대로, 지금은 내가 그녀의 눈을 감겨서 이 아래에서 잠들게 하였으니, 너는 깨어서 장차 일어날 일들을 미리 보기 위해, 나와 함께 이 산을 오르자."

아담은 미카엘에게 감사하며 이렇게 대답했다.

"내가 안심하고 믿을 수 있는 인도자여, 오르십시오. 나는 당신을 따라 당신이 이끄는 길로 가겠습니다. 내가 안식을 얻을 수만 있다면, 아무리 가혹하고 고통스럽다고 하여도 하늘의 손길에 나를 맡기고서 나의 가슴을 활짝 열고서 진심으로 복종하여, 그 어떤 고난이나 수고도 이겨낼 각오가 되어 있습니다."

미카엘과 아담은 하나님의 환상 속에서 산에 오른다. 그 산은 낙원에서 가장 높은 산이었는데, 그 정상에 서면, 시야가 확보될 수 있는 가장 넓은 범위까지 지구의 반구가 아주 선명하게 펼쳐져 있다. 훗날에 유혹하는 자가 광야에서 이번과는 전혀 다른 이유에서 우리의 둘째 아담을 산으로 데리고 올라가서, 땅의 모든 왕국들과 그 영광을 보여주었을 때에도, 이 산만큼 높지 못했고, 그 시야도 더 넓지 못했다.

그 산 정상에 서서 아담이 본 것은 고금의 유명한 성들, 곧 카타이라 불리게 될 중국의 황제가 사는 도읍지가 될 캄발루의 성벽과 티무르의 보좌가 있게 될 옥수스 강변의 사마르칸트의 성벽에서 시작해서, 중국의 왕들이 있게 될 베이징을 거쳐서, 무굴 제국의 도읍지들이 될 아그라와 라호르에 이르고,[7] 거기로부터 황금의 케르소네세라 불릴 말레이 반도로 내려오거나, 페르시아인들이 세울 메디아라는 나라의 수도 에크바타나와 그 이후의 이스파한, 러시아의 차르가 있게 될 모스크바, 투르케스탄 태생의 터키인들이 세우게 될 오스만 제국의 술탄이 있게 될 수도 비잔티움에 이르기까지, 고금의 가장 강력했던 제국들의 도읍지들이 펼쳐져 있는 광경이었다.[8]

---

7   "카타이"는 서양에서 중국을 불렀던 명칭으로서, 907년에서 1125년까지 북중국의 대부분을 통치했던 요나라를 창건한 유목민 거란족을 가리키는 "키탄"에서 유래했다. 영어로는 Cathay(캐세이)라고 한다. "캄발루"는 몽고족의 쿠빌라이 칸이 세운 원나라의 수도 이름으로서 오늘날의 베이징이다. 하지만 밀턴은 "캄발루"와 "베이징"을 서로 다른 수도로 생각한 것 같다. "옥수스 강"은 중앙아시아의 큰 강으로서 현재의 아무다리야 강이다. 거기에 티무르(1336–1405년)가 세운 티무르 제국이 있었고, "사마르칸트"는 그 수도였다. "무굴 제국"은 16세기 전반에서 19세기 중엽까지 인도 지역을 통치한 이슬람 왕조(1526–1857)다. "아그라"는 현재 인도 북부 우타르프라데시 주에 있는 도시이고, "라호르"는 현재 파키스탄 북동부에 있는 펀자브 주의 주도다.

8   "케르소네세"는 라틴어로서 "반도"를 뜻하는 헬라어 '케르소네소스'에서 유래했다. "말레이 반도"는 황금으로 유명했기 때문에 "황금의 케르소네세"라 불리게 되었다. "메디아"는 이란 서부에서 기원전 7–6세기에 번성한 왕국이다. "에크바타나"는 1,800미터의 고원에 있어서

또한 그의 시야에 들어온 곳은 최변방 항구인 에르코코에 이르기까지 네구스라 불린 에티오피아 황제가 다스리게 될 아비시니아 제국, 군소 해양왕국들이 될 몸바사와 킬로아와 멜린드, 황금의 산지 오피르로 추정되는 모잠비크의 소팔라, 그리고 콩고의 영토와 최남단의 앙골라였고,[9] 거기로부터 서아프리카의 니제르 강에서 북아프리카의 아틀라스 산, 그리고 알만소르의 왕국들이 될 모로코의 페즈와 튀니지의 수스와 알제리의 틀렘센에 다다랐으며, 로마 제국이 세계를 제패하게 될 유럽에까지 이르렀다.[10]

아울러 그의 눈에 보인 곳들로는, 아즈텍족의 최후의 황제 몬테수마의 도읍지가 될 풍요로운 멕시코, 잉카 제국 최후의 왕 아우타알파의 통치 아래에서 대단한 부를 자랑하게 될 페루의 도읍지 쿠스코,[11] 전

페르시아 왕들의 여름 궁전으로 사용되었는데, 오늘날의 하마단이다. "이스파한"은 이란 중부의 자얀데 강 유역의 비옥한 땅에 있는 도시로서 샤 압바스 1세에 의해 새로운 수도로 건설되었다. "투르케스탄"은 파미르 고원을 중심으로 한 좁은 의미에서의 중앙아시아 지역을 가리킨다. "터키인의 땅"이라는 뜻을 지닌 이란어다.

9 "아비시니아"는 에티오피아의 옛 이름이다. "에티오피아"는 "햇볕에 그을린 남자들의 땅"이라는 뜻의 그리스어다. "에르코코"는 홍해 연안의 항구도시다. "네구스"는 통치자라는 뜻이다. "몸바사"는 아프리카 동해안에 있는 나라이고, "킬로아"는 탄자니아 해안에서 좀 떨어져 있는 항구 섬이며, "멜린드"는 케냐에 있다. "오피르"(성경에서는 "오빌")는 고대에 유명한 황금 산지로, 솔로몬이 성전을 지을 때 거기에서 황금을 가져왔다. "콩고"와 "앙골라"는 아프리카 서해안에 있는 나라들이다.

10 "알만소르"(938-1002년)는 스페인어로 "승리"라는 뜻으로서 본명은 무함마드 이븐 아비 아미르였다. 후기 우마이야 왕조의 재상이자 장군이었지만 실질적으로는 칼리프를 넘어서는 최고 권력자로 군림했고, 칼리프는 코르도바에서 조용히 은거하며 지냈다. 그는 가톨릭 왕국들과 싸워 56번의 승리를 거두었기 때문에, 981년에 "알 만수르 비 알라"("신이 승리하게 한 자")라는 칭호를 얻었지만, 가톨릭 진영에서는 그를 "알만소르"라 불렀다. "페즈"는 북아프리카 모로코의 고도이고, "수스"는 튀니지 동안의 대도시로서 고대에는 하드루메툼이라 불렸으며, "틀렘센"은 현재 알제리의 틀렘센 주의 주도다.

11 "아즈텍족"은 16세기 초 멕시코 고원에 강대한 국가를 이루었던 부족이다. "몬테수마"(재위 기간 1502-1520)는 스페인의 코르테스(1485-1547년)에 의해 아즈텍 제국이 멸망할 때의 최후의 황제였다. "잉카 제국"은 15세기부터 16세기 초까지 남아메리카의 중앙 안데스 지방을 지배한 고대 제국이다. 최후의 황제 아타우알파는 스페인 사람 피사로에 의해 잉카인

설에 등장하는 스페인 왕 게리온의 이름을 따 게리온의 아들들이라 불리게 될 스페인 사람들에 의해 아직 약탈당하기 전에 엘도라도라 불린 도성 기아나가 있었는데,[12] 이런 곳들은 아마도 그가 영적으로 본 것이었던 듯하다.

하지만 미카엘은 아담이 아직도 보아야 할 것이 많이 남아 있었고 더 고귀한 것들을 보아야 했기 때문에, 그의 눈에서 막을 제거했는데, 이 막은 저 거짓된 열매가 그의 눈을 더 밝게 해주겠다고 약속하고서는 실제로는 더 어둡게 하기 위해 그의 눈에 덮어씌운 것이었다. 그런 후에 미카엘이 앵초와 운향초로 시신경을 정화하고, 생명 샘에서 떠온 세 방울의 물을 눈 속에 떨어뜨리자, 그 약효가 심안의 뿌리까지 깊이 침투했다. 이제 어쩔 수 없이 눈을 감을 수밖에 없게 된 아담은 내면 속으로 가라앉아 몽롱해지며 모든 의식을 잃었지만, 미카엘 천사는 이내 그의 손을 잡고 일으키며, 그의 정신을 다시 불러왔다.

"아담아, 이제 눈을 떠서, 먼저 네게서 태어나게 될 자들에게 너의 원죄가 초래한 결과들이 어떤 것들일지를 보거라. 그들은 저 금지된 나무의 열매를 따먹은 것도 아니고, 뱀과 공모한 것도 아니며, 네가 저지른 것과 같은 죄를 지은 것도 아니지만, 너의 죄로 말미암아 타락하고

에게 가장 잔인한 형벌인 화형을 당했다. "게리온"은 헤라클레스가 죽인 머리 셋 달린 괴물인데, 스페인의 왕을 그 이름으로 부른 것은 그 왕의 권력과 압제가 대단했음을 보여준다.

12 "엘도라도"는 스페인어로 "황금"이라는 뜻으로서, 스페인 사람들이 남아메리카의 아마존 강변에 있다고 생각한 황금의 도시를 지칭하는 것이었다. 밀턴은 그 도시가 "기아나"였다고 말한다. 거기에 사는 마노아라는 부족은 건물에서부터 무기, 가구, 의복, 그리고 장식품에 이르기까지, 또한 지붕이나 도로에 깔린 돌 등 모든 것에 태양처럼 빛나는 재료를 사용하고 있었는데, 호수 기슭에 퇴적되는 무수한 사금을 써서 이러한 것들을 만들었기 때문이었다. 그들에게는 황금이 그다지 가치가 있는 것이 아니었고, 오히려 먹을 것이나 마실 것에조차 미치지 못하는 하찮은 것일 뿐이었다고 한다.

부패해서 더욱 폭력적인 행위들을 자행하는 것이다."

아담은 눈을 떠서 들을 보았다. 그 중 일부는 경작지였는데, 그 위에는 새롭게 벤 곡식단들이 있었고, 나머지 부분은 양의 우리와 초지가 있었으며, 그 한복판에는 풀이 돋아 있는 뗏장으로 만들어진 수수한 제단이 경계표지처럼 서 있었다. 조금 있으니, 먼저 땀에 젖은 한 추수꾼이 자신의 경작지에서 손에 잡히는 대로 마구잡이로 벤 푸른 이삭과 노란 곡식단을 자신의 첫 열매로 바치기 위해 제단으로 가져왔다. 다음으로는 좀 더 온유하게 생긴 한 목자가 자신이 기르는 양들이 처음으로 낳은 새끼들 중에서 최고 품질의 가장 좋은 어린 양들을 선별해 가지고 와서, 그 내장과 지방에 향을 뿌려서 쪼갠 나무 위에 올려놓고, 모든 예식을 정해진 대로 합당하게 행하여 희생제사를 드리자, 그 즉시 하늘에서 응답의 불이 내려와서 그의 제물을 살랐고, 이 제물이 기쁘게 받아들여졌음을 보여주는 불꽃과 연기가 피어올랐다. 하지만 추수꾼의 제물은 받아들여지지 않았는데, 이는 그가 진실하지 않았기 때문이었다. 이것을 본 그는 속으로 격분해서, 두 사람이 대화하는가 싶더니, 돌을 들어 그 목자의 복부를 가격했고, 목자는 바닥에 쓰러져서 피가 분수처럼 솟아오르는 가운데 백짓장처럼 창백해져서 신음하더니, 이내 영혼이 떠나가 버리고 죽었다.

그 광경을 본 아담은 많이 놀라고 당혹스러워하며 낙심이 되어서 미카엘에게 황급히 이렇게 소리쳤다.

"오, 스승이시여, 저 온유한 사람은 희생제사를 제대로 잘 드렸는데 이런 엄청난 재앙을 당했습니다. 경건과 순수한 헌신을 드렸을 때 돌아오는 것이 이런 것이란 말입니까."

미카엘도 마찬가지로 당혹스러워하며 이렇게 대답했다.

"아담아, 이 두 사람은 서로 형제들이고, 장차 너의 허리에서 나오게 될 자들인데, 저 불의한 자가 하늘이 자기 동생의 제사를 기쁘게 받으시는 것을 보고 시기해서 의인을 죽인 것이다. 하지만 다른 사람으로 하여금 피를 흘리게 만드는 죄는 반드시 거기에 상응한 벌을 받게 될 것이고, 저 죽은 자는 네 눈에 유혈이 낭자하여 먼지 속에서 나뒹구는 것처럼 보일지라도, 결국에는 그 믿음을 인정받아 반드시 상을 얻게 될 것이다."

그러자 우리의 시조는 이렇게 말했다.

"맙소사, 그 행위와 원인 둘 모두가 참으로 끔찍합니다. 그런데 지금 내가 본 것이 죽음이라는 것입니까. 이것이 내가 나의 근본인 흙으로 돌아가는 방식입니까. 오, 보기만 해도 공포스럽고 끔찍하며 흉측하기 짝이 없고, 생각만 해도 오싹하고 소름이 끼치는 광경인데, 실제로 그런 꼴을 직접 당한다면, 얼마나 끔찍하겠습니까."

미카엘은 아담에게 이렇게 말했다.

"너는 지금 인간에게 임한 죽음의 최초의 형태를 통해 죽음을 보았지만, 죽음의 형태는 많고, 죽음의 음산한 동굴로 들어가는 길들도 많다. 이 모든 것이 무섭지만, 죽음의 동굴의 내부보다는 거기로 들어가는 입구가 더 무섭게 느껴질 것이다. 네가 본 것처럼, 사람들은 폭력으로 죽기도 하고, 불과 물과 기근으로 죽기도 하며, 폭식과 폭음으로 죽기도 할 것이다. 그리고 그런 모든 것들로 인해 땅에는 소름끼치는 질병들이 생겨날 것인데, 이제 네 눈으로 보게 될 자들은 바로 그 질병들로 인해 괴물 같이 변해버린 자들이다. 이것을 통해 너는 하와의 무절제가 인간에게 어떤 불행을 초래하게 되었는지를 알게 될 것이다."

즉시 아담의 눈 앞에 나병환자 수용소 같은 비참하고 악취가 풍기는 어두운 곳이 나타났고, 그 안에는 온갖 병에 걸린 병자들이 누워 있었는데, 그들은 심한 경련을 시도 때도 없이 일으키는 자, 몸이 찢어지는 듯한 고통을 당하는 자, 심장병으로 인해 고통당하는 자, 온갖 종류의 열병들, 발작, 간질, 심한 염증, 위장결석, 위궤양, 복통, 귀신 들림으로 인한 정신분열, 우울증, 달의 기운으로 인한 정신착란, 영양실조로 인한 위축증, 소모증, 전염병, 수종, 기관지 천식, 관절염으로 고생하는 자들이었다. 떼굴떼굴 구르며 몹시 괴로워했고, 고통을 못 이겨 큰 소리로 울부짖었으며, 절망은 병상들을 아주 바쁘게 돌아다니며 병자들을 돌보았다. 죽음은 기고만장해서 그들 위로 화살을 쏘아댔지만, 그들이 자주 자신들의 최후의 희망이자 최고의 선택으로 죽기를 소원하고 애걸하는데도, 그들을 정통으로 맞추어 끝장을 내는 것을 미루었다.

아무리 바위 같은 마음을 지닌 자라도 이런 흉측하고 끔찍한 광경을 어떻게 눈물 없이 말똥말똥한 눈으로 바라볼 수 있겠는가. 아담은 여자에게서 태어난 자는 아니었지만 울지 않을 수 없었다. 연민이 그의 남자다운 가슴을 압박하는 바람에, 잠시 눈물을 흘리지 않을 수 없었지만, 이내 마음을 굳게 먹고 감정을 절제해서 말을 할 수 있게 되자, 다시 탄식하는 말을 하기 시작했다.

"오, 비참한 인류여, 얼마나 심하게 타락하고 부패했기에 이 정도로 비참하고 참담한 처지가 되고 말았단 말인가. 이럴 거면 차라리 자녀를 낳지 않고 인간의 존재를 여기에서 끝내는 것이 더 낫지 않겠는가. 이런 식으로 우리에게서 생명을 빼앗아가실 거면, 왜 우리에게 생명을 주셨단 말인가. 아니, 왜 이런 삶을 우리에게 강요하시는 것인가. 우리의 삶이 장차 어떠할 것인지를 안다면, 아예 생명을 받아 태어나지 않거나, 태어났다고 해도 곧 반납하고서 평안히 세상을 뜨는 것이 상책이지 않겠는가. 전에는 하나님의 형상으로 창조되어서 너무나 보기 좋고 바른 모습이었던 인간이 비록 죄를 지었다고 해도 이렇게 흉측하고 참담한 모습으로 변하여 비인간적인 고통 속에서 살아간다는 것이 과연 있을

472

수 있는 일인 것인가. 인간은 여전히 부분적으로는 하나님의 형상을 유지하고 있으니, 바로 그 창조주의 형상 때문에라도 이러한 흉측하고 참담한 모습을 겪지 않고 그런 것들로부터 자유로워야 마땅하지 않는가."

미카엘은 이렇게 대답했다.

"인간들은 스스로 악해져서 절제되지 않은 탐식의 노예가 되어, 하와의 죄를 불러온 저 짐승 같은 악을 행하여, 자신들이 섬기는 주인을 바꾸고 그 주인의 형상을 취하였을 때, 그들을 창조하신 이의 형상은 그들을 버렸다. 그러므로 그들에 대한 형벌이 아무리 비참하다고 하더라도, 그 형벌을 통해 추악하고 흉측하게 변해 버리는 것은 하나님의 형상이 아니라 바로 그들 자신의 모습이다. 설령 그들이 스스로 자연의 순수하고 건강한 법과 질서를 타락시키고 왜곡시켜 혐오스러운 질병들을 초래하여 훼손시킨 것이 하나님의 형상이라고 해도, 그것은 그들이 자신들 속에 있는 하나님의 형상을 공경하지 않은 합당한 결과다."

아담은 그 말에 승복하며 이렇게 말했다.

"그 말씀이 지당하시다는 것을 나도 인정합니다. 하지만 우리가 결국에는 죽음에 이르러서 우리의 근본인 흙과 섞이는 이 고통스러운 길 외에 우리에게 다른 길은 남아 있지 않는 것입니까."

미카엘은 말했다.

"네가 먹고 마시는 것을 지나치게 탐하지 말라는 법칙을 잘 지켜서, 먹고 마시는 일에서 절제를 배워 식탐의 즐거움을 추구하지 않고 필요한 영양분을 취하는 것으로 만족하기만 한다면, 네게도 다른 길이 남아 있기는 하다. 네 머리 위로 오랜 세월이 지나가는 동안 계속해서 그런 식으로 하기만 한다면, 너는 잘 익은 열매처럼 너의 어머니인 대지의 무릎에 떨어지거나, 느닷없이 뚝 꺾이는 일 없이 아주 자연스럽게 나이가 들어 편안하게 죽음을 맞이할 수 있게 될 것인데, 이것을 일컬어 나이 들어 늙어가는 것이라고 한다. 하지만 노년이 되면, 너의 젊음과 힘과 아름다움은 사라져서 주름이 생기고 약해지며 백발로 변하게 될 것이고, 이전에 비해 모든 감각들이 둔해져서 즐거움을 맛보지 못하게 될 것이며, 너의 피 속에서는 희망과 쾌활함 가득했던 젊음의 기백이 사라지고, 그 대신에 냉랭하고 건조하며 우울한 기운이 지배하여, 너의 기력은 약해지고, 마침내 생명의 정수도 소진될 것이다."

우리의 시조는 이렇게 말했다.

"이 거추장스러운 짐은 어차피 정해진 날에 다시 돌려드릴 때까지는 보관하고 있어야 하는 것이니, 지금부터는 죽음으로부터 도망치거나 나의 삶을 늘리려고 하지 않고, 오직 그 날이 되었을 때에 어떻게 하면 가장 아름답고 편하게 벗어버릴 방법을 강구하며, 내가 해체되는 그 날을 인내로써 조용히 기다리며 살아가겠습니다."

미카엘은 대답했다.

"너의 삶을 사랑하지도 말고 미워하지도 말며, 너의 삶이 길든 짧든 그런 것은 하늘에 맡기고, 네가 살아 있는 동안에 제대로 잘 살아가거라. 자, 이제 또다른 것을 볼 준비를 해라."

아담이 보았더니, 넓은 평지가 보였고, 그 위에는 여러 가지 색깔들로 된 장막들이 있었는데, 어떤 장막들 옆에서는 가축들의 무리가 풀을 뜯어 먹고 있었다. 어떤 장막에서는 아름다운 선율을 만들어내는 악기들, 곧 수금과 풍금으로부터 나오는 음률이 들려왔고, 풍금을 연주하고 수금을 타는 사람의 모습도 보였는데, 그는 재빠르게 손을 놀려서 높고 낮은 모든 성부의 음을 타며, 주제를 이루는 하나의 성부를 중심으로 다른 성부들이 그 주제를 변주하는 형식의 악곡인 둔주곡의 형태로 연주를 이어가고 있었다.

또다른 장막에서는 대장간에 서서 일하고 있는 한 사람이 보였다. 우연히 불이 일어나서 산이나 골짜기의 숲을 다 태워버리고 지맥으로까지 내려감으로써 드러나게 된 어떤 동굴 입구에서 발견된 것인지, 아니면 지하에 있다가 지표면을 흐르는 물줄기에 의한 침식작용으로 드러나게 된 것인지는 모르지만, 그의 손에는 두 덩이의 묵직한 것, 곧 철광석과 놋광석이 들려 있었다. 그는 그것들을 녹여서 얻어낸 쇳물을 미리 준비한 주조틀들 속에 부어넣어서, 먼저 자신이 사용할 도구들을 만들었고, 그런 후에는 금속을 주조틀에 붓거나 두드려서 생산해 낼 수 있는 것들을 만들어 내었다.

저쪽에서는 또다른 부류의 사람들이 자신들의 거처가 있는 근방의 높은 산들로부터 평지로 내려오고 있었고, 차림새로 보아서 의인들인 것 같았는데, 그들은 하나님을 바르게 예배하고, 인간에게 계시된 하나님의 일들을 알며, 인간의 자유와 평화를 위해 꼭 필요한 것들을 끝까지 보존하는 데 자신들의 모든 힘을 쏟는 사람들이었다. 그들이 평지를 따라 얼마 걸어가지 않았을 때, 온갖 귀금속들과 외설적인 의상으로 꾸민 한 무리의 여자들이 수금을 연주하고 달콤한 사랑 노래를 부르면서 춤을 추며 장막들로부터 나왔다. 그 남자들은 근엄해 보이기는 했지만, 그 여자들을 보자 눈을 떼지 못하고 황홀한 표정으로 넋을 놓고 쳐다보다가, 결국에는 애욕의 그물에 단단히 걸려들어서, 좋아서 어쩔 줄 몰라 하며 각자 선호하는 여자를 골라 짝을 지었고, 사랑의 전령인 저녁별이라 불리는 금성이 떠오를 때까지 사랑을 속삭였다. 그런 후에는 모두 애욕의 열기에 들떠, 혼인의 신인 히멘[13]을 초빙해서 화촉을 밝혔

---

13 "히멘"은 고대 그리스의 혼인의 신으로 히메나이오스라고도 한다. 결혼식에서 "히멘 히메나이오스"라는 후렴구를 지닌 결혼축가를 노래하는 관습이 있어서, 언제부터인지 이 후렴구

는데, 히멘이 혼인예식에 초빙을 받은 것은 이때가 처음이었다. 잔치가 열리고, 울려 퍼지는 풍악으로 모든 장막들이 들썩였다. 여전히 사라지지 않고 남아 있는 사랑과 젊음의 행복한 만남과 그 아름다운 결실, 노래들과 화환들, 꽃들, 매력적인 선율들에 이내 마음이 끌린 아담은 자신의 내면에서 본능적으로 생겨난 즐거움을 뿌리치지 않고 그대로 받아들여서, 자신의 심정을 이렇게 표현했다.

"나의 눈을 진정으로 뜨게 해주신 최고의 복되신 천사장이시여, 이 환상은 앞서 본 두 번의 환상보다 훨씬 더 좋아 보이고, 장래의 평화로운 날들에 대한 희망을 한층 더 밝게 해주는 것 같습니다. 이전의 환상들은 증오와 죽음, 또는 훨씬 더 지독한 고통에 대한 것이었던 반면에, 이 환상에서는 자연이 자신의 모든 목적을 충실히 수행하고 있는 것으로 보입니다."

미카엘이 아담에게 대답했다.

"너는 하나님을 본받게 하고자 하는 좀 더 고귀한 목적을 위해 거룩하고 순전하게 지음받은 존재이니, 즐거움을 기준으로 가장 선한 것을 판단하는 것이 자연과 부합해 보일지라도, 그렇게 판단해서는 안 된다.

네가 본 장막들은 아주 즐거워 보이지만 사실은 자신의 형제를 죽인 자의 후손들이 살게 될 악의 장막들이다. 그들은 하나님의 성령의 가르침을 받아서, 인간의 삶을 윤택하게 해줄 기술들을 연구하는 데 힘쓰는 위대한 발명가들이지만, 그들의 창조주를 생각하지도 않고, 자신들이 지닌 솜씨가 하나님이 주신 선물이라는 것도 전혀 인정하지 않는 자들이다.

하지만 그들에게서는 아름다운 자손들이 태어나게 될 것이다. 그래

가 신의 호칭으로 해석되었다. 미술작품에서는 머리에 화관을 쓰고 손에 횃불을 쥔 젊은이의 모습으로 표현되는데, 이 신은 그 횃불로 결혼식의 화촉을 밝혀준다고 한다.

서 네가 본 저 한 무리의 아름다운 여자들이 생겨난 것이다. 그 여자들은 너무나 활기차고 상냥하며 명랑해서 여신들 같아 보이지만, 여자의 최고의 미덕인 가정을 존귀하게 만드는 데 온갖 선한 성품들은 완전히 결여되어 있고, 오로지 인간의 정욕을 만족시켜 주기 위한 목적으로 노래하고 춤추고 옷 잘 입고 혀를 놀리고 눈을 굴리는 것만을 배워서, 그런 일들에만 아주 능숙할 뿐이다.

하나님을 믿고 경건하게 살아간다고 해서 하나님의 아들들이라는 이름을 얻은 저 건강한 인류 종족은 저 아름다운 무신론자들의 간교한 술책과 웃음에 홀려서, 부끄럽게도 자신들의 모든 미덕과 명예를 다 던져버리고, 지금 환락 속에서 헤엄치며 웃고 있지만, 머지않아 그런 환락에 완전히 빠져서 익사하고 말 것이다. 그들의 그런 행실로 인해 머지않아 세상은 눈물에 잠기게 될 것이기 때문이다."

잠시 즐거워했던 아담은 미카엘의 말을 듣고 다시 정색을 하고서 이렇게 말했다.

"오, 제대로 올바르게 살기 위해 그토록 아름답게 자신들의 삶을 시작했던 그들이 도중에 빗나가서 잘못된 길로 접어들어 자신들의 힘을 엉뚱한 곳에 쏟고 소진하다니, 안타깝고 참담합니다. 하지만 인간의 재앙과 비탄이 여자로부터 시작된다는 것을 다시 한 번 깨닫습니다."

미카엘은 말했다.

"인간의 불행은 남자의 유약함과 태만으로부터 시작되는 것이니, 남자는 위로부터 받은 지혜와 우월한 은사들을 사용해서 자신의 지위와 위치를 더 잘 지켜내는 것이 마땅하다. 하지만 지금은 또다른 장면을 볼 준비를 하거라."

아담이 보니, 그의 눈 앞에 넓은 지역이 펼쳐져 있었고, 거기에서는 도회지들, 그 사이에 자리한 촌락들, 높은 성문들과 탑들이 있는 인간의 도시들, 무장하고서 서로 대치해 있는 군대들, 금방이라도 전투를 벌일 것 같은 사나운 얼굴들, 기골이 장대하고 용맹스러운 거인들, 단독으로 또는 전투대형을 갖추고서 칼과 창을 휘두르거나 거품을 문 군마를 타고 내달리는 기병들과 보병들이 보였는데, 빈둥거리며 서 있는 자는 아무도 없었다.

한 곳에서는 한 무리의 사람들이 비옥한 목장의 초지에서 풀을 뜯어 먹고 있던 가축들 중에서 좋은 황소들과 암소들을 선별해서 모은 소 떼, 그리고 숫양들과 암양들과 매매 울어대는 새끼 양들로 이루어진 양 떼를 자신들의 노획물로 삼아 평지 너머로 몰고 가고, 도망쳐서 겨우 목숨을 건진 목자들은 근방의 관아로 달려가 도움을 청하니, 부대와 부대가 서로 뒤엉켜 피비린내 나는 전투가 벌어지고, 방금 전만 해도 가축들이 한가로이 풀을 뜯던 곳이 이제는 시체들과 버려진 무기들이 여기저기 나뒹구는 피로 얼룩진 들판이 되어 버렸다.

또다른 곳에서는 견고한 도시 앞에 진을 치고 포위하고서, 대포를 쏘며 사다리를 기어오르거나 땅 속으로 굴을 파서 공격하고, 상대 진영에서는 성벽 위에서 화살과 창과 돌과 불덩이들을 비 오듯 쏟아 부으며 방어했지만, 어느 쪽이든 목숨을 걸고 결사항전하면서 무수한 사상자들이 발생했다.

어떤 곳에서는 홀을 든 전령관들이 도시의 성문들에서 총회의 소집을 알리고 나서는, 얼마 후에 모여든 백발이 성성한 근엄한 자들과 전사들을 향해 열변을 토했지만, 이내 의견이 갈리고 논쟁이 벌어졌고, 그러자 지혜롭고 고명해 보이는 한 중년 남자가 일어나서,[14] 옳고 그름

---

14 에녹을 의미한다(창세기 5장 23절).

과 정의, 종교, 진리와 평화, 위로부터의 심판에 대해 많은 말을 말했다. 그러자 젊은이와 노인을 가릴 것 없이 모두가 격분해서 그를 때려죽이려고 했지만, 하늘로부터 구름이 내려와서 그를 낚아채가는 바람에, 군중 속에서 더 이상 그의 모습은 보이지 않았다.

이렇게 온 들에는 폭력과 억압이 난무했고, 칼이 곧 법이라는 풍토가 온통 지배하고 있었기 때문에, 그 어디에서도 피난처는 발견할 수 없었다. 아담은 흘러내리는 눈물로 범벅이 된 채 자신의 안내자를 돌아보며 슬픔에 가득 차서 이렇게 탄식했다.

"오, 이자들은 사람들을 이토록 무자비하고 비인간적으로 죽임으로써, 자기 형제를 죽였던 그자의 죄보다 만 배는 더 큰 죄를 자행하니, 인간이 아니라 죽음의 일꾼들이 아니고 무엇이겠습니까. 그들은 자신들과 똑같은 사람들을 살육하는 자들이고, 그것은 곧 자신들의 형제들을 학살하는 것이기 때문입니다. 도대체 그들은 누구이고, 하늘이 나서서 구하지 않았더라면 자신의 의로운 행위로 말미암아 영락없이 죽게 되었을 저 의인은 누구입니까."

미카엘은 이렇게 대답했다.

"그들은 네가 앞서 본 저 잘못된 혼인들로 인해 태어난 자들이다. 선과 악은 본래 서로 결합되기를 극도로 싫어하는 법이지만, 경솔하고 분별없이 서로 뒤섞여서 짝을 이루게 되는 경우에는, 몸이나 마음이 기형적인 괴물 같은 자들이 생겨나게 되는데, 그렇게 해서 태어난 자들이 바로 고대에 아주 유명하게 될 이 거인족들이지. 당시의 인간 세상에서는 오직 힘만이 숭상되어서, 용맹함이 영웅의 미덕으로 불리게 될 것이다. 전쟁에서 승리하고, 나라들을 복속시키며, 무수히 많은 사람들을 학살하고서 노획물들을 자기 나라로 가져오는 것이 인간의 최고의 영광으로 여겨지게 될 것이고, 파괴자들이자 인간 세상의 전염병 같은 자들이라 불리는 것이 마땅한 자들이 승전의 영광으로 인해 위대한 정복자들, 인류의 수호자들, 신들, 신들의 아들들이라 불리게 될 것이다. 이렇게 오직 용맹함을 지닌 자들만이 이 땅에서 명성을 얻어 유명해지고, 가장 큰 명성을 얻고 유명해져야 할 자들은 도리어 아무도 알아주는 이 없이 무명인 채로 말없이 묻히게 될 것이다.

하지만 네가 보았듯이, 너의 칠대손 중에서는 이 사악한 세상 가운데서 유일하게 의로운 자가 태어날 것이고, 그는 혼자 의롭게 살아가면서, 사람들이 정말 듣기 싫어하고 극히 혐오하는 진리, 즉 장차 하나님이 자신의 거룩한 자들을 이끄시고서 그들을 심판하러 오실 것이라는 진리를 전한다는 이유로, 원수들의 미움을 받고 포위되어 위험에 처하게 될 것이지만, 네가 본 대로 지존자께서는 날개 달린 천마天馬들이 끄는 향기로운 구름 전차를 보내어 그를 둘러싸서 하늘로 끌어올리고 천국으로 받아들여, 죽음을 겪지 않고 구원을 받아 지극히 복된 나라에서 하나님과 동행하며 살아가게 하실 것이다. 이는 선한 자들에게는 어떤 상이, 악인들에게는 어떤 형벌이 기다리고 있는지를 네게 보여주기 위한 것이니, 이제 너의 눈을 돌리면, 그 광경이 곧 보이게 될 것이다."

아담이 보니, 정반대로 바뀐 상황이 보였는데, 전쟁을 알리는 놋쇠 목구멍에서 나와서 울려퍼지던 요란한 소리는 이미 그쳤고, 이제 모든 것은 웃고 떠들며 즐기는 소리, 검투 경기와 전차 경주, 사치와 방탕, 축제와 무도회, 마음 내키는 대로 하는 결혼이나 매춘, 마음에 드는 매력적인 여자가 지나갈 때 벌어지는 강간이나 간음으로 바뀌었으며, 이런 것들은 술에 취해 패싸움을 벌이는 것으로 이어졌다.

이윽고 한 기품 있는 노인이 사람들 가운데로 와서, 그들의 행위들은 대단히 좋지 않은 부패한 것들이고, 그들의 행실은 악한 것이라고 증언했다. 그는 사람들이 승전행사나 축제를 벌이기 위해 모여드는 곳들로 자주 가서, 마치 그들이 임박한 심판을 기다리며 감옥에 갇혀 있는 죄수들인 것처럼, 그들에게 마음을 바꾸어 회개하라고 외쳤지만, 아무런 소용이 없었다.

사람들의 그런 냉담한 반응을 본 그는 그들과 입씨름하기를 그치고, 자신의 장막을 아예 산 속 깊은 곳으로 옮기고서, 아름드리나무들을 베어 거대한 배 한 척을 건조하기 시작했다. 팔꿈치에서 중지 끝까지의 길이를 가리키는 큐빗이라는 척도를 이용해서 배의 길이와 너비와 높이를 정했고, 배 전체에 역청을 발라 물이 새어 들어오지 않게 했으며, 옆으로는 문을 만들고, 사람과 짐승이 먹을 양식도 대량으로 저장해 놓았다. 이렇게 배가 완성되자, 신기한 일이 벌어졌다. 모든 종류의 짐승과 새와 작은 곤충들이 암수 일곱 쌍씩 와서는, 그들에게 가르쳐준 순서대로 배 안으로 들어갔고, 마지막으로 그 노인과 그의 세 아들, 그리고 그들의 네 아내가 들어가자, 하나님이 그 배의 문을 닫으셨다.

그 사이에 남풍은 이미 일어나서 자신의 검은 날개들을 펴고 천하 곳곳을 누비며 하늘 아래 있는 모든 구름을 몰아 한 군데로 집결시켰고, 산들도 수증기와 어둡고 축축한 연무를 강력한 힘으로 위로 올려보내어 일손을 도우니, 이제 먹장구름들로 빽빽하게 뒤덮인 하늘은 검은 천장처럼 서 있었다. 폭포 같은 비가 쏟아졌고, 더 이상 땅이 보이지 않을 때까지 계속해서 퍼부어졌다. 배는 물 위로 떠올라서, 새의 부리처럼 돌출된 뱃머리를 이용해서 균형을 잡고 좌우로 조금씩 흔들거리면서 물결 위를 안전하게 떠갔지만, 인간의 다른 모든 거처들은 큰 물에 삼켜져서, 인간의 온갖 영화와 함께 물 속 깊이 굴러 떨어져 잠겨버렸다. 바다가 바다를 덮어서, 뭍이 없는 바다만이 끝없이 펼쳐져 있

그는 거대한 배 한 척을 건조하기 시작했다.

었다. 얼마 전까지만 해도 사치가 지배했던 화려한 궁전들에는 바다 괴물들이 새끼를 낳고 둥지를 틀었고, 무수히 많았던 인류는 물 위로 떠오른 한 척의 배 안에 탄 사람들을 제외하고는 모두 몰사했다.

그때 아담은 그의 모든 자손들의 종말, 이 땅에 그토록 많이 모여 살았던 사람들이 거의 멸절되다시피 한 너무나 서글픈 종말을 보고서 얼마나 상심하고 슬픔에 잠겼던가. 또 하나의 홍수, 눈물과 비탄의 홍수가 그를 삼켰고, 그는 그의 자손들처럼 그 홍수 아래로 가라앉아 버리지 않았던가. 결국 미카엘 천사가 그를 따뜻하게 붙들어 일으켜 세웠을 때에야, 그는 자신의 눈 앞에서 한꺼번에 몰살당한 자녀들을 애곡하는 아버지로서 그 어떤 것으로도 위로 받을 수 없었지만, 그래도 가까스로 그의 두 발로 일어서서 겨우 입을 열어 그 천사에게 이렇게 하소연하였다.

"오, 이런 불길한 환상을 미리 보다니요. 미래의 일들에 대해 차라리 모른 채로, 오직 내 몫의 재앙만을 하루하루 짊어지고 살아갔더라면, 그럭저럭 잘 버티고 살아갈 수 있었을 터인데, 아직 일어나지도 않은 미래의 일들을 내가 환상을 통해 미리 보았고, 그 일들이 반드시 일어나게 되리라는 것도 알게 되어서, 이제 그 수많은 세대들의 무거운 짐을 한꺼번에 지게 되었으니, 그 괴로움을 어떻게 견딥니까. 이후로는 장차 자신이나 자신의 자녀들에게 일어날 일들에 대해 미리 들으려고 하는 사람이 있다면, 그러지 말라고 뜯어 말릴 것입니다. 재앙이 닥칠 것임을 미리 알아도 결코 막을 수 없고, 그 미래의 재앙을 미리 아는 사람은 나중에 그 재앙을 실제로 겪게 될 사람 못지않은 고통과 괴로움을 맛보아야 하기 때문이죠.

하지만 이제 내가 그런 경고를 해줄 인간도 없게 되었으니, 그런 걱

인간의 다른 모든 거처들은 큰 물에 삼켜져서, 인간의 온갖 영화와 함께
물 속 깊이 굴러 떨어져 잠겨 버렸다.

정은 하지 않아도 될 것 같습니다. 대홍수에서 살아남은 저 몇 안 되는 사람들도 저 물의 사막을 방황하다가 결국에는 굶주림과 고통 속에서 죽어가게 될 것이니까요. 나는 환상을 통해 이 땅에서 폭력과 전쟁이 그치고 평화가 찾아온 것을 보고서는, 이제는 모든 것이 다 잘 되어서, 인류가 오래도록 행복한 나날들을 보내게 될 것이라고 예상했고, 그렇게 희망했었는데, 내가 잘못 생각해도 한참 잘못 생각한 것이었습니다. 인류에게 전쟁이 황폐함을 가져다주었듯이, 평화도 부패함을 가져다준다는 것을 내가 미처 몰랐습니다. 어떻게 해서 일이 이 지경이 되고만 것입니까. 천상의 안내자시여, 과연 여기에서 인류는 끝장이 나고마는 것입니까. 제발 가르쳐 주십시오."

미카엘은 아담에게 이렇게 말했다.

"네가 앞서 본 자들, 곧 전쟁에서 승리하고서 사치스러운 부를 마음껏 누리며 사는 자들은 처음에는 그 용맹함으로 남들이 해내지 못한 엄청난 위업들을 이루어내긴 했지만, 참된 덕이 없는 자들이었기 때문에, 많은 사람들을 죽여 피를 흘리게 하고 많은 것들을 파괴하며 나라들을 정복하여 세상에서 명성과 부귀영화를 얻은 후에는, 자신들의 행로를 바꾸어 쾌락과 안일함과 나태함과 방탕함과 정욕에 빠져서 제멋대로 오만방자하게 행함으로써, 평화로운 날들에 서로 사이좋고 화목하게 지내야 할 사람들이 서로 적대하며 살아가게 된 것이다.

또한 전쟁에서 져서 정복당한 자들과 전쟁 포로들도 자신들의 자유만이 아니라 모든 미덕과 하나님을 경외하는 마음도 상실하게 되었으니, 이는 그들의 거짓되고 위선적인 경건으로 인해 침략자들에 맞서 치열하게 싸울 때 하나님으로부터 그 어떤 도움도 받지 못하고 패하게되자, 그 후로는 신앙의 열심이 식어버려서, 안일하고 속되며 방탕한 삶을 살게 되고, 하나님도 그들의 악함으로 인해 그들이 그런 삶에 빠져 사는 것을 내버려 두셨기 때문이지. 이렇게 장차 땅에는 인간의 절제를 시험하는 것들이 널려 있어서, 모든 사람이 사악하게 되어 타락하고 부패함으로써, 정의와 절제, 진리와 믿음을 까맣게 잊어버리게 될 것이다.

하지만 이 어두운 시대 속에서 유일하게 한 사람만은 빛의 아들로 살아가리니, 그는 선한 모범으로서 악하고 적대적인 세상의 유혹과 관습에 맞서, 온갖 비방과 멸시와 조롱과 폭력을 두려워하지 않고, 그들의 악한 행실을 경고하는 한편, 그들이 걷고 있는 악한 길보다도 훨씬 더 안전하고 평화로 가득한 의로운 길을 그들 앞에 제시하며, 그들이 회개하지 않을 때에는 하나님의 진노가 임하게 될 것임을 선포하게 될 것이다. 그는 모든 사람들로부터 조롱을 받고 웃음거리가 되겠지만, 하나님은 그를 이 세상에서 유일하게 정의로운 삶을 살아가는 의인으로 인정하고서, 살아 있는 모든 것들이 멸절하게 될 이 세상 가운데서 그와 그의 가족을 구원하시기 위하여, 네가 본 대로 그에게 경이로운 방주를 지을 것을 명하실 것이다.

그가 하나님이 살리기로 정하신 사람들과 짐승들을 데리고 방주로 들어가 안전하게 되자마자, 하늘의 모든 수문들이 열려, 거기에 있던 물들이 폭포처럼 땅으로 한꺼번에 쏟아져서 밤낮으로 비가 내리고, 깊은 곳에 있던 모든 물의 근원들이 터져 나와, 큰 바다들의 경계가 무너지고, 온 땅에 물이 범람하여 가장 높은 산들까지도 집어삼켜서, 온 세상은 하나의 큰 바다가 될 것이다. 그때가 되면, 이 낙원의 산도 거센 물결에 휩쓸려 흔적도 없이 사라져서, 뿔처럼 거세게 들이받는 큰 물로 인해 이 산의 모든 푸르름은 모두 벗겨지게 될 것이고, 이 산의 거대한 나무들은 뿌리째 뽑혀서 큰 강을 따라 둥둥 떠내려가 입 벌린 만 속으로 들어가서, 거기에서 뿌리를 내려 소금기로 가득한 불모의 섬이 되어, 물개들과 고래들과 끼룩끼룩 우는 갈매기들이 드나드는 곳이 될 것이니, 이는 아무리 신성하고 아름다운 곳이라도 사람들이 거기에 거하거나 드나들며 하나님을 예배하지 않는다면, 하나님은 그곳을 거룩한 곳으로 여기지 않으신다는 것을 네게 가르치시기 위한 것이다. 자, 이제는 그 다음에 무슨 일이 벌어지게 될 것인지를 보거라."

아담이 보니, 이제는 그 기세가 많이 잦아든 큰 물 위에 방주가 떠 있는 것이 보였다. 구름은 매서운 북풍에 쫓겨 달아나 버렸고, 대홍수의 수면은 불어오는 메마른 바람 속에서 노쇠해진 듯 주름이 져 있었다. 밝은 태양은 거울 같이 잔잔한 드넓은 수면 위를 뜨겁게 응시하며, 마치 그동안 심하게 목말랐다는 듯이 신선한 물을 벌컥벌컥 들이마시니, 온 땅을 뒤덮어 호수를 이루고 있던 물들이 점차 서둘러 뒷걸음질 쳐서 조용히 깊은 바다로 물러나기 시작했다. 하늘의 창문들이 닫히고, 하나님이 하늘의 수문들을 걸어 잠그면서, 방주는 이제 더 이상 물 위에 떠 있지 않고, 어떤 높은 산 꼭대기 위에서 땅에 단단히 붙어 있는 것처럼 보였다. 이제 산봉우리들이 마치 바위들처럼 드러났고, 산들을 뒤덮고 있던 물들은 격류를 이루어 요란한 소리를 내며 내리달아, 서서히 뒤로 물러가고 있던 바다에 분노한 썰물로 합류했다.

얼마 후에 방주에서 까마귀가 날아서 나왔고, 다음으로는 좀 더 확실한 사자인 비둘기가 자신의 발로 딛고 안착할 수 있는 푸른 나무나 흙이 있는지를 탐색하기 위해 두 차례 보내졌는데, 두 번째에는 평화의 상징인 감람나무 잎사귀 하나를 자신의 부리에 물고 돌아왔다. 머지 않아 마른 땅이 드러났고, 노인이 자신의 가족과 온갖 생물들을 데리고 방주에서 내려서, 손을 위로 들고 경건한 눈으로 하늘에 감사하자, 그의 머리 위로 이슬을 머금은 구름이 보였고, 그 구름 속에서 하나님으로부터 주어진 평화와 새로운 언약을 나타내는 세 가지 빛깔의 찬란한 무지개가 뚜렷하게 나타났다.[15]

그러자 조금 전까지만 해도 크게 상심하여 깊은 슬픔에 잠겨 있던 아담은 이 광경을 보고서는 너무나 기뻐하며 자신의 기쁨을 이렇게 표현했다.

"오, 장래의 일들을 마치 현재에 일어나고 있는 양 보여주실 수 있는 하늘의 교사시여, 이 마지막 광경을 보면서, 인간이 자신의 자손을 보존하여 모든 생물과 함께 살아가게 될 것이라는 확신이 들어, 나는 다시 살아났습니다. 이제 나는 악한 자손들로 이루어진 하나의 세상 전체가 멸망당하게 될 것임을 보고서 상심하고 슬퍼하기보다는, 하나님이 인간에 대한 자신의 모든 노여움을 다 잊으시고서, 그토록 완전하고 의로운 한 사람을 발견하여, 그로부터 또 하나의 세상을 일으키시는 은혜를 베푸실 것임을 보고서 기뻐합니다.

그런데 하늘에서 나타난 저 여러 빛깔의 줄무늬들은 무엇을 의미하는 것인지를 말해 주십시오. 이제 진노하심을 거두신 하나님의 펴진 이마를 나타내는 것입니까, 아니면 저 비를 머금은 구름에서 또다시 비가 땅 위로 쏟아져 내리는 것을 막기 위해 그 가장자리들을 저 꽃 같이 아름다운 끈으로 묶어 놓은 것입니까."

미카엘 천사장은 말했다.

"네가 용케도 잘 알아맞혔구나. 하나님은 앞서 인간 세상을 내려다보시고서는, 인간들이 타락하여, 온 땅이 폭력으로 가득하고, 모든 인간의 행실이 가지각색으로 부패한 것을 보시고, 인간을 지으신 것을 후

---

15 무지개가 당시에는 적, 황, 청 세 가지 색으로 생각되었다.

회하시며 마음에 근심하셨지만, 이렇게 기꺼이 자신의 노여움과 진노
하심을 거두셨는데, 이는 이 땅에서 한 사람의 의인을 찾으셨기 때문이
지. 하나님은 그 의인을 보시고 노여움을 푸시고서, 은혜를 베풀어 인
류를 멸절시키지 않기로 결심하셨을 뿐만 아니라, 새로운 언약을 세우
셔서, 앞으로 다시는 이 땅을 홍수로써 멸망시키지 않으실 것임을 약속
하시고, 바다로 하여금 자신에게 정해진 경계를 넘지 못하게 하심과 동
시에, 비를 내려서 세상을 잠기게 하여 거기에 살고 있는 인간과 짐승
이 멸절되는 일이 없을 것이라고 하신 것이지. 아울러 하나님은 이 땅
위에 구름을 보내실 때에는 거기에 세 가지 빛깔의 무지개를 두어, 사
람들이 그것을 보고서 자신의 언약을 기억하게 하겠다고 하셨지. 앞으
로 인간 세상에는 낮과 밤, 파종기와 수확기, 더위와 추위가 번갈아 찾
아오다가, 결국에는 옛 하늘과 옛 땅은 불에 타 소멸되고, 그 불로 만물
이 정화되어, 새 하늘과 새 땅에서 의인들이 살아가게 될 것이다."

제 12 권

줄거리

천사 미카엘은 대홍수 이후에 어떤 일들이 벌어질 것인지에 대해 계속해서 말하는데, 아브라함에 대해 얘기하게 되었을 때, 아담과 하와가 타락했을 때 하나님이 약속한 저 여자의 자손이 누구인지를 어느 정도 설명해주면서, 그의 성육신, 죽음, 부활, 승천에 대해, 그리고 그가 재림할 때까지 교회가 처해 있게 될 상태에 대해 말해준다. 아담은 이러한 얘기들과 약속들에 크게 만족하고 위안을 얻어 다시 힘을 차리고서 미카엘과 함께 산을 내려와서 하와를 깨우는데, 내내 잠들어 있었던 그녀는 잠자는 동안에 편하고 좋은 꿈을 꾸면서 마음이 차분해져서 평정심과 순종하는 마음을 되찾게 되었다. 미카엘은 두 손으로 그들을 잡고 이끌어서 낙원 밖으로 데려다주는데, 그들 뒤로는 화염검이 돌아다니고, 그룹 천사들은 각자의 자리에 배치되어 낙원을 지킨다.

492

자신의 목적지를 향해 서둘러 길을 재촉해서 가고자 하는 여행자라도 뜨거운 정오에는 잠시 쉬어 가는 것처럼, 미카엘 천사장은 옛 세상이 멸망하고 새로운 세상이 열리게 될 것에 대해 말한 후에, 혹시 아담에게 무엇인가 할 말이 있지 않을까 하여 잠시 말을 멈추었다가, 얼마쯤 시간이 지나서 다시 감미로운 말투로 새롭게 말을 이어갔다.

　"너는 하나의 세상이 시작되어 끝나는 것을 보았고, 마치 두 번째 뿌리에서 싹이 나오는 것처럼 또다른 한 사람으로부터 또 하나의 세상이 시작되는 것을 보았다. 앞으로도 네가 볼 것은 아직 많이 남아 있는데, 인간으로서의 너의 시력으로는 무리인 것 같구나. 하나님의 일들을 인간이 보게 되면, 인간의 감각은 반드시 피로해지고 손상을 입게 되어 있기 때문이지. 그래서 이제부터는 장차 인간 세상에서 일어나게 될 일들을 내가 말로 네게 설명해줄 것이니, 너는 정신을 바짝 차리고서 제대로 잘 들어야 한다.

　이 두 번째 뿌리에서 나온 사람들은, 그 수가 아직 그리 많지 않고, 저 무시무시했던 대홍수의 심판으로 인한 두려움이 여전히 그들의 마음속에 생생하게 남아 있는 동안에는, 하나님을 경외하고, 옳고 그른 것을 상당 부분 가려서 삶을 영위해나가는 가운데, 열심히 땀 흘리고 흙을 경작하여 곡식과 포도주와 기름 등과 같은 소출을 풍성하게 거두며 살아갈 것이고, 그들의 자손들은 빠르게 많아지게 될 것이다. 또한 그들은 소 떼와 양 떼를 기르면서, 수송아지와 어린 양과 새끼 염소로 희생제사를 드리고, 많은 양의 포도주를 전제로 하나님 앞에 부어드리며, 거룩한 성일들과 절기들을 지킬 것이고, 기쁨 가운데서 흠 없는 삶을 살아가면서, 족장들의 통치 아래에서 부족과 가문을 따라 오랫동안 평화롭게 지내게 될 것이다.

하지만 결국 그 마음이 오만하여 야망을 품은 자가 일어나서, 공평과 평등과 형제애로 살아가는 세상에 만족하지 않고, 형제들 위에 군림하여 부당한 통치권을 휘두르며, 자연의 법을 따라 화합하며 살아가는 것을 땅에서 완전히 말살시키고, 자신의 폭정에 굴복하기를 거부하는 자들을 적으로 규정하여 온갖 음모와 전쟁을 동원해서 사냥하리니, 짐승이 아니라 사람을 사냥하는 것이 그의 놀이가 될 것이다. 하나님 앞에서 대단한 사냥꾼으로 불리게 될 그는 하늘의 왕이신 하나님이 자기를 땅의 왕으로 임명하셨다고 주장하며 제2의 왕으로 자처함으로써, 그 자신은 다른 사람들이 자기에게 반역하는 것을 비난할 것임에도 불구하고, 그 자신이 반역을 뜻하는 이름을 얻게 될 것이다.[1]

그는 자기와 같은 야망을 지니고서, 또는 자기 아래에서 사람들을 압제하기 위해서 그에게 합류한 무리들을 이끌고 에덴에서 서쪽으로 진군하여, 시커먼 역청이 지옥의 입구인 땅 밑에서 부글부글 끓어오르는 평야를 발견하고서 거기에 정착하여, 그 역청이라는 재료와 벽돌을 사용해서, 꼭대기가 하늘에 닿는 도시와 탑을 세워, 선한 이름이든 악명이든 상관없이 천하에 이름을 떨치고, 적어도 이방의 땅들로 아주 멀리 뿔뿔이 흩어져 그들의 이름이 사람들의 기억에서 사라져 버리는 일이 없게 하고자 할 것이다.

그러나 종종 사람들의 눈에 보이지 않는 모습으로 인간 세상에 내려와서 사람들의 거처를 둘러보며 그들이 무슨 일들을 하는지를 살펴보시는 하나님은 이내 하늘에서 그들의 움직임을 보시고, 그들의 도시를 살피시기 위해 내려오셨다가, 그들이 하늘 꼭대기까지 이르는 탑을

---

1   니므롯(창세기 10장 9절). '니므롯'은 히브리어로 '반역'이란 뜻이다.

쌓는 것을 보시고 비웃으시며, 그 탑이 하늘의 탑들을 망가뜨리기 전에 그 공사를 중단시키려고, 그들의 혀에 서로 다른 여러 영을 두어서, 그들이 지금까지 사용했던 언어를 완전히 잊어버리고, 서로가 알아듣지 못하여 서로에게 시끄러운 소음 같이 들리는 언어들을 말하게 하실 것이다.

그 즉시 탑을 쌓던 자들 속에서 소름끼칠 정도로 듣기 싫은 기괴한 큰 소리들이 울려 퍼져서 와글와글 댈 것이고, 목이 쉬도록 아무리 소리쳐도 서로의 말들을 이해하지 못해서, 모두 격분하여 더욱 언성을 높이고 욕설을 퍼부으며 멱살을 잡고 싸우느라고 일대 난장판이 벌어지게 될 것이다. 그러면 하늘에서는 하나님이 이 기괴한 난장판을 내려다보시고 그들이 서로 고함치고 싸우는 소리를 들으시며 크게 웃으실 것이고, 이렇게 해서 하늘까지 닿는 탑을 건설하고자 했던 계획은 중단되고 조롱거리가 됨과 아울러, 이후로 그 탑은 혼란이라는 이름으로 불리게 될 것이다."

아담은 이 말을 듣고서 인류의 시조로서 기분이 언짢아져서 이렇게 말했다.

"오, 하나님이 주시지도 않은 권세를 제멋대로 취하여 형제들 위에 군림하고자 하는 야망을 품다니, 참으로 형편없는 자로구나. 하나님은 짐승과 물고기와 새들을 다스릴 수 있는 절대적인 통치권만을 우리의 권세로 주셨지만, 그것도 하나님이 우리에게 은혜로 수여하신 것일 뿐이다. 사람들의 주로서 사람들을 다스리는 권세는 인간에게 주지 않으시고, 오직 하나님 자신만이 그렇게 하실 수 있도록 정해 놓으심으로써, 사람들로 하여금 다른 사람의 지배를 받지 않고 자유롭게 살게 하셨다.

그런데도 하나님으로부터 받지도 않은 권세를 참칭하여 스스로 왕으로 자처한 이자는 그 오만방자함이 극에 달해, 인간 위에 군림하는 것도 모자라서, 자신이 부리는 사람들을 동원해서 그 꼭대기가 하늘에 닿는 탑을 쌓아 하나님께 도전하고 하나님을 포위하려고 하였구나. 이 어리석고 형편없는 자야, 구름 위에는 공기가 희박해서 양식의 기아가 아니라 호흡의 기아로 인해 너와 너의 군대가 다 내장이 뒤틀려 죽어가게 될 것인데도, 너는 그 높은 곳으로 양식을 공급하기만 한다면 너와 너의 무모한 군대가 제대로 하나님과 맞붙어 싸울 수 있을 것이라고 생각했던 것이냐.”

미카엘은 아담에게 이렇게 말했다.

“너의 그 자손은 사람들에게서 그들이 응당 누려야 할 자유를 빼앗고 그들 위에 군림하여 압제하고자 하는 야욕을 품고서, 평화롭고 고요하게 살아가던 인간 세상에 평지풍파를 일으켜 큰 혼란을 야기했으니, 네가 그 자손을 혐오하는 것은 옳다. 하지만 참된 자유라는 것은 언제나 바른 이성과 함께 할 때에만 가능하고, 이성과 분리되어서는 존재할 수 없는 것이기 때문에, 너의 원죄 이후로 인간 세상에 참된 자유는 상실되었다는 것을 알아야 한다. 인간 안에 있는 이성이 흐려지거나, 인간이 이성에 순종하지 않게 되면, 그 즉시 무절제한 욕망들과 끓어오르는 격정들이 이성으로부터 통치권을 빼앗아서, 그때까지 자유로웠던 인간을 노예상태로 전락시키고 말지.

그래서 사람들이 자신들의 내면에서 자격도 없고 합당하지도 않은 힘들로 하여금 그들의 자유로운 이성을 다스리도록 허용할 때, 하나님은 거기에 대한 정의로운 심판으로서, 그들이 외적으로 폭군들에게 굴종하여 그 압제 밑에서 외적인 자유를 부당하게 억압당하도록 내버려 두시는 것이다. 그러므로 그런 이유로 폭군의 죄가 면제되는 것은 결코 아니지만, 폭정은 인간 세상에 존재할 수밖에 없는 것이다. 하지만 종종 나라 전체가 너무나 타락하여 진정한 힘인 이성을 완전히 잃게 되는 경우에는, 단순히 사람들에 대한 징계 차원에서가 아니라, 정의와 거기에 수반되는 어떤 치명적인 저주로 인해, 그 나라는 이미 상실해버린 사람들의 내적인 자유와 더불어서, 나라의 외적인 자유까지도 상실하게 되기도 한다.

저 방주를 지은 의인의 불경스러운 아들조차² 자신의 아버지에게 행한 부끄러운 짓으로 말미암아, 그와 그에게서 나올 악한 종족 전체가 종들의 종이 될 것이라는 무서운 저주를 받았던 것에서 알 수 있듯이, 두 번째 세상도 첫 번째 세상과 마찬가지로 점점 더 큰 악으로 치달아서, 결국 하나님은 사람들의 죄악에 신물이 나서, 그들 가운데서 자신의 임재를 거두시고, 그들에게서 자신의 거룩한 얼굴을 돌려 그들을 보시려고 하지 않으시며, 그때부터는 그들이 자신들의 타락한 길로 행하는 것을 내버려 두시고, 믿음을 지닌 한 신실한 사람으로부터³ 생겨나게 될 한 민족을 모든 민족들 중에서 선택하여 자신의 선민으로 삼으셔서, 그 민족으로 하여금 천하 만민을 위해 기도하게 하고자 하셨다.⁴

그는 우상을 숭배하는 땅인 유프라테스 지역에서 태어나 거기에서 자라나서 살고 있었는데, 네가 믿을 수 없는 일이겠지만, 대홍수를 피해 살아남은 족장이 아직 살아 있는 동안에도, 사람들은 이미 너무나 어리석어져서, 살아 계신 하나님을 버리고, 그들 자신이 나무와 돌

---

2   노아의 둘째 아들 함. 창세기 9장 21-27절.
3   아브라함.
4   이스라엘 백성.

로 만든 것들을 신들로 섬기는 우상 숭배에 빠져 있었다. 하지만 지존자이신 하나님은 묵시를 통해 그를 부르셔서, 그의 아버지의 집과 친척과 거짓 신들을 떠나, 자기가 보여줄 땅으로 가라고 하시면서, 그에게서 한 위대한 민족이 생겨날 것이고, 그의 자손 안에서 열방이 복을 받게 될 것이라고 약속하시며, 그를 축복하셨지.

그는 자기가 어떤 곳으로 가는지도 알지 못하면서, 오직 하나님에 대한 견고한 믿음에 의지해서 즉시 순종하여 길을 떠났어. 믿음으로 그가 지금까지 자기가 섬겨 왔던 신들과 자신의 친구들과 고향 땅인 칼데아 우르[5]를 떠나서, 이제 수많은 소 떼와 양 떼와 종들을 거느리고서 강을 건너 하란으로 들어가는 모습이 네게는 보이지 않겠지만 내게는 보인다. 가난하게 유랑한 것은 아니었지만, 어쨌든 자신의 모든 부를 자기를 부르신 하나님에게 맡기고서, 이제 그가 알지 못하는 미지의 땅인 가나안[6]에 도착해서 세겜과 그 근방의 모레 평지에 그의 장막들을 세운 것이 내 눈에 보이는구나.

거기에서 그는 가나안 땅 전체를 그의 자손들에게 주겠다는 하나님

---

5 "칼데아"는 바빌로니아 남부를 가리키는 고대의 지명이다. 성경에서는 "칼데아"를 바빌로니아와 동의어로 사용한다. 칼데아인들은 기원전 1000년기 전반에 이곳에 살았던 셈족 계열의 한 종족이다. "우르"는 이라크 남부 유프라테스 강 근방에 있던 수메르의 도시국가이고, "하란"은 유프라테스 강의 한 지류인 발리크 강변에 있는 메소포타미아 북부 지역의 도시다. 성경에 의하면, 아브람(후에는 아브라함)은 75세에 여호와 하나님의 묵시를 따라 하란에서 가나안 땅으로 이주했다.

6 "가나안"은 노아의 손자의 이름이기도 하지만, 여기에서는 기원전 18세기에 설형문자로 기록된 마리 문서에 처음 등장하는 팔레스타인 서쪽 해안지대를 가리키는 지명이다. "세겜"은 "어깨"라는 뜻으로서, 예루살렘에서 북쪽으로 66킬로미터 지점에 있는 그리심 산과 에발 산 사이의 골짜기에 위치했던 곳이다. 지정학적으로 여러 갈래의 길들이 통과하는 교통의 중심지로 가나안을 대표하는 고대의 주요 성읍이었다. 가나안으로 이주한 아브라함이 처음 방문했던 성읍이고, 야곱이 정착하고 땅을 산 곳이며, 이집트에서 이장된 요셉의 시신이 안치된 곳이기도 하다. "모레"는 "교사"라는 뜻으로서, 세겜에 있는 한 지역명이다. 가나안으로 이주한 아브라함은 이곳에 있는 한 상수리나무 아래 장막을 치고 하나님께 제단을 쌓았다.

의 약속을 받는데, (당시에는 지명들이 아직 정해지지 않았지만, 후일에 불릴 지명들을 사용해서 말하자면) 북방의 하맛에서부터 남방의 광야에 이르고, 동쪽으로는 헤르몬 산에서부터 서쪽으로는 대해에 이르는 땅이다. 내가 가리키는 곳들을 보아라. 여기가 헤르몬 산이고, 저기가 바다, 곧 대해다. 바다 쪽 해변에는 카르멜 산이 있고, 헤르몬 산 쪽에는 수원지가 두 곳인 요단 강이 있는데, 이 강이야말로 진정한 동쪽 경계지만, 그의 자손들은 헤르몬 산의 저 긴 산등성이를 따라 자리 잡고 있는 스닐 지역에서 살게 될 것이다.[7]

땅의 모든 나라가 그의 한 자손을 통해 복을 받게 될 것인데, 그 자손은 뱀의 머리를 상하게 할 너의 위대한 구주를 가리킨다. 이 구주에 대해서는 네가 곧 좀 더 분명한 계시를 받게 될 것이다.

후일에 믿음의 조상 아브라함이라 불리게 될 이 복 받은 족장은 자신과 같이 믿음과 지혜가 있어 명성을 얻게 될 아들과 손자를 남기게 될 것이고, 그 손자는 자기가 낳은 열두 아들과 함께 가나안을 떠나, 그 중앙에 나일 강이 흐르는 땅, 나중에 이집트라 불리게 될 땅으로 가게 될 것이다. 일곱 개의 물줄기로 나뉘어 바다로 유입되는 저 나일 강을 보거라. 그의 막내아들은 이집트에서 큰 공로를 세워 파라오 다음 가는 지위에 오르게 되고, 가나안에 기근이 심해졌을 때, 그는 그 아들의 초

---

7 "하맛"은 "요새"라는 뜻으로서 다마스쿠스 북쪽 오론테스 강 유역에 있던 시리아의 고대 성읍이고, "남방의 광야"는 사해 남쪽에 있는 "신 광야"이며, "헤르몬 산"은 "금지된 장소"라는 뜻으로서 팔레스타인 동북쪽, 곧 시리아와 레바논 사이에 있는 샤르키 산맥(또는 안티레바논 산맥)에 솟아 있는 높이 2,814미터의 높은 산이고, "카르멜 산"은 "하나님의 포도원"이라는 뜻으로서 팔레스타인 서쪽의 지중해 연안에 솟아 있는 546미터의 산인데, 네안데르탈인의 뼈가 발견된 동굴 유적으로 유명하다. "스닐"은 "흰 산"이라는 뜻으로서 아모리족이 높은 헤르몬 산을 이 이름으로 불렀다. 사계절 내내 눈이 덮여 있어, "단"과 함께 요단 강의 두 발원지 중 하나다.

청에 의해 이집트 땅에 머물기 위해 오게 될 것이다.

그는 거기에서 죽지만, 그가 남긴 종족은 하나의 민족으로 성장해 나갈 것이고, 그들의 세력이 강성해지는 것을 본 그 다음의 파라오는 의심의 눈초리를 보내는 가운데, 이민족의 거류민들이 지나치게 비대해지는 것을 막기 위해, 손님이었던 그들을 노예로 삼고, 그들 중에서 태어난 남자 아기들을 죽이는 만행을 저지르게 될 것이지만, 마침내 하나님이 자기 백성을 노예살이에서 건지기 위해 보내신 두 형제(그들의 이름은 모세와 아론이다)를 통해 그들은 이집트 사람들에게서 취한 노획물들을 가지고서 영광 중에 약속의 땅으로 돌아올 것이다.

그러나 먼저 하늘로부터 주어진 여러 표징들을 통해서, 그들의 하나님을 인정하지도 않고 그 하나님의 말씀을 존중하지 않고 거부하며 불법을 저지른 폭군 파라오에 대한 무시무시한 심판이 행해지지 않으면 안 될 것이었기 때문에, 강들은 온통 피로 변하여 흐르지 않게 될 것이고, 개구리와 이와 파리들은 몸서리쳐질 정도로 끔찍하게 새까맣게 몰려들어 파라오의 궁전 전체와 이집트 온 땅을 가득 채우게 될 것이며, 가축들은 열병과 전염병으로 죽게 될 것이고, 파라오와 모든 이집트 백성의 살은 악성 종기와 농으로 곪아서 썩어 들어가게 될 것이다. 또한 우박을 동반한 우레와 불이 섞인 우박이 이집트의 하늘을 파열시키고 땅 위를 구르며, 그 구르는 모든 곳에 있는 모든 것을 집어삼킬 것이고, 우레와 우박에 의해 삼켜지지 않고 남아 있던 풀이나 열매나 곡식은 먹장구름처럼 몰려온 메뚜기 떼가 다 갉아먹어버려서, 대지 위에 푸른빛을 띤 것은 하나도 남아 있지 않게 될 것이며, 칠흑 같은 어둠이 이집트 온 땅을 뒤덮어 사흘의 낮을 말살해버릴 것이고, 마지막에는 한밤중의 일격으로 이집트의 모든 장자가 시신이 되어 엎드러지게 될 것이다.

이렇게 열 가지 상처를 입은 후에야 고분고분해진 악어인 파라오는 결국 항복하여 한순간 그 완고한 마음이 낮아져 눈 녹듯이 풀어져, 자기 땅에 거류하던 백성이 떠나는 것에 동의하지만, 언제 그랬냐는 듯이 또다시 얼음처럼 더 단단해져서 분노로 타올라, 자기가 방금 보낸 그 백성을 추격하다가, 자신의 군대와 함께 바다에 삼켜지고, 그 백성은, 모세의 지팡이에 겁을 먹고 양쪽으로 갈라진 두 개의 수정 같은 물 벽 사이로 난 마른 땅 위를 걸어 반대편 해변에 이르러 구원을 받게 될 것이다.

하나님은 자신이 보낸 사자이신 그분을 통해 자신의 성도들을 위해 이런 놀라운 일들을 행하실 것인데, 구름과 불기둥 속에서 그들보다 앞서 가시며, 낮에는 구름, 밤에는 불기둥으로 그들의 여정을 인도하시다가, 저 완고한 파라오가 추격해 올 때에는 그들의 뒤쪽에서 그들을 보호하실 것이고, 파라오는 밤을 새워 추격하지만, 어둠이 둘 사이를 가로막아서 날이 밝을 때까지 가까이 다가오지 못할 것이다. 이윽고 날이 밝으면, 불기둥과 구름 속에서 보고 계시던 하나님은 파라오의 모든 군대의 대오를 흐트러놓으시고, 그들이 탄 전차 바퀴들을 부숴놓으실 것이고, 하나님의 명령을 받은 모세가 자신의 능력의 지팡이를 또다시 들어 바다 위로 뻗는 순간, 물 벽이 되어 양쪽으로 서 있던 바다는 그 지팡이에 복종하여 다시 원래의 위치로 돌아와서, 추격하던 파라오의 군대를 덮쳐 바다에 수장하게 될 것이다.

이렇게 해서 하나님의 선민은 홍해 해변에서 출발하여, 가까운 길은 아니지만, 광야를 거쳐 가나안으로 안전하게 들어가게 될 것이다. 하나님이 그들로 하여금 그렇게 하신 것은, 신분의 높고 낮음과 태생의 귀하고 높음을 떠나 사람의 생명은 누구에게나 소중한 것이어서, 아무런 훈련도 받지 않은 사람들이 무턱대고 전쟁 속으로 뛰어들었다가는 여지없이 몰살을 당하게 될 것이니, 그들이 아무런 준비도 없이 가나안 땅으로 들어갔다가, 깜짝 놀란 가나안 사람들이 필사적으로 싸움에 임하게 되면, 공포에 질려 겁을 집어먹고서, 거기에서 죽기보다는 차라리 노예로서 수치스러운 삶을 살더라도 목숨을 부지하는 것이 낫겠다 싶어 이집트로 다시 돌아가려고 할 것이 뻔했기 때문이었지.

또한 그들은 광야에 상당 기간 머물면서 해야 할 일이 있었기 때문이기도 했지. 그들은 광야에서 자신들의 통치체제를 세워서, 열두 지파 중에서 장로들을 뽑아 원로원을 구성하고, 모세의 영도 아래 하나님의 율법을 따라 백성들을 다스려야 했어. 이를 위해 하나님은 우레와 번개와 큰 나팔 소리 가운데 구름 속에서 시나이 산 꼭대기에 큰 진동과 함께 강림하셔서 그들에게 율법을 주실 것인데, 그 중 한 부분은 인간 사회의 정의에 대한 것이고, 다른 부분은 희생제사와 종교의식에 대한 것으로서, 이 율법이라는 것은 하나님이 약속하신 저 여자의 자손이 어떤 방식으로 뱀의 머리를 상하게 하고 인류를 구원하게 될 것인지를 예표들과 상징들을 사용해서 간접적으로 보여주는 것이지. 하지만 하나님의 음성은 죽을 수밖에 없는 존재가 되어 버린 인간에게는 감당할 수 없을 정도로 두렵고 무시무시한 것이어서, 그들은 하나님이 직접 말씀하지 마시고, 모세로 하여금 하나님의 뜻을 그들에게 전해주게 해주셔서, 그 두려움과 공포를 그치게 해주시라고 간청했지. 하나님은 그들의 청을 들어주시면서, 자신이 정한 중재자 없이는 아무도 하나님에게 가까이 나아오지 말라고 명하시고, 우선은 임시로 중재자의 고귀한 직분을 모세에게 맡게 하셨지. 사실 하나님이 말씀하신 그 중재자는 바로 여자의 자손, 곧 메시아를 가리키는 것이었는데, 처음에는 모세로 하여금 그보다 더 크신 이의 시대가 장차 도래하게 될 것을 예언하게 하시고, 그 이후에는 대대로 모든 선지자들로 하여금 미래의 저 위대한 메

502

그들은 모세로 하여금 하나님의 뜻을 그들에게 전해주게 해주셔서,
그 두려움과 공포를 그치게 해주시라고 간청했다.

시아의 시대를 노래하게 하셨지.

이렇게 율법과 종교의식이 완비되자, 하나님은 이 백성이 자신의 뜻에 순종하는 모습을 보고 기뻐하시며, 거룩한 이이신 그분이 죽을 수밖에 없는 인간들과 함께 거하시기 위해, 그들 가운데 자신의 장막을 세우라고 하셨지. 하나님이 친히 지시하신 양식을 따라 순금이 덧입혀진 백향목들로 성막이 세워지고, 그 가장 안쪽의 지성소에는 언약궤가 놓여 있었는데, 언약궤 안에는 하나님의 언약이 기록된 두 개의 돌판이 들어 있었고, 그 위로는 빛나는 두 그룹 천사의 날개 사이에 순금으로 된 속죄소가 자리 잡고 있었지. 지성소 입구에 있는 성소에는 황도와 마찬가지로 천상의 불을 상징하는 일곱 개의 등불이 늘 불타고 있었고, 그들이 이동할 때를 제외하고는 성막 위에는 낮에는 구름이, 밤에는 불기둥이 머물러 있었지.

그들은 하나님의 사자이신 그분의 인도함을 받아 드디어 아브라함과 그의 자손에게 약속된 땅에 도달하게 되지. 그후에 벌어진 일들도 아주 많아서 여기에서 일일이 다 말할 수는 없지만, 수많은 전투가 벌어졌고, 그들의 손에 의해 수많은 왕들과 나라들이 멸망당했지. '이스라엘이 이길 때까지, 태양아, 기브온에 멈춰 서고, 너 달아, 아얄론 골짜기에 멈춰 서라'[8]고 외치는 인간의 명령에 태양은 온종일 중천에 멈춰서 있었고, 밤은 자신의 정상적인 여정을 시작하지도 못했는데, 이렇게 외친 사람은 아브라함의 증손이자 이삭의 손자인 여호수아[9]일 것이고, 이렇게

---

8   "기브온"은 "산에 속해 있는 곳"이라는 뜻으로서 예루살렘에서 북서쪽으로 9킬로미터 지점에 있는 이스라엘 베냐민 지파의 성읍이다. "아얄론 골짜기"를 지나 욥바에 이르는 3개의 도로의 분기점에 자리잡은 교통의 요지다. "아얄론"은 "사슴"이라는 뜻이다.

9   "여호수아"는 모세의 후계자가 되어서 이스라엘 백성을 이끌고 요단 강을 건너 하나님의 약속의 땅인 가나안을 정복한 인물이다. 성경에서 "여호수아"라는 이름은 나중에 메시아로 올 성자의 이름인 "예수"의 이름과 동일하고, "여호수아"라는 인물은 "예수"의 모형이고 예표다.

해서 아브라함에게서 나올 모든 자손들이 가나안 땅을 얻게 될 것이다."

여기에서 아담이 끼어들어 이렇게 말했다.

"오, 하늘로부터 보내심을 받아 나의 어둠을 비쳐주고 계시는 분이시여, 당신이 내게 너무나 위로가 되는 것들, 그 중에서도 특히 의로운 아브라함과 그의 자손에 대한 것들을 말해주시니 고맙고 감사합니다. 지금까지 나는 나와 온 인류의 미래에 무슨 일들이 벌어질지를 생각할 때마다 크게 걱정되어 당혹스럽고 괴로울 뿐이었는데, 이제는 비로소 나의 눈이 진정으로 열려서 진실을 보게 된 것 같아, 내 마음이 무척 편안해졌음을 느낍니다. 지금 나는 아브라함의 자손인 그분의 시대에 천하 만민이 그분 안에서 복을 받게 될 것임을 똑똑히 알게 되었는데, 이것을 알게 된 것은 금지된 수단을 사용해서 금지된 지식을 얻고자 했던 내게는 분에 넘치는 은총이 아닐 수 없습니다.

하지만 아직도 여전히 한 가지 이해되지 않는 것이 있는데, 그것은 하나님이 이 땅에서 그들과 함께 거하셨음에도 불구하고 그들에게 그토록 많고 다양한 율법들을 주신 이유가 무엇인가 하는 것입니다. 왜냐하면 그들에게 그토록 많은 율법들을 주셨다는 것은 그들 가운데 아주 많은 죄들이 존재했다는 것을 증명해주는 것인데, 하나님이 그런 자들과 함께 거하실 수 있다는 것이 이해가 되지 않기 때문입니다."

미카엘은 아담에게 이렇게 대답했다.

"그들은 너에게서 태어날 자손들이니, 그들 가운데서 죄가 지배하게 될 것임은 의심의 여지가 없다. 그러므로 하나님이 그들에게 율법을 주신 것은, 죄를 자극하여 율법에 맞서 싸우게 함으로써 그들의 타고난 부패성과 타락성을 분명하게 드러내어서, 그들로 하여금 율법에 의해 드러난 자신들의 죄를 보고, 율법에 의해 마련된 황소와 염소의 피로 말미암은 저 속죄제사를 통해 임시적으로 속죄를 받기는 하지만, 그것으로는 완전하게 그들의 죄를 제거할 수 없다는 것을 알고서, 그런 짐승들의 피보다 더 귀한 피, 곧 불의한 자들을 위한 의로운 이의 피가 인간을 위해 드려져서, 그 피로 인한 의가 믿음으로 말미암아 그들에게 주어짐으로써, 하나님 앞에서 의인들로 인정받고, 양심의 평안을 얻을 수 있다는 결론에 도달하게 하기 위한 것이다. 왜냐하면 율법에 규정된 종교의식들로는 하나님과 양심을 만족시킬 수 없고, 그렇게 하기 위해서는 인간이 도덕적으로 완전하게 행해야 하는데, 실제로는 그렇게 할 수 없고, 도덕적으로 완전하게 행하지 않는 한, 인간은 하나님이 약속하신 영원한 생명을 얻을 수 없기 때문이다.

따라서 율법은 불완전한 것으로서, 오직 임시적이고 그림자에 불과한 표상들과 상징들을 통해 진리를 배우고, 육체에 속한 것들을 통해 영적인 것들을 깨달으며, 엄격하게 율법을 지켜 행해야 하는 노예로서의 두려운 삶으로부터 큰 은혜를 자유의지로 받아들여서 하나님의 자녀들로 살아가는 삶으로 나아가고, 율법의 행위들에서 믿음의 행위들로 나아가는 법을 훈련받음으로써, 때가 되어 더 나은 언약이 그들에게 주어질 때 기꺼이 받아들일 수 있게 준비시키기 위한 목적으로 주어지는 것일 뿐이다.

그러므로 모세는 하나님으로부터 큰 사랑을 받게 될 인물이지만 아무리 그래도 그 사명 자체가 단지 율법의 일꾼일 뿐이기 때문에 하나님의 백성을 가나안으로 이끌고 들어갈 수는 없게 될 것이지만, 이방인들이 예수라고 부르는 여호수아가 예수의 이름과 직분을 맡은 상징적인 인물로서 그 일을 수행하게 될 것이다. 하지만 실제로 인류의 원수 뱀을 죽이고, 광야 같은 이 세상에서 오랫동안 유랑하던 인간들을 다시 낙원으로 무사히 이끌어 영원한 안식을 누리게 할 분은 바로 장차 오실 예수시다.

이렇게 그분이 오실 때까지 그들은 여호수아의 영도 아래 지상의 낙원인 가나안으로 들어가서 오랜 세월 거주하며 번영할 것이지만, 백성들이 자행하는 죄들로 인해 내적으로는 나라의 평화는 깨지고 사회는 혼란해질 것이고, 하나님의 노여움을 초래하여 외적으로는 하나님이 일으키신 적들의 침공을 받게 될 것이다. 그럴 때마다 하나님은 처음에는 사사들을 통해, 그 후에는 왕들을 통해 그 중에서 회개하는 자들을 구원하실 것이다.

그 왕들 중에서 신앙으로나 용맹스러운 위업으로나 이름을 떨치게 될 두 번째로 세움을 받은 왕은 그의 왕조가 영원히 지속될 것이라는 결코 취소될 수 없는 약속을 하나님으로부터 받게 될 것이고, 모든 선지자들도 그 동일한 것을 예언하여, 다윗(이것이 그 왕의 이름이다)의 왕가에서 태어나게 될 한 자손에 대해 노래하게 될 것인데, 그는 하나님이 네게 약속하신 여자의 자손이고, 아브라함에게는 천하 만민이 의지하여 복을 받게 될 그의 자손이라고 말씀하신 바로 그분이며, 그의 통치는 무궁할 것이기 때문에 왕들에게는 최후의 왕이 되실 분이다. 그러나 그분이 오실 때까지는 왕조는 오랜 기간 계속해서 이어질 것이다.

다윗의 뒤를 잇게 될 그의 아들은 부와 지혜로 유명하게 될 왕으로서 그때 비로소 성전을 지어, 당시까지 성막 안에 안치되어 이리저리 떠돌던 하나님의 언약궤를 그 영광스러운 성전에 모실 것이고, 그의 뒤를 이어 왕위에 오른 자들은 선한 왕으로 기록되기도 하고 악한 왕으로 기록되기도 할 것이지만, 악한 왕들이 더 많이 나올 것이다. 그 왕들이 자행한 추악한 우상 숭배와 여러 범죄들은 백성들이 저지른 무수한 죄악들에 더해져서 하나님의 맹렬한 진노를 촉발시켜서, 하나님은 그들을 버리시고, 그들의 땅과 도성 및 자신의 성전과 거룩한 언약궤를 자신의 모든 성물들과 더불어 저 교만한 성의 조롱거리와 먹잇감이 되게 하실 것인데, 그 성은 바로 네가 앞에서 보았듯이 그 꼭대기가 하늘까지 닿는 탑을 쌓다가 하나님의 심판으로 혼란에 빠져서 그때 이후로 바빌론이라 불리게 된 성이다.

하나님은 그들을 바빌론에 두시고서 칠십 년 동안 포로생활을 하게 하신 후에, 천국의 나날들처럼 영원히 변할 수 없는 다윗에게 맹세하신 언약을 기억하시고 자신의 자비로움을 생각하셔서 다시 돌아오게 하실 것이다. 하나님이 그들의 주로 세우신 이방 왕들의 허락을 얻어 바빌론에서 돌아온 그들은 가장 먼저 하나님의 성전을 재건하고서 한동안은 절제하며 검소하고 소박한 삶을 살겠지만, 재물이 늘어 부하게 되고 인구도 늘어나면서, 파당과 분쟁이 점점 더 심해지게 될 것인데, 평화와 화합을 위해 가장 힘을 써야 할, 하나님의 제단을 모셔 섬기는 제사장들 사이에서 가장 먼저 파벌싸움이 벌어져서, 그들의 분쟁은 성전을 타락시키고, 나중에는 하나님이 약속하신 다윗 왕가의 왕위까지도 무시하고서, 제사장이 왕의 규를 차지하게 되는 사태가 벌어지게 될 것이고, 결국 그 규는 이방인에게로 넘어가게 될 것이다. 하지만 그것은 하늘로부터 기름 부음 받은 참된 왕인 메시아가 자신의 권리와 권세를 박탈당한 채 태어나게 하기 위한 하나님의 섭리였다.

메시아가 탄생할 때에는 이전까지 하늘에서 보이지 않았던 한 별이 나타나서 그가 태어나셨음을 알리고, 동방의 현자들을 이끌어, 그 왕이 태어나신 곳이 어디인지를 물어, 그 태어나신 왕 앞에 유향과 몰약과 황금을 예물로 바치게 할 것이고, 근방에서 밤에 양 떼를 지키던 소박한 목자들은 한 장엄한 천사로부터 메시아가 태어나신 곳을 전해 듣고 기쁜 마음으로 서둘러 거기로 가서, 천군천사가 왕의 탄생을 축하하는 노래를 부르는 것을 듣게 될 것이니, 그 왕의 어머니는 동정녀이고, 그의 아버지는 지존자의 능력일 것이고, 그는 하나님의 약속대로 다윗의 영원한 왕위에 올라, 하늘의 영광으로 온 땅을 다스리게 되실 것이다."

여기에서 미카엘은 아담이 너무나 기쁘고 감격스러워서 아무 말도 하지 못하고, 마치 무슨 아주 큰 슬픈 일을 당한 사람처럼 하염없이 눈물을 펑펑 쏟으며 얼굴 전체가 눈물범벅이 되도록 울고 있는 것을 보고서 잠시 말을 멈추자, 아담은 이렇게 말했다.

"오, 완벽한 최고의 희망을 가져다주는 기쁜 소식을 전하는 예언자시여, 내가 지금까지 아무리 골똘히 생각해도 알 수 없었던 것, 곧 우리가 모든 것을 걸고 대망하는 그분이 왜 여자의 자손이라 불리는 것인지를 이제야 분명히 알았습니다. 동정녀 마리아여, 당신에게 나의 인사를 전합니다. 당신은 하늘로부터 지극히 큰 사랑을 입게 될 분이지만, 혈통으로는 나의 허리에서 나오게 될 분인데, 바로 당신의 태로부터 하나님과 인간이 하나가 되어 연합된 지극히 높으신 하나님의 아들이 나셔서 뱀을 치실 것이니, 이제 뱀은 자신의 머리에 치명상을 입고 죽음의 고통을 맛볼 각오를 할 수밖에 없게 되었습니다. 그렇다면 이 둘 간의 싸움이 언제 어디에서 벌어질 것이고, 결국 승자가 될 여자의 자손의 발꿈치를 뱀이 어떤 공격으로 상하게 하는 것인지에 대해서도 말씀해 주십시오."

미카엘은 아담에게 이렇게 말했다.
"너는 이 둘 간의 싸움을 결투 같은 것이라고 생각하거나, 그들이 입게 될 상처가 단순히 머리나 발꿈치를 상할 정도의 것이라고 생각해서는 안 된다. 성자가 인간의 본성과 신의 본성을 함께 가지고 태어나시는 것은 너의 원수 사탄을 쉽게 이기기 위해 더 큰 힘을 갖기 위한 것이 아니다. 또한 사탄도 비록 치명상을 입고서 하늘로부터 떨어지긴 했지만 그렇게 호락호락한 상대가 아니어서, 이미 네게 상처를 입혀 죽음을 가져다주지 않았느냐. 물론 너의 구주가 오시면, 너의 그 상처를 치료해 주실 것이기는 하지만, 그것은 그가 사탄을 멸망시키는 것을 통해서가 아니라, 너와 너의 자손들 안에서 사탄이 지금까지 행해왔고 지금도 행하고 있는 일들을 제거함을 통해서 이루어질 것이기 때문에, 그렇게 하기 위해서 그는 한편으로는 네가 해내지 못하고 실패했던 것, 즉 불순종하는 경우에는 죽음의 형벌을 각오해야 하는 조건으로 부과된 하나님의 율법에 순종하는 일을 성공적으로 해내셔야 하고, 다른 한편으로는 너의 범죄와 그 범죄로부터 생겨난 네 자손들의 범죄에 합당한 형벌인 죽음을 온 인류를 대신하여 받으셔야 한다. 오직 그런 식으로만 하나님의 지엄한 정의가 만족을 얻을 수 있기 때문이다.

오직 사랑만으로 율법을 온전히 이룰 수 있지만, 그는 순종과 사랑, 이 두 가지를 통해 하나님의 준엄한 율법을 이루어 내실 것이다. 그는 너의 죄에 대한 죽음의 형벌을 대신 짊어지기 위해서, 인간의 육신을 입고 이 땅에 오셔서 수치스럽고 욕된 삶을 살다가 저주받은 죽음을 죽게 될 것이지만, 자신의 죽음을 통해 그의 대속을 믿는 모든 사람들, 즉 그가 온 인류의 죄를 대신 갚았다는 것을 믿는 자들에게 영생이 주어질 것임을 선포하실 것이기 때문에, 그의 순종으로 말미암아 그가 하나님 앞에서 얻은 의로움은 믿음을 통해 그들의 것이 되어, 믿는 그들은 그들 자신이 율법 전체를 지켜서가 아니라, 그의 대속의 공로를 믿음으로써 구원을 받게 될 것이다.

그러므로 그는 자기 민족의 사람들에 의해 미움을 받고 모독을 당하며 강제로 붙잡혀서 재판을 받고 사형선고를 언도받아 십자가에 못 박혀서 수치스럽고 저주받은 죽음을 죽게 될 것이지만, 이것은 온 인류에 영원한 생명을 가져다주기 위한 것이다. 왜냐하면 그는 자신의 이런 죽음을 통해서 너의 원수들, 즉 너를 단죄하는 율법과 온 인류의 모든 죄를 자기와 함께 십자가에 못 박아서, 자신의 죽음으로 말미암아 인류의 모든 죄가 사함 받았다는 것을 진심으로 믿는 사람들이 다시는 결코 율법과 죄로 인해 해악을 당하지 않게 하실 것이기 때문이다.

그는 이렇게 죽을 것이지만 얼마 후에 다시 살아나게 되리니, 이는 죽음이 그에게 언제까지나 오래도록 자신의 권세를 행사하여 그를 지배할 수 없기 때문이지. 그가 죽고 나서 세 번째의 날이 희미하게 동터 올 때, 새벽의 별들은 그가 동틀 때의 빛처럼 찬란하게 무덤에서 부활하는 것을 보게 될 것이다. 이제 온 인류를 대신한 그의 죽음으로, 인간을 죄와 죽음의 노예로부터 해방시키기 위해 지불해야 할 속전이 지불되었기 때문에, 생명을 부여받아 이 땅에 태어난 사람은 누구든지 그의 죽음을 무시하지 말고, 믿음으로 그의 죽음으로 인한 은혜를 받아들여서, 그 후로는 모든 행실을 통해 자신의 믿음을 증명해 보이는 삶을 사는 것이 마땅하다. 그의 죽음은 너의 죄로 인해 네게 선고된 형벌, 곧 생명을 영원히 잃고서 영원한 죽음을 맛보아야 하는 형벌을 무효로 만들어버릴 것이고, 사탄의 두 가지 주된 무기인 죄와 죽음을 무력화시킴으로써 사탄의 머리를 상하게 하고 그의 힘을 분쇄해버릴 것이다. 이렇게 사탄이 자신의 머리에 입는 상처는 승리자인 여자의 자손과 그가 해방시킨 자들이 발꿈치에 입는 상처, 즉 일시적인 죽음보다 훨씬 더 깊을 것인데, 이는 일시적인 죽음이라는 것은 영원히 죽지 않는 삶, 곧 영생으로 조용히 옮겨가기 위한 잠과 같은 것이기 때문이다.

그는 부활하신 후에는 그가 살아계시는 동안에 그를 따랐던 사람들

십자가에 달리심에 관한 예언.
(윌리엄 블레이크 作)

인 자신의 제자들에게 몇 차례 나타나시기 위한 것 외에는 이 땅에 더 오래 머물지 않으실 것이고, 그들이 그와 그의 구원에 대해 배운 것들을 천하 만민에게 가르쳐서, 믿는 자들에게는 흐르는 물에서 세례를 주는 소임을 그들에게 맡기시리니, 세례는 사람의 죄책을 깨끗하게 씻어서 정결한 삶을 살게 함과 동시에, 또다시 죄에 떨어지는 경우에는 그들의 구속주가 죽었던 것과 같은 죽음을 각오해야 한다는 것을 나타내는 표징이 될 것이다. 그 날 이후로는 그들이 천하 만민에게 가르칠 것이고, 마침내 구원은 아브라함의 허리에서 난 자손들만이 아니라 온 세상 어디에서든 아브라함의 믿음의 자손들에게도 전파되어, 아브라함의 자손인 그 안에서 천하 만민이 복을 받게 될 것이다. 부활하신 그는 이렇게 이 땅에 잠시 머무신 후에는, 그와 너의 원수 위로 공중을 통과하여 승리의 개선을 하여 하늘들의 하늘로 올라가실 것인데, 공중에서 갑자기 그곳의 왕인 뱀을 사로잡아 사슬로 묶어 그의 나라 전역을 끌고 다니며 낭패를 당하게 하고나서 다시 풀어주고, 영광 속으로 들어가 다시 하나님의 오른편에 있는 자신의 자리에 앉으셔서, 하늘의 모든 이름 위에 높아지실 것이다.

먼 훗날 이 세상이 멸망할 때가 무르익게 되면, 영광과 능력으로 다시 오셔서, 산 자와 죽은 자를 심판하실 것인데, 믿음이 없이 죽은 자들을 심판하시고, 믿는 자들에게는 상을 주심과 동시에 하늘에서든 땅에서든 그들을 지극히 복된 삶으로 들어가게 하리니, 그때가 되면 땅은 모두 낙원으로 변하여 이 에덴보다 훨씬 더 행복한 곳이 되어 지금보다 훨씬 더 행복한 날들을 보내게 될 것이다.”

천사장 미카엘은 이렇게 말한 후에, 세계의 종말의 때를 보고 있는 듯이 잠시 말을 그쳤고, 우리의 시조는 온통 놀라움과 기쁨에 사로잡혀서 이렇게 대답했다.

"오, 악을 선으로 바꾸어 악으로부터 이 모든 선을 만들어 내시다니, 그 선하심이 무한하시고, 그 선하심이 한량없으시며, 창조 때에 처음으로 어둠에서 빛을 만들어 내신 것보다 더 경이롭습니다. 이제 내가 저지르고 야기시킨 죄와 그 결과물들을 보고 한탄해야 하는지, 아니면 거기에서 더욱더 큰 선이 생겨나서, 하나님께는 더 많은 영광이 돌아가고, 인간에게는 하나님으로부터 더 많은 은혜가 부어지며, 진노하심보다 은혜가 더욱 차고 넘치게 될 것을 보며 더할 나위 없이 기뻐해야 하는지, 정말 어떻게 해야 할지, 도무지 갈피를 잡을 수가 없습니다.

하지만 우리의 구원자께서 하늘로 다시 올라가버리시면, 진리의 원수들인 믿지 않는 수많은 무리 가운데 덩그러니 남겨진 소수의 믿는 자들에게 무슨 일이 생기게 될 것인지가 걱정스러우니, 지금부터는 거기에 대해 말씀해 주십시오. 그때가 되면 대체 누가 하나님의 백성을 인도하고 지켜주는 것입니까. 저 원수들은 그에게 자행했던 것들보다도 더 큰 해악과 고초를 그를 따르는 사람들에게 가하지 않겠습니까."

미카엘 천사는 말했다.

"그들이 그렇게 할 것은 너무나 분명하다. 하지만 그는 하늘로 올라가셔서, 성부가 약속하신 또다른 위로자인 성령을 자기 사람들에게 보내실 것이고, 성부는 자신의 영인 성령으로 하여금 그들 안에 거하게 하여, 사랑을 통해 믿음으로 행하는 법을 그들의 마음에 기록해서 그들을 모든 진리 가운데로 인도하고, 또한 영적인 무기들로 무장시켜서, 사탄의 공격을 능히 막아내고 그가 쏘아대는 불화살들에도 끄떡없게 하실 것이며, 사람들이 그들에게 무슨 짓을 해도, 그리고 그 어떤 잔혹한 일들을 당해도, 내면의 위로를 받는 가운데 전혀 두려움 없이 죽음까지 불사하며 꿋꿋이 자신들의 믿음을 지켜 행할 수 있게 함으로써 저 오만하기 짝이 없는 박해자들조차 깜짝 놀라게 만드실 것이다.

이 성령은 먼저 그가 천하 만민에게 복음을 전하는 소임을 맡겨 파송하신 그의 사도들에게 주어지고, 다음으로는 모든 세례 받은 자들에게 주어져서, 그들을 하늘의 놀라운 은사들로 덧입혀주게 되리니, 그들은 온갖 방언들을 말하고, 그들보다 앞서 그들의 주께서 그랬듯이 온갖 이적들을 행하게 될 것이다. 이렇게 해서 각 나라의 수많은 사람들로 하여금 자신들을 통해 하늘로부터 전해진 복음을 기쁨으로 받아들이게 할 것이며, 그러다가 자신의 사역을 다 마치고 달려갈 길을 다 달려간 후에는, 자신들의 가르침과 행적을 글로 남기고 죽게 될 것이다.

하지만 그들이 미리 경고한 대로, 그들이 죽으면 이리들, 곧 저 무시무시한 이리들이 그들 대신에 선생의 자리를 꿰차고서, 오직 저 기록된 글들 속에만 순수한 형태로 남아 있고 성령에 의해서만 깨달을 수 있는 진리를 자신들이 만들어 낸 온갖 미신들과 전통들로 오염시켜서, 하늘의 모든 거룩한 신비들을 자신들의 사악한 이득과 야심을 이루는 도구로 변질시킬 것이고, 그것을 통해 높은 자리와 직함과 명성을 얻어 세속적인 권력을 차지하고 휘두르면서도, 모든 신자들에게 똑같이 약속되고 주어지는 하나님의 성령을 오직 그들만이 지니고 있다고 주장하며, 자신들은 성령을 따라 신령하게 행하고 있다고 사람들을 속일 것이며, 거기에 근거해서 거룩한 기록 속에도 없고 성령이 사람들의 마음에 새긴 것도 아닌 세속적이고 사악한 법들을 영적인 법이라 하여 모든 양심에 강요할 것이다.

그러나 그들이 하는 짓이라는 것이 은혜의 성령을 참칭하여, 참된 은혜가 있는 곳에 함께 존재하는 사람들의 자유를 속박하고 억압하는 것이 아니고 무엇이며, 하나님이 믿는 자들의 심령 속에 성령을 보내셔서 다른 사람의 것이 아닌 각자의 믿음으로 개개인의 심령 속에서 세워나가도록 하신 성령의 전을 무너뜨리는 것이 아니고 무엇이겠는가. 이 땅에서 믿음 및 양심과 관련된 것들에서 절대로 틀릴 수 없는 무오한 존재라는 말을 들을 수 있는 자가 누가 있겠느냐. 하지만 많은 자들이 마치 자기가 그런 존재인 것처럼 행세할 것이다. 그런 까닭에 세상 풍조를 따르지 않고 성령과 진리로 하나님을 예배하는 것을 고수해나가는 모든 사람들에 대해 극심한 박해가 생겨날 것이지만, 나머지 대다수의 사람들은 외적으로 그럴 듯한 의식들과 장엄한 모습만을 갖춘 종교로 만족할 것이다. 진리는 사람들이 퍼붓는 비방의 화살 세례를 받고 퇴색하게 되고, 참된 믿음으로 행하는 일들은 거의 찾아보기 힘들게 될 것이다.

이렇게 세상은 선한 자들에 대해서는 극히 악의적으로 대하고 악인들에 대해서는 호의적으로 대하는 가운데 자신의 무거운 짐 아래에서 허덕이고 신음하며 흘러가다가, 의인들은 숨을 돌리고 악인들은 보응을 받는 날이 도래할 것이다. 그 날에는 얼마 전에 하나님이 너를 도와줄 분으로 네게 약속하셨을 때에는 모호하게 예고되었지만 지금은 너의 구주이자 주가 되실 것임이 훨씬 더 분명하게 알려지게 된 여자의 자손이 마지막에 구름을 타고 성부의 영광 중에 하늘로부터 다시 강림하여, 사탄과 그가 지배하는 사악한 세상을 멸할 것이다. 그런 후에는 거대한 화염에 휩싸여 활활 불타올라 정화된 곳으로부터 새 하늘과 새 땅이 생겨나고, 의와 평화와 사랑을 근간으로 해서 영원까지 이어지게 될 무궁한 시대가 열려서, 영원한 기쁨과 지극한 복의 열매들을 내는 세계가 탄생하게 될 것이다."

미카엘의 말이 끝나자, 아담은 끝으로 이렇게 대답했다.

"복되신 선견자시여, 당신은 먼 훗날에 시간이 완전히 정지하게 될 때까지 이 지나가는 세계와 시간의 모든 여정을 순식간에 예언으로 내게 말씀해 주셨습니다. 그 너머에는 심연이 있고 영원이 있으니, 그 끝은 그 어떤 눈으로도 볼 수 없을 것입니다. 이렇게 큰 가르침을 받아서, 이 그릇에 담을 수 있는 한도 내에서 내가 얻을 수 있는 모든 지식을 얻었고, 그 이상을 바라는 것은 어리석은 것일 뿐이니, 이제는 내가 지극히 평안한 마음으로 이곳을 떠날 수 있게 되었습니다.

이제 나는 유일하신 한 분 하나님을 경외하는 마음으로 사랑하고 순종하며, 늘 그분 앞에 서 있는 듯이 행하고, 하나님의 섭리를 항상 살펴 따르며, 모든 일에서 자비로우신 그분만을 의지하고, 언제나 선으로써 악을 이기며, 작은 일들을 성실하게 행함으로써 큰 일들을 이루고, 약해 보이는 것들을 통해 세상의 강한 것들을 무너뜨리며, 단순하고 온유한 것으로 세상의 지혜로운 것을 이기는 것이 최선이라는 것을 알겠습니다. 또한 진리를 위해 고난받는 것이 최고의 승리를 일구어내는 불굴의 용기이고, 믿는 자들에게는 죽음이 영원한 생명으로 들어가는 문이라는 것도 알겠습니다. 이것은 이제 영원히 찬송받으실 나의 구속주라는 것을 알게 된 바로 그분이 내게 보여주신 모범을 통해 가르쳐주신 것입니다."

미카엘 천사도 끝으로 이렇게 대답했다.

"이것을 알았으니, 너는 최고의 지혜를 얻은 것이다. 네가 모든 별들과 하늘의 모든 천사들과 심연의 모든 비밀들과 자연의 모든 일들, 또는 하늘과 공중과 땅과 바다에서 행해지는 하나님의 일들을 낱낱이 다 알고, 이 세상의 모든 부를 다 누리며, 이 세상 전체를 다스린다고 하여도, 그런 것들은 이 지혜에 비하면 아무것도 아니다. 그러니 너는 오직 너의 지식에 거기에 부합하는 행위들을 더하고, 거기에 믿음을 더하며, 믿음에 덕을 더하고, 덕에 인내와 절제를 더하며, 거기에 나머지 다른 모든 것들의 정화로서 자비라고 불리는 사랑을 더하라. 그렇게만 한다면, 너는 외부의 낙원보다 훨씬 더 행복한 내면의 낙원을 소유하게 될 것이기 때문에, 이 낙원을 떠나는 것을 싫어하지 않게 될 것이다.

이제 우리가 헤어져야 할 시간이 다 되었으니, 앞날을 내다보기 위해 올라온 이 산 정상에서 내려가자. 내가 저쪽 산에 진을 치고 기다리게 한 경비대를 보라. 그들은 행동개시의 명령이 떨어지기만을 기다리고 있고, 그들 앞에서는 화염검이 공중에서 맹렬한 기세로 돌며, 너희가 이 낙원을 떠날 때가 되었음을 알리고 있으니, 우리는 더 이상 지체할 수 없다.

가서 하와를 깨워라. 우리가 이곳에 있는 동안, 나는 하와에게도 좋은 징조를 알리는 길몽을 주어, 그녀의 마음도 완전히 진정이 되어, 이제 유순해지고 순종하는 마음을 갖게 되었다. 너는 적절한 때를 선택해서 그녀에게 네가 내게서 들은 것들을 말해주어 알게 하고, 특히 그녀의 믿음과 관련된 것, 즉 그녀에게서 태어날 저 여자의 자손에 의해 온 인류에게 큰 구원이 임하게 될 것임을 말해주어라. 그러면 너희는 앞으로 너희에게 주어진 많은 날들 동안에 비록 지난 과오로 인해 슬프더라도 장래에 주어질 복된 결말을 생각하며 한층 더 즐겁고 기쁜 마음으로 한 신앙 안에서 한 마음으로 살아갈 수 있을 것이다."

미카엘의 말이 끝나자, 둘은 산을 내려온다. 아담은 산을 내려와서 걱정스러운 마음에 서둘러 하와가 잠들어 있는 자신들의 거처로 달려갔지만, 하와는 이미 깨어 있다가 슬픈 기색이 전혀 없는 말로 그를 맞았다.

에덴 동산으로부터의 추방.
(윌리엄 블레이크 作)

"당신이 어디에 가셨다가 어디에서 돌아오셨는지를 나는 알아요. 하나님은 마음의 슬픔과 괴로움으로 인해 지쳐 쓰러져 잠든 내게도 꿈으로 찾아오셔서 내 마음을 위로해주시고 장차 우리에게 있게 될 아주 좋은 일들을 미리 보여주셨기 때문이죠. 그러므로 이제 내게는 그 어떤 미련도 없게 되었으니, 나를 이끌어 주세요. 당신과 함께 가는 것은 여기에 머물러 있는 것과 같고, 당신 없이 나 혼자 여기에 머무는 것은 강제로 여기에서 쫓겨나는 것과 같아요. 당신은 내가 저지른 범죄로 인해 이곳에서 추방되는 것이니, 하늘 아래에서 내게는 오직 당신만이 모든 것이고 내가 있어야 할 유일한 곳이니까요. 나로 인해 모든 것이 상실되어 버렸어도, 그런 형편없는 내가 이토록 큰 은총을 입어, 내게서 여자의 자손이 태어나 모든 것을 회복할 것이라는 약속을 받았으니, 나는 한층 더 큰 위안을 지니고서 마음 편히 이곳을 떠납니다."

우리의 어머니 하와가 이렇게 말하자, 아담은 듣고 무척 기뻤지만 아무 대답도 하지 않았다. 이는 천사장 미카엘이 아주 가까이 서 있었고, 맞은편 산에서는 모든 그룹 천사들이 자신들에게 정해진 위치로 이동하기 위해서 대오를 갖추고서 찬란한 빛을 발하며 유성처럼 아래의 평지로 미끄러지듯 내려오고 있었기 때문이었다. 그들의 그런 모습은 강에서 생겨난 저녁 안개가 늪지를 미끄러지듯 지나서 땅 위로 낮게 깔려, 집으로 돌아가는 일꾼의 발꿈치에 붙어 서서히 움직이는 것 같았다.

그들의 선두에서 공중 높이 떠올라서 이리저리 돌며 전진하는 하나님의 검에서는 혜성처럼 맹렬한 화염이 뿜어져 나오고 있었고, 그 화염에서 나오는 열기와 뜨겁게 달구어진 리비아의 대기 같은 증기로 인해 낙원의 온화한 기후는 메말라가기 시작했다.

그들의 눈에서는 자신들도 모르게 눈물이 주르룩 흘러내렸지만,
그들은 얼른 눈물을 훔쳤다.

우리의 첫 부모가 미적거리자, 미카엘 천사는 양손으로 그들을 붙잡아서 곧장 낙원의 동문을 통과해 절벽 바로 아래 평지에 내려놓은 후에 사라졌다. 아담과 하와는 낙원의 동쪽 온 지역을 뒤돌아보았다. 그곳은 얼마 전까지만 해도 자신들의 행복한 처소였지만, 지금은 저 불타는 화염검이 그 위를 맴돌고 있었고, 문에는 두려운 얼굴들과 불의 무기들만이 가득했다.

　그들의 눈에서는 자신들도 모르게 눈물이 주르륵 흘러내렸지만, 그들은 얼른 눈물을 훔쳤다. 그들 앞에는 온 세상이 펼쳐져 있었고, 그들은 이제 그 중 어느 곳을 자신들의 안식처로 선택해야 할지를 정해야 할 것이었지만, 섭리가 그들의 안내자가 되어 줄 것이었다. 그들은 손을 잡고서 유랑의 발걸음을 서서히 옮겨, 에덴을 지나 외롭고 고독한 길을 갔다.

해제

박문재

1. 오늘날에 있어서 『실낙원』이라는 고전이 지닌 가치

오늘날 그리스도인이 아닌 독자들이 『실낙원』이라는 작품을 대할 때 흔히 의문을 제기할 수 있는 문제는 과학이 눈부시게 발달한 이 시대에 창세의 역사적 사실성이 의심받고 있고 성경의 창조 설화의 타당성도 의문시되고 있는데 그런 것을 소재로 한 작품이 과연 무슨 가치가 있는가 하는 것이다. 따라서 이 서사시를 접하는 독자들이 가장 먼저 극복해야 할 것은 성경 이야기는 문자 그대로 사실이거나 완전히 거짓이라는 흑백논리적인 편견이다. 왜냐하면 성경 이야기는 네스 호에 괴물이 있느냐 없느냐 하는 문제처럼 사실 여부를 따져야 하는 것이라기보다는 다른 관점들과 표현들로도 생각하고 나타낼 수 있는 인간 경험의 어떤 측면들을 말하고 있는 것이기 때문이다. 우리는 밀턴이 『실낙원』에서 사탄과 천사들과 말하는 뱀 같은 상징과 비유들을 통해서 다루고 있는 문제들을 철학이나 심리학의 추상적인 개념 언어들을 통해 다룰 수도 있다는 말이다.

　밀턴은 진리는 역사적인 것이고, 인간 사회와 더불어서 변하고 발전해간다고 믿었다. 그는 역사를 끊임없이 진리를 계시해주는 하나의 서사로 보았다. 진리는 정해진 목적지가 아니라 여정이어서, 우리는 논리적으로 서로 반대되는 여러 가지 것들 간의 일련의 충돌을 통해 그 여정을 수행해 나간다. 어떤 이들은 천재성의 진정한 표지는 보편성이라고 말하면서, 진정으로 위대한 예술가는 자신이 자라난 문화적이고 역사적인 환경을 뛰어넘어야 한다고 말한다. 그런데 밀턴은 17세기 영국이라는 특별하고 지역적인 환경에 깊이 뿌리를 내린 채로 『실낙원』을 썼다. 그러므로 우리가 그의 작품을 이해하기 위해서는 17세기 영국을 먼저 이해하는 것이 필수적이다. 하지만 특정한 시대는 허공에서 생겨나지 않고, 이전의 모든 시대에서 물려받은 것들이 거기에 녹아 있다. 그런 점에서 『실낙원』은 자기 시대의 생생하고 구체적인 것들을 통해 보편성을 표현하고 있는 것이라는 점에서, 성경 이야기와도 일맥상통하고, 우리 시대에도 그대로 적용될 수밖에 없다.

2. 밀턴이 살아간 시대적 배경 및 그의 삶과 저술

밀턴이라는 인간과 『실낙원』의 저술 배경이 된 17세기 영국의 가장 불길한 징조는 돈을 바탕으로 한 시장경제의 급속한 팽창과 세계화였다. 그러한 시장경제는 두 가지를 필수적으로 전제했는데, 하나는 "돈"이 독립적이고 자생적인 세력이 된 것이고, 다른 하나는 인간의 활동이 "노동"이라는 꼬리표를 단 상품이 된 것이었다. 16세기와 17세기의 영국은 이 두 가지 과정을 흔히 폭력적으로 고통스럽게 통과해가고 있었다. 이런 과정에서 지주들이 대규모 목축이나 농업을 위해 미개간지나 공유지를 자신의 사유지로 만드는 "인클로저"가 일어났는데, 이런 현상은 기본적으로 소작농들의 자산을 빼앗는 강도 행위였다. 수백만 명의 소작농들이 땅과 생계를 박탈당하고 임금노동자들로 전락해서 자신의 노동력을 돈과 맞바꾸어야 했고, 인간도 사고파는 대상인 하나의 물건으로 전락하였다. 이런 과정을 통해서 정립된 시장경제체제는 오늘날 너무나 광범위하게 정착되어 있어서, 사람들은 이 일이 인류 역사에서 최근에 일어난 일이라는 것을 잊고서 당연한 것으로 전제한다. 하지만 밀턴은 그러한 과정이 한창 진행되는 중에 있었기 때문에, 그 실상을 똑똑히 볼 수 있었고, 그의 작품 속에는 거기에 대한 그의 인식이 아주 자세하게 드러나 있다.

개신교의 종교개혁은 밀턴이 태어나기 한 세기 전에 시작되었지만, 그의 생애와 사상 전체는 종교개혁의 영향에 의해 결정되었다. 영국에서는 헨리 8세가 교황이 자신의 이혼을 허락하지 않자, 영국 국교회에서 교황의 지위와 권위를 박탈해서 자신의 목적을 이루기 위한 불순한 의도로 종교개혁을 도입하였다. 이렇게 해서 영국 국교회에서는 기존의 가톨릭적인 교리와 예배를 그대로 유지한 채로 단지 교회의 수장이 교황에서 영국의 왕으로 바뀌게 되었을 뿐이었다. 이런 상황에서 철저한 종교개혁을 이루고자 했던 "청교도들"의 반발이 일어나서, 이것은 결코 영국 국교회 진영과 청교도 진영 간의 내전으로 이어졌다. 바로 이 험난한 시절에 밀턴은 역사의 무대에 등장한다.

밀턴 가문의 역사 전체는 밀턴의 『실낙원』을 준비하는 과정이었다고 할 수 있다. 『실낙원』을 탄생시킨 뿌리는 16세기 옥스퍼드셔라는 작은 촌락에 있었다. 거기에서 살고 있던 밀턴의 할아버지 리처드 밀턴은 자기 아들 존 밀턴이 영어 성경이라는 불온서적을 지니고 있는 것을 발견한다. 로마 가톨릭 신자였던 리처드 밀턴은 자국어로 된 성경을 읽는 것은 교부들과 교회의 전통을 따르는 교회의 권위에 정면으로 도전하는 것이라고 보았던 많은 영국인들 중 한 사람이었다. 이렇게 해서 집에서 쫓겨난 존 밀턴 1세는 런던으로 와서, 법무사와 부동산업자와 행정서사와 대금업자의 역할을 했던 "공증인"이 되어 부유한 삶을 살게 되었다.

　우리는 근대 초기의 영국 문학의 두 거봉인 밀턴과 셰익스피어가 둘 다 대금업자의 아들이었다는 사실에 주목해야 한다. 대금업은 당시에 법적으로나 도덕적으로나 아주 논란이 많았던 직업이었다. 많은 사람들이 대금업 자체가 범죄이고 소돔 사람들이 행했던 것과 같은 악덕으로서 비신앙적이고 반사회적인 일이라고 보았기 때문에, 밀턴도 이것을 잘 알고 있었을 것이다. 대금업은 밀턴의 생애 동안에 점차 합법화되었고, 이것은 일반적으로 경제사에서 전세계적인 자본주의가 정착될 수 있게 해준 토대로서 아주 중요한 사건으로 평가된다. 이것은 본격적인 물신화物神化의 신호탄이었다. 그래서 『실낙원』은 우상 숭배에 대한 폭넓으면서도 세분화된 진단이라고 할 수 있다. 밀턴은 우상 숭배의 원천을 사탄에게서 찾고, 사탄이 인류에게 우상 숭배적인 의식을 심어 주었다고 설명한다. 이것은 우리에게 불그레한 얼굴, 염소수염, 뿔, 갈라진 발굽을 하고 있는 사탄의 존재를 믿으라고 하는 것이 아니다. 그것은 전설로 내려오는 사탄의 모습일 뿐이고 사실이 아니다. 하지만 밀턴은 모든 것을 물신화하는 사탄의 실체를 볼 것을 우리에게 요구한다.

　밀턴의 시대적 배경은 경제적으로는 자본주의의 태동, 정치적으로는 공화정 사상, 종교적으로는 청교도로 규정된다. 『실낙원』은 그러한 배경 속에서 온 몸으로 그 시대를 살았던 인물에 의해 씌어졌다.

　밀턴은 1608년에 런던의 심장부에서 한 공증인의 아들로 태어났고, 이내 놀라울 정도로 지성적인 아이라는 것이 드러났다. 열 살의 나이에 이미 그는 잠자는 시간을 아껴서 스스로 공부하고, 유명한 장로교 목사였던 토머스 영의 개인지도를 받으며, 자신의 조숙함으로 인해 성 바울 학교의 선생들을 놀라게 함으로써, 인류 역사상 가장 박식한 인물 중 하나가 될 소양을 보여주었다. 열여섯 살에는 케임브리지 대학교의 크라이스트 칼리지로 진학했는데, 지금까지 남아 있는 학부생 때에 그가 쓴 글은 그의 학식의 정도가 오늘날의 십대와는 완전히 달랐다는 것을 보여준다. 그가 18세 때 대학교에서 정학을 당한 기간에 쓴 최초의 비가悲歌에서는 여자들을 바라보는 데서 자기가 쾌락을 느끼고 있음을 말한 후에, 인격을 도야하기 위해 그런 사소한 쾌락을 단호하게 거부해야 한다고 노래한다.

처음에 그는 공부를 마치고 영국 국교회의 성직자가 되려고 했지만, 다른 청교도들과 마찬가지로 국교회에 남아 있는 로마 가톨릭의 쓰레기들과, 주교들에게 과도한 권한이 부여된 성직위계제도, 국가와 교회의 야합에 의해 왕에게 교회의 모든 권력이 집중되어 있는 것 등등에 환멸을 느꼈다. 그래서 학교를 마친 후에는 런던 근방의 아버지 집에 기거하면서 자신의 남은 20대를 고전 연구와 저술로 보냈는데, 이때에 쓴 글들이 「쾌활한 사람」, 「사색하는 사람」, 「코머스」, 「리시다스」다. 이러한 글들은 그 자체로만 보면 분명히 훌륭한 것들이긴 하지만, 불멸의 작품들이라고 할 수 없는 것들이었다. 하지만 이 글들은 나중에 『실낙원』에서 열매를 맺게 될 주제에 대한 관심을 이미 보여주고 있다는 점에서 주목할 만하다. 「쾌활한 사람」과 「사색하는 사람」에서는 서로 상반되는 이 두 인물을 아주 깊이 천착해 들어가면서, 이 두 인물은 정반대인 것 같지만, 사실은 전자에게도 우울함이 있고 후자에게도 쾌활함이 있다고 말함으로써, 양자택일 식의 흑백논리는 진리가 아님을 밝힌다.

드디어 서른한 살 때에는 자기가 "교회의 고위 성직자들에 의해 교회 밖으로 축출되고 있다"는 느낌을 받았기 때문에, 영국 국교회의 성직자의 직무를 수행할 수 없다고 느꼈다고 고백하고서는, 은거 생활을 끝내고 밖으로 나왔지만, 딱히 할 만한 일은 없었다. 그가 21세 때에 쓴 「그리스도의 탄생의 아침에」에서는 인류 역사를 추동해 온 두 상반된 세력인 우상 숭배와 유일신 신앙을 대비해서 설명하면서, 우상들의 파괴가 그리스도의 탄생의 가장 중요한 결과였다고 말한다. 이것은 밀턴이 『실낙원』에서 이교의 우상들이 타락한 천사들이라고 말한 것을 연상시키고, 밀턴의 사상이 언제나 우상 숭배와 참된 종교 간의 대립을 중심으로 하고 있었음을 보여준다.

그가 1634년에 쓴 「코머스」에서는 주술과 성적인 매력으로 "레이디"를 유혹하려다 실패하는 "코머스"라는 주술사가 등장한다. 밀턴은 그 작품에서 주술이라는 것은 상징을 조작하는 기술이고, 우상 숭배를 실제적으로 세상에 적용하는 것이라고 해석한다. 육체적인 욕망들과 주술적인 술수들을 배합한 "코머스"라는 사악한 인물은 『실낙원』에 등장하는 "사탄"의 전신이다.

밀턴의 초기작 중에서 마지막으로 중요한 작품인 「리시다스」는 그가 1638년에 자신의 친구인 에드워드 킹의 요절을 애도하며 쓴 비가다. 밀턴의 이러한 초기작들은 그가 나중에 대서사시를 쓸 수 있는 밑거름이 되었고, 실제로 그는 자기는 장차 대서사시를 쓸 것이고, 이런 글들은 단지 그것을 위한 준비에 불과하다는 말을 하곤 했다.

1638년에 밀턴은 전통적으로 17세기 상류층의 마지막 교육과정이었던 것, 즉 고전 작품들에서 다루어진 이탈리아와 그리스의 유적지들을 방문하는 일을 뒤늦게 시작하였다. 이 기간 동안 그는 이탈리아의 피렌체에서 열린 학술회의와 심포지엄에 참석해서 자신이 라틴어로 쓴 시가 찬사를 받는 것을 보고서, 자신의 문학적인 재능을 확인하기도 했고, 가택연금 상태에 있던 천문학자 갈릴레오를 방문하기도 했다. 이때 그리스로 향하려던 즈음에 영국에 내전이 일어났다는 소식을 듣고 자신이 할 일이 있을 것이라는 사명감으로 귀국하지만, 이미 내전은 끝난 상태였다.

런던으로 돌아온 밀턴은 잠시 물러나 있다가, 이내 혁명의 도시가 되어 있던 런던에서 여전히 휘몰아치고 있는 논쟁의 격류 속으로 뛰어든다. 당시의 이러한 복잡한 정세는 그가 1640년대에 쓴 여러 글들에 잘 나타나 있다. 그의 최초의 산문들인 『종교개혁론』과 『교회정치론』에서 그는 교회 개혁을 위한 장로교의 주장을 지지하는 근거들을 제시하지만, 그 밖에도 그런 문제를 뛰어넘어 미학과 정치학과 경제학을 비롯한 개인적인 관심사들을 다룬다.

밀턴의 초기 산문들의 가장 두드러진 특징은 심리학 분야와 정치 분야 간의 아주 긴밀한 상관성을 전제하고 있는 것이다. 그는 자신의 욕망에 사로잡혀 노예가 되어 있는 자들만이 원래부터 자유로운 사람들을 한 명의 독재자에게 종속시키는 것을 옹호할 수 있다고 믿었기 때문에, 그런 자들을 공격하는 글을 쓰는 것은 지극히 옳은 것이라고 생각하였다. 따라서 밀턴이 쓴 정치적인 글들은 그가 공화파와 왕당파 간의 정치적 논쟁을 청교도적인 생활방식과 중세기사적인 생활방식 간의 투쟁으로 본 이유를 알게 해준다. 밀턴에게 있어서 개인적인 것은 곧 정치적인 것이었다. 그래서 『왕들과 방백들의 종신제』와 『영국민을 위한 변호』 같은 그의 후기 산문들에는 개인적인 미덕과 정치적 자유를 동시에 옹호하는 내용이 나온다.

1640년대에 밀턴의 가정환경은 개인과 국가의 이러한 밀접한 상관관계를 예민하게 느낄 수 있게 해주었다. 1642년에 나라가 내전으로 치달고 있는 상황에서 33세의 나이에 밀턴은 17세의 소녀 메리 파웰과 결혼했지만, 이것은 어느 모로 보나 불행한 결합이었다. 파웰 가문은 왕당파였고, 게다가 더욱더 이상했던 것은 메리의 부친 리처드 파웰은 밀턴 가문에 오랜 기간 큰 빚을 지고 있었기 때문에, 어떤 금전 문제로 인해 자신의 딸을 밀턴 가문에 보낸 것이 아닌가 하는 의심을 사기에 충분했다. 밀턴은 자기 가문의 사업인 대금업을 기반으로 자신의 신부를 얻은 셈이었다. 대금업이라는 죄는 성적인 죄와 뒤엉켜 있었고, 그것은 끊임없이 소돔 사람들의 죄에 비유되었다. 결혼식을 올린 지 3주만에 메리는 도망쳐서 본가로 가버렸고 밀턴의 전갈을 받는 것조차 거부했다. 두 달 후에 내전이 발발하자, 이 부부는 감정은 물론이고 물리적으로도 분리되어서 화해는 불가능해 보였다.

밀턴은 아내가 도망간 지 1년 후인 1643년에 『이혼의 교리와 치리』라는 글을 발표해서, 외적으로는 아무런 잘못이 없어도 심리적으로 서로 맞지 않으면 이혼을 허락해야 한다고 주장하며, 남녀가 정신적으로 서로 맞지 않으면 헤어져야 하듯이, 정부와 국민도 서로 맞지 않으면 헤어져야 한다는 논리를 편다.

그리고 1644년에는 『아레오파지티카』를 발표해서 출판의 자유를 전면적으로 주장했다. 그의 혁명적인 사상은 당시에 좀 더 급진적인 정파였던 독립당의 지도자들로부터 인정을 받았고, 그들이 세력을 잡으면서, 그도 1648년에 정치권력의 핵심으로 들어가게 되었다. 이렇게 해서 밀턴은 이후 10여 년 동안 올리버 크롬웰 정부에서 오늘날의 외교장관 격인 외국어 장관으로 재직하면서, 영국의 새 정부의 통치 방식의 정당성을 유럽의 모든 사람들에게 알리는 일을 담당한다.

이 무렵에 밀턴의 아내인 메리가 돌아온다. 1645년에 왕당파가 몰락하고 그들의 가산이 몰수되는 상황에서, 밀턴이 새 정부의 주요 인사로 떠오르면서, 파웰 가문의 명운이 그에게 달려 있게 되었기 때문이었다. 그는 이미 메리 데이비스라는 이름의 여자와 결혼을 전제로 사귀고 있었지만, 자신의 아내를 다시 받아들였고, 그녀의 가족으로 하여금 그의 집에서 함께 살게 해주었다. 그런데도 그의 장모는 그를 "비정하고 화 잘 내는 사람"으로 혹평했다. 이후의 결혼생활은 화목했고, 메리는 세 딸과 어릴 때 죽은 한 아들을 낳았지만, 세 번째 딸을 낳은 직후에 죽었다. 밀턴은 1656년에 캐서린 우드콕과 재혼했지만, 그가 사랑했던 그녀도 2년 후에 딸을 낳다가 사망했다. 그는 1663년에 세 번째로 엘리자베스 민셜과 결혼했다.

밀턴이 외국어장관으로서 했던 가장 중요하고 어려운 일은 1649년에 찰스 1세를 처형한 일의 정당성을 알리는 것이었다. 대다수의 영국민과 유럽 대륙의 왕들을 공포로 몰아넣었던 이 일은 전례가 없는 일이었다. 주권과 정치권력이 국민에게 있고 국민에게서 나온다는 사상은 오늘날에는 아주 친숙하지만, 당시에 그런 사상을 지닌 자는 극히 드물었기 때문이었다. 밀턴은 『우상파괴자』와 『왕들과 방백들의 종신제』 같은 글들을 통해 세습제의 문제점을 설파하며, 그런 제도로는 덕 있는 사람이 다스리는 것을 가로막는다고 역설했지만, 불행히도 그를 비롯해서 그 누구도 그런 통치 체제를 만들어 낼 수는 없었기 때문에, 올리버 크롬웰 개인의 뛰어난 미덕을 칭송할 수밖에 없었다. 하지만 그런 것은 미봉책에 불과했기 때문에, 1658년에 크롬웰이 죽자, 왕정복고는 단지 시간 문제였다.

1660년이 되자, 찰스 2세는 대부분의 정적들에게는 자비를 베풀었지만, 자신의 부왕의 처형에 직접적으로 책임이 있는 자들에게는 가차 없이 복수해서, 이미 그런 죄목으로 몇 명이 처형당했기 때문에, 밀턴은 죽게 될 위험에 처하게 되었다. 그는 피신했지만, 결국 체포되어 짧은 투옥 기간을 보내고서, 더 이상 공무를 맡지 않는다는 조건으로 석방되었는데, 이는 그가 1652년 이후로 완전히 실명했기 때문에 목숨을 건질 수 있었던 것으로 보인다. 그들은 그의 실명을 그의 잘못된 정치

사상과 활동으로 인한 천벌로 해석해서, 그가 1674년에 죽을 때까지 그대로 놓아두고서 다른 이단자들에게 본보기가 되게 하기 위해 살려두는 것이 정치적으로 유리할 것이라고 판단했던 것으로 보인다.

밀턴은 20대에 학업을 마치고 그랬던 것처럼 이제 또다시 칩거해서 연구와 저술 활동에 들어가서, 그의 인생의 제3기라고 할 수 있는 이 시기에 자신의 3대 주저인 『실낙원』(1667년), 『복낙원』(1671년), 『투사 삼손』(1671년)을 잇달아 발표했다. 이 세 작품은 폭정에 항거하는 글들로서, 미래의 혁명 세대들에게 영감을 불어넣어 주었지만, 그 중에 단연 최고의 걸작은 『실낙원』이었다.

3. 『실낙원』의 내용과 사상

밀턴이 쓴 대서사시 『실낙원』의 의미를 이해하기 위해서는 먼저 그가 『아레오파지티카』에서 한 다음과 같은 말의 의미를 진지하게 성찰해 보지 않으면 안 된다. "서로 함께 꼭 붙어 다니는 쌍둥이인 선에 대한 지식과 악에 대한 지식이 세상에 뛰어들어오게 된 것은 인간이 사과 한 입을 베어 먹었기 때문이었고, 거기에 대한 형벌은 아담이 악을 통해서 선을 알게 된 것이었다."

이것은 도덕적인 상대주의를 말한 것이 아니라, 어느 한 쪽을 통해서 다른 쪽을 분명하게 인식할 수 있게 된다는 상관성에 대한 것이다. 밀턴은 본질적으로 선과 악을 구별하는 사람이었기 때문에, 그에게는 회색 지대라는 것은 존재하지 않았다. 그런데도 왜 그는 절대적인 선과 악에 대해 말하지 않고, 선과 악의 충돌을 통해 선과 악이 점점 더 그 실체를 드러내는 것으로 인식했던 것일까. 그 해답은 인식과 사실의 구별에 있다. 그는 절대적인 선과 악이 존재한다고 믿었지만, 인간의 인식은 불완전해서 절대적인 방식으로 선악을 인식할 수 없고, 역사와 문화의 구체적 상황에 의해 제한을 받는다고 보았다. 예컨대, 고대 그리스인들은 문화적으로 유일신 사상에 도달할 수 없었다는 것이다. 따라서 진리에 대한 우리의 인식은 진리 자체와 완전히 일치하는 것은 불가능하다.

『실낙원』의 거의 절반은 천사장들인 라파엘과 미카엘이 아담과 하와에게 들려주는 이야기들로 이루어져 있는데, 이 천사장들은 아담과 하와에게 진리를 인간의 언어로 인간이 알아들을 수 있게 들려주는 것은 불가능한 것임을 끊임없이 상기시킨다. 거꾸로 이것은 밀턴이 자신의 『실낙원』에 나오는 수많은 인물들과 상징들과 비유들과 수사적 장치들, 즉 인류 역사에서 17세기의 사람들이 알아들을 수 있는 수준에서 최대한으로 진리에 대해 말하고 있음을 보여주는 것이기도 하다.

『실낙원』에서는 악의 세력이 천국과 세계와 인간의 정신을 정복하려고 하는 시도를 묘사하는데, 그 중심에는 히브리어로 "대적, 원수"를 뜻하는 "사탄"이라는 존재가 있다. 16-17세기에는 유럽 전역에서 수만 명의 사람들이 사탄과 계약을 맺고 주술을 행한다는 이유로 처형당하였고, 이것은 사람들에게 사탄이 이 세상에서 광범위하게 활동하고 있다는 인식을 주어 두려움을 갖게 만들었다. 『실낙원』에는 주술과 관련된 언급들이 많이 나온다. 밀턴은 사탄의 세력이 실제로 세상에서 활동하고 있다고 생각했음이 틀림없다. 이러한 사탄의 악의 세력은 단지 주술을 통해서만이 아니라, 로마 가톨릭과 영국 국교회를 통해서도 활동하였다. 왜냐하면 이 종파들은 종교적인 제의 행위 자체에 어떤 주술적인 효력이 있는 것처럼 가르치고 행하였기 때문이었다.

또한 밀턴 같은 공화파들은, 왕정은 종교적인 우상 숭배의 세속적인 형태라고 믿었고, 이 시기의 많은 사람들은 돈의 위력을 사탄적인 세력의 또 하나의 예로 보았다. 『실낙원』은 물신화와 상징 조작에 대한 광범위한 항의이고, 이것은 『실낙원』이 오늘날 같은 철저하게 물신화되고 상징 조작이 넘쳐나는 시대에 여전히 유효한 핵심적인 이유다. 오늘날의 포스트모더니즘적인 세계는 진리 또는 실체에 대한 상징 또는 허구의 완벽한 지배를 특징으로 하지만, 이러한 상황을 제대로 비판할 수 있는 사상가는 별로 없다. 『실낙원』은 그러한 비판을 제시하고, 이것은 이 대서사시가 17세기에서보다도 오늘날 더 설득력을 지니는 이유다.

　『실낙원』은 서구의 문화 전통 전체를 재해석하고 되살리려는 시도다. 거기에서 밀턴은 유대교와 기독교의 유일신 신앙, 플라톤의 관념론, 호메로스의 신화학, 이탈리아의 인문학 등을 결합해서 우주와 인간에 대한 총체적인 서사를 만들어 낸다. 제1권에서 그는 자기가 성령과 고전적인 뮤즈의 직접적인 영감을 받아서, 히브리의 지혜와 헬레니즘의 지혜를 뛰어넘는 서사를 펼쳐보이겠다고 말한다. 그러므로 이 서사시에 나오는 이야기는 어떤 의미에서는 정통 기독교 신앙과 다를 수 있다. 한 예로, 밀턴은 헤시오도스의 『신들의 계보』라는 책에서 묘사하는 티탄 신족과 올림포스 신들 간의 싸움에 대해서, 이것은 이교의 신화로서 원시적이고 부정확하지만, 유일신 사상이 타락한 천사들과 하나님 간에 일어난 싸움을 나름대로의 방식으로 표현한 것이라고 본다.

　이 서사시가 예언하고 있는 것은 인간의 의식이 유일신 사상에서 우상 숭배로 타락하고 변질되는 것이다. 이 서사시의 막이 오르면서 등장하는 것은 지옥에 떨어져 널부러져 있는 사탄과 그의 타락 천사들이다. 이 타락 천사들은 나중에 인류사에서 이교의 신들, 즉 우상들로 숭배를 받게 될 자들이다. 밀턴은 그들이 구약시대에 이스라엘의 이웃나라들에서 숭배를 받은 신들이라고 말하지만, 사실 그들은 오늘날에 더 인간 세상에서 기승을 부리며 활동하고 있다. 예컨대, "맘몬"은 히브리어로 "돈"이라는 뜻을 지닌 우상이지만, 밀턴은 이 우상이 사람들의 정신에 미치는 영향들을 자세하게 설명하면서, 역사가 전개되어 나갈수록 더 큰 위력을 떨치게 될 것을 예언한다. 즉, "맘몬"은 이 서사시에서 허구적인 등장인물이지만, 역사상으로는 실제로 존재하는 세력이다.

사탄이 하나님의 지위를 찬탈하는 것이 가능하다고 착각하는 이유는 자기가 누군가에 의해서 만들어진 피조물이라는 것을 인정하지 않았기 때문이다. 따라서 그는 하나님과 자신의 차이는 양적인 것일 뿐이고 질적인 것이 아니라고 본다. 이것이 반역과 타락의 원인이다. 마찬가지로 인간도 피조물로서의 자신의 한계를 인정하지 않을 때에 하나님 같이 되고자 하는 욕망이 생겨나서 반역과 타락의 길로 가게 된다.

A. 『실낙원』의 우주관

밀턴이 『실낙원』에서 그리고 있는 것은 단지 이 지구가 속해 있는 우주와 거기에 있는 태양과 달과 행성들만이 아니라, 우주 밖에 있는 천국과 지옥과 혼돈계를 포함한다. 그는 우주의 중심은 지구라고 말하지만, 종종 태양을 중심으로 이루어져 있다고도 말하고, 어떤 대목에서는 별 하나하나가 하나의 세계라고 말하기도 한다. 우주는 구체로 되어 있고, 혼돈계로부터 보호하기 위한 견고한 보호막으로 둘러싸여 있다. 무한한 혼돈계가 우주를 둘러싸고 펼쳐져 있고, 거기에서는 혼돈의 원자들이 영원토록 서로 무작위로 충돌하고 있다. 천국은 우리가 살아가는 우주보다 훨씬 위에 있고, 지옥은 우주보다 훨씬 아래에 있다. 우주는 황금사슬로 천국과 이어진 채로 혼돈계 속에 떠 있는데, 이 황금 사슬은 야곱이 꿈에서 본 것처럼 접어서 이동할 수 있는 사다리라는 것이 밝혀진다. 지옥은 처음에는 다른 어느 세계와도 연결되어 있지 않았지만, 사탄의 자녀들인 "죄"와 "죽음"이 인간의 타락의 때에 맞춰 혼돈계 위에 다리를 놓음으로써 천국 및 우주와 연결된다.

우주에 대한 밀턴의 이러한 묘사는 로마 시인 루크레티우스(기원전 98-55년)가 쓴 『사물의 본성론』을 토대로 한 것으로 보인다. 하지만 루크레티우스는 우주가 우연히 생겨난 것으로 본 반면에, 밀턴은 하나님이 창조했다고 보았다. 또한 밀턴은 사탄이 반역할 즈음에 지옥을 창조했고, 얼마 후에 우리가 사는 이 우주를 창조했다고 말한다. 사탄과 그의 군대는 9일 동안 천국에서 혼돈계를 통과하여 지옥으로 떨어졌고, 지옥의 불 못 위에서 기절한 채 또다시 9일을 보냈기 때문에, 하나님은 이 후자의 9일 중의 6일에 걸쳐 우주를 창조했다. 또한 하나님은 지옥과 우주를 무에서 창조한 것이 아니라 혼돈으로부터 창조했다. 천국이 어떻게 창조되었는지에 대한 이야기는 나오지 않지만, 그는 천국은 하나님의 창조되지 않은 영원한 거처로 생각했을 가능성이 있다.

전통적으로 프톨레마이오스가 제시한 우주관에서는 우주의 형태는 구체지만, 우주 밖에는 공간이나 시간을 비롯해서 아무것도 존재하지 않는다고 보았다는 점에서, 우리가 사는 우주가 보호막으로 둘러싸여 있다는 밀턴의 설명은 독특해서, 그 출처를 알 수 없다. 그는 적대적인 혼돈계 세력으로부터 보호하기 위한 것이라고 말한다. 또한 그는 우주 밖은 온통 밤이고 칠흑 같은 어둠이라고 말하지만, 별들 사이의 공간은 밝다고 말한다. 고대의 천문학에서는 별들 사이의 공간이 어둡게 보이는 것은 허구로서, 우리가 지구의 그림자를 통해 보기 때문에 그렇게 보이는 것일 뿐이라고 말했고, 이러한 생각은 고대와 중세는 물론이고 르네상스 때까지 지속되었다.

B. 『실낙원』의 하나님관

『실낙원』은 무엇보다도 특히 내전에 관한 서사시다. 사탄은 천국에서 천사들의 삼분의 일을 이끌고서 하나님에 대항하여 내전을 일으키는데, 밀턴은 이것을 "불경스러운 전쟁"이라고 표현한다. 이것은 하나님에 대한 절대복종이 선이라는 것을 전제한다. 여기에서는 하나님은 만물의 창조주로서 모든 것의 주이자 왕이기 때문이라는 외적인 근거도 중요하지만, 무엇보다도 하나님은 의롭고 정의로운 분이라는 사실이 중요하다. 밀턴은 공화정에서 크롬웰의 외국어 장관을 지냈고, 찰스 1세를 처형하는 전대미문의 사건을 옹호하는 역할을 맡았다. 찰스 1세는 왕권신수설에 의거해서 자신에게 절대복종할 것을 명령했지만, 그는 하나님이 아니면서 하나님 행세를 한 것일 뿐이었다.

밀턴은 인간은 누구나 자유의지가 있고, 그 자유의지에 의거해서 진리와 참된 것과 정의에 복종해야 한다고 보았다. 그렇다면 여기에서 하나님은 아담과 하와가 타락하기 이전에 이미 그들이 타락할 것을 확실하게 알고 있었는데, 어떻게 아담과 하와가 자유의지로 자유롭게 결정했다고 할 수 있으며, 인간의 타락을 하나님이 계획한 것이 아니라고 말할 수 있는가 하는 의문이 제기된다. 밀턴은 『기독교의 가르침』이라는 자신의 글에서 이 문제에 답한다. 거기에서 그는 확실성과 필연성을 구별한다. 하나님은 영원 전부터 인간의 타락을 미리 알았고, 그의 미리 아심에는 틀림없기 때문에, 인간의 타락은 언제나 확실한 것이었다. 그러나 그것은 하나님의 계획에 의해 필연적으로 일어나게 되어 있던 일은 아니었다. 인간의 타락이 일어났을 때, 그것은 아담과 하와의 자유의지에 의해 결정된 행위였다는 것이다.

『실낙원』에 등장하는 하나님을 지칭하는 표현들은 "지존자"와 "전능자"다. 만유에서 일어나는 모든 것을 다 아는 전지전능한 최고의 존재라는 뜻이다. 그러므로 모든 일들은 하나님의 지극히 선한 계획 아래에서 일어난다. 『실낙원』의 핵심 주제인 인간의 타락과 관련해서, 하나님은 이 일이 자신이 허락한 일임을 성자에게 말한다. 하나님은 사탄이 지옥에서 빠져나올 수 없게 만들 수도 있었지만, 그렇게 하지 않는다. 또한 인간의 타락이 일어나기 전에 이미 그들을 사탄의 지배에서 구해낼 메시아로 성자를 택하고 모든 구원 계획을 수립한다. 아울러 인간이 타락하기 전에는 천사장 가브리엘을 보내어 사탄의 음모를 아담과 하와에게 알리고 경고함으로써, 그들이 자유의지로 최대한 범죄를 하지 않도록 하는 조치를 취하고, 타락 후에는 천사장 라파엘을 보내어 이후의 인류사를 묵시 속에서 보여주며 인류의 나중 영광이 아담과 하와가 누렸던 처음 영광보다 더 클 것임을 약속한다.

4. 결론

밀턴은 앞에서 말한 루크레티우스의 우주관, 프톨레마이오스의 천동설적 우주관, 코페르니쿠스의 지동설적 우주관을 성경에 나오는 우주관과 결합하여 기본적인 틀로 삼아서, 천국에서 일어난 사탄의 "반란"과 에덴 동산에서 일어난 인간의 "타락"이라는, 같은 것 같으면서도 또한 서로 다른 두 사건을 축으로 해서, "반역"이라는 주제로 우리가 살아가는 우주를 뛰어넘어 천국과 지옥과 혼돈계를 포괄하는 세계 전체를 조망한다. 결국 모든 문제는 참된 것과 선한 것을 거부하는 영적인 존재들의 악성惡性과 욕망이고, 이런 악성과 욕망은 하나님이 창조한 모든 것을 혼돈 속으로 몰아가서 무로 만들어 버리려고 한다. 그래서 밀턴은 사탄을 비롯한 타락 천사들이나 인간이나 모두 영적인 존재이기 때문에 그 악의 근원이 동일한 것으로 보고서, 이것이 17세기 영국을 비롯한 인간 사회를 규정하고 있는 것으로 인식한다.

밀턴에게 『실낙원』의 세계는 단순히 현실과 동떨어진 종교의 세계나 신화의 세계가 아니라 현실 그 자체였다. 이것은 종교나 신화가 현실의 인간 경험을 포착해서 종교적이고 신화적인 여러 상징들과 비유들을 통해 진리를 표현한 것과 맥을 같이하는 것이기도 하였다. 이렇게 해서 『실낙원』이라는 대서사시에서 지금까지 종교와 신화를 통해 표현된 진실은 여호와 하나님과 사탄과 여러 타락 천사들과 아담과 하와를 통해 생생한 현실로 부활한다.

거기에 밀턴은 그리스와 로마 신화를 풍부하게 사용해서 이 이야기에 시로서의 풍미를 더한다. 얼핏 보면 성경을 통해 우리가 이미 익히 알고 있는 것 같은 이야기는 이제 밀턴의 붓에 의해 『실낙원』이라는 서사시 속에서 풍부하고 깊게 울려 퍼지고, 그 울림의 큰 감동 속에서 오늘날의 독자들에게 하나님의 "코스모스"(우주) 안에 있는 자기 자신을 돌아볼 수 있는 계기를 마련해준다.

540

존 밀턴 연보

1608년 12월 9일에 영국 런던의 칩사이드 브레드 가에 있는 아버지 집에서 부유한
공증인이었던 아버지인 존 밀턴과 어머니인 새러 밀턴 사이에서 태어남.

1611년 흠정역 성경이 간행됨.

1616년 윌리엄 셰익스피어가 죽음.

1618년 1620년까지 장로교 목사인 토머스 영에게서 사사를 받음.

1620년 1625년까지 런던에 있는 성 바울 학교에 입학해서 고전어들, 고전문학, 기독교
교리를 배움.

1625년 케임브리지의 크라이스트 칼리지에 입학해서 신학을 배움.
찰스 1세가 즉위함.

1629년 크라이스트 칼리지에서 문학사 학위를 받음.
자신의 최초의 주요한 시인 「그리스도의 탄생의 아침에」를 씀.

1630년 「그리스도의 수난」, 「오월 아침의 노래」, 「뻐꾸기」, 「셰익스피어에게 부쳐」 등의
시들을 씀.

1631년 「쾌활한 사람」, 「사색하는 사람」 등을 발표함.

1632년 밀턴이 쓴 「셰익스피어에게 부쳐」라는 시가 셰익스피어 작품집 제2판에 익명으
로 게재됨.
문학석사 학위를 받음.
런던에 있는 아버지의 집에 살면서, 역사와 철학과 문학을 읽고 연구하고자 한
6년에 걸친 프로젝트를 시작함.

1634년 작곡가 헨리 로즈의 요청으로 쓴 가면극 「코머스」가 슈롭셔의 루들로우 캐슬에
서 상연됨.

1637년 「코머스」가 간행되고, 어머니가 죽음.
친구 에드워드 킹의 갑작스러운 죽음을 애도하며 추모시 「리시다스」를 씀.

1638년	이탈리아로 고전 여행을 떠나서 15개월 동안 머물며 환대를 받고, 천문학자 갈릴레오를 방문함.
1640년	친구 디오다티의 죽음을 애도하며 「다몬을 위한 비문」이라는 비가를 씀.
1641년	영국 국교회의 개혁을 요구하는 『종교개혁론』 『주교제론』 등과 같은 소논문들을 발표함.
1642년	제1차 내전이 시작됨. 17살의 메리 파웰과 결혼하지만, 신부는 자신의 본가로 돌아가 버림.
1643년	『이혼의 교리와 치리』를 비롯해서 윤리와 자유에 관한 소논문들을 발표함.
1644년	언론과 출판의 자유를 역설한 『아레오파지티카』와 『교육론』을 발표하고, 이를 계기로 성경과 기독교 사상보다는 고전 문학 연구에 더욱 정진하게 됨.
1645년	아내 메리가 집으로 돌아옴. 「쾌활한 사람」, 「사색하는 사람」, 「리시다스」 등을 실은 『존 밀턴의 시집』이 처음으로 출간됨.
1646년	장녀 앤이 태어나고, 제1차 내전이 왕당파의 패배로 끝남.
1647년	아버지가 죽음.
1648년	차녀 메리가 태어남.
1649년	찰스 1세가 처형되고, 공화정이 수립됨. 올리버 크롬웰이 집권하면서, 외국어 장관이 됨. 찰스 1세의 처형을 옹호하고 주권재민을 주장한 『왕과 방백들의 종신제』와 왕정의 부당성을 천명한 『우상파괴자』를 발표함.
1651년	아들 존이 태어남. 찰스 1세의 처형의 정당성을 논한 또 다른 글인 『영국민을 위한 변호』를 발표함.
1652년	삼녀 데보라를 낳은 후에 아내 메리가 죽고, 6월에는 아들 존이 죽음. 여러 해 동안 시력이 약화되어 오다가 이때 완전히 실명함.
1654년	『영국민을 위한 두 번째 변호』를 발표해서 크롬웰과 그가 세운 공화정을 기림.
1656년	두 번째 부인 캐서린 우드콕과 재혼함.
1657년	딸 캐서린이 태어남.
1658년	두 번째 아내와 딸 캐서린이 죽음. 크롬웰이 죽고, 그의 아들 리처드가 그 지위를 계승함.
1660년	『자유공화국을 창설하기 위한 준비되고 쉬운 길』을 출간함. 왕정복고가 이루어지고, 찰스 2세가 즉위함.

의회가 밀턴의 저작들을 불태우고 체포령을 내림.

잠시 피신했다가 체포되지만 곧 자유의 몸이 됨.

1663년 세 번째 부인인 엘리자베스 민셜과 재혼함.

1666년 런던에서 대화재가 일어나 많은 곳이 불에 탔고, 밀턴의 집도 전소됨.

1667년 『실낙원』이 출간됨.

1670년 『영국사』가 출간됨.

1671년 『복낙원』과 구약성경에 나오는 삼손의 비극적인 일대기를 다룬 『투사 삼손』이 출간됨.

1673년 『참된 종교론』이 출간됨.

1674년 11월 8일에 통풍으로 죽어서, 런던의 크리플게이트에 있는 성 자일스 교회 묘지에 아버지 옆에 묻힘.

"크리스천의 영적 성장을 돕는 고전"
세계기독교고전 목록